普通高等教育"十一五"国家级规划教材 "120周年校庆经典教材、经典专著"
"名课、名教材"建设工程培育项目

中国传统文化
精义
（2017版）

【主编 李娟 韩鹏杰 张蓉】

西安交通大学出版社

内容提要

过去是未来的钥匙。创造性地承继华夏先祖留给我们的丰厚遗产,从五千年华夏文明中汲取有益的智慧,是本书写作的宗旨。

《易传》曰:"精义入神,以致用也。"书稿作者从中国传统文化的基本精神入手,以或冷静、或深沉、或热烈、或隽永的笔触,勾画出儒道佛的精髓,传统哲学的智慧,政治文化的睿智,伦理道德的凝重,文学艺术的精粹,古典美学的魅力,科学技术的辉煌,以及对中国文化的理性审视和未来展望,从多角度、多层面展示了中国文化的整体景观和无穷魅力。独特的视角,新颖的体例,深邃的思考、洗练的文笔,令人耳目一新,给人以深刻的启迪。

本书作为国家"十一五"规划教材,既可供高校"中国文化概论"课程教学使用,亦可为社会各界关注、热爱中国文化的广大读者阅读、欣赏。

图书在版编目(CIP)数据

中国传统文化精义:2017版/李娟,韩鹏杰,张蓉主编.—西安:西安交通大学出版社,2017.9(2022.2重印)
ISBN 978-7-5693-0003-1

Ⅰ. ①中… Ⅱ. ①李… ②韩… ③张… Ⅲ. ①传统文化—中国—高等学校—教材 Ⅳ. ①G12

中国版本图书馆CIP数据核字(2017)第205019号

书　　名	中国传统文化精义(2017版)
	李娟　韩鹏杰　张蓉　主编
责任编辑	柳　晨
出版发行	西安交通大学出版社(西安市兴庆南路1号　邮政编码:710048)
网　　址	http://www.xjtupress.com　　传　真　029-82668280
电　　话	029-82668357　82667874(发行中心)　029-82668315(总编办)
印　　刷	西安明瑞印务有限公司
开　　本	787 mm×1092 mm　1/16　　印　张　25.25　　字　数　367千字
版次印次	2017年9月第1版　2022年2月第4次印刷
书　　号	ISBN 978-7-5693-0003-1
定　　价	42.00元

读者购书、书店添货、如发现印装质量问题,请与本社发行中心联系、调换。
订购热线:(029)82665248　82665249
投稿热线:(029)82668526
读者信箱:xjtu_hotreading@sina.com

版权所有　侵权必究

序

"文化"二字在古文字中的文化内涵值得注意。甲骨文中"文"字作"✦",或写作"✦"。赵诚先生认为"象分理交错之形,即后世纹理、花纹之'文'的本字。"金文中有写作"✦"。按:"文"有天文、地文、人文。文之本字依形推测似为站立之人形。中间花纹或为纹身之标志。金文中有取"心"形者更有意蕴。"化"字甲骨文作"✦""✦",从"人"。一正一倒,赵诚先生以为"构形不明,甲骨文用作人名"。依形追意,似为辗转反侧之人。可引申表示变化之"化"。据此,文化二字本身就是以人为主体创造的。文化思想的要害就是"以人为本"。

具体说来,天文即日月星辰的相对固定序列定日夜、定晨昏、定节气、定历法;地文指山川草木及五岳等;人文即指人本身、本质以及人与自然的冲突与合一、人与社会所形成的生产关系、伦理、道德、法律、宗教、制度等,还包括人类精神活动和物质活动所创造的文学、绘画、雕塑、书法、戏曲、音乐、民艺、建筑等各类艺术。

总体来说,中华民族传统文化思想是以"道""易"思想为核心,同时融汇了道家、儒家、法家、墨家、名家、兵家、阴阳家、纵横家、杂家、农家、小说家等诸子百家和外来文化思想的精髓。

中华民族传统文化思想有两个主要观念。

第一,阴阳对立统一观,即"一阴一阳之谓道"。也就是大家所熟悉的"易有太极,是生两仪,两仪生四象,四象生八卦,八卦定吉凶,吉凶生大业。"阴阳对立统一观体现在中国大文化的方方面面。治理国家,中国古人讲究"文武之道,一张一弛",文武之道就是一阴一阳。我们现在治理国家,强调两个口号,一方面强调"以德治国",一方面强调"以法治国",这也是一阴一阳对立统一的观念。中国人在审美观念上,讲究"中和"为美,"中和"这个观念很清楚。"喜怒哀乐之未发谓之中,发而皆中节谓之和"。中国过去大臣给皇帝递折子,皇帝如批"留中不发",就是放在那儿不发。发出去的要符合分寸、符合规律,"中节"。中国人为人处世讲究"中庸之道","中庸"是什么?不偏之谓"中",不倚之谓"庸"。中庸之道是很有道理的,谁不遵循"中庸"谁倒霉。火气太盛的,把身边的人得罪光了,你还怎么在那地方生活下去。我们讲修身,修身讲究文质彬彬,讲仁义礼智信。文质彬彬是什么?就是要求你讲中庸之道。修身其实就是修心。修身要有一个信念,就是做到不激不厉,有一颗平静心,一颗与客观外界相应的平静心。中医治病讲阴阳、"五行""四诊""八纲",讲阴、阳、表、里、虚、实、寒、热,讲"实则泄之""虚则补之"。这里最讲"天人合一"、阴阳平衡的原理。中国古代诗词中的宋词分为两大派,豪放派和婉约派。这两派一个突出阴柔之美,一个突出阳刚之美。豪放派代表人物苏东坡的词:"大江东去,浪淘尽、千古风流人物。故垒西边,人道是、三国周郎赤壁。乱石穿空,惊涛拍岸,卷起千堆雪。江山如画,一时多少豪杰!遥想公瑾当年,小乔初嫁了,雄姿英发。羽扇纶巾,谈笑间、强虏灰飞烟灭。故国神游,多情应笑我,早生华发。人生如梦,一樽还酹江月。"抒发的是阳刚之气。婉约派代表人物李清照的词:"寻寻觅觅,冷冷清清,凄凄惨惨戚戚。乍暖还寒时候,最难将息。三杯两盏淡酒,怎敌他、晚来风急!雁过也,正伤心,却是旧时相识。满地黄花堆积,憔悴损,如今有谁堪摘!守著窗儿,独自怎生得黑?梧桐更兼细雨,到黄昏、点点滴滴。这次第,怎一个、愁字了得!"表现的是阴柔之美。应当留意的是以豪放著称的《赤壁怀古》写到最后还是有"人生如梦,一樽还酹江月"这样具有阴柔之气的句子;而婉约派的李清照也有"生当作人杰,死亦为鬼雄"这样的豪迈诗句。这就体现了诗词中的阴阳对立统一。因此我们要用"一分为二""合二为一"的认识论去理解,分清主次、分清阴阳。

第二,易和变的观念。易、变的观念体现在《易经》、老子《道德经》所表述的这几句话里:一句是"穷则变,变则通,通则久。"事物发展到顶点就要向相反的方向转化,就是"物极必反""否极泰来"。一句是"天行健,君子以自强不息;地势坤,君子以厚德载物。"事物都是在发展变化的，我们现在提倡的"与时俱进"也是这个理。再从中华文化来看，中华文化有这么几个板块：黄土文化、草原文化和湖海文化。在中原地区，以黄土文化为核心。我们的始祖轩辕，就是农耕文化的领军人物。五行、五方中地处中央戊己土，所以称"黄帝"。以中原文化为核心，不断吸取草原文化、湖海文化、外域文化的精华。我们中华民族历代如此。所以我们要融入世界潮流就要不断创新求变，也只有创新求变才能前进、发展、永葆青春，这正是我们的民族精神。

柳诒徵前辈在其《中国文化史》绪论之末说："世恒病吾国史书为皇帝家谱，不能表示民族社会变迁进步之状况，实则民族社会之史料，触处皆是，徒以浩穰无纪，读者不能博观约取，遂疑吾国所谓史者，不过如坊肆《纲鉴》之类，止有帝王嬗代及武人相斫之事，举凡教学、文艺、社会、风俗以至经济、生活、物产、建筑、图画、雕刻之类，举无可稽。吾书欲祛此惑，故于帝王朝代，国家战伐，多从删略，惟就民族全体之精神所表现者，广搜而列举之。"这充分表明研究中国传统文化必须要摆正治史立场，即坚持以民为本的平民立场。

另外还应引起注意的是，要坚持一分为二的视角研究中国传统文化。儒家提倡的仁政、内圣外王、中和为美等诸多修身治国观念都有积极意义，但"唯女子与小人为难养也"、男尊女卑、"上智下愚"等歧视女性和愚民的理念却实在要不得。道家提出的关于"道"的理念与阐释都包含了朴素的辩证唯物主义的宇宙观、世界观、方法论和对万物本体的认识，但其"无为"及其思辨方式却影响了魏晋玄学的产生，"民至老死不相往来"自我完善而不及社会发展的理念则有一定的消极意义。佛家对完善自我、认知世界、普济众生等方面都有直指灵魂的积极意义，但其生死轮回、"缘起""性空"等世界观、人生观的理念还不能为一般讲实证的人所认识和理解。墨家、法家、兵家、阴阳家、名家等诸子百家思想中皆有其精华与不足之处。任何文化思想都有其两面性。诸子百家都有其符合事物本质、推动历史发展的精辟之论，综合起来形成了自古迄今的中华传统文化的精彩华章与主流意识。我们现在研究它就必须站在平民立场、一分为二地对待，取其精华、去其糟粕，充分利用其中的精粹，继承弘扬，以促进当今和未来社会的和谐发展。

中华民族的文明史如果从河南濮阳西水坡出土的贝雕龙、虎图案算起的话，至今已有八千多年历史；新石器时期仰韶文化已创造了文字，人类社会进入了文明新时期，若从此时算起，也有六千多年历史。源远流长博大精深的中国传统文化从历史纵向层面可分为神秘多元的彩陶文化、威严凝重的青铜文化和以道统为其伦理、秩序核心，以农耕为主体的漫长的封建文化；从地域来看，又可分为黄土文化、草原文化和湖海文化三大板块。中国传统文化上至炎黄时代北粟南稻的农业、古陶神玉等文化的发生，历经了殷商西周文化从神本到人本的转变、春秋战国诸子百家争鸣的学术繁荣、魏晋南北朝玄学崛兴和道佛传播、隋唐兼容并包的文化气派与风采辉煌的艺术成就、两宋时期市井文化的勃兴、辽夏金元游牧文化与农耕文化的碰撞与交融，到明清的沉暮与文化反思。横向来看，中华民族经过几千年的发展演变，形成了绚丽多姿、精彩纷呈的文化内涵，有博大精深的中国哲学、宗教、伦理道德；有贯通古今的史学、文学；有玉器、铜镜、金银器、青铜器、陶器、瓷器等绚丽多彩的文物殿堂；有风采各异的书法、绘画、戏曲、音乐、服饰、雕塑、建筑、民间艺术等品目繁多的艺术门类；还有科技、天文、医药、养生、教育、饮食文化等众多组成部分。因此，中国传统文化具有丰富的内涵与外延，每一层面都可以产生一部纵向文化发展史，每一层面横向比较又可产生若干文化比较学。

中国传统文化浩若烟海，若做深入研究恐怕任何一个门类我们一辈子都难以穷通。在现代社会、在中西文化交相辉映的今天，作为一个中国文化人对自己民族传统文化一无所知无疑是一种文化的悲哀。在多元多层面的世界，文化上越具有民族特点，就越具有世界意义。因为人类精神文明的百花园需要汇入各民族文化的奇葩才能姹紫嫣红、春色满园。

这套教材在西安交大已使用了十多个春秋。听讲的学生超过十万之众。这套不断修订完善的教材曾多次获得过省部级及学校各种奖项，是备受关注的学术专著。这套公开出版发行的教材走出学校，多年来影响了许多对中国传统文化怀着赤子热望的读者。

这套再次修订的教材是我们请西安交通大学各位学有专长的教授、学者就自己最熟悉的领域、最感兴趣的课题、最有体味和见地的学术观念，在数年讲座之后分别写成专章，以供在高校就读的莘莘学子研究，也算是和同学们谈心、交流，更望我们的青年朋友和我们一起来守望、传承、弘扬中华民族传统文化的根性，以一颗平静而热诚的心，带着中华文化深厚的底蕴走向多姿多彩而又充满挑战的世界。

钟明善

目录

第一章 中国传统文化的基本精神 〔1〕
  一、文化精神的意旨 〔1〕
  二、中国传统文化的基本精神 〔3〕
    （一）以人为本 〔3〕
    （二）儒道互补 〔4〕
    （三）持中贵和 〔4〕
    （四）实践理性 〔5〕
  三、继承与弘扬民族文化的优良传统 〔6〕
    （一）以天下国家为己任的爱国精神 〔6〕
    （二）追求崇高的人格精神 〔7〕
    （三）刚健有为的进取精神 〔7〕
    （四）厚德载物的兼容精神 〔7〕

第二章 《周易》与中国传统文化 〔9〕
  一、《周易》概述 〔9〕
    （一）概述 〔9〕
    （二）思想 〔12〕
  二、《周易》与中国文化 〔13〕
    （一）易象与中国传统文化的思维方式 〔13〕
    （二）易辞与中国文化的语言表达方式 〔15〕
    （三）易数与中国文化中的诗性逻辑 〔16〕
    （四）易理与中国文化的哲学境界 〔19〕

第三章 道家与中国传统文化 〔25〕
  一、道家思想产生的背景 〔25〕
  二、道家哲学 〔26〕
    （一）老子的哲学 〔26〕

（二）庄子的哲学〔29〕
　　（三）老庄哲学与中国传统哲学〔34〕

三、道之艺术〔36〕

四、道之宗教〔45〕
　　（一）何谓道教〔45〕
　　（二）道教的发展历程〔46〕
　　（三）道教文化和中国传统文化〔47〕

第四章　儒学与中国传统文化〔51〕

一、儒学的发展历程〔51〕
　　（一）先秦儒学〔51〕
　　（二）汉唐经学〔55〕
　　（三）宋明理学〔58〕
　　（四）明清实学〔61〕

二、儒学的基本特质〔63〕
　　（一）天人合一〔64〕
　　（二）礼仁一体〔65〕
　　（三）内圣外王〔66〕
　　（四）致中和〔67〕

三、儒学在中国传统文化中的地位及其影响〔67〕
　　（一）儒学是中国传统文化中的主导思想〔68〕
　　（二）儒学对中国传统文化各个领域的影响〔69〕

四、儒学与现代社会〔72〕
　　（一）儒学与社会稳定〔73〕
　　（二）儒学与民主政治〔74〕
　　（三）儒学与经济发展〔74〕
　　（四）儒学与精神文明〔76〕

第五章　佛教与中国传统文化〔78〕

一、佛教史略〔78〕
　　（一）释迦牟尼〔78〕
　　（二）原始佛教的基本教义〔79〕

二、佛教在中国的传播与发展〔83〕
　　（一）佛教初传〔83〕
　　（二）佛教盛行与法门宗派〔85〕

三、佛教与中国文化〔90〕
　　（一）佛教与中国哲学〔90〕

（二）佛教与中国文学艺术〔93〕
　　（三）禅与社会人生〔98〕

第六章　中国传统政治文化〔102〕
　一、政治文化与中国传统政治文化〔103〕
　　（一）政治文化的含义〔103〕
　　（二）中国传统政治文化的基本含义〔104〕

　二、中国传统政治文化的本质特征〔106〕
　　（一）关于中国传统政治文化本质特征的争论〔106〕
　　（二）以"仁"与"礼"结合为本体的伦理政治观〔107〕
　　（三）伦理政治观是中国传统政治文化的本质特征〔109〕

　三、中国传统政治文化的结构〔111〕
　　（一）以王权主义为核心的政治意识形态〔111〕
　　（二）以伦理道德为标准的政治价值评价〔113〕
　　（三）以"均平—太平"为内容的社会政治理想〔114〕
　　（四）以传统经学为框架的政治思维方式〔116〕

　四、中国传统政治文化给我们的启示〔118〕
　　（一）"大一统"的国家观念〔118〕
　　（二）"民惟邦本"的重民思想〔120〕
　　（三）报国报民的人生价值〔121〕

第七章　中国传统兵家文化〔123〕
　一、兵家的起源及发展〔123〕
　　（一）从远古到西周的王者兵学〔123〕
　　（二）春秋战国兵学的发展和繁荣〔126〕

　二、兵家的流派与代表〔130〕
　　（一）兵家的重要流派及代表〔130〕
　　（二）《孙子兵法》的兵权谋思想〔132〕
　　（三）《司马法》的仁义之兵〔138〕

　三、兵家文化的影响及未来〔142〕

第八章　中国古典文学〔144〕
　一、中国古典文学的发展历程与辉煌成就〔144〕
　　（一）先秦散文与《诗经》〔144〕
　　（二）楚辞汉赋〔149〕
　　（三）魏晋诗歌及南朝文论〔152〕
　　（四）唐诗宋词〔157〕
　　（五）元曲与明清小说〔162〕

二、中国古典文学的文化精神 〔168〕
　　（一）关注人间的理性精神 〔168〕
　　（二）"文以载道"的教化传统 〔170〕
　　（三）中和的美学风格 〔171〕
　　（四）抒情写意的艺术手法 〔173〕

第九章　中国传统音乐 〔175〕
　一、传统音乐的发展历程 〔175〕
　　（一）原始至先秦时期 〔175〕
　　（二）秦汉时期 〔176〕
　　（三）魏晋、南北朝时期 〔177〕
　　（四）隋唐时期 〔178〕
　　（五）宋、元、明、清时期 〔179〕
　二、传统音乐的构成 〔180〕
　　（一）民间音乐 〔180〕
　　（二）文人音乐 〔182〕
　　（三）宫廷音乐 〔182〕
　　（四）宗教音乐 〔183〕
　三、传统音乐的形态特征 〔184〕
　　（一）线性思维的旋律 〔184〕
　　（二）融于审美之中的节奏 〔185〕
　　（三）以"三音组"为基础的五声调式 〔185〕
　　（四）多元化的结构原则 〔186〕
　四、美学境界 〔188〕
　　（一）中和 〔188〕
　　（二）大音希声 〔189〕
　　（三）空静、淡远 〔191〕
　　（四）韵外之致 〔192〕
　　（五）音乐性的美 〔192〕

第十章　中国戏曲文化 〔196〕
　一、戏曲的孕育和产生 〔196〕
　　（一）古代歌舞 〔197〕
　　（二）滑稽戏 〔198〕
　　（三）说唱艺术 〔200〕
　　（四）勾栏瓦肆 〔202〕
　二、戏曲的定型和发展 〔203〕
　　（一）元代杂剧和南戏 〔203〕

（二）明清传奇〔207〕
　　（三）清代京剧〔207〕
三、中国戏曲的表演文化〔208〕
　　（一）表演上的程式性和综合性〔210〕
　　（二）舞台结构体制上的虚拟性和对时空的特殊处理〔212〕
　　（三）形象创造上的以形传神，善恶分明〔215〕
　　（四）非凡的表演基本功要求〔217〕
四、中国戏曲"以文教化"的功能〔218〕

第十一章　中国绘画、雕塑与传统艺术〔221〕
一、中国传统艺术深厚的中华文化思想基础〔222〕
二、中国绘画及其特性〔223〕
　　（一）历史回顾〔223〕
　　（二）中国画的艺术特性〔231〕
三、中国雕塑及其艺术特征〔235〕
　　（一）历史回顾〔235〕
　　（二）中国雕塑的艺术特性〔237〕

第十二章　中国书法艺术〔241〕
一、中国书法艺术的发展历程〔241〕
二、中国书法艺术的本质特征——意象〔255〕
　　（一）意象思维论的提出〔256〕
　　（二）中国书法的载体——汉字〔256〕
　　（三）中国书法是中华民族传统文化思想最凝练的物化形态〔260〕
三、在东西方文化交会中保持中国书法文化的根性〔276〕

第十三章　中国古代科学技术〔279〕
一、中国古代科学技术思想和方法〔279〕
　　（一）古代主要科学思想与方法〔279〕
　　（二）古代主要技术思想和方法〔283〕
二、中国古代科学技术主要成就〔290〕
　　（一）天文学〔290〕
　　（二）农学〔292〕
　　（三）数学〔293〕
　　（四）地学冶金〔295〕
　　（五）医学〔298〕

（六）中国古代科学技术发明对欧洲的影响　〔300〕
　三、明清之际中国科技发展及逐渐滞后的原因　〔301〕
　　（一）明清之际中国科技发展的文化和经济背景　〔301〕
　　（二）明清之际西方科技发展的趋势　〔304〕
　　（三）明清之际中国对西方科技的态度　〔306〕
　　（四）近代科技在中国传播受到制约及逐渐滞后的原因　〔307〕
　　（五）中美同期科学技术发展的反思　〔310〕

第十四章　中国传统史学文化　〔313〕

　一、传统史学在中国传统文化中的地位　〔313〕

　二、中国传统史学的成就在世界文明史上具有独特地位　〔316〕

　三、中国传统史学之特点　〔321〕

　四、中国传统史学之文化内涵　〔331〕

第十五章　走向世界的中国文化　〔339〕

　一、世界格局中的中国文化　〔339〕
　　（一）传统中国的"世界"观念　〔340〕
　　（二）传统西方对中国的认识　〔343〕
　　（三）两个世界、两种文化的冲撞　〔347〕
　二、近代以来的文化论争　〔348〕
　　（一）中国文化从传统向近代转变的主要阶段　〔349〕
　　（二）近代以来文化论争中的主要观点　〔353〕
　三、中国文化的展望　〔357〕
　　（一）20世纪80年代以来的文化讨论　〔357〕
　　（二）关于中国文化走向世界的思考　〔359〕

附录　〔362〕

　　子　道德经　〔362〕
　　丑　儒家经典节选　〔368〕
　　寅　孙子兵法　〔370〕
　　卯　《诗经》二篇　〔377〕
　　辰　九歌·国殇　〔378〕
　　巳　前赤壁赋　〔379〕
　　午　牡丹亭·第十出·惊梦　〔380〕
　　未　《红楼梦》节选　〔383〕

参考文献　〔388〕

后记　〔391〕

第一章
中国传统文化的基本精神

英国著名学者汤因比认为,在人类历史上总共出现过26个文明形态,在长期的历史演进过程中,有的衰落了,有的消亡了,有的中断过,有的被征服过,至今尚存七大或八大文明。中国文明绵延数千年之久而从未中断过,业已成为世人瞩目的"东方之谜",体现出中国文化的强大生命力。

中国传统文化的基本精神,作为中华民族精神的重要表现,对中国社会和中华民族的历史发展,产生了深远的影响,发挥着重要功能。深入探讨中国传统文化的基本精神,继承与弘扬民族文化的优良传统,对我国现代化建设无疑具有积极的现实意义。

一、文化精神的意旨

文化作为一个十分庞杂的体系,林林总总,包罗万象。它就像我们周围的空气一样,除了看不见、摸不着,几乎无时不在,无处不存。文化的概念也相当宽泛,历来众说纷纭。目前,学界一般都认同,文化有广义与狭义之分。广义的文化是指人类社会历史发展过程中创造的物质和精神成果的总和,一般可分为物质的、制度的和精神的三个层面。它与"文明"的概念相近,以至于许多中外学者往往把"文化"与"文明"相互通用。中国《辞海》中说:"文明,犹言文化,如物质文明,精神文明",即为典型。狭义的文化专注于人类的精神成果,即作为观念形态的文化。从逻辑上说,后者从属于前者,狭义的文化相当于广义文化的深层结构——精神层面。研究狭义的文化当然离开不广义的文化这个宽阔背景。这正如汤因比在其名著《历史研究》中所说:"为了便于了解局部,我们一定要把注意焦点先对准整体,因为只有这个整体才是一种可以自行说明问题的研究范围"。这与现代系统论的观点也是一致的。可见,广义的文化与狭义的文化,两者互为因果,相互作用,相互影响,相互促进,相互制约,共存于一个统一体,有着不可分割的相互依赖关系。本书所谓的"文化",主要指的是狭义的文化。

所谓文化精神,是指民族文化中占主导地位的基本思想、基本观念,实际上就是核心价值观。它是相对于文化的具体表现而言的。社会器物、制度、行为、观念等等,无不和内在的文化精神紧密相连,两者的关系正如树干与枝叶的关系。文化研究的另一个方法论原则,即从把握特定文化的中心观念入手,以期真正深刻地把握整体文化系统的本质特征,如若中心观念不清或错误,则会全盘皆错。所谓"纲举目张",即是此意。中国传统文化源远流长,博大精深。若欲详尽毕备、面面俱到地弄清中国传统文化的方方面面、细枝末节,几乎匪夷所思。本书研究中国传统文化的一个重要方法即从文化精神入手,以期科学地把握它的整体与全貌。《易传》有言道:"精义入神,以致用也",此之谓乎!诚然,这是一项艰巨而复杂的工程,诚可谓"高山仰止,景行行之,虽不能至,然心向往之。"

从本质上说,文化精神与民族精神是相通的,但是,两者并不能简单地等同,文化精神是一个中性的学术用语,属于事实判断的范畴,它包括能够引导民族前进、推动国家社会发展的精粹思想,也包括有碍于民族生存和发展的消极落后观念,这是由于任何民族文化和文化传统都有精华和糟粕这种双重性所决定的,这是不以人的意志为转移的客观存在。民族精神,则属于褒义的政治语词,属于价值判断的范畴,一般指民族文化中的精神思想,是推动一个国家民族以及社会发展的主要精神动力。我们应该以清明理性的科学态度,正视民族文化精神的长处与缺陷,以现代化为参照系,通过创造性转化,扬长避短,同时汲取外来文化的一切优秀成分以充实发展自己，重铸新国魂。

二、中国传统文化的基本精神

中国传统文化的产生和发展受制于独特的自然条件和社会历史条件，包括大陆性地域的地理环境，以小农经济为主体的经济基础，以家族制度、专制制度以及"家国同构"为特征之社会结构，相对封闭的国际条件等诸多因素，相互影响和制约，构成了一个稳定的生存系统。与这个系统相适应，中国传统文化的形成和发展自成一体，具有自身鲜明的特色。由于中国传统文化极其丰富多彩，其文化基本精神也表现为包含诸多要素的思想体系，就其主体内容而言，包括以下几个方面。

（一）以人为本

美国哈佛大学教授杜维明认为，"中国文化关注的对象是人"，可以说主要是一种"哲学人类学"。对此，学界几乎没有异议。以人为本的人文主义或人本主义，向来被认为是中国文化的一大特色，也是中国文化精神的重要内容。与古希腊文化注重人与自然的关系以及希伯来文化、印度佛教文化重视人与神的关系不同，中国文化侧重于人与社会、人与人的关系以及人自身的修养问题。中国哲学，无论儒、道、佛，本质上都是一种人生哲学。从总体上看，以儒道两家为主干的中国传统文化，是一种伦理本位的文化，尤其以儒家为代表的以人为本的思想，在后来的封建社会中得到广泛的认同和创造性的发展。

必须指出，任何文化，都是人类活动的产物，本质上都是以人为本的，关键在于各自价值趋向的差异。中国传统文化中的人本主义与西欧14—16世纪文艺复兴时期兴起的人文主义在价值趋向上存在着本质区别。中国人本主义以家庭为本位，以伦理为中心，西方人文主义则以个人为本位，以法治为中心。中国文化重人，并非尊重个人价值和个体的自由发展，而是将个体融入群体，强调五伦，强调人对于宗族和国家的义务，是一种宗法集体主义人学，是一种以道德修养为旨趣的道德人本主义。西方文化中的人文主义重个体的价值，强调个人的权利与自由，强调人与人之间的平等契约关系，实质上是一种个性主义，它是西方民主制度和法律体系的重要思想基础。两者不能混为一谈。中国文化中的人本主义传统，重视道德伦理，角色扮演，履行一定义务，对维系社会正常运转、人际和谐和人生修养等方面都具有积极意义，但也存在着重人伦轻自然、重群体（家族）轻个体的倾向，与专制主义也有一定关联，这是它的消极因素。

（二）儒道互补

总体上看，中国传统文化思想以儒道互补为主体构架，也相当程度上体现了中华民族的性格特征。

从中国文化思想发展史来看，春秋战国时期，思想界出现了百花齐放、百家争鸣的生动局面，儒、道两家思想影响较大。汉初又崇尚黄老之学，至汉武帝接受董仲舒"罢黜百家，独尊儒术"的建议以后，儒学由子学一跃而为官方哲学。此后，它在中国传统文化思想中的统治地位始终未曾从根本上动摇过。汉末以降，由于中国土生土长的道教兴起以及外来佛教文化的传入，很快形成儒、道、佛三足鼎立的局面，并日趋融合。魏晋玄学从本质上说是儒、道结合的产物。宋明理学则是儒、道、佛三教合流的产物。中国传统文化是以儒道两家思想为主干，并形成互补之势。

从儒道两家思想对中国传统文化的影响来看，大体说来，儒学对中国传统文化乃至整个社会生活都有着广泛而深远的影响，尤其对中国传统政治文化、伦理道德、文化教育、风俗习惯、国民精神等方面的影响至为深远。道家、道教对中国传统哲学、文学、艺术、科技、宗教、医药、体育等领域有着相当广泛的影响。

儒、道两家思想内涵虽然各不相同，但双方也存在着颇多暗合、融通之处，两者相辅相成，相映成趣，在中国文化中得到多方面的表现。比如，中国传统哲学中的"阴阳"对立统一观念，古典美学中以善为美及以和为美的审美情趣，古代文学中"文以载道"及崇尚自然的文论流派，传统士大夫的"达兼穷独"的人生价值取向以及民族性格中刚柔相济的品格等等，这一切都是儒道互补在中国文化精神中的具体体现。它的积极之处在于有一种"圆而润"的智慧，但也一定程度上却欠缺"方以智"的精神品质。

（三）持中贵和

中国文化重和谐统一，与西方文化重分别对抗形成强烈反差。中西文化这一重大差异很大程度上反映了农耕文明和商业文明的不同特性。中国传统文化植根于农耕文明，表现出一种"静态"的特征，重视自然的和谐、人与自然的和谐、人与社会的和谐、人与人之间的和谐以及人自身的身心和谐等。中国传统文化以和为贵的和合精神最为典型地体现在"天人合一"的思想传统中。唐君毅先生深刻地指出："中国文化精神之本原，吾人即可为中国思想，真为本质上之天人合一之思想。"[甲]在中国古代思想家看来，天与人，天道与人道，天性与人性是相类相通的，因而可以达到和谐统一。在人与自然的关系中，中国文化比较重视人与自然的和谐统一，而西方文化则强调人要征服自然，改造自然。尽管中国古代思想中也有"明于天人之分""制天命而用之"的思想，但这种思想不占主导地位。无论是儒家和道家，都主张天人合一，反对天人对立。以儒家为代表的中国传统文化中"以和为贵"的思想观念主要侧重于人与社会以及人与人之间的和谐统一，这从孔子所谓"礼之用，和为贵"到孟子所说的"天时不如地利，地利不如人和"的思想中，可得到明确印证。

"持中贵和"不仅是中国传统文化中极其重要的思想观念，而且也培育了中华民族的群体心态，在中国文化的各个领域都有明显的体现。"极高明而道中庸""执其两端而用其中于民""致中和"等等，无不是农业自然经济和宗法社会培育的人群心态。经过长期的历史积淀，和谐精神逐渐泛化为中华民族普遍的社会心理习惯。如政治上的"大一统"观念，经济上的"不患贫而患不均"的思想，文化上的"天下一家"的情怀，为人方面的"中行"人格，艺术上的"物我通情相忘"的意境，文学上的"大团圆"结尾，美学上的"以和为美"的审美情趣，等等，不一而足。

贵和尚中的思想，作为中国文化基本精神的一个重要内容，对中国社会带来的影响也是双重的。它的积极作用和影响是主导方面，对保持社会稳定和发展，对于统一的多民族国家的维护，无疑有着积极作用。但是，不可否认，由于全民族在贵和尚中观念上的认同，中国文化缺乏如西方文化中的竞争、进取精神，这对社会的发展也有不利的影响。

（四）实践理性

所谓"实践理性"，主要体现为一种重现世、重实践、重事

[甲] 唐君毅. 中国文化之精神价值[M]. 南京：江苏教育出版社，2006：319.

实、重功效的思想方法和价值取向。它作为中国传统文化心理结构的主要特征，由来久远，而以理论形态去呈现则在先秦儒、道、法、墨诸主要学派中，尤其是深受儒家人文主义精神以及明末清初启蒙思想家经世思潮的影响。作为一种思想方法，它注重客观事实，注重历史经验，重视直觉顿悟和整体思维，满足于解决问题的经验论的思维方式。作为一种价值取向，实践理性注重身体力行、经世致用的行动哲学，尤重道德功利主义。它与美国的实验主义精神有相似的地方，也有不同之处，两者不能混同。实践理性对中国文化精神和民族精神的影响至为深远，在实践中也带来了双重效应，但积极效应占主导地位。深得人心的"实事求是"的思想路线是实践理性学术传统在实行中的积极效应。据考证，实事求是，原意是一种严谨治学的科学精神。东汉班固在《汉书·景十三王传》中谓河间献王刘德"修学好古，实事求是"。唐代颜师古在注《汉书》时指出它意指"务得事实，每求真是也"。无疑，实事求是的学风，是一种科学的态度和实学的精神，对后世产生了相当积极的影响。它所奉行的学以致用、身体力行的信条对中国历代志士仁人的人生价值也有着深刻的影响。但实践理性也存在着忽视理论抽象、急功近利的弊端，容易陷入实用主义的倾向，这也是需要警惕的倾向。

三、继承与弘扬民族文化的优良传统

和任何事物都具有二重性一样，中国传统文化精神既有民主性精华，也有封建性糟粕。对现代社会来说，它是一种可资开发利用的潜力巨大的社会资源。我们应当以现代化为参照系，对我国民族文化传统进行创造性转化，弃其糟粕，取其精华，并赋予民族文化的优良传统以现代内涵，注入新的时代精神，使之成为我国现代化建设的强大精神动力，这则是我们当代人的神圣职责和崇高使命。从宏观角度看，我们应该继承与弘扬的民族文化的优良传统，主要包括以下几个方面。

（一）以天下国家为己任的爱国精神

以儒家为代表的中国传统文化历来强调以治国平天下为人生最高目标，以大一统为社会理想状态，把国家民族的前途和命运放在首位。这种爱国主义情愫深深积淀在中华民族文化心理结构之中，不知感染和熏陶了中国历代多少志士仁人!从范仲淹的"先天下之忧而忧,后天下之乐而乐"到文天祥的"人生自古谁无死,留取丹心照汗青",从顾宪成的"风声、雨声、读书声,声声入耳;家事、国事、天下事,事事关心",到顾炎武的"天下兴亡,匹夫有责",从林则徐的"苟利国家生死以,岂因祸福趋避之"到鲁迅的"我以我血荐轩辕"……这些格言至今仍闪烁着熠熠光华,无一不是这种爱国主义精神的典型写照。爱国主义是中华民族最深厚的精神传统,也是近代以来中国时代精神的最强音。中华民族自古以来就具有强大的向心力和凝聚力,与这种爱国主义精神密不可分。

(二)追求崇高的人格精神

孔子讲"三军可夺帅也,匹夫不可夺志"(《论语·子罕》)。孟子力主人在道德上要具有"至大至刚"的"浩然之气",提倡"富贵不能淫,贫贱不能移,威武不能屈"的大丈夫人格。孔孟阐扬的"圣人"和"大丈夫"的理想人格以及"杀身成仁""舍生取义"的崇高精神境界,在铸造中华民族精神品格方面有着极为重大、深远的影响,集中体现了中华民族独立的人格尊严和崇高的精神境界。

(三)刚健有为的进取精神

《易经》中说:"天行健,君子以自强不息","苟日新,日日新,又日新"。《论语》中也讲"志士仁人,不可以不弘毅,任重而道远。仁以为己任,不亦重乎,死而后已,不亦远乎"!这是对中华民族自强不息,积极进取精神的高度概括。在近代中国,中华民族这种自强不息的精神则表现为不屈不挠的抗击外来侵略、争取国家民族独立的斗争精神以及不断改革创新、探求救国救民真理的精神。对于当今社会而言,大至国家、民族,小至单位、个人,都应该继承和发扬这种民族精神,这样,我们的事业才会兴旺发达。

(四)厚德载物的兼容精神

《易经》中说:"地势坤,君子以厚德载物。"意即要人们以大地般宽广的胸襟承载万事万物,顺承天道。《中庸》中也讲"万物并育不相害,道并行而不相悖",这些都反映了中华民族那种无比宽阔的襟怀。海纳百川,有容乃大。正因为有了这种胸怀,汉唐时代汲取外来文化的气魄十分博大,显现出强大的汉唐雄风。近代中国在中西文化交流中对外来文化兼收并蓄，将西学中的优秀成分加以吸纳、摄取、涵化，使之成为中华民族文化的有机组成部分。特别是五四时期，经过对多种思潮的百家争鸣，推求比较，中国革命选择了马克思主义作为指导思想，从而使中国革命面貌焕然一新。一个真正有自信力的民族，不但要从民族文化中汲取积极的营养，还应善于从世界上外来文化中充分吸收可以滋养、丰富民族精神的一切优秀的文明成果。只有这样，才能使自己的国家民族兴旺发达，创造光明的未来。

第二章
《周易》与中国传统文化

一般人都认为《周易》是天书，神秘奥妙，深不可测。其实，它是经历了漫长时间，由那些勤于观察、善于思考的智者先贤在生活实践中探索出来的。只要我们本着实事求是的科学态度来研究《周易》，就可以把握《周易》基本框架、内容特色及其精神实质，也可以科学客观地评价这部中国"文化之源、众经之首"的著作对中国文化的深远影响。

一、《周易》概述

（一）概述

《周易》一书分"经"和"传"两大部分。经包括六十四卦，三百八十四爻，以及解释六十四卦和解释三百八十四爻的爻辞。传是对经的解释，包括彖辞上下、象辞上下、系辞上下、文言、说卦、序卦、杂卦，共十个部分，通称"十翼"，又称为《大传》。《易传》对《易经》的义理、象数以及卜筮作了详细的解释。一般认为，《易经》形成于西周前期，《易传》形成于战国后期，从《易经》到《易传》的历史发展长达七八百年之久。

从形式上看，《周易》可分为符号（八卦、六十四卦）与文字（卦辞、爻辞）两部分。卦画本身没有表现出确定的意义，要理解其中蕴含着的深刻思想，需要借助卦、爻辞的文字说明，但卦画卜筮、卦位爻位作为易象，则代表着宇宙间一切事物，是对客观事物的区分和认识。爻象所代表的阴"— —"和阳"——"，是对宇宙间各种纷繁复杂事物的高度抽象。卦画变化总是与客观事物的变化相联系的。《系辞传》说："易者，象也。""吉凶者，失得之象也；悔吝者，忧虞之象也；变化者，进退之象也；刚柔者，昼夜之象也。"符号系统和语言系统相互依存，缺一不可。

从内容上看，《周易》包括辞、变、象、占四个方面，又可概括为义理、象数两大部分。义理与象数的统一是《周易》的显著特征。义理寓于象数之中，离开象数就不能深刻地理解义理。反之，只论象数，不重义理，就无法了解《周易》的真正内涵。

易卦是《周易》的重要组成部分，而组成易卦的最基本单元是爻。爻的符号是"— —""——"，象征阴阳两类事物。"——"代表阳、刚、积极、君、奇数等。易卦中"——"用奇数一、三、五、七、九中最大的九表示，称"九"；符号"— —"代表阴、柔、消极、臣、弱、依附的事物与性格，用偶数二、四、六、八、十的六代表。四象、八卦、六十四卦，变化多端，其根源不过是"— —"与"——"两种符号的排列组合。

"— —"与"——"两种符号相互重叠构成卦画，卦有八卦、六十四卦。就卦形成的顺序而言，八卦的三画卦产生在先，六十四卦的六画卦产生在后，先有八卦，再由八卦"因而重之"产生六十四卦。

八卦为经卦，由三个爻画构成，分别为☰(乾)、☷(坤)、☳(震)、☴(巽)、☵(坎)、☲(离)、☶(艮)、☱(兑)。这八种卦画代表天、地、雷、风（也代表木）、水、火、山、泽八种不同类型的自然现象。八卦再自叠或互叠而构成六十四卦；由八卦"因而重之"出的六十四卦也称别卦。

在《周易》六十四卦中，每卦六爻都各有其象，各有其位。爻位由卦的最下一爻或称第一爻往上数，依次为初、二、三、四、五、上六个位次。在六十四卦中，初、二两爻象地，人立地之上面，故二爻为地位；三、四爻象人，人生存在地上，故三爻为人位；五、上两爻象天，人生存在天的下面，故五爻为天位。这种天、地、人爻位的区分是以人为中心而得出的一种直观的、经验的结论。易卦六卦中，一、三、五为奇为阳，凡

一、三、五爻位为阳爻则皆为正位或得位。阳爻居于阴位，或阴爻居于阳位，皆不为当位或叫失位。当位为吉利之象，不当位为不吉利之象。古人还将爻位直接赋予贵贱之名，如初爻为元士，二爻为大夫，三爻为大公，四爻为诸侯，五爻为天子，上爻为宗庙。初九、九五为圣人，初六、六四、上六为小人，九三为君子，九二为庸人，九四为恶人。古人正是依照这种爻位模式，来推演解释事物的吉凶好坏。而这也正是当时社会不平等现象的反映。

《周易》的最大特点和最神秘之处，在于它用筮与卦来表达思想。或者说，是用象数表达思想。

我国历史上传说曾有三《易》：《连山》《归藏》《周易》。《连山易》是夏代的易，《归藏易》为商代的易，《周易》是西周的易，其间相距七八百年。《易》原本是卜筮之书，作《易》的目的乃是"以神道设教"。古人认为可以以卜筮定吉凶，将吉凶用卦象喻示出来，让人感到卦爻所言不是没有根据的，而是神的旨意。

关于易卦的产生，《系辞传·下》说："古者包牺氏之王天下也，仰则观象于天，俯则观法于地，观鸟兽之文与地之宜，近取诸身，远取之物，于是始作八卦，以通神明之德，以类万物之情。"这段话说明，八卦的卦象是人们对世界认识抽象化的结果，是一种思维抽象。

易卦是由"—""– –"两个基本符号排列组合而成的。古人就是依据这些符号卦象，来概括说明天理人事和占卦休咎。

人们所面对的世界千差万别、千变万化，要从思想上把握复杂的世界，只能借助于思维抽象，运用概念进行思维。概念是思维的细胞，既可用语言文字表达，也可以用其他的符号表示。在《易经》中，古人是用"—""– –"这两个符号表达概念的。"—""– –"符号具有最大的抽象性和灵活性。只有这样，才能适应一切事物，一切时变，从而道出天下后世无穷无尽的前因后果及其基本规律。根据通行说法和《周易》系辞的解释，"– –""—"符号表示阴阳。当人们创造这两个符号时，头脑中就已经有了阴阳概念。而当人们运用这两个符号构成四象、八卦、六十四卦时，阴阳概念就更加明确，并运用它进行占卜或思维。在《易》中卦画分阴阳，爻位为阴阳，一动一静，一奇一偶，一辟一阖无不分阴阳。阴阳是"易经"最高范畴,"一阴一阳之谓道",阴阳变化之道成为万事万物的准则。

阴阳概念是从各种具体事物抽象出来的,因而具有普遍性的指导意义。根据阴阳概念,《易》"立天立地""通志""定业""断疑"。《系辞传》说:"夫《易》何为者也?夫《易》开物成务,冒天下之道,如斯而已者也。是故圣人以通天下之志,以定天下之业,以断天下之疑。"这段话说明《易》能够提出前人没有认识到的问题,能够将前人知识丰富提高,使之抽象成为更高的理论。正因为如此,《易》是最为普遍、最为抽象的理论。

由于《周易》是用卦爻符号表达思想,从《周易》的演绎发展中,《周易》画八卦以摄万有,设阴阳为变化之母;八八六十四卦通天下之志,定天下之业,断天下之疑,可谓博大精深,辉煌至极。千百年来一直被崇奉为"六经之首""三玄之冠"。正因为许多人认为《易》道广大,无所不能,故凡人凡事都以《易》道为思维模式和行为准则。因此,难免使人们的思维被固定在结构严整的框架模式之中。也由于存在这种固定的思维模式,因而容易表现出对客观事物的主观臆测和武断。再加上后人,特别是一些方士术师(如汉京房,唐李虚中)的注解发挥,《周易》披上了神秘的外衣。八卦成了神秘莫测的"黑箱",八卦学说逐渐与迷信混杂一起。

不管《周易》产生的历史背景是如何与宗教神学联系在一起,也不管《周易》筮卦理论的抽象性是如何简朴稚嫩,我们都无法忽视《周易》符号体系和语言体系相互渗透而形成的独特的世界观、自然观和人生观,尤其是这部著作对后世的重大影响。

(二)思想

中国智慧绝非西方思维体系所能完全容纳和规范,它遵循人类认识发展的一般规律,又有其独特的个性和罕见的生命力。中国传统文化之谜在古老典籍《周易》中隐约可见……"思维方式""传统文化""中国智慧""周易"几个热点在向一处聚焦,我们可以发现其间内在的逻辑联系。中国智慧主要是一种"诗性智慧",其最初特性与预兆占卜紧密相连,运用诗性语言、诗性逻辑、意象思维进而形成诗性哲学,中国的卜筮之书《易经》及后世解经之《易传》正是诗性智慧早期凝结物,并规定了中国智慧和中国文化后来发展的趋向。

"诗性智慧"是意大利学者杨巴蒂斯塔·维柯（1668—1744年，近代社会科学创始人）的著作《新科学》（全名《关于各民族共同性的新科学的原则》）一书的论述中心。维柯认为"诗性智慧"本义是创造或构造的智慧，是人类历史发展的起点，在早期"诗人们首先凭凡俗智慧感觉到有多少，哲学家们凭玄奥智慧来理解的也就有多少"，理性智慧是在诗性智慧的基础上产生和发展起来的，但人类"推理力愈弱，想象力也就愈强"，哲学的发展是艺术衰落的根本原因，断言人类到了成年期，诗（艺术）将被哲学代替，理性智慧占了主导地位，诗性智慧只能是荷马时代的光辉遗迹了。比维柯晚了两个世纪的法国人类学家列维·布留尔在其巨著《原始思维》中指出："真正的智力倾向于逻辑统一，它宣告了这种统一的必然性，然而实际上我们的智力活动既是理性的又是非理性的，在它里面，原逻辑的和神秘的因素与逻辑因素共存。"这便比维柯进了一步，但由于朝代与视野的局限，他也没有意识到"与欧洲背道而驰的思维方式"究竟发展到了什么程度，而是仅仅将其作为"原始民族的求知方式"来研究。

然而诗性智慧在中国非但没有随社会发展而消亡，而是在《易经》中凝结起来，又通过《易传》、易学研究逐渐拓展道路，贯通儒道，渗透到中国文化的深层结构和华夏民族的心理机制之中，象形文字强化了这一倾向，经学模式和中国封闭的地理环境使其顺利延续，创造了独具风貌的一度遥遥领先于世界的灿烂文明。植根于中国几千年文化的、不断发展完善的、包含大量理性智慧因素在内的走向成熟形态的诗性智慧就是中国智慧。

二、《周易》与中国文化

（一）易象与中国传统文化的思维方式

《易传》说："易者，象也，象也者，像也"。"象"是《周易》的核心范畴，筮数以定象，系辞以释象，据象而定占。经过漫长的占卜历史，《易经》中的象已是经过归纳、概括、整饰，既保留了物象的特性，又舍去了物象的偶然性、局限性，同抽象思维中的概念一样，具有极大的统摄力，这是诗性智慧摆脱其原始形态迈出的关键一步。理性智慧的潜流促进了这一进展,"意"与"象"建立了比较稳固的联系,《易经》卦象以阳爻 ——、阴爻 – – 为材料,相互连接,每卦六爻,分为内外卦,通过排列组合构成的种种模式,通过其流动、联结、转换等方式形象直观地反映客观世界的运动,提供了诗性智慧的典型形式——意象思维的模式。《易传》则为此提供了形而上学的证明,大大推进了诗性智慧向高级阶段跃进。

从根本上说,象是从观天测地的实践中抽象出来的,它有双重含义,其一是指事物的形象,其二是象征、类比、比拟。在传统文化中,人们要把握事物的具体意义,往往借助于具体的形象符号来进行。就是说,这些图象都是古代人们思维的载体,思维的真正目的在"得意",《周易》正是通过卦爻符号体系来阐发天道人事,蕴含万物更新的意义。

宗白华先生指出:"仰俯往还,远近取与是中国哲人的观照法,也是诗人的观照法,而这种观照法表现在我们诗中画中,构成我们诗画中空间意识的特质。"这种全方位的观照方式,源自"人为天地之中"的素朴观念,对中国传统思维方式整体性、全息性特征的形成影响甚大,也决定了中国文化的开阔视野。中国诗歌中的宇宙意识,绘画中的散点透视,建筑中注重与自然环境协调融合等皆为这种观照方式在艺术实践中的具体运用。于全方位观照中接受万象启迪,领会万物之情,众物之意。可以说,中国古代哲学史上的主要哲学家都以论证天人关系为首要任务,而以《周易》为肇端的"天人合一"说影响甚大。虽然其并没有明确提出"天人合一"命题,但其思想贯穿《周易》整个体系之中。

八卦是观物取象而得,"圣人有以见天下之赜,而拟诸其形容,象其物宜,是故谓之象"。易象这种以象示意、意象一体的特征与形象揭示对象内在本质和生命力的艺术形象相通,只是易象是尽意的手段,得意可忘象,所谓意溶于象,象合于意,是不可分割的整体,其本身便是目的。

象在中国诗性智慧的发展历程中扮演了主要角色,如果说《易经》采用象作为思维基本单位尚是顺应原始思维之流向自然而下,那么在《易传》中则从理论上明确肯定了这一与理性智慧不同取向的基本原则。"言不尽意"故"圣人立象以尽意",中国早期哲人清醒地看到了语言概念的局限性,"形而上者谓之道,形而下者谓之器",在"道""形""器"三个层次中,中国人既未以道体道，也未以器体道。而是从中层入手，由"形"生"象"，因象体道。具有更大的包容性、灵活性、生长性的"象"与其所传达的"变化之道"有更多的形式上的同构性，"神无方而易无体"，因而可沟通道器，利于全息地整体地动态地把握对象，使人于直观感悟中体道。但象的这种特性也阻碍了认识向精微、明晰、系统的方向发展，而一直停留在混沌、宽泛、包容无遗的现象形态上，例如汉代的京房（前77—前37）、郑玄（127—200）、简爽（128—190）等人就是利用《周易》筮卦，结合阴阳五行、日月星辰、四季物候的变化创立所谓互体、旁通、卦气、爻辰等象数模式体例，宣扬神秘的教条。

（二）易辞与中国文化的语言表达方式

易辞是易象的延伸和定型，是构成整部《易经》的主体。在诗性智慧发展到意象思维阶段，言辞成为主要的表现形式，正如维柯描述的："神学诗人们所说的那种最初的语言……是一种幻想的语言，运用具有生命的物质实体而且大部分被想象为神圣的……"《易经》卦爻辞编排齐整，颇有文采，已是运用纯熟的接近成熟状态的诗性语言了。早熟的象形文字使其获得稳固的形式，而高超的记载和保存文化的技术又使其一脉承续下来，左右着中国智慧的走向也从根本上决定了中国文化的外在风貌和内在精神。

释象定占是易辞最基本的功能。六十四卦囊括了当时人类社会生活的主要领域，卦爻辞便是当时政治观、经济观、伦理观、历史观、文化观的体现，卜筮者们通过"吉凶悔吝"来表达其价值标准。"履以知行，谦以制礼，复以自知，恒以一德，损以远害、益以兴利，困以寡怨、井以辨义，巽以行权……"以政治伦理为中心的中国实用文化的许多价值观念，行为规范皆可溯源于此，其中包含的哲理可以脱离其占筮体例而存在，故孔子感慨：不占而已。荀子深谙：大易不卜。《易经》提供了中国文化的脚本。

此外卦爻辞的主要功能是明象（言以明象）、尽言（系辞焉以尽其言）、表情（圣人之情见乎辞）。易学大师王弼这样论述意、象、言之间的关系："夫象者，出意者也，言者，明象者也，尽意莫若象，尽象莫若言……意以象尽，象以言著。"明象之言辞是象的延伸，亦带有象的特点，言辞所铸出的象仍是有生命的活体，而非僵死的概念。孔颖达曾概括："凡《易》

者，象也，以物象而明人事，若《诗》之比喻也。或取天地阴阳之象以明义……或取万物杂象以明义。"这也直接影响到我国诗画艺术以自然为主题，托物抒怀，寓情于景的表现方式，也铸造了中国文化各种形式（如哲学、美学、艺术理论）善用譬喻、象征手法说明道理的特性。为使明象之言辞不限死象的外延，王弼还提出"得象在忘言""得意在忘象"的命题，与注重范畴规范，醉心于构造理论体系的西方理性智慧形成鲜明对照。言有言外之意，象有象外之意，言象皆为达意的工具，刘禹锡的"境生于象外"、司空图"象外之象"的命题皆是此意，要求给人以暗示、启发，让读者于沉思默想中自得其意，既不道破，亦不限死，而是将读者引入完满恢宏的境界之中。以形象思维的方式、诗性的语言来表达深刻的思想。

易辞负有"尽圣人之言"的使命，在无事不卜的远古时代，卜筮者是传达神意的最高决策者，一语千钧，需要高度责任心，后世作为统治者高参，自然出语也十分慎重，因而构成《易经》特定内涵和特殊的文风。"夫易，彰往而察来，微显阐幽，当名辨物，正言断辞，则备矣。其称名也小，其取类也大，其旨远，其辞文，其言曲而中，其事肆而隐。"

"圣人之情见乎辞"，是什么样的情愫呢？"易之兴也，其于中古乎，作《易》者，其有忧患乎？"《易传》作者的这些猜测不无道理，司马迁也认为"文王拘而演易"把卦爻辞中时时出现的危世之言，警人之语，忧患之心，变革之义与作易者遭际联系起来。《周易》中这种深沉的忧患意识渗透到中国文化精髓之中，推动文化人面向现实忧国忧民，不平则鸣，有感方作，其辞中总脱不了那永不消逝的惆怅与穿透时空的慨叹。

刘勰《文心雕龙》云："情者文之经，辞者理之纬，经正而后纬成，理定而辞畅，此立文之本源也。"这与《易传·文言》中提出的"修辞立其诚"一脉相承，体现了中国文化的忧患意识和凝重的个性。古人所谓"立德""立功""立言"，其中"立言"并非仅是言辞形式，而是含有其深沉境界和深刻思想的言辞。

（三）易数与中国文化中的诗性逻辑

易数是易象流动的程序，它不仅仅是一种占筮体例，更重要的是，它提供了一套诗性逻辑的精致而精密的形式，促进了诗性智慧向高级阶段的跃进。爱因斯坦曾感慨："西方科学的发展是以两个伟大成就为基础的，那就是：希腊哲学家发明形式逻辑体系（在欧几里得的几何学中）以及通过系统的实验发现有可能找出因果关系（在文艺复兴时期）。在我看来，中国的贤哲没有走上这两步，那是用不着惊奇的，令人惊奇的倒是这些发现（在中国）全都做出来了。"这些发现在《周易》中已经做出，应补充说明的是，这是诗性智慧的"形式逻辑"（实际上是系统化的诗性逻辑）诗性智慧的实验方式（实际上更偏重感性经验），但无疑，这也是把握事物（尤其是宏观事物）内在规律的一种有效方式。中国古代文明正是建立在这个基础上。中国古代不仅在文学艺术方面臻于极境，而且在天文、地学、水利工程学、历法、数学、医学、农学、印刷术、冶金铸造学、机械学、建筑学等方面，都已达到当时世界最高水平，远远超出欧洲中世纪的科学技术成就，可见，诗性智慧并非不结果实的花，诗性逻辑及其最初体系——易数，还值得深究。

　　易数来自筮占，筮占是占卜术的高级形态，标志着原始民族计数、运算和抽象概括能力的提高。筮促使数从物中抽象出来，形成一个象、意、数融合"收万于一"，"由一衍万"的凝结器，以《易传》所载筮法，已是一数一法皆具象征意义的精密体系了。正如成中英先生所言："《易经》形成八卦体系时，代表中国哲学思维成为一模式阶段，提供了一个以形象化思维表现出来的宇宙图象。"我以为这便是那个著名的阴阳双鱼图，这个图形实际是以一点为起点、终点和中心而画成的，由一点向相反方向运转，而后由这点向外涵括这最大限度的可能性，于是形成这个无所不纳的图象，相反的双方相互包含，随时可能转化，这便是令理性智慧头疼的中国辩证法——诗性逻辑。它代表着一种全息的、整体的、系统的宇宙论的思维方式，既是宇宙图象，又是认识图解，还具有重要的美学意义，中国古典美学艺术孜孜以求的和谐便体现其中。

　　通过易数，《周易》还提供了一个以易象、易辞为质料，以易数为其运行轨道而构建的立体宇宙模型。"效天下之动"。"易与天地准，故能弥纶天地之道"这个准星便是那个既为起点又为终点又为中心的"天枢"，以此点出发，仰观俯察（从中心出发的空间观念）原始返终（由一点出必又回归的时间历程）观物察变。可见此模型与宇宙图象同根同义。《易》作者认为它"与天地相似"，"范围天地之化而不过曲成万物而不遗"，并且"神无方而易无体"并非一个硬性构架，而是"唯变所适"。"易之为书也广大悉备，有天道焉，有人道焉，有地道焉，兼三才而两之故六。六者非它也，三才之道也。"这是原始思维中"天地生人"观念的继续；自然与社会，主体与客体皆一体所生，一道所化，贯以一理。天地人三材并立，天有天文，地有地文，人有人文，这种将人文与天地造化之功并列的广视角、全方位的观念，使人的创造物有了本体论意义，形成一个天地人调谐共振的诗意盎然的宇宙观，进而给中国文化一个坚实的基础。中国智慧从未放弃过谋求社会与自然，精神与自然，个人与自然的和谐统一，这也成为中国文化的基调。"人文之元，肇自太极，幽赞神明，易象为先"。

易数使易象在诗性逻辑的轨道上流转开来，由八经卦"二二相耦，非覆即变"而衍出六十四卦构成一个不断变幻的流程，"参伍以变，错综其数，通其变，遂成天下之文，极其数，遂定天下之象。"这意味着，《周易》"象"的思维在后来的发展中突破了一物一象、单一对应的象数比拟模式，形成了象外生象、触类变通、互为变卦的卦象推导模式。《周易》六十四卦有十二个特殊卦象，它们的刚爻与柔爻自初至长排列而不相错杂。这就是"复""临""泰""大""壮""乾""姤""遁""否""观""剥""坤"，从这十二卦象看，阴阳柔刚变化很有规律，前六卦是阴爻逐渐增加，后六卦则相反，正是根据这一刚柔相长规律，《周易》把它与一年十二个月联系起来，认为这十二卦是刚柔消长的天道运行十二消息的盈虚反映。进一步讲，事物的变化发展过程和天道运行一样，是刚长柔消，柔长刚消，刚柔相互消长的过程。这是自然界和社会变化的客观规律"君子尚消息盈虚，天行也"，对阴阳消长之规律，人们只能认识它，顺应它，利用它。

而这种流动的顺序也是易学专门研究的一个重要问题，即卦序。道行的排列顺序是乾为首，坤为次，终于未济卦。整个《周易》六十四卦体系，是一个将天地万物、男女社会都化作一个时间进程的体系。在这个体系中变化的象本质上都具有一种时间上的流动美。从美学和艺术角度来看，它标志着中国艺术形象的特点是在时间上展开，有着强烈的顺序感、节奏感、韵律感。从哲学上看，这种卦序，是《易》通过顺序逻辑思维的结果。具体体现为：

（1）对立与统一。上文提到的"二二相耦"，即每两卦为一对，互相配合。这种配合有两种方式：一是覆，即二卦颠倒如屯与蒙、需与讼；二是变，即卦象六爻皆相反，如乾与坤、复与离。非覆即变这两种结合方式也叫反对方式。

(2) 抽象与具体。从逻辑上看，从抽象到具体是思维把握认识对象的逻辑行程的一个阶段，从思维的抽象规定上升为思维的具体，才能从孤立的、个别的规定上升为许多规定的综合、多样的统一，这个过程就要遵循客观的逻辑顺序。可以肯定，周易正是从净化的两个哲学概念——阴与阳出发，以其为逻辑起点推演出了万事万物、变化及规律，其逻辑理性思辨色彩影响万代千世的哲学思维。

(四) 易理与中国文化的哲学境界

1. 易理

易理，即指易学的基本原理，也是周易哲学的概括和总结。应该说，在这里揭示的也是中国诗性哲学的基本原理。《易纬·乾凿度》："易一名而含三义，所谓简易也，变易也，不易也。"此说较为全面，在易学史上影响很大。"易"之"简易"，源自"乾以易知，坤以简能"；"变易"源自"生生之谓易"；"不易"则是"其要无咎""守中"的结果。易之三义也构成了那个著名的阴阳太极图，一个包含无限变化的圆圈。"易"中之"易"、"易"在"周"中，郑玄所谓"周易者，言易道周普，无所不备"正是此意。千变万化而不逾矩，包含无限可能性而又殊途同归，将对立矛盾不露痕迹地统一于和谐，正是易理的要义，正是诗性智慧的极致，也正是中国诗性智慧孜孜以求的理想境界。

一是简易。"乾以易知，坤以简能，易则易知，简则易从……易简而天下之理得矣；天下之理得而成位乎其中矣。"宇宙人生，万象纷纭，但天地大道则一，《易》以八卦符号构成体现大道运行的模型，抓住本质规律，并简洁地形象地表现出来，成为诗性智慧认识的典范，亦成为后世艺术的楷模。《乐记》"大乐必易，大礼必简"，《文赋》"除烦而去滥"，《文心雕龙》"物色虽繁，而析辞尚简"皆顺此而来，中国绘画简法生动的线条，墨色为主的色彩，中国书法空灵动荡的意境，纵逸多姿的笔法，皆体现易简的妙韵。"道朴素而莫能与之争美"，中国美学总是把朴素、简淡、平易置于上品之列，所谓"删繁就简三秋树"。但崇简尚易也产生了一些副作用。如缺乏系统的理论体系，较多语录式的表达，如《论语》。

二是变易。按前人之说法，《周易》以"其要无咎""保合太和"为外围，以"通变""生生不息"为内核，所谓"生生之谓易"，"一阴一阳之谓道"这样一种由变易而致中和的发展观，成为中国文化的主要命脉，其阴阳对立统一的辩证思想已达十分纯熟的水平。

（1）生生之谓易。"乾坤成列而易立乎其中矣"。天地定位，变易不息。这种变易不是从量变到质变的机械过程，而是"天地感，而万物化生"的自然过程。《易》以阴阳交感的"泰"卦表达对"变易"的推崇，远古生殖文化在《周易》中升华为生命哲学。正如英国科学史家李约瑟所言："在希腊人和印度人发展机械原子论的时候，中国人则发展了有机宇宙哲学。"自然、社会、人生在"生生"的基础上统一起来，"生生之谓易"，"日新之谓盛德"，生命气息遍及这个有机宇宙的肌体，阴阳刚柔推移变化、感应化生的过程无时无刻不在继续。

（2）一阴一阳之谓道。这个生出易能的命题含有四个方向的意义。一是注重阴阳消长的过程；二是注重阴阳互相渗透，刚柔交错，刚柔相拍而起变化；三是注重万事万物一分为二、合二为一；可以说《周易》的变化就是这样一分为二、合二为一的生生不息的变化过程；四是阴阳两极相通，和谐相融的统一体。

三是不易。宋朝理学家朱子说："善为易者不占"，而是致力于把握《周易》所揭示的"理"——即不变的规律。《周易》的这种不易观既体现了它对规律的看法，也揭示了这是一个由变易而致不易的具体过程。

奠基于上述这种生命哲学上的"变易"观，必然走向"中和"，《三统历》曰："阴阳虽就，不得中不生，故易尚中和。"对于个体，中和既是生命健康成长的前提，又是心灵安宁畅舒的保障；对于社会，"中和"既是统治者文治之道，又是民众保身哲学；对于中国文化而言，中和既是表现的对象又是追求的目标；对于中国文化和哲学，中和成为基本的原则。乾卦，这是周易中分量最重的卦，明确地表明中和既是生命的原理，又是事物稳定性的可靠保证的道理。"乾道变化，各正性命，保合太和，乃'利贞'"。即是说"太和"是天地大化流行的根本，这正是《周易》的演易之宗旨。

《周易》的占筮体例将中和予以定位，从而进入"不易"阶段，把矛盾对立而相济达到"和"的矛盾中间阶段这一相对静止状态固定下来，其结果有两种，一方面，"执中"以求"无咎"，于是在变易阶段展示辩证规律、生机勃勃的《周易》哲学到不易阶段则显出"阴阳家拘而少畏"的底色来，由刚健有力走向消极守成，调和折中，甚至沦为卫道工具。另一方面，许多人也在文化发展的历史中，不断地突破《周易》占筮体例框架，把哲理内容彻底解放出来，从而使诗性智慧向更高层次迈进。这个发展过程集中体现儒家对《周易》的改造，形成的影响深远的"中和"哲学。孔子提出的"执两用中""和为贵"等儒学传统观念便是《周易》阴阳和谐，当位，执中而协同思想的创新与光大。

2.《周易》中的易理哲学

《周易》中的易理哲学不仅影响到文学、艺术、道德、宗教，而且也影响了中国传统的科学思想，揭示了一些朴素的科学原理和方法论原则。如：宇宙秩序原理：探索现象背后的秩序，是科学思想的源头。可以说，这也是《易》努力的目标之一，在这种努力中，《易》的思想中涉及宇宙生成论，感应论、循环论观点、构成了《易》关于宇宙秩序原理的内容。

(1) 生成论原理。《易经·系辞》提出："易有太极，易生两仪，两仪生四象，四象生八卦，八卦定吉凶，吉凶成大业"，并且以筮法的操作将其具体化，以体现自然演化步骤。

(2) 感应论原理。所谓感应论是主张事物以气为中介相互关联，基本规则是同类相盛。古人常用此观点解释一些自然现象，比如说潮汐现象，天气变化对人体生理活动的影响等，可以说，由董仲舒完成的阴阳五行天人宇宙论模式对中国文化特别是科学发展（如中和理论）影响很大，而这种思想也是最早见于《易》。《易传》最早提出气的感应观念。《易传·感卦象》有"二气感应以相与……天地感而万物化生……观其所感，而天下万物之情可见矣。"《易传·乾卦文言》提出"同声相应，同气相求……各从其类"，这是感应论的最初表达方式。

(3) 循环原理。所谓循环论主张一切自然过程都是终而返始的。它是中国先哲们在阴阳概念基础上将其提升为宇宙秩序的一个原理。可以这样说，这种理论对中国学术（包括科学思想）的影响是复杂而又深远的。例如以循环论思想指导的对自然界种种周期现象的观察和利用（历法、经络和血气循行环路），应该说，这种思想也是容在易理之中。《易经》的八卦和六十四卦是以阴爻阳爻两种符号组成的两种基本循环模式，而著名的"无平不陂，无往不复"是带有朴素辩证法思想的概括。

3. 易德与中国文化的道德理想

《周易》是以天人关系来论证伦理道德的内容与意义的，这对中国文化影响很大。《说卦传》中道："是以应天之道曰阴曰阳，立地之道曰柔曰刚，立人之道曰仁曰义。兼三才而两之，故易六画而成卦。"可见，天地人既是构成客观世界的实在内容，也是易卦形成的主要依据。可以说，这是一种从道德角度建立起来的天人宇宙的模式。其中值得注意的是，在这一部论述天地人及其相互关系的典籍中，大部分内容是重人。八卦是三通卦，上爻代表天，下爻代表地，中爻代表人。六十四卦是六亘制，初爻、四爻表地道，二爻五爻表人道，三爻、上爻表天道，《周易》特别看重二、五爻位，"二五得中"，把人道放在中心位置。说明同天地相比较，易更重视人事，重视人的主观解释的发挥。而这种思想最突出体现在人的伦理道德关系上。

（1）周易的理想人格设计。《周易》强调以人为本的道德实践，通过实践达到一种至善至美，超越自我的理想人格。要达到这一理想，要求人们在道德修养中以知行合一为修养原则，以自强不息为精神动力，所谓"天行健，君子以自强不息，地势坤，君子以厚德载物"，对天地来说，自强不息与厚德载物是自然本源，但对人来说，则非自然来源，只有通过道德修养才能顺天应人，天人合一。

（2）《周易》还提出许多人格修养、完善人生的途径与方法，提出道德的理想与境界。涉及人生各方面。六十四卦中有二十九卦谈到君子德行修养问题。比如：

乾：天行健，君子以自强不息。

坤：地势坤，君子以厚德载物。

小畜：风行天上，小畜，君子以懿文德。（因该卦为上巽下乾、故曰风行天上。）

大有：火在天上，大有，君子以恶扬善，顺天休命。（因该卦为上离下乾，其象为火在天上。）

蛊：山下有风，蛊，君子以振民育德。（因该卦上艮下巽其象为山下有风。）

临：泽上有地，临，君子以教思无穷，容保民无疆。（因该卦上兑下坤。）

大畜：天在山中，大畜，君子以多识前言往行，以畜其德。（因该卦象为上艮下乾。）

颐：山下有雷，颐，君子以慎言语，节饮食。（因该卦象为上艮下震。）

坎：水洊至，习坎，君子以常德行，习教事。（该卦象为上坎下坎，故曰水洊至。）（洊，音jiàn，再次、重新。）

遁：天下有山，遁，君子以远小人，不恶有严。（该卦象为上乾下艮。）

大壮：雷在天上，大壮，君子以非礼勿履。（该卦象为上震下乾。）

蹇：山上有水，蹇，君子以反身修德。（该卦象为上坎下艮。）

震：洊雷震，君子以恐惧修省。

渐：山上有木，渐，君子以居贤德善俗。（该卦象为上巽下艮。）

节：泽上有木，节，君子以制数度、议德行。（该卦象为上巽下兑。）

小过：山上有雷，小过，君子以行过乎恭，丧过乎哀，用过乎俭。（该卦象为上震下艮。）

既济：水在火上，既济，君子以思想而预防之。（该卦象为上坎下离。）

由上述卦辞我们看到，第一，六十四卦均以天道附会人事，以天德类比人德。所谓顺天应人是也。所以这样一种道德观的理论基础依然是一种诗性智慧——即用类比、联想的方式所表现出的，而不是一种科学智慧。第二，虽然易德以比天德，将自然尽皆道德化，但在处理具体问题上，依然强调了以人为中心的道德实践，强调人的主动性，可以说，许多卦之所以有指导意义，是因为它是"警卦"——警诫人们不要逾矩，才能获得成功。第三，这种道德观对中国道德理想，特别是儒家思想影响重大。易德把仁义看作是元德，是最大的善，所谓"立人之道曰仁曰义"，从上述《周易》卦德，到禹稷的饥弱同怀，文王的泽及枯骨，孔子的老安少怀，等等，都是仁义表现，爱人之举。这种由"仁民而爱物"，使仁心扩展到宇宙万物，是典型的情感体验，是一种通过对仁的自我体验而达到至善的诗性道德理想，即由我而非我，由爱人而爱物，仁心具有了普遍的意义。这是尽善尽美的道德实践之真谛。

第三章
道家与中国传统文化

被后世统称为"道家"的一群思想家，随着战国末期，拥有了儒墨两大思想集团之外广泛的支持和信奉阶层，不仅在当时拥有了隐然的势力，而且对后世也产生了重大影响。

一、道家思想产生的背景

自夏商西周三代，中国的思想意识领域处于上帝天命观的宗教统治时期，不论自然界还是人类社会上的一切现象，人们都认为是由上帝天命安排决定的，上帝（天）是至上神，拥有绝对的至高无上的权威。在社会政治伦理思想领域，尤其是西周以来则以礼乐文化为根本。自进入东周春秋时代，随着旧社会的日益衰落和新的封建经济的产生和壮大，上帝的权威开始逐步下降，带有疑天思想的无神论思想逐步兴起，人们开始冲破旧有的上帝神学的藩篱，进入了一个思想自由解放的时代，尤其是当时社会上的知识分子思想十分活跃，过去"学在官府"，现在知识分子纷纷办起了"私学"，学术下移到了民间。各种学派在民间兴起，开始出现了一个"百家争鸣"的局面。春秋末年至战国初年已形成了道、儒、墨三大学派，名家、法家等学派也在酝酿形成之中。老子的道家思想也就是在这样的一个背景下产生的。至于西周（周公创礼作乐）以来的礼乐文化到了春秋时代亦已衰落。礼乐制度本来是三代尤其是西周社会用以维护世袭贵族等级制社会秩序的，至春秋时期随着新兴阶级的兴起,他们起来破坏这种礼乐制度,到了春秋末年更出现了"礼崩乐坏"的局面,礼乐制度徒有了形式,甚至成为人们手中一种伪善的骗人工具。那么又怎样对待这一传统的礼乐文化呢?当时一些有识之士有两种态度:一种是否定旧有的传统文化,探索开创新文化来取代旧文化(当然新文化中可以吸取旧文化中的合理的内容);一种是对传统文化加以修整、补充,增加新内容,剔除其不合时宜的东西,使之符合新社会的需要。前者是老子的态度,后者则是孔子的态度。孔子以继承西周礼乐文化为己任,在旧文化中加进了新的内容——仁学思想,使之适应新时代的需要。老子则对旧有礼乐文化进行了猛烈的批评("礼者,忠信之薄而乱之道"),并在我国历史上建立了第一个以"道"为核心的新哲学思想体系,以此来克服旧有文化的毛病,在当时起到了巨大的影响。由此可见,老子道家思想的产生,完全是当时时代需要的产物。东汉班固的一段论述最能体现出道家思想的宗旨:"道家者流,盖出于史官,历记兴衰成败,存亡祸福,然后知清虚以自得,卑弱以自持,此君人南面之术也"(《汉书·艺文志》)。具体讲来,道家在新旧思想展开激烈争斗,并充满矛盾的现实社会中,旁观政治和对人与人之间关系问题,采取"不治而议论"(《史记·田敬仲完世家》)——取"无为而治"的态度,并把这种态度作为道的处世原则和方法。道家认为,从这种态度衍化出来的"贵柔守雌"的方法可以使人获得最大的成功。

二、道家哲学

(一)老子的哲学

1. 道论

"道"是老子哲学的最高概念,是宇宙万物产生和存在的基础,没有"道"也就没有了宇宙万物乃至人类的一切。因此老子所开创的学派称之为道家学派。那么什么是"道"呢?道是怎样一种存在物呢?道具有哪些性质呢?这些问题对于老子哲学来说都是至关重要的问题。

(1)道是宇宙的本原。"道先天地而生",存在于天地万物之先,天地万物皆是由道产生的。道产生万物就像母生子一样,又像树根生出树枝一样("玄牝之门,是谓天地根")。道生出万物又是一个逐渐演化发展的过程:"道生一,一生二,二生三，三生万物，万物负阴而抱阳，冲气以为和。"这里的一、二、三，老子并没有明确说明，但从他说的"万物负阴而抱阳，冲气以为和"这两句话中来看，"二"应指阴、阳二气，"三"应是阴阳二气相互作用产生的和谐之气，阴阳和谐之气（可称"和气"）生成出各种各样的万物。而"一"似应是指阴阳未分化之气，道生一就是道首先生出阴阳未分之气。这就是老子的宇宙本源说和宇宙生成说。也是中国哲学史上的一次革新创举。

（2）道是一种神秘的存在，它不可认识，但却可以体验。"有物混成，先天地生"……"道之为物，唯恍唯惚"。故"道可道，非常道"，其神秘主义认识论可见一斑。

（3）道是天地万物运动变化的规律、规则。

①"反者，道之动"。道并不是不运动的，向相反方向运动（转化）是道的运动法则。道"独立而不改，周行而不殆……吾不知其名，字之曰道。强为之名曰大，大曰逝，逝曰远，远曰反"（《老子》二十五章）。道的运动可以理解为循环运动（"周行"，无止息的循环运动），但老子又强调一个"反"字，反有相反运动和回复运动之义。

②"弱者，道之用"。道的作用或者说道的功能是柔弱的，然而在道家看来，道由于她柔弱却能战胜一切最坚强的东西。"天下之至柔，驰骋于天下之至坚"（《老子》四十三章）。天下最弱的东西，能够穿透天下最坚强的东西，犹如柔弱的水一样，"天下莫柔弱于水，而攻坚强者莫之能胜"，水的性质与道的性质相类似，虽说她柔弱，但一旦爆发起来却有无穷的力量。道性质柔弱而能量无穷无尽。

《吕氏春秋·不二》称"老聃贵柔"。这一评语是符合老子思想的，老子认为"弱者道之用"，认为只有柔弱才能战胜刚强。以此作为圣人来说也应体现道的这一柔弱的性质。老子用婴儿和草来类比表达他的"贵柔守雌"思想："人之生也柔弱，其死也坚强。万物草木之生也柔弱，其死也枯槁。故坚强者死之徒，柔弱者生之徒，是以兵强则灭，木强则折，强大处下，柔弱处上。"（《老子》七十六章）这就是说，不论人体还是草木，坚强了反而会走向死亡，只有柔弱才真正具有生命力。自然界和人类社会中确实存在着这样的现象。初生的婴儿，虽说柔弱，但他是最富有生命力的；初生的树木花草，虽说幼嫩，但它们的生命力是最旺盛的。以此老子提出了"贵柔"的思想。

然而，在社会斗争的现实中，柔弱的力量是很难与强大的力量作较量的。以此要做到柔弱胜刚强，就必须要研究自己的斗争的策略，斗争的方法，而绝不能与强大的力量作硬拼的斗争。老子研究并提出了一套以柔弱胜刚强的斗争策略，归结起来主要有以下几点：

第一，"不敢为天下先，故能成其先"。老子主张不论政治斗争和军事斗争，都应该采取"后发制人"的原则，认为只有"不敢为天下先"，才能"成其先"，这就是所谓的"以守为攻"策略。《庄子·天下篇》说：老子"人皆取先，己独取后"。确实，老子主张"后"而不主张"先"。他反对先发制人，反对冒进的做法。老子用古代兵家的话说："用兵有言曰：吾不敢为主而为客，不敢进寸而退尺。"（《老子》六十九章）这即是说，在作战中我不敢进攻而可防守，不敢前进一寸而可后退一尺。因此，老子极力主张在战争中要采取小心谨慎的态度，坚决反对轻敌盲动的做法。他说："祸莫大于轻敌，轻敌几丧吾宝。"（《老子》六十九章）这里所说的"宝"就是指的"不敢为天下先"的这一原则。老子这种"不敢为天下先，而能成其先"的策略，主张谨慎小心，反对轻敌盲动的思想是有其合理内容的。

第二，"将欲夺之，必固予之"。老子认为要做到"柔弱胜刚强"，必须切忌硬拼，而应采取迂回曲折的方法。他说："将欲翕之，必固张之。将欲弱之，必固强之。将欲去之，必固与之。是谓微明，柔弱胜刚强。"（《老子》三十六章）收敛张开、强弱、废兴、夺予，本来它们都是相反对的东西，然而又都是可以相成的。要想收敛它，就要先扩张它；要想削弱它，就需要先加强它；要想去掉它，必须先增强它；要想夺取它，必须先施给它。这就像钓鱼而用鱼饵一样。这种相反相成，促使事物转化的思想包含着很深刻的辩证法原理。老子把这些辩证的道理叫作"微明"（微妙的智慧）。老子认为根据这些"微明"的道理办事，就可达到"柔弱胜刚强"，"无为无不为"的目的。

第三，"曲则全"。老子认为虫子尚知以屈求伸，才能前行，所以为人处事也应采取以曲求全、以屈求伸的策略。所谓："曲则全，枉则直，洼则盈，敝则新，少则得，多则惑。"（《老子》二十二章）只有曲、枉、洼、敝、少，才能达到全、直、盈、新、多。这就是所谓"能屈能伸""曲能成全"（"曲全"）的道理。正由于能曲，所以才能成全。相反而相成，"持而盈之，不如其已，揣而锐之，不可长保。金玉满堂，莫之能守。富贵而骄，自遗自咎。功遂身退天之道。"（《老子》九章）老子深知"物极必反"的道理，为了防止事物向坏的方面的转化，他极力反对走极端，反对做任何过分的行为。他认为盈满了反而不如不盈满为好，锻得过分锐利反而不能长保，金玉满堂反而不能守住，富贵而骄傲反而会给自己留下灾难。因此功名成就了就当隐退。他主张为了能最终成全大业，必须常常使自己处于委曲之处。就像锥处囊中，不到关键之处不要脱颖而出。所以老子总是告诫人们要守雌、处垢，以贱为本、以一为基，要懂"韬晦"之术，只有这样，才能成就其大业。

2. 德论

道者物之所由，德者物之所得。《道德经》中的德就是从道那里得到的启发、好处，所谓得道多助。那么，怎样才能得道，老子提出了朴素、谦下无为"返璞归真"的理论。

老子认为朴素、谦下是圣人的美德。圣人是体现了宇宙本原道的德性的，而道的德性就是无为无欲朴素处下的，因此圣人也应是敦厚朴实、谦虚处下的。老子反对轻薄浮华，主张"见素抱朴"，"处其厚而不居其薄，处其实而不居其华。"老子特别反对浮夸骄傲，主张谦虚处下，"被褐怀玉"。老子说："自见者不明，自是者不彰，自伐者无功。"（《老子》二十四章）又说："贵以贱为本，高以下为基。是以侯王自谓孤、寡、不穀。此非以贱为本邪？非乎？故致数誉无誉。"（《老子》三十九章）这就是说，骄者必败，骄者无功，谦虚才是人类最大的美德。所以侯王自称"孤、寡、不穀"，以谦下为根本，而不去追求虚伪的表面上的浮夸和荣誉。

老子认为"无为"才能"无不为"。其含义有二：一是人想有所为，必有所不为，即抓住重点，不拘细节；二是用无为的方法才能达到无不为之结果，即"无为而治"。老子思想有其合理性，但笼统谈"无为而治"则是不正确的。

（二）庄子的哲学

庄子（约前369—前286），名周，宋蒙人。一说蒙地在今河南省商丘市东北，一说蒙地在今安徽蒙城。庄子曾做过蒙漆园吏，常与名家大师惠施交游。庄子家贫，曾贷粮于监河侯，不愿做官从政。相传楚威王"闻庄周贤"，曾派使臣"厚币迎之"，并"许以为相"，但遭到了庄子的拒绝。他学问渊博，"其学无所不窥。然其要本归于老子之言"(《史记·老庄申韩列传》)。庄子的思想是直接继承了老子、列子思想而来的。

庄子是先秦道家中的第二号主要人物。他的思想影响很大。《庄子·天下篇》在介绍庄子的思想时说："独与天地精神往来，而不傲倪于万物，不谴是非，以与世俗处。"前一句讲"神游"，后几句话讲处世不辨是非。又说："上与造物者游，而下与外死生无终始者为友。"上逍遥于物外，下不谴是非与世处。简言之，庄子的思想主要讲的就是"齐物"（齐是非、齐生死、齐万物）、"逍遥"四个字。也就是说，用齐万物、齐是非、齐生死的方法来追求"逍遥游"的精神自由。庄子学派既不同于老子偏重于政治，也不同于杨朱偏重于形体生命，而与列子相类，强调的是自我精神的自由飘逸和宁静，在于怡养精神，获得精神的"逍遥"自在，而不为外物所累。

1. 齐万物

庄子认为事物的性质都是相对的，没有确定的本质区别。例如，他说细小的木头和粗大的屋柱子，丑的和美的，宽大和狡诈，奇怪和妖异，生和死等等，从"道"的角度来讲都是没差别的。所谓事物的异同，完全是主观的。他说："自其异者视之，肝胆楚越也；自其同者视之，万物皆一也。"(《德充符》)他认为，认识者如果从不同的观点去看，即使像肝胆这样在统一体中的内脏，也会像楚国和越国那样遥远不同；但是如果认识者从相同的观点去看，也可以说万物都没有差别。他说："以物观之，自贵而自贱"，"以差观之，因其所大而大之，则万物莫不大；因其所小而小之，则万物莫不小。"(《秋水篇》)他认为对事物观察的角度不同，采取的标准不同，会得出不同的结论。因此，贵和贱、大和小都是相对的。唯物辩证法也承认事物的贵和贱，大和小都是相对的。唯物辩证法也承认事物的贵和贱，大和小是相比较而存在的，在一定条件下是可以转化的，但这是以它们的对立（区别）为前提的。认为对立是绝对的，统一是相对的有条件的。庄子否认事物之间的绝对对立，把事物之间的区别或对立都看成是相对的，从而得出了相对主义的结论。

2. 齐是非

庄子还认为，人的认识能力也是相对的，根本不存在什么客观的标准。在《齐物论》中，他举了不少例子论证这一点。他说，人睡在潮湿的地方会得腰痛病，难道泥鳅也这样吗？人爬到高树上会感到胆怯，难道猴子也这样吗？那么，人、泥鳅、猴子三者，究竟谁算知道正当的住处呢？又说，毛嫱、丽姬（古代传说中的美人），人以为是美的，可是鱼见了她们吓得钻进水底，鸟见了她们吓得高飞，麋鹿见了她们赶快跑开。那么，人、鱼、鸟、麋鹿四者，究竟以谁的尺度作为衡量美与不美的标准呢？庄子得出的结论是："自我观之，仁义之端，是非之涂，樊然淆乱，吾恶能知其辩？"他认为是非是一团混乱的，人的认识是无法判断它的，要获得正确的认识是不可能的。"庄周梦蝶"的寓言，就是相对主义的体现。寓言说：

"昔者庄周梦为蝴蝶，栩栩然蝴蝶也，自喻适志与！不知周也。俄然觉，则蘧蘧然周也。不知周之梦为蝴蝶与？蝴蝶之梦周与？"（《齐物论》）

意思是说：从前庄周做梦，在梦里自己化成一只蝴蝶，拍着翅膀飞着，居然是真的蝴蝶了，他自己觉得很得意，不知道原来是庄周。一忽儿醒过来了，怪得很，仍然是一个庄周！不知道是庄周在梦里化成了蝴蝶呢，还是蝴蝶在梦里化成了庄周呢？庄周认为这是无法判断的。因为一切事物质的区别都是相对的。在庄子的相对主义看来，你可以把白说成黑，把死说成生。例如，庄子说："方生方死，方死方生；方可方不可，方不可方可。"（《齐物论》）他把生和死，可以和不可以之间的转化看成是无条件的，从而否认事物之间的质的稳定性和区别，得出"是亦彼也，彼亦是也；彼亦一是非，此亦一是非"（同上）的诡辩论的结论。按照庄子的观点看来，生也可以说是死，死也可以说是生；此方，从彼方看来，它就是彼方；彼方，从它自己来看，它就是此方。彼有彼的是非，此有此的是非。总之，"万物齐一"，毫无差别。

庄子的相对主义否认事物之间质的差别，否认认识事物的客观标准，必然走向不可知论。庄子不仅提出不可知论，并且进行了论证。如他说："吾生也有涯而知也无涯，以有涯随无涯，殆矣！"（《养生主》）意思是说，人的生命是有限的，而要认识的事物是无限的，所以用有限的生命去认识无限的事物是不可能的。在这里，庄周看到了个人认识的有限性和认识对象的无限性之间的矛盾，这在二千多年前能提出这个矛盾是难能可贵的，它从反面表现了庄周思考问题的深刻性。

庄子看到认识主体与认识客体的矛盾，然而它无力解决这些矛盾，《秋火篇》记载庄子和惠施在濠梁上关于"鱼儿是否快乐"的辩论就可证明这一点。

"庄子与惠子游于濠梁之上，庄子曰：'鯈鱼出游从容，是鱼之乐也。'惠子曰：'子非鱼，安知鱼之乐？'庄子曰："子非我，安知我不知鱼之乐也？"惠子曰：'我非子，固不知子矣，子固非鱼也，子之不知鱼之乐全矣。'庄子曰：'请循其本。'惠子曰：'汝安知鱼乐云者，既已知吾知之而问我，我知之濠上也。'"（《秋水篇》）

这就是有名的"濠梁之辩"。庄周和惠施辩论"鱼儿是否快乐？"当然这是毫无意义的诡辩。然而他们却以辩论的方式提出了关于认识对象、认识能力、认识标准、认识主体和认识客体的关系等一系列的问题。

按照惠施的逻辑，"你不是鱼，怎么能知道鱼儿是不是快乐呢？"也就是说，主体不是客体，所以主体不能认识客体，把认识主体和认识客体之间看成有不可逾越的鸿沟，得出不可知论的结论。在这里庄子否认事物之间质的区别，否认事物是客观的真实的存在，否认认识的客观标准，认为一切事物都以"我"的感觉为转移。因为"我"在这里游玩得快乐，所以知道鱼儿是快乐的。可见，庄子认为，"我"觉得世界怎样，它就是怎样的。

唐朝诗人白居易在谈到"濠梁之辩"时，写了一首诗进行评论。诗曰：

濠梁庄惠谩相争，未必人情知物情；
獭捕鱼来鱼跃出，此非鱼乐是鱼惊。

白居易认为，"濠梁之辩"是庄周和惠施在互相抬杠，因为人情和物情是两回事，各不相干。比方鱼儿跃出水面，是水獭在追，这哪里是鱼乐，而是鱼惊。鱼游于水，是鱼的生存本能的活动，无所谓乐与不乐的问题，硬用人的七情喜怒哀乐去理解鱼，这只能是诡辩。

3. 齐生死

庄子用相对主义观点来解释人间世事，在死生亦大的生死问题也是如此。庄子说"劳我以生，息我以死"，把死亡看作是一种休息来进行精神安慰、精神胜利。比如，人们把死看成是最大的不幸和痛苦。他通过把"生"和"死"看成是没有严格界限及其质的区别的，从而达到解除痛苦，进行精神安慰。

在《至乐篇》中有个"庄子鼓盆"的寓言故事,就表现了庄子这种精神。故事说:

> 庄子妻死,惠子吊之。庄子则方箕踞鼓盆而歌。惠子曰:"与人居,长子,老,身死,不器,亦足矣,又鼓盆而歌,不亦甚乎?"庄子曰:"不然,是其始死也,我独何能不慨然?察其始而本无生,非徒无生也,而本无形;非徒无形也,而本无气。杂乎芒芴之间,变而有气,气变而有形,形变而有生,今又变而之死,是相与为春秋冬夏四时行也。人且偃然寝于巨室,而我嗷嗷然随而器之,自以为不通乎命,故止也。"(《至乐》)

意思是说,庄子的妻子死了,他的好友惠施来吊丧。看见庄子蓬头赤脚坐在棺材上,一边敲着瓦盆,一边唱着歌。惠施很生气地对他说:"你妻子同你结发相居这么多年,给你生儿育女,现在他死了,你不悲不哭就够了,还要敲敲唱唱,不是太过分了吗?"这时,庄子说:"你说错了,我妻子刚死时,我怎会不悲哀呢?可是现在我想通了。其实啊,一个人本来就无所谓有生命,非但没有生命,连形状也没有;非但没有形状,连气也没有。人原来不过混杂在混沌迷茫之中,慢慢产生了气,气又聚成了人形,人形又变成了生命;现在人死了,只不过是恢复了原来的样子罢了,这就像春夏秋冬四季循环一样。现在我妻子不过是寝于天地之间,我要是还在旁边号啕大哭,那就是太不通达于天命了,所以我不哭了。"庄子在这里用朴素的观点来解决生与死的关系问题,他"以死为大乐"的说法,虽然有些诡辩色彩,但对死亡的一种豁达胸襟,却是有积极意义的。

4. 逍遥游

庄子看到自由和客观条件的矛盾,但他不是去积极地认识和改造客观条件,争取获得自由,而是采取寻找取消条件的无条件的精神自由。

庄子谈到人和自然界的关系时,认为人的一切努力都是多余的。他说:"日月出矣,而爝火不息,其于光也,不亦难乎?时雨降矣,而犹浸灌,其于泽也,不亦劳乎?"(《逍遥游》)意思是说,自然界已经有了日月照明,可是人们点的火还不熄灭,这对于光来讲,不是太难为它了吗?适时的雨已经下了,可是人们还要灌溉,这对于湖泽来讲,不是太劳累了吗?他认为,人们在自然界面前的一切作为都是多余的,人们只能听从"天"和"道"的摆布,充当自然的奴役,在现实社会中是毫无自由可言的。他在《逍遥游》中说,大鹏展翅飞翔,要靠大风和长翼的帮助,人行千里,要带够三个月的粮食,这种有依靠的生活,不能说是自由的。传说中的列子能轻妙地乘风飞行,并能达半月之久,这比一般人来说算是自由的了;但是列子不也是要有风才能飞,如果没有风,也就不能有这样的自由了,而且,他所去的地方也仍然是有限的。在庄子看来,即使是列子这样的生活也不能算是自由的,因为这样的生活都要依靠一定的条件(是"有待"的);他认为,真正的自由,应该是不依赖于任何条件(是"无待"的)。庄子认为,要得到绝对的自由,不仅要取消一切外界条件的约束,而且要摆脱自己肉体的束缚。他理想的绝对自由的人是"至人无己,神人无功,圣人无名"。他认为"至人"不感到自己存在,"神人"没有任何作为,"圣人"不计较自己的毁誉,因而在精神上是绝对自由的。他在《大宗师》中所推崇的"真人"是"其寝不梦,其觉无忧,其食不甘,其息深深。真人之息以踵,众人之息以喉"(《大宗师》)。他认为这才是"真人"所表现的绝对自由状态。

这是克服了"有己""有待",所达到的"无己""无待"的绝对无条件的精神自由。他说:"堕肢体,黜聪明,离形去知,同于大通。此谓坐忘。"(《大宗师》)所谓"坐忘",就是彻底地"忘",不仅忘掉一切客观事物,而且要忘掉自己的肉体,甚至去掉一切认识活动。他认为,如果根本忘掉了人与物,人与人之间的一切差别、界限,那就能达到与天地万物浑然一体的神秘的精神境界,且在这种神秘的境界中获得自由。

(三)老庄哲学与中国传统哲学

自中国传统文化进入古代第一个繁荣时期即春秋战国时期以来,儒、道两家文化就成为我国两大主流文化。春秋战国时代是百花齐放、百家争鸣的时代,社会上产生了众多的学派和学说,有所谓六家之说(儒、墨、名、法、阴阳、道六家),亦有所谓九流之说(六家再加纵横家、杂家、农家),然其中在意识形态领域影响最大,起到主导作用的则是道、儒两家。道家在哲学宇宙论上影响最大,道家的创始人老子在中国思想史上第一个建立较完整的宇宙论哲学体系,自此后的我国宇宙论思想几乎没有一个不受老子思想影响。由于道家创始人老子是中国最早的哲学家,且中国哲学中的重要概念范畴多出自道家，故道家对于中国哲学每个重要阶段都有深刻影响。影响之大可以说没有哪一个学派能与之匹敌。

1. 儒道互补和中国传统哲学的性质

儒、道两家思想在中国传统文化中犹如鸟之两翼、车之两轮，是缺一不可的。它们两者之间起到了互相补充、互相促进的作用。中华民族传统文化的这种互补的格局，是由儒、道两家自身的思想特征所决定的。

在我国历史上，这种儒道互补的格局，大致表现出这样两种形态：一是儒道两家思想之间的互相渗透、互相吸取，以丰富完善各自的思想；二是儒道两家各自以救弊的形式出现，互相揭露和批评对方的弊端，克服对方的偏颇，在历史上形成儒道两家互相交替递补的过程。

儒道两家思想的互相渗透、互相吸取、互相融合，在我国历史上表现得尤为明显。一般来说，道家学派吸取儒家的思想主要是伦理道德学说（如仁义、礼义等等），以增加人文方面的内容；儒家学派吸取道家的思想主要是宇宙生成论和宇宙本体论，乃至澹静寡欲的养心学说等等，以增加自然哲学方面的内容，为自己伦理学说提供自然哲学基础。

儒道两家思想的融合，最早可追溯到儒道两家的创始人老子与孔子两位伟人的思想交往上。据记载，孔子曾问礼于老子，老子告诫孔子要"去子之骄气与多欲，态色与淫志"。从这段记载看，老子并不否定传统的礼义，可见他们的思想是相通的，新发现的郭店竹简中的《道德经》更证明了这一点。至于孔子谦虚好学似也与老子的告诫有关。《论语》中所讲的"君子无所争"和歌颂尧之"无为而治"等，想必也很可能是受到了老子思想影响的结果。之后儒学大师孟子和荀子两人，亦较多地吸取了道家的思想。

2. "究天人之际"的中国哲学与道家哲学

天人之学实际上就是探究自然与人类的关系问题。中国哲学的一大特点是主张"天人合一"之说（当然中国历史上亦有少数思想家主张天人相分观点的），这是中国哲学的一大传统。道家的"天人合一"说，是站在自然的层面上主论的，与儒家重人文相同，道家尤重自然（自然界和自然人），带有自然主义的倾向。正由于儒道两者在天人问题上各有所重：儒家重人为、人事，重人文道德，教人如何做人；道家重自然、重宇宙的演化学说，教人如何效法自然。以此使得儒家对天道、自然的问题缺乏认真的研究，很长时间中没能建立起自己的哲学宇宙论思想体系，所以二者在理论体系上也相辅相成，互为补充。比如儒家发展到宋明理学时才完成了这一任务。宋明理学是我国古代历史上学术思想发展的高峰之一，之所以如此其中一个很重要的原因就是它大量地吸取了道家、道教和佛教的思想。所以我们一般都说宋明理学是三教（儒、佛、道）合一的产物。具体地讲，程朱理学主要吸收的是道家、道教的宇宙论哲学，而陆王心学则较多地吸取了禅宗的心性学。当前学术界关于程朱理学的哲学思想主要来源于道家（道教）的宇宙论学说，已为越来越多的学者所共识。

三、道之艺术

老子、庄子是道家的著名代表，也是中国古代思想家中独具特色的人物。老子被称为一条神秘莫测的"龙"：

鸟，吾知其能飞；鱼，吾知其能游；兽，吾知其能走。走者可以为罔，游者可以为纶，飞者可以为矰。至于龙，吾不知其乘风云而上天。吾今日见老子，其犹龙耶！

这是孔子和老子谈了一次话后的赞叹，倒也是对老子哲学中那种超越感觉经验，也就是博大高远幽渺莫测的谈话和思维方式的形象说明。

相比较做史官的老子的哲学气质，庄子倒更像一个艺术家。一是经历像。随着宋国的衰颓，庄子是日益穷困潦倒，而痛苦和贫穷，正是催化艺术的酵母。二是性格像。庄子性格最大特点是傲，他专注于对精神上绝对自由的追求。三是修养像。庄子是个博学多才的人，是中国历史上学识最丰富的哲人和艺术家之一。四是水平像。庄子的艺术水平不仅表现在他的艺术理论上，更表现他丰富的艺术想象和汪洋恣肆、恢诡谲奇的文笔上……虽然从作品上讲，庄子只有文学，但中国的绘画、雕塑、音乐、戏曲、建筑，哪一类艺术史上不提到庄子的名字？又有哪一类艺术没有道的烙印？比如说茶道、花道、棋道，你能不想到道的艺术？

如果我们从艺术的角度来看待道家的话，道家的艺术是一种无神的艺术，是一种返璞归真、追求自然之美的艺术，是一种重灵感、重天机、重精神的内涵的艺术，是一种在音乐、舞蹈、绘画都有智慧的内涵，都有独特的艺术境界，都有丰富的艺术辩证法的艺术。

让我们来看一看道的艺术的具体表现吧！

道的艺术，是一种无神的艺术。道有多种含义，道路、规律、道理等。道还是天地的来源。但无论有多少种含义，道不再是神，不是某种精神实体，从两周以来盛行的天命观和封建迷信被道家彻底涤除。所以，道的艺术理所当然是一种无神的艺术。这种理性精神是中国艺术的显著特点之一：艺术中的哲学和美学色彩远远超过宗教色彩。

道的艺术，是一种抱素含朴、返璞归真的艺术。道家以对历史的冷静观察，极为深刻地看到社会文明的进步带来的许多阴暗和丑恶的东西，花花绿绿的世界是一个恐怖的世界，所谓"五色令人目盲，五音令人耳聋"。为什么呢？因为这时的音乐绘画艺术，不是喋喋不休给人上枷锁，就是煽动人的情欲，是违背自然规律的。艺术也应像自然一样，天然素朴，无知无欲，这样的社会是一个理想的社会，这样的艺术才是道的艺术。所以，道的艺术不需要华丽的语言（信言不美，美言不信），不需要矫饰，甚至，就是自然本身，它们才是真正的道的艺术。道的艺术在自然中，是无所不在的，自然事物不像人一样总是背道而驰。"天地有大美而不言"。艺术的返璞归真就是在精神上追求"清水出芙蓉，天然去雕饰"，就是把自然、朴素、简淡平易的艺术风格和艺术作品置于上品之列。诗道的无言之美，书道画道的简易天然，琴道的大音希声，茶道的自然清香，余韵悠长，都是一理。因为道家认为，自然界就是这样的，道朴素而莫能与之争美，这就是最能体现道的了。艺术也应该如此，这样的艺术，才是有生命的艺术，自然、朴素、平易、简淡，那里面才蕴含着真正可贵的，未受污染的生命。可见，否定社会、否定人事的道家绝不否定生命，而是对自然生命抱着珍贵爱惜的态度，是将这自然生命看作是最伟大的艺术——道的艺术，是一种具有内在精神实质的艺术。

特别是庄子，谈春、说情、重和，都意味着并不把自然、世界、人生、生活看作是完全的虚妄和荒谬。相反，仍然执着于他们的存在。总之，庄子是一个热爱自然、热爱生命的艺术家，它一点也不像西方的一些宗教哲学家那样，总是告诉人们放弃对幸福的追求，甚至以折磨自己来换取灵魂的解救和精神的超越。比如说，像基督教的苦行、禁欲思想，还有佛教否定和厌弃人生、消灭情感的理论。庄子的思想不是宗教，而是一种艺术，一种美学。庄子为我们描述的理想人格，也是一个充满美好情感和自然之美的形象。

"上善若水"——这是道的自然的艺术。

道的艺术，就是水的艺术。这是因为水是大道流动变化的最佳象征，道家是热爱自然生命的，而流动变化就是生命，它的流动，就是道无处不在、无处不点化生命的例证。

水的艺术性，还表现在它体现了道的很重要的特质：柔弱。天下莫柔弱于水，水是最流动，最柔弱，因此也是一优美的形象。它顺着高处流下，从一勺能至千里，日夜不息汇入海洋，这就是道，大道泛兮若江河；但重要的是水虽柔弱，却又是至坚、无坚不摧，所以柔弱中蕴含着进取与刚健。所以，水一样的道的艺术，如果只有柔弱的外表而没有刚健的品质，或者有这种气质却又不能很好隐藏起来，总是炫耀，就都误解了水，误解了道，误解了道的艺术。智者乐水，就是因为水象征着这样一种道的智慧。这种道的艺术在中国的大代表是酒。酒是水一样柔却又火一样烈，可这种烈你只凭看是看不出的，要品味，要体验。许多艺术之所以得到高度评价不是因为他们柔、娇、媚，而是在这背后又充满了气韵、风韵、力量、刚健，这就是道的艺术。

道的艺术境界是一种俯仰观照，是一种对道的永恒追求，是一种天人合一的博大胸襟。庄子说，通天下一气也，天地人都是一个宇宙之气与人之气的交流，是气的流动，它更能象征大道流变，它无形却无所不在。所以，道的艺术，是身心之气的交流，是气决定艺术的生命力和创造力。胸襟博大，追求高远，便禀气最多，便气韵生动，便能淋漓尽致地表现天地大道，表现宇宙元气的流动，便能俯而观照这个有生命的天地。道的大气流动，流出一个天地与人谐调共振的诗意盎然的宇宙观。

道的艺术就是气创造出来的艺术，道气创造了天地，天地创造了人，人也创造了天地，道的艺术的境界就是这样一种全幅天地。它表现出了全宇宙的气韵、生命、生机，这也正是在中国艺术被看作是与天地并存的伟业，艺术家更受到人们尊重的原因之一。中国文化重艺术，是因为中国艺术重精神，它表现的是人对富有哲理的智慧和境界的追求。而道家的这种重视直观、感受、亲身体悟的艺术创造，今天依然具有深刻的美学价值与艺术魅力。

以超然的宇宙观，来探讨体悟人与自然的万物一齐的关系，以一种特殊的"时空透视"，展开了中国艺术的特殊的风格。"天地莫大于秋毫之末，而泰山为小；莫寿于殇子，而彭祖为夭。"在同时代的思想家中，老庄的视野和胸襟都是最广阔的。他们不同于孔、墨、法等专注于人事，把研究的领域扩展到整个宇宙，从对自然和社会的广泛观察中看到道的变化使一切都是相对的：阴阳、刚柔、大小、美丑、祸福无不如此。所以是"万物一齐"。这种特殊的时空透视方式，使道的艺术具有了鲜明的特征。

有这种超然的宇宙观，这种时空透视，所以最大的泰山和最小的秋毫之末都没什么区别。因为它们蕴含的都是一个道，因为道无所不在。能以小见大，从秋毫之末中得到道的启迪才更见对道体悟之深。所以，道的艺术，从这个意义上说是"以小见大"，"谁知一点红，能寄无边春"，道的艺术正是选取凝神静观中能感悟到的最精深的"一点红"以表现出"无边春"，强调不需执着千言，而应宣心写妙，言短意长，意余言外；以小见大的道的艺术，鼓励艺术家苦心磨砺一技到炉火纯青而得悟道的真谛，于一物一什中见无涯宇宙，于心波涟漪中见世事沧桑，于一滴露水中看见太阳光辉。如解牛之庖丁、斫鐻之梓庆都是从技艺中悟出道的奥妙的。

有这种超然的宇宙观，这种时空透视，所以最丑的厉和最美的西施没什么区别，道的艺术只注重精神，不以美丑去判别其价值。用艺术史常用的语言，只要有"生气""意韵"，那么丑可以成为美，甚至越丑越美，它更能表现出生命的力量。比如庄子在《人间世》和《德充符》中，就写了一大批残缺、畸形、外貌丑陋的人，他们有的驼背，有的双腿弯曲，有的无脚，有的缺唇，但正是这种相貌奇丑的人因为有道而得到当时人的喜爱和尊敬。道的艺术，常常就是以这外貌的奇丑更有力地表现出人的内在精神上的崇高和力量。它在艺术史中的地位正如闻一多所说：

文中之支离疏，画中的达摩，是中国艺术里最有特色的两个产品，正如达摩是画中有诗，文中也常有一种"清丑入图画，视之如古铜古玉"的人物，都代表了中国艺术极高古、极纯粹的境界；而文学中这种境界的开创者，则推庄子。（《闻一多

全集》卷一)

宗白华在《美学散步》中说：

庄子文章中所写的那些奇怪人物，大概是后来唐宋画家画罗汉时心目中的范本。

这类道的艺术，将人们的视野大大拓展，让我们注意从丑陋的外表下发现具有内在精神力量的人，具有道的人。

"意不在画，故得于画"——这是道的绘画艺术。

意不在画，是说要有一种超越的精神，倘若没有人的精神的介入，画就不是生命的画，画家也不是真画家。只有与天地万物神遇默会，充分发挥个性，捕捉到能充分反映这种精神的形象，驰骋想象引发灵感，才能"以天合天"，创造出真正的艺术。

梓庆削木为鐻，见者惊犹鬼神。鲁侯见而问焉，曰："子何术以为焉"？对曰："臣工人，何术之有！虽然，有一焉。臣将为鐻，未尝敢以耗气也，心齐以静心。齐三日，而不敢怀庆赏爵禄；齐五日，不敢怀非誉巧拙；齐七日，辄然忘吾有四枝形体也。当是时也，无公朝，其巧专而外骨消；然后入山林，观天性；形躯至矣，然后成见鐻，然后加手焉；不然则已。则以天合天，器之所以疑神者，其是与！"

这个载于《庄子·达生》篇的小故事，讲述了一个艺术家（他自己从未把自己当成个艺术家）创造作品的过程。梓庆的艺术品，看到的人都以为是鬼斧神工，那么他是怎样创造出来的呢？一是在安静心灵；二是没有庆赏爵禄的心念；三是没有毁誉巧拙之心；四是忘记了自我，然后才进入树林依据树木的性质来创造出一个这样的乐器。

所以道的艺术，不仅仅是指艺术品，更多的是指艺术家"合道"的艺术创造过程，这个艺术的人格，都是艺术品，是道的艺术：

宋元君将画图，众史皆至，受揖而立；舐笔和墨，在外者半。有一史后至者，儃儃然不趋，受揖不立，因之舍。公使人视之，则解衣般礴裸，君曰："可矣，是真画者矣。"

这个载于《庄子·田子方》的小故事，是众多的人都熟知的。这位画家与其他画家谦和恭谨的态度截然不同，他潇潇洒洒最晚到来，见了国君也不快步表示敬意，受命拜揖也不站立，随即返回住所。国君派人去看，见他解体露身交叉着脚坐着，国君说："他才是真正的画师。"

虽然国君并没有说明为什么只有这位最晚到来，解衣露身的人才是"真画者"，但我们明白，是因为这人是真的沉浸于艺术的状态了，他的心中只有画，甚至礼节也顾不上了。在道家看来，只有这种充满自由精神的创造才是真正的艺术创造，只有创造时身心处于自由状态的人才是真正的艺术家，只有不受命题的约束，自由选择创造对象的艺术才是真正的艺术。而这种"合道"的创造，无论是绘画还是其他活动，都是道的艺术。

陶冶情操，蕴育灵感，是东方艺术，尤其是中国艺术最典型的气质之一。

一是要重天机、重领悟，无意为而工乃佳。艺术中的佳情妙景，要等天机灵感，即画入胸中生生郁勃之精神灵感，融会自然之形神、激发胸中的万千气象。这种重天机，悟入妙境，要求的是在艺术创作时无意而工，如清末戴熙之说："有意于画，笔墨每去寻画，无意于画，画自来寻笔墨。盖有意不如无意之妙耳！"这种灵感，是艺术家可遇不可求的机遇，天机若到，笔墨空灵，笔外有笔，墨外有墨，随意采取，无不入妙。比如说书法，你必须先博大胸襟，壮阔情怀，目尽山川之势，挥纤毫之笔，行万类由心，要心远无穷，意在笔先。"为书之体，须入其行，若飞若动，若往若来，若卧若起、若愁若喜，若虫食木叶，若利剑长戈，若强弓硬矢，若水火、若云雾、若日月，纵横有可象者，方得谓之书也。"就是说，书法肇源于自然，无意为之，须得移情入自然万象，触目兴怀，觉得心手间有勃勃欲发之势，此时引笔为书、为画，都是心花怒放，笔态横生，出我腕下，宛若天工，触我笔端，无非妙绪。这时候的书已非书，是舞蹈，音乐，画也不是画，在遗其机巧，意冥玄化中"非画也，真道也。"

二是这样所绘的画，虚白中流动着气、神、韵，是一种能引起人丰富联想的意象。是一种虚实相生的艺术。由于老庄时代的艺术作品，留传下来的毕竟不多，而且老庄又都不是纯粹的艺术作家，令人理解道家艺术产生困难，这使我们从以后的道的艺术，来看其艺术的真谛，显得尤为有意义。结合以后的作品来解释这类道的艺术，依旧是宗白华先生体悟最早最深，他在《美学散步》一书中说：

庄子说："虚室生白"，又说："唯道集虚。"……中国诗词文章里都着重这空中点染，抟虚成实的表现方法，使诗境、词境里面有空间、有荡漾，和中国画面具有同样的意境结构。

中国画的用笔，从空中直落，墨花飞舞，和画上虚白，融成一片，画境宛如"一片云"，……中国画的光是动荡着全幅画面的一种形而上的，非写实的宇宙灵气的流行，贯彻中边、往复上下。……中国画上画家用心所在，正是无笔墨处，无笔墨处正是缥缈天倪、化工的境界，这种画面的构造是植根于中国人心灵里葱茏氤蕴蓬勃生发的宇宙意识。

这就是中国画中的虚实相生，也就是意境，也就是道，也就是道家艺术中体现出来的中国人的审美理想。

《庄子》通本内外篇都讲一个道，道是最美妙的东西，但它是理智、聪明、言辞所不能得到的，只有象罔才能得到。象，是有形的形象；罔，即无形的虚空。象罔，就是有无相生，虚实结合，故道家所谓虚，是"瞻彼阕（空处）者，虚室生白"，能生白的虚不是几何学的空间间架，不是一种顽空，这"白"是道的光，道的流动，一切物象的纷纭节奏就是从这里流出来的。或者说，这虚白中流动的是气，（庄子：通天下一气也）是这生生不已的气，织成了种种有节奏的生命。

人也是一样，真正的艺术（道家自然认为道的艺术才是真正的艺术），是跃入这大自然的节奏之中，去"独与天地精神相往来"。只有这种艺术才是生命的扩张，才是一种最高的境界。宗白华解释庄子"象罔得道"的含义时说，"象是境相，罔是虚幻，艺术家创造虚幻境相以象征人生的真际，真理闪耀于艺术形相，玄珠闪烁于象罔里。"真正的道的艺术，是以虚为特征的，一是你要心"虚"，是虚怀若谷，这样自然万物才能融趣于心中，苏东坡"空能纳万境"就是这个意思了。二是这样所绘的画，虚白中流动气、神、韵，是一种能引起人丰富联想的意象。是一种虚实相生的艺术。结合以后的作品来解释这类道的艺术，仍然是宗白华先生体悟最早最深：中国人最根本的宇宙观是《易经》上所说的"一阴一阳之谓道"。我们画面的空间感也凭借一虚一实、一明一暗的流动节奏表达出来。虚（空间）同实（实物）连成一片波流，如决流之推波。明同暗也连成一片波动，如行云之推月。我们欣赏山水画，先是抬头向上看见高远的山峰，然后层层向下，窥见深远的山谷，转向近景林下水边，最后横向平远的沙滩小岛。远山与近景构成一幅平面空间节奏，因为我们的视线是从上至下的流转曲折，是节奏的动。空间在这里不是一个透视法的三进间的空间，以作为布置景物的虚空间架，而是它自己也参加进全幅节奏，受全幅音乐支配着的波动。这正是转虚成实，使虚的空间化为实的生命。于是我们欣赏的生灵，光被四表，格于上下。中国人抚爱万物，与万物同其节奏：静而与阴同德，动而与阳同波（庄子语）。我们宇宙既是一阴一阳、一虚一实的生命节奏，所以它根本上是虚灵境的时空合一体，是流动着的生动气韵。哲人、诗人、画家，对于这世界是"体尽无穷而游无朕"（庄子语）。"体尽无穷是已经证入生命的节奏，画面上表出一片无尽的律动，如空中乐奏。而游无朕，即是在中国画的底层的空白里表达着本体'道'（无朕境界）"（宗白华：《艺境·中国诗画中所表现的空间意识》）。

"大音希声"——这是道的音乐艺术。

这自然不是否定有声之乐，而是要人们"听之不闻其声"，并在"不闻之闻"的状态中，领悟那音乐中的道的流动。道的音乐是和儒家的礼乐截然不同的，儒家宣扬繁饰礼乐，而道家则认为这样的礼乐是社会的祸乱之源，儒家在审美标准上肯定符合礼的规范的音乐，道家则否定以这种标准来束缚音乐；儒学认为"耳不听五声之和为聋"，道家则认为"五音令人耳聋"。真正的音乐，是道的音乐，是天籁、是大音，是一种心的音乐，是一种自由的境界。

道，按中国字的字义解释，是从"首"从"走"，是人类智慧（首）所把握的宇宙之生机、运动（走）。落实到音乐上也是如此，一是要善于从有声音乐中，悟出那比"合礼"的音乐更高的哲理，即道。既然音乐之声也是自然声音的模拟，就肯定也蕴含着道。二是要善于从音乐的停顿中去体会道；"无声胜有声"的无声之美，是"大音希声"的第二层境界。三是自然界本身的声音，像风雨雷电宁静是天籁，是天乐，能把这些当作是道的音乐，才是又进了一步，因为自然界的声音才是丰富多彩，是"五声"所不能容纳的；道的艺术最高的境界，是你能"独与天地精神相往来"，心中常流动着天籁，而不是仅用耳听，自然没有声音你心中仍"余音袅袅"，像陶渊明抚无弦琴，体会天地之大声。当然，这已是玄禅心的艺术了。

自由潇洒——这是道的舞蹈艺术。

本来，道是反对当时的乐舞的。是因为当时的舞蹈是祭神、颂君、明礼，或是供人享乐的乐舞，不是道的艺术。其实，道家也有自己的舞蹈，看这位舞蹈家：

庖丁替文惠君宰牛，手所触及的，肩所倚着的，足所踩到的，膝所抵住的，还有进力宰牛发出的声响，都是合于音乐节拍，合于《桑林》这首乐章的舞步，也合于《经首》乐章的韵律……

这不是在宰牛，而在舞蹈，而且是一种自由自在、潇洒飘逸的舞蹈，那么庖丁是怎样达到这样一种"游刃有余"的舞蹈境界的呢？看庖丁的解释：

我所爱好的是道，已经超过技术了。我刚开始宰牛的时候，所见到的是一只混沌的牛。三年以后，就未曾看见混沌的整只牛了。到了现在，我只用心神来领会而不用眼睛去观看，器官的作用停止了，而只是心神在运用，顺着牛自身的自然纹理，劈开筋肉的间隙，导向骨节的空隙，顺着牛身上的自然结构去用刀，所以一切都是那样顺畅没有阻碍。

其后的道家太极拳，也是这样一种舞蹈，是以意运拳，是如长江大河，节节贯通，这才是成就最自然的舞蹈。

道的艺术，最重要的是它和儒家艺术一起，互相对立又互相补充，构成中国艺术发展的基本线索。儒家的思想是"天行健，君子以自强不息"；道家的人格理想是"彷徨乎尘垢之外，逍遥于无为之业"，一个入世，一个出世，一个乐观进取，一个逃逸超脱，但实际上二者又是相互补充而谐调的。这不仅是艺术中一直是逃逸艺术和进取艺术并存，构成相辅相成的两极，而且二者还在艺术境界上有许多共同的东西。看见水，孔子的感慨是"逝者如斯，不舍昼夜"，而老子又何尝不是有"天下莫柔弱于水，而攻坚强者莫之能胜"一般的有成功的渴望，只是方法不同罢了。孔子的最高境界不也是春天里和学生们游泳，归于春风春水的自然境界了吗？所以，二者这些共同点是它们相互联系，相互补充的基础。

当然，二者毕竟还是有许多不同的，这些不同的地方相互补充，使艺术展现出不同的面貌。如我们在前面所言，儒家的道德政治框架常常造成对艺术的束缚，那么道家则常常是强有力的冲击、解脱和否定。儒家强调的是艺术的功能和效果，那么道家强调的是艺术本身的规律，艺术对美的追求。儒家强调的感情的"合礼""致中和",那么道家强调的是浪漫不羁的想象,热烈奔放的情感抒发,独特个性的追求表达。儒家强调的是人与社会的中和,道家强调的是人与自然的统一。有差别更有联系的二者,是对立的补充者,在各种艺术中都是如此。确切地说,儒的艺术是主流,而道的艺术作为它的补充者和对立面,也对艺术的发展起了决定性的作用。比如说中国的建筑艺术,就是儒道互补的结果。一方面,中国建筑中的理性秩序,严格的规则,特别是中轴对称,等级规则,是典型的儒家气质;而另一方面,是道的意境的渗入建筑,来缓和冲淡儒家的刻板和严肃,比如说像颐和园这样的皇家园林,也有像濠濮涧,谐趣园等体现道家自然艺术的建筑。正如这二种美学思想的互补互渗,使中国的建筑呈现出一种既亲切理智,又空静淡远,既恢宏大度,又意韵深长的艺术风格。

自然,这种影响不只是在建筑中,在诗歌中,绘画中,书法中,音乐中等多种艺术中都体现出这种儒道互补的深远影响。

四、道之宗教

道家和道教,有联系又有区别,习惯上有时把道教也称为道家,说严密些,道家和道教不是一回事。

(一)何谓道教

道教,是一定形态的思想信仰体系,也是一定形态的文化体系,还是具有同一思想信仰的人们结成的社会实体,三者构成道教实在整体。道教是中国传统文化的重要组成部分。

道教思想属于社会的意识形态,它的产生与当时的政治、经济、哲学、科学、伦理、道德等密切相关。确切地说道教在我国流传,已有近两千年的历史,它是从古代鬼神崇拜发展而来,但它又不仅仅是鬼神崇拜,而是融汇了秦汉时的神仙信仰与黄老道术而成的。由于它主要流传于大陆汉族地区(国内有22个少数民族的宗教信仰同道教有密切关系。历史上也有少数侨胞把道教信仰带往国外),因而尚不能称为世界宗教。它是指在汉代产生的、以修真悟性羽化登仙为最终目的的一种宗教。它以神仙家的术说及道家"道德"学说为中心,融合我国传统宗教,向往宇宙和谐、国家太平及追求长生。简单地说:即宗仰黄老之道,崇奉神仙,追求长生成仙的宗教,称"道教"。

道教是在我国土生土长的宗教，追溯其思想渊源，最早是殷商时代的鬼神崇拜，继之是战国时期的方仙道及汉代的黄老道。我国古代的宗法宗教、巫祝占卜、言士方术、老庄学说、天人合一说、阴阳五行说、传统伦理道德、礼祭仪式，均为道教所承袭。构成如炼养内丹达到长生久视的目的。道教教义的三大类别：一为道家哲学思想；二为神仙信仰与内修方术；三为符箓斋醮。认为符箓咒语，科仪斋醮可以祈福禳灾、祛病延年。正如南北朝梁刘勰所说："道家立法，厥品有三。上标老子，次述神仙，下袭张陵。"

（二）道教的发展历程

道教成为一个有组织的独立的宗教，是以东汉顺帝年间（126—144）沛国丰（今江苏丰县）人张陵创立的"五斗米教"为标志，他依据《太平经》造作道书24篇，并依据巴蜀地区少数民族的民间信仰，创立了道派。因入道均须交纳五斗米，故称"五斗米道"。据《华阳国志》记载："陵死，子衡传其业。衡死，子鲁传其业。"（《华阳国志·汉中志》）此即是历史上所说的"三张"。"三张"所传的"五斗米道"，主要是教人悔过奉道，以符水咒语治病。此派教徒尊张陵为天师，故又称"天师道"。

东汉时期道教还有另外一个教派叫"太平道"。此派由巨鹿（今河北平乡）人张角所创。张角信仰黄老道，自称"大贤良师"。他在用符水咒语为人治病同时，组织教团和"黄巾军"。据史料记载，"十余年间，徒众数十万，联结郡国，自青、徐、幽、冀、荆、扬、兖、豫八州之人，无不毕应"（《后汉书·皇甫嵩传》）。太平道的基本思想是以黄老道和《太平经》的学说为中心，主要信仰咒术和内省治病。其盛衰与"黄巾军"紧密相关，曾随"黄巾军"的发展而得到广泛传布，后亦因"黄巾军"的失败而遭到致命打击，转为在民间秘密流传。

道教在魏晋时期有一个较大的发展，东晋时的葛洪从神仙方术角度发展了道教，创立了道教的丹鼎一系。其代表性著作是《抱朴子》。《抱朴子》分内外二篇。与葛洪同时，"天师道"在江东盛行，并逐渐向义理方面发展，先后形成上清、灵宝、三皇三支经法。这三支经法到南朝刘宋时由陆修静汇归一流，后陶弘景加以发挥，形成经箓系，史称"南天师道"。

南北朝时，道教的最大发展是北魏寇谦之改革"五斗米道"，创立"北天师道"。寇谦之改革、整顿道教，"除去三张伪法租米税钱，及男女合气之术"，而改为"专以礼拜求度为首，而加之服食闭炼"。寇谦之对道教的这一改革，使道教由原来的民间宗教一变而成为官方宗教。加之他确实革除了道教某些弊端，并制定了许多新的科仪，因此"自是道业大行"。

唐宋之后，南、北天师道与上清、灵宝等道派逐渐合流，形成以讲究符箓为主的"正一道"。"正一道"崇拜鬼神，注重符咒，以画符念咒、驱鬼降妖、祈福禳灾为宗旨。

唐宋之后道教的另一大派系是"全真道"。"全真道"反对符箓，排斥咒术，而倡儒释道三教合一，注重"识心见性"的内修真功。"全真道"在宋元时期是道教中势力和影响最大的一个派系，其思想深受儒家和佛教的影响。进入明清之后，由于各方面的原因，道教日渐衰落。

（三）道教文化和中国传统文化

道教文化是中国传统文化的重要组成部分，有经书近万卷（《正统道藏》和《万历续道藏》共5484卷、《茂外道书》2000卷，即将编辑出版的尚有2000多卷），其内容按分类则为教理教义、方术、醮仪、规戒、符箓、神仙谱录、制度等。其内容所涉及的学科，则有哲学、伦理道德、养生学、医药学、冶炼学、天文律历学、地学、建筑学、文学艺术、民俗学、环保及生态平衡学等等。道教的思想信仰及文化影响着很多人的精神世界与现实生活，也关涉到社会各种关系。

道教义理是其文化体系的基础、核心。其义理主要围绕八个问题展开论证：一为宇宙本原问题；二为神仙与人的关系问题；三为生、道关系；四为形神关系；五为善与恶的道德观念问题；六为因果报应问题；七为仙境与阴曹地府的问题；八为神仙的灵验问题。论证"道"是宇宙本原；"道"的神化即至尊之"太上老君"；道与生合一；形与神相依；神仙与世人是主宰者与被主宰者的关系；人经过修持，可以长生久视，符合伦理道德者为善，否则被斥为恶；因果报应，如影随形，积善者入仙境，作恶者下地狱。道教运用文字、艺术的各种手段来论证其基本信仰的真理性、崇高性，建构成其文化体系。

道教文化表现出如下几点基本特征：

（1）它是产生、流传于中华本土的民族宗教，与我国古代社会的宗教意识与传统文化有密切的关系。

(2) 以神仙信仰为核心，即相信仙人、仙境存在，世人可以寻求或炼养成仙。

(3) 它是重视现实、重视生命价值的宗教。

(4) 它是重视古代科技的宗教。

道教文化对我国社会的哲学思想、文学艺术、古代科技的发展，都曾有过一定影响，而且有着它在客观上呈现的成就。下面作扼要陈述。

1. 道教与古科技文明

(1) 冶炼术。中国炼丹术发端最早，源远流长，西传印度、阿拉伯、拜占庭，再传欧洲，在文艺复兴后转化为科学化学。炼丹术是道教所专擅的方术之一，在实践中取得了相当高的成就，至今仍为科学界所瞩目。道教有关炼丹经书，主要保存于《道藏》，其代表有：

东汉张陵撰《九鼎丹法》、魏伯阳作《周易参同契》，皆论述炼丹（外丹）之事。书中描述了汞有挥发性并能与硫化合，第一次记载了用两种元素合成化合物，并记述有炼铅丹中物质起化学变化时分配比例的概念。

晋代葛洪（252—334）著《抱朴子·内篇》，其中《金丹》《至理》《仙药》《黄白》言炼丹事，记述了一般无机物的化学变化及制作黄金和白银的各种方法。化学史研究者认为，8世纪阿拉伯炼丹家盖伯就从葛洪著作中深受启发。道教炼丹术是近代化学的前驱。

南朝梁陶弘景（456—536）著《古今刀剑录》，记述灌钢冶炼方法，是早期炼钢术的突出成就。他还发现根据火焰颜色不同可辨别物质的不同，开后代分析化学之先河。

(2) 道教与医药学。道教重生，很早便致力祛病延年，发展医药学。汉顺帝时《太平经》已运用阴阳五行说阐述经络学说及人体生理与病理的状况与见解，记述了医药与刺灸治疗的效应。

东晋葛洪《抱朴子·内篇》中的《至理》《仙药》《极言》讲述了药物性能及医学理论。他还著《金匮药方》《肘后备急方》等医药书，记述治疗方法。《肘后方》中关于天花的记载比西方学家认为的最早的阿拉伯医生雷撒斯的记载要早500

年。他还最早记述了肺痨病、麻风病、消虱热、狂犬病的症状及治疗方法（19世纪法国巴斯德才发现狂犬脑有抗狂犬病物质），比西方医学家要早千年以上。他还创造了不少治病方剂。

南朝梁天师道代表人物陶弘景撰《本草经注》七卷、《肘后百一方》三卷、《效经施用药方》五卷、《服食草木杂药法》。他的《本草经注》合《神农本草》《名医别录》加以注释，对药物来源、产地、形状、功用、炮制、鉴别、保管均有记述，为我国中医本草学留下了珍贵的资料。史称他"尤善方图产物，医术本草"，其研究及实践对古代医学和药物学的发展都有重大贡献。

唐代孙思邈著《千金要方》和《千金翼方》各三十卷、《千金髓方》二十卷、《神枕方》一卷、《医家要妙》五卷等。《千金要方》是我国最早的一部临床实用医学百科全书。许多重大发现，在世界医学史上皆居领先地位。总之历代道教名医甚多，保存于《道藏》的医药典籍十分丰富。道教对中国医药学的发展，影响是很大的。

（3）道教与天文历算。道教有"道法自然""修丹与天地造化同途""天人感应"的教义。修炼者要知天文、晓地理、达阴阳、穷卦象。故道教与天文、气象、四时岁差的变化也发生了密切的关系，客观上对我国古天文学、气象学及历算学曾发生重大影响。

这时所说的"天文"，即古"占星术"，以天象变化来预测和解释世间的变化。道认为天象变化是神意的显示，是"道"周行而不殆的规律，必须适应。道教方士为修炼所需十分注意观察星象。古"楼观"、今宫观乃是观星、望气之所。南朝梁陶弘景曾改进"浑天象"，"高三尺许，地居中央，天转而地不动，二十八宿度数，七曜行道昏明，中星见伏，早晚以机转之，悉之天相会"，史官亦采用之。唐代李淳风造"浑天黄道铜仪"并著《法象志》七卷，论述前代浑天仪得失之差，并提出改进之法。李淳风还是世界上最早给风定级的人，著有《乙巳占》，以论述其事。

道教与历法学亦有密切关系，北魏寇谦之精于术算，梁陶弘景撰《帝王年历》五卷，颇有创见。唐代傅仁均善历算之术，撰《戊寅元历》，创定朔法，是我国官历用定朔的开始。

2. 道教与其他

除上述之外，道教对我国文化的其他领域，如美学、文学、艺术、政治等也有程度不同的影响，由此更可看出其涉及面之广，作用之大，也可看出对道教之研究的重要意义。从艺术而论，道教的绘画、音乐都是中国艺术宝库中重要的组成部分。如山西芮城的永乐宫道教壁画，就在中国艺术史上享有盛名。这些壁画都是元代作品，是道教壁画中艺术成就最高的。无论从构图、着色、传神或别的角度看，都是不可多得的古艺术珍品，人物形象栩栩如生，精美异常，具有良好的视觉效果。三清殿的《朝元图》，描绘的是各方神祇拜谒"三清"，其风格是庄严而又不失飘逸。纯阳殿的《纯阳帝君仙游显化图》，共五十二幅，描绘道教全真教祖师之一吕洞宾游仙故事，生动形象，从这些图画里，可以了解当时的吕仙信仰及关于吕洞宾的传说。重阳殿有《重阳真人壁画》四十九幅，描画全真教祖王重阳及全真七子修道传道诸事，可作史卷读。这些壁画被道教徒尊为神品，也备受艺术界的重视。对道教中的哲学、伦理、艺术、文学等方方面面研究和挖掘也在全面展开。

总之，道家思想是中国文化主流中的重要组成部分。它对中国文化的影响及道教渗透，广播于哲学、宗教、政治、艺术等方方面面。正因为其影响巨大，以至有的学者把道教看作是中国文化的根柢所在。鲁迅在《致许寿裳》中说：中国文化的根柢全在道教……以此读史，有许多问题可迎刃而解。许地山也认为，支配中国一般人的理想与生活的，乃是道教之思想、道家文化，其对古代中国上至朝廷王府，下至市井家庭的影响，可说是如水银泻地，无孔不入，这种影响在当今社会也能看到，理该深入研究，汲取其中合理的、积极的成分，从而继承和发扬中国传统文化。

第四章
儒学与中国传统文化

儒学是中国传统文化的主导思想，对中国传统文化乃至整个社会生活都有着深远的影响。同时，它也曾极大地影响了包括朝鲜半岛、日本在内的整个东方文化的思想内涵及其发展进程，成了东亚文明的象征。近代以来，儒家思想与现代化的关系成了国内外学术界普遍关注而又颇为困惑的重大理论和现实问题。儒学的现代命运也相当坎坷。就现实而言，深入考察儒家思想的本质内涵及其与现代化的对立统一关系，通过对儒学传统的创造性转化，使之成为现代文明的积极因素和推动力量，已是当务之急。

一、儒学的发展历程

儒学是一个历史的发展的概念，在古代中国，历经两千多年的演变，形成了不同时期不同的理论形态，从来不存在一个一成不变的儒家学说。大体说来，它主要经历了先秦儒学、汉唐经学、宋明理学、明清实学四个阶段，反映了儒学从发生、发展、鼎盛到衰微的整个过程。

（一）先秦儒学

儒家渊源于儒。儒在殷商时期就已存在，它是指特定的等级，为"术士之称"。他们身通礼、乐、射、御、书、数六艺，并以此教民。《周礼·大宰》云："儒，以道教民。"这里所说的"道"即指六艺。春秋末期，周室衰微，社会的动荡和急剧变化打破了旧贵族垄断文化教育的"学在官府"之局面。儒者流散各地，学术下移，私学兴起，社会上出现了一批"晋绅先生"，号称"师儒"，他们峨冠博带，谙熟诗书礼乐的古训和仪式，儒家就是从这些人中蜕化而来。

孔子（前551—前479），是儒学的创始人，其学说主要体现在《论语》一书中。孔子的儒学思想体系极为广博，集中体现在"礼"和"仁"两大范畴。礼代表了他的社会观，反映了他的政治理想和治国方案。孔子生活的春秋战国之际正是社会动荡、礼崩乐坏的时代，他对此痛心疾首，认为这是"天下无道"，治国之本在于"为国以礼"。孔子所说的礼主要是周礼，而周礼又是从夏、商之礼演变而来。他说："殷因于夏礼，所损益可知也，周因于殷礼，所损益可知也。"（《论语·为政》）礼的实质是一种赖以维持社会稳定、和谐和秩序的典章制度和行为规范。孔子要求人们做到"非礼勿视，非礼勿听，非礼勿言，非礼勿动"。尽管孔子这种社会政治理想在当时社会大变革时代不免有因循守旧的特征，但其中包含着恢复社会稳定秩序以及建立统一的中央集权制王国的要求，自有着合理因素。

仁代表了孔子的价值体系。它的内涵十分丰富、宽泛，既是一种道德情操，又是一种人生境界。仁的核心是"仁者爱人"，即是"己欲立而立人，己欲达而达人""己所不欲，勿施于人"的忠恕之道。仁的基础是"孝悌"，"孝悌也者，其为仁之本与"。就行仁的途径而言，则是"为仁由己"，"仁远乎哉，我欲仁，斯仁至矣"（《论语·述而》）。孔子讲"志士仁人，无求生以害仁，有杀生以成仁"（《论语·卫灵公》）。这则是一种崇高的道德理想和情操，也是人生最高的精神境界。

在孔子的儒学思想体系中，礼和仁是统一的，即所谓"克己复礼为仁"。孔子以仁释礼，一方面仁是礼的基础，"人而不仁，如礼何？人而不仁，如乐何？"（《论语·八佾》）另一方面，礼是仁的目标，"一日克己复礼，天下归仁矣"（《论语·颜渊》）。两者互为因果，缺一不行。

孔子死后，儒分为八，有子张之儒、子思之儒、颜氏之儒、孟氏之儒、漆雕氏之儒、仲良氏之儒、孙氏之儒、乐正氏之儒。其中以孟子、荀子最为突出。

孟子（约前372—前289），是儒家学派的重要传人，宋元以降被尊奉为仅次于孔子的"亚圣"，其学说主要体现在《孟子》一书中。

孟子着重讲仁，把孔子仁学思想发展到极致。他继承发扬了孔子"为仁由己"的思想，凸现"心性"，大大强化了儒学的"内圣"走向。孟子确信人通过自我努力可达至善，体现天道。这是因为仁为人性所固有，"人皆有不忍人之心"，具体表现为四端："恻隐之心，仁之端也；羞恶之心，义之端也；辞让之心，礼之端也；是非之心，智之端也。人之有四端也，犹其有四体也。"（《孟子·公孙丑上》）而天道则是"仁"与"人"的统一，"仁也者，人也，合而言之，道也"（《孟子·尽心下》）。因此，人只要能够保存本心，涵养善性，就能成为善人，并与天道相通融为一体。即所谓"尽其心者，知其性；知其性，则知天矣"（《孟子·尽心上》）。孟子开创的心性论学说对宋明理学产生了极大影响。

从"人皆可为尧舜"的观念出发，孟子十分注重个体的自我修养，"夭寿不二，修身以俟之，所以立命也"（《孟子·尽心下》）。孟子一方面强调修身需要"反身而诚""反求诸己"等一系列"存心养性"的内修功夫，"养心莫善于寡欲"；另一方面重视环境对道德教育、人格培养的作用。孟子追求"富贵不能淫，贫贱不能移，威武不能屈"（《孟子·滕文公下》）的"大丈夫人格"，具有"至大至刚"的"浩然之气"，即使"舍生取义"，也在所不辞。

从"仁者爱人"的理论出发，孟子提出以"明人伦"为目的的教育，即"父子有亲、君臣有义，夫妇有别，长幼有序，朋友有信"的"五伦"。

"仁政"以及与之相适应的"民本"思想体现了孟子的政治思想和主张，它是仁学在社会政治领域的延伸和体现。在孟子看来，既然人皆具有"不忍人之心"，只要把这种人性固有的善性发扬光大并进而扩充到社会政治领域，以"不忍人之心"行"不忍人之政"，即为"仁政"。"仁政"是建于"民为贵，社稷次之，君为轻"的民本思想之上的。因此，孟子还大力倡导制民之产、轻刑薄税、善教得民、听政于民、与民同乐等。他主张"以德服人"的王道，反对"以力服人"的"霸道"，对中国传统政治文化影响深远。

孟子从"人性善"的假设出发，主要在心性论、修养论、五伦说、仁政说等方面极大地拓展了孔子的仁学理论，形成了一整套较为完善的仁学思想体系，在儒学思想发展史上占有重要地位，对中国传统文化也产生了深远影响。

荀子（约前298—前238），在早期儒学思想发展史上的地位不可低估。荀子十分尊崇孔子，但指斥孔子死后的许多儒家派别为"贱儒""俗儒"，对孟子学说也不以为然。荀子思想的主要特色是综合百家、调和儒法，在儒学中独树一帜，主要体现在《荀子》一书中。

荀子根本反对孟子的性善论，认为"人之性恶，其善者伪也"（《荀子·性恶篇》）。人一生下来就是"目好色，耳好声，口好味，心好利"，人性与礼义是根本相互违背的，如果任其发展，不加克制，势必导致争夺、犯上、淫乱，而辞让、忠信、礼义等道德就会荡然无存。正因为如此，才需要圣人、君主们对臣民的教化，需要用礼义法度和道德规范去约束、引导人们，这就好像弯曲的木头必须经过修整才能变直，钝刀必须经过磨砺才能锋利一样。为了"化性起伪"，荀子一方面强调个人自我修养，圣人、君主们对臣民礼乐教化之必要，另一方面，他又看到只讲"礼义"，不重法度，只重教化，不重"刑罚"，并不足以维护社会统治秩序，因而，他不再仅仅局限于个体的仁义孝悌，而是强调整体的礼法纲纪，他提出"礼者，法之大分也"（《荀子·劝学篇》）。主张既隆礼，又重法，"援法入礼"。此外，还值得一提的是，荀子在人与自然的关系问题上提出了"明于天人之分"和"制天命而用之"的卓越命题，发前人所未发，为中国传统哲学注入一股强劲活力。

从孔子到孟子直至荀子体现了原始儒学的基本发展脉络。如果说，孔子所开创的儒学以"内圣外王"为宗旨的话，那么，孟子主要继承、发挥了儒学的"内圣"方面，注重的是个人通过内在修养实现圣贤人格，荀子主要继承、发挥了儒学的"外王"方面，注重的是推行王道于天下，成就事功。先秦儒学在孔孟一系之外，还有与之颉颃的孔荀一系。从某种意义上说，荀学在人性论、重法度、明于天人之分等思想方面突破了孔孟学说，更接近于西方文化的主流思想。但是，后来在中国传统文化思想中占主导地位的则是孔孟学说，"孔孟之道"不仅成为儒学的代称，而且在相当意义上被视为中国传统文化的精神旗帜。不过，春秋战国时期，儒学只是百家争鸣中的一个学术流派，虽然儒、墨在当时并称显学，但是并没有取得独尊地位。

（二）汉唐经学

从先秦到汉初，儒学的发展有过中断。春秋战国时期的百家争鸣局面，是由于当时社会割据分裂所造成的，而社会、政治、经济的统一，必然要求文化思想上的统一。秦统一中国后，战国时期那种百家争鸣的局面便不复存在，代之以法家思想作为治国之本。秦始皇接受李斯的建议，下令禁废"诗书百家语""焚书坑儒"，使儒学遭受一次沉重打击。但是，秦王朝崇尚法家，推行严刑峻法，社会矛盾很快激化，导致二世而亡，暴露出法家学说的某些弊端。汉初统治者奉行黄老之道，一度适应了当时社会休养生息的需要，收效很大。但是，黄老之道崇尚自然而反人文主义的思想本质，决定了它难以适应建立大一统的君主专制制度与巩固农业社会宗法血缘基础的需要。在诸子百家中，唯有儒家学说能够最大限度地适应这种统治需要，从这个意义上说，儒学成为中国社会的统治思想是势所必然的事情。汉高祖刘邦始初并"不好儒"，干了许多侮辱儒生的事情，后来在陆贾、公孙弘等人的建议下才转到向儒学寻找统治理论。据载"陆生时时前说称《诗》《书》。高帝骂之曰：'乃公居马上而得之，安事《诗》《书》！'陆生曰：'居马上得之，宁可以马上治之乎？且汤、武逆取而以顺守之，文武并用，长久之术也，昔吴王夫差、智伯极武而亡；秦任刑法不变，卒灭赵氏。向使秦已并天下，行仁义，法先圣，陛下安得而有之？'高帝不怿而有惭色，乃谓陆生曰：'试为我著秦所以失天下，吾所以得之者何，及古成败之国。'陆生乃粗述存亡之征，凡著十二篇。每奏一篇，高帝未尝不称善，左右呼万岁，号其书曰《新语》。"（《史记·郦生陆贾列传》）这段记载生动地说明了这个问题。至汉武帝采纳董仲舒建议，"罢黜百家，独尊儒术"，儒学终于走出困境，一跃而为官方哲学，取得了独尊地位。

汉代儒学与先秦儒学在理论形态上经历了很大变化，逐渐向政治化、经学化、宗教化发展。在这个转变过程中，汉代大儒董仲舒（前179年—前104）起了极大的作用。

以董仲舒为代表的儒学思想，以神学化的天人感应说为其显著标志。他以儒家学说为基础，吸收了阴阳五行理论以及道家等有关学说，建立了天人合一的新体系。一方面，董仲舒把儒学伦理纲常完备化，对"三纲""五常"说作了全面系统的阐述；另一方面，他又把儒家这套伦理纲常神秘化，建构了一个以天人感应为核心的理论体系。他把自然界的"天"塑造成有目的、有意志的人格神，是"百神之大君"，它通过阴阳五行来主宰人间秩序。天与人感应，阴阳与三纲对应，五行与五常同构，则是这个体系的主要内容。他把人间的一切都说成是天有目的的安排，"道之大原出于天，天不变，道亦不变"（《汉书·董仲舒传》），"天子受命于天，天下受命于天子"（《春秋繁露·为人者天地篇》）。他认为君臣、父子、夫妻都是阴阳相合的关系，君、父、夫为阳，臣、子、妻为阴，定位不易，即所谓"王道之三纲，可求于天！"（《春秋繁露·基义》）他还把五行说成天的五种行为，五行相生是天的恩德，五行相克是天的刑罚。阴阳五行变化不正常就兆示着灾异，"灾者，天之谴也；异者，天之感也。"（《春秋繁露·必仁且智》）总之，自然和社会的一切变化、国家的兴亡都是天的意志的体现。这样，董仲舒就为儒学披上了神学的外衣，使儒学具有了浓厚的宗教迷信色彩，实为后来谶纬经学的滥觞。

与儒学成为统治理论相适应，儒家经典也取得了独尊地位并日渐教条化。先秦儒学只是子学，汉代以降就成了经学。汉武帝即位时，董仲舒在《贤良对策》中建议："诸不在六艺之科、孔子之术者，皆绝其道，勿使并进。"（《汉书·董仲舒传》）以适应建立大一统的中央集权王国的需要。汉武帝"卓然罢黜百家，表彰六经"（《汉书·武帝纪》），又置五经博士，学而优则仕，儒家被经学化，并上升为社会统治意识形态。汉代经学又有今文经和古文经之争。先秦儒家经典《诗》《书》《礼》《乐》《易》《春秋》，合称"六经"，由于《乐》亡佚，故称"五经"。汉兴以后，"五经"又在社会上流传。汉初流行的经书是由战国以来师徒父子相传用当时通行的文字（隶书）写成并阐析的，称今文经学。汉武帝置五经博士，即以今文经为官学。西汉中叶以后，古文经兴起。所谓古文经是指秦以前用古文字写成并阐析的儒家经典。汉景帝时鲁恭王拆孔子住宅时，在墙壁中发现了用六国古文字写成的《尚书》《礼记》《论语》《孝经》等数十篇。成帝时刘向、刘歆父子在整理国家藏书时又发现了用古代文字写的《春秋左氏传》《毛诗》《逸礼》《古文尚书》等。由于古文经与今文经在文字、内容、训释等方面不尽相同，于是出现了今、古文经之争。以刘歆为代表的古文经学家要求列古文经为官学，但遭到当时今文经学家的极力反对而未成功。西汉末期，王莽为"托古改制"制造舆论，立古文经为"官学"，刘歆当了国师，并为《左氏春秋》《毛诗》《逸礼》《古文尚书》《周礼》设立博士。今、古文经的论争也伴随着统治阶级的权力争斗。经学内部纷争，内容混乱，经有数家，家有数说，莫衷一是。东汉章帝时期，为统一对经学的认识，朝廷在白虎观召集儒生"讲论五经同异"。会后由班固编纂成《白虎通义》一书，建立了官方统一的经学。直至东汉末年，大经学家郑玄综合百家，遍注群经，融今、古文经于一体，标志着今、古文经学的统一。

汉代经学的又一个特点是儒学的谶纬化。谶纬是一种封建迷信与庸俗经学的混合物。《说文解字》云，谶：验，从言。即是用诡秘的隐语、预言作为神示，向人们昭告吉凶祸福、治乱兴衰的图书符录。纬是用宗教迷信的观点对儒家经书所作的解释。汉代有五经、七经，同时有五纬、七纬。谶和纬的应用范围虽有不同，但二者内容相通，纬中往往夹杂着谶语，谶也有时依托儒经。这种封建迷信起源很早，如在秦朝就流行着"亡秦者胡也"（《史记·秦本纪》）的谶语。董仲舒开创的神学化儒学实为谶纬经学的先声。西汉末年，谶纬迷信开始广泛流传。王莽即利用谶语来证明他能当皇帝。刘秀也利用一条谶语"刘秀发兵捕不道，卯金修德为天子"，为其登上皇帝宝座大造舆论。刘秀建立东汉政权后，对谶纬更加崇信，用人施政都要找谶纬作根据，临死前为了证明东汉王朝是"天命所授"，"宣布图谶于天下"。东汉前期统治者都大力提倡谶纬迷信，使之一时成为广为流行的社会思潮，班固整理的《白虎通义》即用谶纬注经。经学与谶纬相结合，儒学谶纬化，孔子成了儒教的神圣教主。在纬书中，孔子被说成是"黑帝"之子，身高十尺，腰大九围，坐如蹲龙，立如牵牛，就之如昂，望之如斗，已由人变为神了。当然，儒学谶纬化现象在当时也遭到许多古文经学家诸如扬雄、桓谭、王充等人的坚决反对和批判。

物极必反，这也是思想发展的一个规律。汉末以后，社会动荡，四分五裂，经学一统的局面也被打破。由于经学教条化的弊端和谶纬邪说的流行，终于导致儒学中衰，代之以魏晋时期的玄学。从科学意义上说，玄学不能归属于儒学，它是道家和儒家相结合的产物。玄学家们把《老子》《庄子》和《周易》称为"三玄"，这是他们的理论基础，形成一股儒、道合流以代替经学的新思潮。更有甚者，曹魏末年以嵇康、阮籍为代表的

"放大"派"竹林玄学",则直接批判儒家"名教",提出"越名教而任自然"的命题,可谓是对两汉经学权威的一大反动。此外,两汉之际,佛教开始传入我国。东汉末年,中国土生土长的道教兴起,从此形成了儒、道、佛相与激荡又相互融合的复杂局面。范文澜指出,魏晋南北朝时期,"儒家、佛教、道教的关系,大体上,儒家对佛教,排斥多于调和,佛教对儒家,调和多于排斥;佛教和道教互相排斥,不相调和(道教徒也有主张调和的);儒家对道教不排斥也不调和,道教对儒家有调和无排斥"[甲]。

隋唐时期,中国大一统的局面再次形成。隋唐盛世,有容乃大,文化气象恢宏,实行儒、释、道兼容并包的政策。但是,从整体看,儒学作为统治意识形态的主体地位并未动摇。隋唐科举都要考儒经,从而推动了经学的进一步发展。为统一经学,唐太宗令颜师古考订五经(《周易》《尚书》《毛诗》《礼记》《左经》)经文。颜师古对此多有订正,撰成《五经定本》,后被颁行全国,成了官方统一定本。为解释经义,统一思想,唐太宗还令孔颖达与诸儒撰五经义疏,名曰《五经正义》,作为唐代科举考试的依据。当然,隋唐时期,儒学为适应社会变化,也需要有一个变化,在保存儒学基本思想的同时,吸收佛、道的思想成果,创立一种新的儒学体系,因此出现了儒、道、佛融合的趋势,其代表人物,从北朝末期至唐初有颜之推、王通、孔颖达,中唐以后有李翱、柳宗元、刘禹锡等,为宋明理学的形成奠定了基础。

(三)宋明理学

宋明时期,儒学发展为理学。它是高度哲学化和政治伦理化的儒学,是儒学发展的最高理论形态。

宋明理学的兴起有其深厚的社会历史背景和文化思想基础。宋王朝的建立,结束了唐末五代以来长期割据分裂、连年战争的局面。经过五代的丧乱和此起彼伏的农民起义,造成社会的混乱和分裂及伦理纲常的破坏和沦丧,致使统治者和一部分忧国忧民的知识分子深感必须切实有效地加强思想上的控制。与强化中央集权主义制度相适应,文化思想上也出现了复兴儒学的呼声。早在唐中叶韩愈、柳宗元开启的古文运动,实际上是儒学复兴的先声。北宋的张载继承韩愈的"道统说",提出"为天地立志,为生民立道,为往圣继绝学,为万世开太

[甲] 范文澜. 中国通史简编:第二编[M]. 北京:商务印书馆, 2010: 442-443.

平"的著名格言，集中反映了宋代儒学复兴运动的时代强音。但是，汉唐以来的传统经学以章句注疏的形式解释儒家经典，严重地束缚了人们的思想和创造力，使学术面临绝路。同时，儒学还遭受来自道教和佛教的强大挑战和刺激，暴露出它的根本性缺陷：缺乏本体论基础和完备的理论体系。儒学如果不加改造和更新，就难以重返独尊的统治地位。历史不仅提出了这一时代课题，并且为解决这一课题准备了必要条件。

宋明理学在理论上具有与先秦儒学和汉唐经学不同的新形态、新内容和新特征。它的形成发展经历了一个漫长的过程，最早可以追溯到魏晋玄学和隋唐的三教合一论，但其真正形成是在北宋。北宋时期，周敦颐被朱熹称为理学的开山祖，他融会《易传》、《中庸》及佛、道思想，以"太极图"为构架，论述了以"性与天道"为核心的一系列理学的重要范畴。张载和二程则是理学的奠基者。以张载为代表的"关学"和以二程（程颢、程颐兄弟）为代表的"洛学"，都十分关注本体论的探讨，所不同的是，张载以"气"为哲学本体，二程以"理"为本体，并对理、气这对重要范畴各自作了论述。在本体论和伦理学的关系问题上，张载和二程都主张"性即理"，或天与人的合一。他们还提出了"天地之性"和"气质之性""德性之知"与"见闻之知""理一分殊""心统性情"等命题，成为宋明理学的基本命题。

南宋时期是理学发展的一个高峰，理论深刻精密，理学家人才辈出，其中最具代表性的是朱熹和陆九渊。朱熹（1130—1200）是理学的集大成者，他继承了二程的理和张载的气的学说，建立了以理为本体，以理统气的庞大的哲学逻辑体系。朱熹说："天地之间，有理有气。理也者，形而上之道；气也者，形而下之器，生物之具也。"（《答黄道夫》）明确理是第一性的，是创造万物的根本，气是第二性的，是形成万物的材料，从而解决了宋明理学中理气关系问题。无论是二程还是朱熹都把纲常伦理原则上升为天理，从而为封建统治秩序奠定哲学基础。朱熹还十分赞赏二程的人性论，把人性区分为天命之性与气质之性，并提出天命之性即天理，其内涵是仁义礼智信等道德原则，无有不善；气质之性在道德内涵上既包括道德理性，又包括感性欲求，是天理和人欲的综合体，有善有恶。要克服"气质之性"禀受不善，使"人心"服从于"道心"，这种修养方法和原则，被称为"存天理，灭人欲"。朱熹还全面阐述了洛学的"格物致知"论,实质上主要着眼于对伦理道德原则的体认和修养。总体上看,朱熹主要继承发展二程的学说,因称"程朱理学"。朱熹学说的理论价值生前未被统治者所重视,但在死后不久却被不断提升,元明清时期,被捧为官学,科举以朱熹所作《四书集注》试士,清朝康熙还称颂朱熹"绪千百年绝学之传,立亿万世一定之规"。

与朱熹同时代的陆九渊则把儒家思孟学说和佛教禅宗思想结合起来,并继承了程颢"天即理,即心"的观点,提出"心即理"的命题,对朱熹理学提出了挑战。朱熹认为理超越物质世界存在于天上,陆九渊认为理是根于人心所固有的,"宇宙便是吾心,吾心即是宇宙"。"心即理",并不是说心与理是同一的,而是强调"心"是本体,高于"理"的,因此称为"心学"。为此,朱熹和陆九渊就这个哲学问题在江西信州(上饶)鹅湖寺进行了一次大辩论,史称"鹅湖之会"。由于对"心"和"理"的不同理解,导致了朱、陆方法论上的分歧:朱熹谈"即物穷理",陆九渊讲"发明本心"。他们分别代表了理学内部二派不同的趋向。

明代中叶以后,程朱理学盛极而衰,开始走下坡路,代之以王阳明心学的崛起和传播。王阳明(1472—1529)继承发展了陆九渊的学说,成了心学的集大成者,因有"陆王心学"之称。王阳明心学思想体系主要包括"心即理""知行合一""致良知"的三个论题和"四句教"的学问大旨。朱熹理学的基本构架存在着理气为二、心性为二以及知行为二的倾向,这使其哲学体系不能圆融无碍,暴露出不少破绽。王阳明主张"心即理""心外无理",把心与理二者统一起来,并把"心"提到万物主宰的地位。从"心"和"理"为一的思想出发,他十分强调"知行合一"。这里所谓的"知"是指发自内心的"良知","行"是指"意念的发动"。"致良知"是王阳明一生最得意的理论发明,他曾标榜说:"吾平生讲学,只是致良知三字。"(《王阳明全集》)卷二十六,《寄正宪男手黑二卷》)"良知"观念最早见于《孟子·尽心上》,本意是指"不学而能""不虑而知"的先验的道德意识和道德情感。王阳明继承发展孟子的思想观念,把良知看作是判断是非的先验的道德标准。他说:"良知者,孟子所谓是非之心,人皆有之也。"(《阳明全书》卷二,《大学问》)良知又是"心之本体"。致良知的功夫,一面是充拓良知而至其极致的过程,另一方面也是身体力行的过程。"致良知"说实际上是

"知行合一"说的逻辑延伸。据传,王阳明向其弟子传授为学的"四句教"是"无善无恶是心之体,有善有恶是意之动,知善知恶是良知,为善去恶是格物"。不管这种说法真伪与否,这"四句教"正体现了王阳明心学的主要思想。阳明心学成为明代中后期思想界的显学,是整个宋明理学发展的顶峰,也是理学走向末梢的逻辑终结。王阳明死后,阳明后学便发生分化,王艮发展为泰州学派,李贽则走向反面。阳明心学分化是其哲学逻辑结构内在矛盾的必然产物,明王朝覆亡以后,作为时代思潮的阳明心学,也随之终结了。

从儒学发展史上看,宋明理学是儒学发展的最高形态,它以儒家思想为本体,汲取佛、道两教中某些思想养料以丰富儒学理论,建立了以"理"或"心""气"为本位,以"格物致知"或"穷理尽性""致良知"为方法,以"内圣外王"为目的的哲学理论体系,使它具有在哲学思维的深度上、理论体系的严密精致上超过先秦子学、汉唐经学的成就与特色。宋明理学还是一种以道德为本体的人文主义哲学,确立道德主体的独立性,执着地追求人生精神价值,对培养气节情操、发奋立志、重视品德、以理统情等主体意识结构以及人们的社会责任感、历史使命感等方面起了重要作用。同时,宋明理学也存在着浓厚的泛道德主义倾向,自始就存在着理论脱离实际、理想超越现实的弊端。此外,由于理学成为中国后期封建社会的官方意识形态,统治者对其道德说教进行片面利用,致使伦理异化,成为维护封建专制主义的等级秩序、扼杀人的本性的武器,使之愈益教条化和僵化,必然受到历史的批判。

(四)明清实学

明末直至清朝,儒学发展为一种新的理论形态——明清实学,它是从宋明理学中分化出来并与之对立的一股新的社会进步思潮。明清实学的一个基本特征是"崇实黜虚",鄙弃宋明理学的空谈心性,束书游谈的空疏学风,造就了一代新的思潮与学风,对中国近代思想产生了深远的影响。

明清实学思潮的产生,有其深厚的社会历史背景和文化思想渊源。随着封建社会后期社会总危机的爆发和资本主义萌芽的产生,地主阶级改革派和新兴的市民阶层的要求相呼应,构成了明清实学产生的社会政治条件。儒学中的经世传统及其某些务实思想,以及明清时期中国古典科学的复兴和"西学东渐"的影响,共同构成了明清实学赖以产生的文化思想条件。当然，明清实学并不是一种静态的社会思潮，而是随着明清社会条件的变迁而不断变化，大致经历三个阶段：明清之际的经世之学，清朝中叶的乾嘉之学，晚清的"公羊之学"。

明清之际，中国社会处于一个"天崩地解"的大动荡时期。明末农民起义和紧接着的清兵入关，最终颠覆了明王朝的统治。清初一些学者在总结明亡的教训时，痛感宋明理学的清谈误国，力倡经世致用的实学。实学思潮的起源，可以追溯到明代中叶的罗钦顺、王廷相，至清朝初期发展到高峰，人才辈出，群星灿烂，其内容的丰富、思想的深刻是罕见的。这也与当时处于一个动乱的时代，思想统治相对放松的环境有密切联系。在这个阶段出现了一大批杰出的思想家，著名的有黄宗羲、顾炎武、王夫之、唐甄、颜元、顾祖禹等。纵观明清之际实学思想，大致有以下几个特点：

第一，经世致用的精神。经世致用，是早期儒学的传统。宋明理学在一定程度上偏离了这个传统，空谈心性，学术与社会实际严重脱节。明清实学的核心便是高扬经世致用的精神，即反对学术研究脱离当时的社会现实，强调把学术研究和现实政治联系起来，用于改革社会。明清之际，以顾宪成、高攀龙为代表的东林党人，面对"天崩地解"的严峻现实，反对王学末流的"落空学问"，倡导"风声、雨声、读书声，声声入耳；家事、国事、天下事，事事关心"，顾炎武更提倡"天下兴亡，匹夫有责"，集中反映了当时先进知识分子救世济民的崇高理想。他们在实践上也身体力行，诸如顾炎武的《日知录》《天下郡国利病书》，黄宗羲的《明夷待访录》、王源的《平书》等等，都是一代"明道救世"之作。

第二，实事求是的精神。所谓实事求是即科学精神，不仅指的是对自然科学的积极探索，还指的是科学的认真探讨的态度。在这种精神的影响下，明清之际不仅出现了一批著名的科学家和划时代的科学巨著，提出了许多有价值的科学思想，也开创了重实践、重考察、重验证、重实测的一代新学风。顾炎武开创的一代学风，其治学特点是方法精密，重视证明，提倡实用，这成了当时的时代精神。

第三，独立的批判精神与启蒙意识。明清之际兴起的一股巨大的社会批判思潮，是经世致用思想和科学态度的必然产物。它与资本主义萌芽的产生与市民阶层的要求相适应，也体现出一种朦胧的启蒙意识。这种批判精神和启蒙意识体现在许多方面，如在政治上，反对君主专制，主张庶民议政；在经济上，主张"均田"，反对土地兼并；主张"工商皆本"，反对"崇本抑末"政策；在伦理道德上，批评纲常名教，追求个性解放；在教育上，反对科举八股，主张改革教育制度等等，从不同角度冲击了封建主义的传统思想，闪耀着新时代的火花。

随着清王朝统治的巩固，清政府加强了文化专制主义政策，一方面力图用程朱理学加强思想钳制，另一方面又大兴文字狱。学者们为避祸计，又因厌烦理学空疏，反其道而行之，兴起了重考据主实证的"汉学"，又称"朴学"，到乾隆、嘉庆时期盛行起来，称为"乾嘉学派"。清代考据学是在顾炎武的重视考据的治学方法影响下形成起来的，而戴震则对考据学的理论原则与方法作了系统的总结，使之趋于完善。汉学家们发展了文字学、声韵学、训诂学，形成了一门专门的学问，即"小学"。他们从"小学"入手，从事经书古义和其他古籍的考证、整理、注释。在治学上重视客观证据，反对主观武断，运用归纳法、演绎法，形成一种精确谨慎、朴实无华的治经方法和笃实学风，有一定价值。但是，汉学脱离现实，缺乏思想创新，因而显得苍白和过于烦琐，缺乏生命力，导致明清实学由鼎盛走向了衰颓。

嘉庆末年，清代今文经学开始复兴，其重要代表是龚自珍、魏源等人。他们继承发扬了明清之际"经世致用"传统，反对乾嘉汉学和宋明理学，以"公羊春秋"大义为理论武器，批判社会腐败，抨击政治弊端，鼓吹改革，酝酿了一种转变时代的新风气。康有为则集晚清"公羊学"之大成，"托古改革"，演出了一场"百日维新"的活剧。

二、儒学的基本特质

在古代中国，儒家思想具有深厚的土壤、绵延的历史、众多的流派，从而构成了极为丰富和庞杂的思想文化体系。从发展上看，儒学历经不同时期形成不同的理论形态。就内部来说，儒学又分为许多流派，意见纷呈，有天人相通和天人相分的对立，有性善和性恶的相峙，有义利和王霸的论辩，有今文经和古文经的争斗，有心学和理学的分歧等等。但是，儒家作为一大思想文化学派，又有其共同的思想属性和一贯的道统。细察儒家思想固有的基本特质，主要包括以下几个方面。

（一）天人合一

中国的"天人合一"思想源远流长，十分复杂，是中国哲学的重要命题。传统儒学以"究天人之际"为最大学问，以追求"天人合一"为至高境界，它不仅仅局限于人与自然的关系问题，而总是把天人作为一个有机整体来思考，把宇宙本体与社会人事及人生价值密切相连，成为贯通自然、社会、人生等问题的古典系统论思想，反映了中国古代的天道观。

儒家"天人合一"的整体思维模式大致有三种趋向。一是从孔子到荀子直至刘禹锡倡导的自然论"天人合一"模式。孔子提出："天何言哉？四时行焉，百物生矣。"（《论语·阳货》）这里的天已不是商周时流行的具有独立人格的神的存在，而是一种最高的客观意志，是自然社会的主宰。这具有划时代的意义，从此便"天道远，人道迩"。他提出"知天命""畏天命"等一系列命题，即是要求人们顺应自然社会的客观规律。荀子进一步提出"天人相分"和"制天命而用之"的卓越命题，唐代刘禹锡则较系统地阐述了天人"交相胜""还相用"的理念，具有相当积极的意义。当然，荀子、刘禹锡也并不否定天与人有统一的关系。二是以董仲舒为代表的有神论"天人合一"模式。他把"天"神秘化了，成了有意志、有目的、有道德属性的最高主宰，具有了"神"的灵性，这在中国哲学思想史上不能不说是一种倒退。但是，他的神学化的"天人相类"与"天人感应"学说，旨在寻求天人的和谐统一，维持现存的社会秩序，对统治者也不无警戒意义。三是从孟子直至宋儒所开创的心性论"天人合一"模式。孟子提出："尽其心者，知其性；知其性，则知天矣。存其心，养其性，所以事天也。"（《孟子·尽心上》）在他看来，天道即是"仁"与"人"的统一，人只要能保存本心，涵养善性，也就与天道相通融为一体了。宋儒发扬光大了孟子的心性论学说，宋明理学中的天道主要是"理"（客观理性）、是心性。从张载正式提出"天人合一"这个命题，到二程的"天人本无二"，直到王阳明的"万物一体"，在他们看来，人只要把自己内在的德性发扬出来，就能与天道合而为一了。《中庸》中说："天命之谓性，率性之谓道，修道之谓教"，讲的就是这个道理。这就是"天人合德"的深刻内涵，它要求人在大化流行、生生不已的生命之流安身立命，以达"赞天地之化育"、进而"与天地参"的目的。

总之，儒家的"天人合一"论内涵十分宽泛、庞杂，既有科学性，也有迷信性，既有唯物主义因素，也有唯心主义糟粕，对此不可不察。

（二）礼仁一体

所谓人道观即社会观，是关于处理人与社会及人与人的关系的学问，这是儒学关注的焦点问题。"礼仁一体"是儒家思想体系的核心构架。

儒家原初主要是奠基于小农经济及宗法制度之上的一种伦理本位的文化，其重要的思想核心之一是"仁"，或称"仁学"。冯友兰将"仁"区分为两种内涵，其一是作为四德之仁，指仁义礼智等德行，属于道德范畴的伦理观念；其二是作为全德之名的仁，是人生的一种精神境界，属于哲学范畴的理念。这种说法是符合实际的。"仁"的最高原则是"爱人"，其核心在于"己欲立而立人，己欲达而达人"和"己所不欲，勿施于人"的忠恕之道。推己及人，将心比心，这是儒家处理人际关系的基本准则和要求。儒家还把这种人伦关系扩充到社会政治关系上去，使伦理政治化、政治伦理化。同时，"仁"还需要受到"礼"的调节。儒家所谓礼，是指赖以维护社会和谐、秩序和稳定的典章制度和行为规范，仁与礼是统一的。孔子要求人们做到"非礼勿视，非礼勿听，非礼勿言，非礼勿动"，一切都要以礼为依归。如果人们都能按礼的要求去做，也就在整体上体现了"仁"的理想。

在儒家看来，人类社会不外乎是一个以血缘家庭为基本连接点的多层次人伦关系网络，人在社会生活中的其他关系都不过是血缘人伦关系的外化和延伸。如果说《尚书》中提出的"父义，母慈，兄友，弟恭，子孝"尚局限于家庭内部的血缘关系，那么到战国时期孟子提出"父子有亲，君臣有义，夫妇有别，长幼有序，朋友有信"的"五伦"《孟子·滕文公上》，已把人伦关系扩充到了社会、政治关系。《礼运》规定"父慈，子孝，兄良，弟弟，夫义，妇听，长惠，幼顺，君仁，臣忠"的"十义"，是儒家"礼仁一体"的社会观的综合概括，它与"三纲""五常"说是相通的。

社会伦理规范仅靠赤裸裸的外在强制是难以稳固的，它必须与道德主体的内在自觉结合在一起才能长久。儒家从孔孟起就开始"援仁入礼"，把"礼"奠基于"仁"之上，规范与修养，权利与义务，外在控制与内在自觉被神奇地结合在一起，社会的稳定便大大加强了，这是儒家社会政治伦理观的最显著特色。

（三）内圣外王

"内圣外王"一词，最早见于《庄子·天下篇》："是故内圣外王之道，暗而不明，郁而不发。"但是，它更适用于表述儒家的人生理想。所谓"内圣"是主体性修养方面的要求，以达到仁、圣境界为极限；"外王"是社会政治教化方面的要求，以实现王道、仁政为目标。这种人生理想诉求最早导源于孔子的"修己"以"安人"并进而"安百姓"的"为己之学"。孟子则对孔子的"内圣外王"理想作了进一步阐析，他从"性善"论出发，在内圣上强调"修身""立命"，涵养"浩然之气"，培育大丈夫人格；在外王上，倡导实行王道政治的理想。被宋儒提升到"四书"之列的《大学》开宗明义便说："大学之道，在明明德，在亲民，在止于至善"，"古之欲明明德于天下者，先治其国。欲治其国者，先齐其家。欲齐其家者，先修其身。欲修其身者，先正其心。欲正其心者，先诚其意。欲诚其意者，先致其知。致知在格物。"这就是所谓的"三纲领"和"八德目"，是对"内圣外王"人生理想的完整概括。无论《大学》成书于何时，儒家大概没有不同意这样的理想的。

当然，儒家"内圣外王"的人生观虽然十分理想，但是在现实生活中，"内圣"与"外王"往往存在着难以克服的矛盾，就是孔子、孟子在当时社会也往往四处碰壁，颠沛流离，并不得志。因此，儒家又讲"穷独达兼"的处世之道。孔子讲"天下有道则现，无道则隐"（《论语·泰伯》），孟子说得更明确："得志，泽加于民；不得志，修身见于世。穷则独善其身，达则兼济天下。"（《孟子·尽心上》）这不过是儒家理想诉求的一种补充和权变，但始终未曾放弃"内圣外王"的人生理想。

美国哈佛大学教授杜维明指出："现今的流行观点认为，儒家是一种特别重视人际关系的社会伦理学，这一见解是基本正确的。但是，它未考虑到作为一种独立、自主和具有内在导向过程的自我修养在儒家传统中的中心地位。"[甲]的确，儒家十分强调"修身"的价值，《大学》中说："自天子以至庶人，壹是皆以修身为本。"儒家强调修身为本是将主体道德的完善看成国家社会的根本，它不仅仅是个体的修养问题，而是将个体修养和他对国家社会的责任义务联系在一起。

[甲] [美]杜维明. 儒家思想新论：创造性转换的自我[M]. 黄幼华，等，译. 南京：江苏人民出版社，1995：52.

（四）致中和

中庸是孔子对商周以来"中和"思想继承和总结而提出的一个哲学范畴，被他称为"至德"。他说："中庸之为德，其至矣乎！"从总体上看，儒家的中庸理论是以中和观念为理论基础的。所谓"和"即事物的和谐状态，是最好的秩序和状态，是最高的理想追求。按照儒家的思想，"和"不仅指自然的和谐、人与自然的和谐，更重要的是指人与人、人与社会的和谐。孔子讲"礼之用，和为贵。先王之道，斯为美"。孟子也说："天时不如地利，地利不如人和。"所谓"中"，指的是事物的"度"，不偏不倚，过犹不及，它是实现和谐的根本途径。"和"与"中"是相互联系在一起的，《中庸》说："中也者，天下之大本也；和也者，天下之达道也。致中和，天地位焉，万物育焉"。

以"中和"观念为核心的中庸之道，不仅是儒家思想的一个重要方法论原则，而且也为释、道两教所吸收接纳，使之成为中国传统文化思想的一个重要原则和哲学概念，对中华民族精神的影响至深至远。在中国古代，中庸之道可以说是一种调节社会矛盾使之达到中和状态的一种高级哲理，其理论基点是维护矛盾的同一性以及矛盾体的平衡，防止矛盾的激化，以避免统一体之破坏与破裂。一方面，它要求待人处世中正适度、和谐一致，这对于消除社会中的人际矛盾，达到社会稳定的目的，无疑有着积极作用；另一方面，它力图使对立双方所达成的统一、平衡经久不渝，永远不超越"中"的度，这就成为一种阻碍事物发展变化的保守理论，也导致了中华民族性格中因循守旧、谨小慎微、缺乏冒险创新精神等特性。

以上是儒学的重要思想特质，反映了它的一贯的道统，代表了中国传统文化的基本精神方向，对塑造中华民族的整体性格起了重大影响。当然，儒家思想内容包罗万象、十分丰富，上述特质只是它主要的共同思想属性。

三、儒学在中国传统文化中的地位及其影响

儒学是中国传统文化的主导思想，对中国文化的各个领域各个层面乃至整个社会生活都产生了广泛、深远的影响，在长期的历史发展进程中，已溶入了中华民族的文化心理结构之中，很大程度上体现了中华民族的精神方向，在中国文化发展史上占有极其重要的地位。

（一）儒学是中国传统文化中的主导思想

儒家学说是中国传统文化的主导思想，这是历史事实。众所周知，春秋战国作为中国思想文化的繁荣时期，出现了百花齐放、百家争鸣的局面，儒家和墨家并称"显学"，实际上儒家的影响较墨家为大。秦代崇尚法家，焚书坑儒，曾使儒家遭受一次严重打击。汉初以黄老为显学，至汉武帝听从董仲舒的建议，罢黜百家，独尊儒术，儒学也从子学变为官学。此后，儒学作为统治意识形态的主导地位在古代中国始终未曾动摇过。魏晋时期盛行的玄学，实际上是道、儒结合的产物，虽然嵇康公开倡言"非汤武而薄周孔"，但多数玄学家仍尊崇孔子为最高圣人。隋唐时期，肇始于两汉之际的佛学有了突飞猛进的发展，并与儒、道形成三足鼎立之势，但政治法度仍是儒家的一套。宋明理学则是儒、道、佛合流的产物，是高度哲学化的儒学，从而恢复了儒学的权威地位。历宋、元、明、清，理学受到统治者的尊崇。尽管明代中期以后由于理学的僵化，产生了明清之际思想界的强烈震荡——所谓"启蒙思想"，但它实际上是一场儒学内部的自我调整，与西方的"文艺复兴"运动有着根本不同。直至五四新文化运动，儒学受到严厉的批判，它在思想意识上占统治地位的局面宣告终结。上述可见，中国传统思想文化的内容非常广泛，除儒学外，还有道家、法家、道教、佛教等等，不能把儒学与传统文化相等同，但是，儒学在中国传统思想文化中占据主导地位，这是无疑的。

儒学在中国思想史上绵延两千余年之久，成为中国传统文化的主导思想，这并不是偶然的，除了中国古代特殊的社会历史条件以外，最主要的还是因为儒学有着自身的特质。马克思指出：理论在一个国家的实现程度，决定于理论满足这个国家的需要程度。在诸子百家中，只有儒家学说能够最大程度地满足中国宗法制社会的客观需要，能够适应封建大一统的中央集权制政治的需要，因而，自汉代以降，历代王朝均以儒家学说为治国的指导思想，儒学也成了历代封建统治阶级的统治工具而取得了独尊地位。同时，儒学又得到了广大民众的认同，在社会生活中有着深厚的群众基础。因此，儒学不仅仅是统治阶级的统治工具，它的内涵和外延十分宽泛，在长期的历史演进过程中，同时凝聚着中华民族的集体智慧和力量，包含着许多积极因素和宝贵的精神财富。此外，儒家还以开放的胸襟，不断吸取、融会道、法、名、墨、阴阳等各家思想以及道教、佛教的思想精髓，以丰富发展自己的思想体系和适应社会历史发展的需要，这也是一个重要因素。

（二）儒学对中国传统文化各个领域的影响

儒学是中国传统文化的主导，还体现在儒学广泛而深入地渗透到中国文化的政治、伦理、哲学、教育、文学艺术、科学技术、宗教等各个领域，并深刻制约着中华民族的价值取向、审美情趣、思维方式、风俗习惯等层面，从而主导着中国传统文化的发展方向，使中国传统文化深深地打上了儒学的烙印。

儒学的影响首先表现在中国传统政治文化方面。不可否认，儒学与专制主义有着密切联系，它具有维护封建专制政体、长幼有序的等级制度及"刑不上大夫，礼不下庶人"的人治传统等弊端，与现代民主政治格格不入，背道而驰，流弊无穷。儒家学说长期以来为中国封建统治阶级所利用而成为统治思想，孔子也被历代统治者所御用成为封建专制制度的护身符。五四新文化运动以"打倒孔家店"为己任，其反封建的启蒙意义是不可抹杀的。但是，儒家学说与专制主义还是有一定距离的，两者并不能画等号。建立在仁学之上的民本主义思想与君权是相对立的，一定意义上具有防范君主独裁的效力。儒家的民本思想大致包括以下几层含义：

（1）民为邦本，民贵君轻。《尚书》中说："民为邦本，本固邦宁"，《孟子》也有"民为贵，社稷次之，君为轻"的名言。

（2）民意即天意，重视民意。《尚书》说："天聪明，自我民聪明；天明威，自我民明威。"《左传》中也说："国将兴，听于民；将亡，听于神。"

（3）为政以德。《论语》中提出："为政以德，譬若北辰，而众星拱之"，批评"苛政猛于虎"。

（4）革命思想因素。倘若独夫当政，百姓绝望时，只好把它推翻。《孟子》中说："贼仁者谓之贼，贼义者谓之残，残贼之人，谓之一夫，闻诛一夫纣矣，未闻弑君也。"又说"君有过则谏，反覆之而不听，则易位"。

儒学伦理还是中华民族伦理道德规范体系的主体。伦理道德在中国传统文化中占有极其重要的地位，以至有人认为中国传统文化是伦理型文化，这是有一定道理的。中国传统文化这一独特现象，与它形成的两个重要基础密切相关：一是小农经济的生产方式；二是家国同构的宗法社会政治结构。在这个基础上产生的必然是以伦理道德为中心的文化价值系统。儒学从本质上说，正是在这样的基础上所形成的伦理型文化。首先，它是一种宗法伦理，以孝悌为本，维护亲亲、尊尊的封建宗法制度；其次，它又是一种政治伦理，即宗法伦理在政治上的延伸与拓展，使伦理政治化，政治伦理化。

儒家伦理道德学说十分丰富，包括个人伦理、家庭伦理、社会伦理等道德规范体系，提出了比较完备的德目。孔子以智、仁、勇为三达德，孟子提出仁、义、礼、智四端，董仲舒又提出仁、义、礼、智、信五常。中国传统伦理道德具体德目基本以此为中心而展开。当然，这些德目包含着一些封建性的糟粕，但是，更多的则表现为中华民族的传统美德。

儒学对中国文化影响较大、较深刻、较直接的还在于教育领域。儒家历来有重视教育的优良传统。早在春秋战国时期，儒家就积极提倡以诗文作为推行教化的有力工具。孔子把"庶"（人口）、"富"（财富）、"教"（教育）三者并立为立国的根本政策，把教育看作治理国家的重要手段。《论语》作为孔子创办私学的明证，奠定并培植了中国的私学传统，从而使私学作为官学的重要补充，发展和延续了中国的文化传统；同时，它作为孔子讲学实践的结晶，为中国古代教育理论提供了较为完整的思想体系。从此，儒学便日益切入中国教育，对中国教育产生了十分重要的影响。汉代以后，随着儒学作为官学地位的确立，中国传统教育受儒学影响最大。这主要体现在两个方面：一是中国古代教育基本以儒家经典为教材。据传，孔子整理"六经"，即《诗》《书》《礼》《乐》《易》《春秋》，并以此作为从事教育的教材。西汉盛行今文经，由于《乐》亡佚，因称"五经"。至东汉时，于"五经"之外增加了《孝经》和《论语》，扩大为"七经"。隋唐时期，为适应科举制的需要，经学得到进一步发展，唐代孔颖达奉命定《五经正义》，作为科举读本。之后，又加入《周礼》《仪礼》《春秋谷梁传》《春秋公羊传》《孝经》《论语》《尔雅》，于是有"十二经"之称。宋代把《孟子》并列于经书之列，于是成为"十三经"。理学家又把《大学》《中庸》从《礼记》之中提取出来，与《论语》《孟子》并列为"四书"，朱熹作《四书集注》。从此，"四书"与"五经"并列成为科举取士的根本依据。儒家学说通过科举这种形式对中国教育产生深刻影响，并被作为治国安邦的学说在整个社会推广开来。二是儒家提出的教育理论和教育主张对中国教育产生了决定性的影响。儒家不仅十分重视教育，而且在教学理论、教学原则和教学方法等方面积累提出了极其丰富宝贵的思想见解，至今不减其色。诸如"有教无类"的教学原则，"志于道""明人伦"的教学宗旨，"举一反三""不愤不启、不悱不发""引而不发"的启发式教育方法，"学而时习之""温故知新""学而不思则罔，思而不学则殆"等的学习方法，以及"三人行，必有吾师""不耻下问""毋意，毋必，毋固，毋我"等的学习态度等等，对中国古代教育影响深远。

儒学在中国传统哲学史上也占有重要地位。宋代以前，儒学基本上还是一种伦理、政治学说，缺乏本体论依据和思辨色彩。宋明理学则吸取了佛教、道家、道教等哲学思想成果，使儒学伦理与本体论、心性论等思想相结合，形成了具有高度哲理和精微思辨色彩的儒学，使中国哲学与儒学不相分离。它所提出的许多哲学理论与命题，诸如本体论中的"理"论、"心"论、"气"论，人性论、格致说，知行观，"理一分殊""心统性情"，等等，都成了中国传统哲学的重要思想内容。

儒学重教化、尚伦理，以诗文为教化工具等观点对中国文学传统产生了深远影响。所谓"诗言志""文以载道"的古代文论正是儒学基本理论作用于文学领域的结果。它强调文学作品的思想性、讽刺作用和教育意义，形成了中国文学传统的优良的一面，同时也带来了束缚文学自然发展的弊端。

在宗教方面，对中国传统文化影响较大的主要是道教和佛教。儒学不是宗教，它一方面吸取和借鉴道教、佛教文化的长处，以丰富自己的思想体系，同时对道、佛两教产生了重大影响。由于儒学在中国传统文化中占主导地位，它所具有的一种强烈的入世精神和深厚的人文传统，才使中国未曾出现过其他国家和民族大都有过的宗教全面统治的时代。

在价值观念上，儒家的价值取向表现为重人伦而轻自然、重群体而轻个体、重义轻利、重道轻器、持中贵和等特点，也充分体现了传统文化的价值观基本倾向。

在审美情趣上，儒家重政治功利，重仁义道德修养，以善为美，故有人称儒家美学为伦理学的美学。儒家以善为美，其善的标准则以是否合乎中和的原则为准绳。儒家美学思想对中国古典美学产生了巨大而长久的影响，与道、禅美学思想共同构成了中国古代美学思想的主体与灵魂。

在思维方式上，儒家侧重于强调经世致用的"实践理性"，强调反省内求的直观思维，强调综合的整体性思维等，较典型地反映了中国传统思维方式的特征。

上述是儒学对中国文化产生影响的几个主要方面。事实上，儒学对中国文化的影响是全方位的，涉及哲学、史学、教育、文学、艺术、科技、宗教等各个领域和器物、制度、习惯、思想意识等各个层面，深刻地制约着中华民族的思维方式、价值观念、审美情趣、道德风尚等深层文化的社会心理和行为习惯。儒学对中国文化的影响是如此之大，以至离开儒学，中国文化便无从谈起。无论喜欢与否，这是一个历史的事实，无法回避。随着封建主义制度的灭亡，儒家思想在中国社会文化中的核心地位已不复存在，但它的影响至今仍然根深蒂固，对现实社会生活发生深刻影响。

从总体上说，儒家思想既有封建性的糟粕，又有民主性精华；它在中国历史上既起到了维护封建主义统治的作用，又起到维护中华民族的统一，促进中国文明发展的作用；它既是今天中华民族走向现代化的不小包袱，又是中华民族走向未来的基本依据和创造新文明不可缺少的一份精神财富。

四、儒学与现代社会

五四运动以来，儒学与现代化的关系问题成了国内外学术界广泛关注的重大问题，人们见仁见智，莫衷一是。整体上说，有两种趋向。一种强调儒家思想与现代化的矛盾冲突，对儒学进行全面否定。五四时期的新文化运动提出了"打倒孔家店"的口号，对儒学进行了全面批判，这在当时具有反封建的思想启蒙意义，但也存在着形式主义的偏向。"文化大革命"时期对儒家思想的全面批判除了造成思想混乱和民族文化虚无主义的泛滥之外，并没有产生如五四时期的思想批判所产生的积极社会意义。20世纪80年代的"文化热"中，也存在着一种民族文化虚无主义的倾向，认为儒家思想是中国现代化道路上的最大障碍，必须加以全面批判、彻底抛弃。这种思想倾向除时代条件因素外，在理论上的误区主要在于未能洞察儒家思想的二重性，即儒家思想与现代化之间存在的既相矛盾又相统一的关系。另一种趋向以现代新儒学为代表，力图探索儒家思想与现代文明的融合。作为五四时期批判儒学思潮的一种回应，现代新儒学的开山祖梁漱溟首先公开重竖儒家旗帜，提出"世界最近文化的未来是中国文化的复兴"的口号。抗日战争时期，为了弘扬民族文化以加强民族凝聚力和自信力，熊十力、冯友兰、贺麟、钱穆等新儒学代表人物曾致力于融通中西文化以复兴儒学的事业，贺麟公开倡言"以儒家精神为体，以西方文化为用"。1958年，张君劢、唐君毅、牟宗三、徐复观等人在香港《民主评论》联名发表题为《中国文化与世界》的宣言，明确提出了新儒学"返本开新"的思想纲领，强调儒家思想对于人类具有普遍意义，认为儒学不但不与现代科学、民主相矛盾，反而是它本身所具有的内在必然要求，是现代化的巨大动力。20世纪70年代以来，日本、亚洲"四小龙"在经济上的崛起，重新启示着人们去思考传统儒家思想与现代工业文明的关系。80年代以来，现代新儒学又有进一步发展成为一种带有国际性学术思潮的趋势。但是，现代新儒学也并没有真正解决儒家思想与现代化之间相融合的关系问题。

事实已经证明，保持着儒家文化的传统社会，无法自觉地走向现代化历程，它是靠着外来政治军事势力的挑战和外来文化的强烈刺激，才揭开了现代化的序幕。但是，经过西方文明的冲击、洗礼，不但没有导致儒家文化的衰落，反而有利于激发它的内在活力，在东亚现代化过程中发挥了积极作用，这同样是不可漠视的事实。因此，儒学的现代生命力绝不是儒家习俗的复兴，而是创造性地转化而生的新的生命力。这主要表现在以下几个方面：

（一）儒学与社会稳定

世界现代化的历史进程表明，任何国家和地区要实现现代化，必须保持社会稳定。发展中国家要想在短时期内完成现代化的历程，尤其需要稳定的社会环境。在这方面我国曾经有过相当深刻的教训，尤其是十年动乱几乎使我国国民经济濒临崩溃边缘。新时期邓小平十分重视我国现代化过程中的稳定问题，反复强调"中国发展的条件，关键在于政局稳定"。这是具有深远的战略眼光的。

儒家思想有助于维护社会稳定，这是事实。儒家思想的基本价值在于追求一种稳定和有序的状态。如果对"礼"作现代诠释，就是指一切社会规章制度，"克己复礼"就是要人们自觉地遵守制度，使无秩序的社会走上有序的有纪律的社会。此外，儒家提倡建立中央权威领导、"和为贵""为政以德"、仁爱忠恕的思想及修齐治平的理想也的确能起到稳定社会秩序的作用。

当然，我们所说的社会稳定并不拒绝变革，并不意味着各方面的静止、停滞，而是一个动态有序的过程，它是动态的稳定、发展中的稳定、充满活力和创新的稳定，稳定与变革应是统一的。必须指出，作为制度化的儒学具有追从神圣不可侵犯的传统主义的保守性一面，但是，儒学并不排斥变革。《易经》中强调"生生之谓易""苟日新，日日新，又日新"的变革思想具有积极意义，对后世的变法维新产生了重大影响。

（二）儒学与民主政治

不可否认，儒家具有维护中央集权的专制政体、长幼有序的等级制度和"刑不上大夫，礼不下庶人"的人治传统等弊端，与现代民主政治背道而驰，流弊深远，五四新文化运动反封建的启蒙价值是永远不可磨灭的。

但是，儒家的"为政以德"的思想对中国传统政治文化起着重大影响。自从汉代中国封建制度全面确立之后，历代较为开明的帝王，都把"为政以德"作为基本的治国原则。汉代的文景之治、昭宣中兴，唐代的贞观之治、开元盛世，都是仁德政治的实践成果。此外，德治仁政思想，还成为历代为民请命的清官和变法改革者的一面旗帜。

儒家德治仁政的理论基础是建于仁学之上的民本主义思想。《尚书》中就有"民为邦本，本固邦宁"的说法，孟子提出"民为贵，社稷次之，君为轻"。荀子更提出"君者，舟也；庶人者，水也。水则载舟，水则覆舟"，这对中国历代统治者产生了深刻的警示作用。虽然民本思想本质上只是一种"为民做主"的统治阶级的思想意识，与近代意义上的"以民为主"的民主思想还有不少距离，但民本与民主并不是水火不容、相互对立的，从民本发展到民主应是顺水推舟、顺理成章的事情。中国近代先进的思想家如康有为、孙中山等正是以中国固有的民本思想为桥梁接受西方的民主主义思想的。

（三）儒学与经济发展

应当指出，儒家思想基本上是一种伦理政治文化，在经济发展理论方面并没有多大建树。尽管儒家注意到了经济发展与社会稳定的关系，如提出制民之产，民无恒产，因无恒心；仓廪实而后知礼节，衣食足而后知荣辱等等，但是，作为农耕文明的产物，儒家倡导重农主义的经济观（这可以从"士农工商"的社会序列和"重农抑末"政策看出）、"不患贫而患不均"的平均主义思想、"重义轻利"的倾向，则是一种停滞的经济观，对现代经济发展具有消极影响。

但是，经过创造性转化的儒家思想对东亚经济发展起了重大促进作用，这也是不可忽视的事实。当然，东亚经济发展是由多种因素决定的，但是，它确与儒家思想的推动作用有密切关系。首先，儒家文化圈的巨大的经济潜力，来源于全社会所具有的统一机制。它们具有中央集权的历史传统，这种传统对建立稳定的社会秩序和政府积极参与经济活动起过很大作用。稳定的社会秩序对经济发展的作用自不待言，政府积极参与经济活动对经济发展的作用可能具有双重性，如果运用得当，可以极大地推动经济快速发展。在具有儒家传统的国家和地区，政府发展经济政策以及政府和企业结为一体，比较容易举国步调一致，集中力量办大事，应付危机共渡难关，这正体现了儒家家国同构的集团主义传统。而在欧美国家里，政府依靠法律和政策把握经济发展趋向，只是宏观控制，对重大事务作出必要的限制，但是不能想象政府与企业之间融为一体。其次，以儒家思想为渊源的企业组织原理和企业文化是东亚经济发展的强大动力。在儒家文化圈内的国家和地区，企业本身就是一种家族共同体或扩大了的家庭，企业成员之间保持着家庭式的关系和氛围，企业内部具有高度的凝聚力和向心力，产生"集团主义"的力量。集团主义和个人主义是东亚与欧美企业组织原理的一个很大差异，各具特色，作用各异。荷兰文化协作研究所所长霍夫斯坦特曾经断言："一个国家个性自由主义的程度与该国的贫富有很大的关系，所有的富裕国家都在个性主义一边，而所有的贫穷国家都在集体主义一边。"这种观点业已遭到了越来越多的挑战和批评，日本筑波大学校长高桥进认为，促使日本经济繁荣的企业组织原理为"集团主义""终身雇佣"和年功序列，这些都是以儒学为渊源的企业文化思想。未来学家凯恩也认为儒家文化使东亚国家和地区具有迎接未来挑战的文化优势。事实上，儒家文化倡导忠诚、献身精神、责任感、集体主义，这些文化价值为社会与经济的协调发展创造了有利条件。此外，儒家倡导的经世致用、积极入世、刚健有为、刻苦勤奋、建功立业、光宗耀祖、和实生物、整体至上等价值观念以及对教育的重视，都对东亚经济发展有着积极影响，成为经济发展的文化动力。

（四）儒学与精神文明

现代化是一个系统工程，包括政治、经济、文化和社会各方面的协调发展。中国式的现代化包含民主、富强和文明三位一体的内容。社会现代化不仅包括物质文明建设，还包括精神文明建设，两者相辅相成，缺一不行。但是，在许多国家和地区的现代化过程中，造成了物质文明与精神文明之间关系失调、人际关系冷漠、大量家庭崩溃、人们道德堕落、精神空虚、生态环境恶化等诸多问题。一些西方学者认为，只有儒家伦理才能治疗以上社会疾病。有的甚至断言，世界的未来如果不是中国文化的复兴，人类的前途将是可悲的。当然，必须指出，儒家文化不是也不可能是包医百病的良药，但儒家伦理在现代社会精神文明建设中的价值确已受到越来越多的关注。

在社会精神文明建设中，应当大力加强社会道德研究和建设，把道德教育和法制建设摆在同等重要的地位。新的社会道德规范和伦理学说，一方面必须建立在现实生活经验的基础之上，另一方面又必须要汲取数千年来人类道德伦理的精华。儒家伦理道德思想极为丰富，是可资挖掘的取之不竭的重要资源。在人与社会的关系上，儒家强调关心国事民瘼，以天下国家为己任。这种爱国主义的情怀深深积淀在中华民族文化心理结构之中，不知感染和熏陶了中国历代多少志士仁人！从范仲淹的"先天下之忧而忧，后天下之乐而乐"到文天祥的"人生自古谁无死，留取丹心照汗青"，从顾炎武的"天下兴亡，匹夫有责"到林则徐的"苟利国家生死以，岂因祸福趋避之"等格言、座右铭，至今尚闪烁着熠熠光华。在人与人的关系问题上，儒家倡导的"和为贵""天时不如地利，地利不如人和"的人际关系理想，"仁者爱人""己欲立而立人，己欲达而达人""己所不欲，勿施于人"的忠恕之道，"诚者，天下之道也，思诚者，人之道也""人而无信，不知其可也"的诚信原则等等，都是中华民族传统美德。在人与自身关系问题上，儒家十分注重"修身"和理想人格的培育，诸如儒家倡导的"天行健，君子以自强不息""任重道远，死而后已"的积极人生志向；"杀身成仁""舍生取义"的崇高精神境界；"三军可夺帅也，匹夫不可夺志""威武不能屈，富贵不能淫、贫贱不能移"的独立人格；"君子爱财，取之有道""不义而富且贵者,于我如浮云"的义利观;"为仁由己"、三省吾身的修身之道,以及仁义礼智信勇品性,等等,至今仍不减其色。

　　社会的现代化,归根到底还在于人的现代化。现代化过程中,人的现代化是一项头等重要的社会工程。提高人的素质,这除了提高人的现代科学技术知识之外,还应重视道德理想、高尚人格和情操的培养。李光耀认为,一个良好的社会,必须充盈着良好的伦理道德气氛,为此,他提出了以孔子儒学为基本精神的"东方道德价值观",并上升为新加坡的"国家意识",为新加坡人提出了做人的精神品格要求:崇高境界,注重道德修养;淡泊守志,清正守节;团结一致,奋发有为;视精神高于物质,视永恒胜于一瞬。新加坡社会通过共识而达成的中心价值,基本是儒家伦理在当代社会的体现,其取得的精神文明建设之成就有目共睹。

　　作为一个文化体系,儒家思想已经成为过去,至五四时期,儒家思想在中国社会文化中的主导地位已不复存在,但它的影响仍然根深蒂固,对现实社会发生着深刻影响。对现代社会而言,儒学是当今人类走向未来过程中可资开挖利用潜力巨大的文化资源。在中国实行改革开放,走向现代化过程中,对儒家资源的挖掘应有一种紧迫性。当然,这种挖掘不应生搬硬套,急功近利,而是一种以现代化为参照系的有选择的汲取。

　　思想史的研究表明,一种学说,一种理论,一种思想,它的生命力就在于它能够不断地被诠释。儒家思想也是个历史发展的概念,在不同的时代被赋予了不同的理论形态和内涵,其绵延不绝的生命力正源于此。经过创造性转化的儒家文化也必将成为现代文明的积极因素和强大的精神动力。

第五章
佛教与中国传统文化

佛教是世界三大宗教之一。它诞生于古印度，自汉代传入中国，在两千多年的漫长岁月中，曾受到本土文化——儒学和道教势力的抵抗与排斥，终因佛教自身的文化包容力与灵活适应性，在与儒家学说、道家学说的相互渗透中，渐次巩固了在中国文化体系中的地位，并影响到日本、朝鲜等周边国家。可以说，华夏中国是佛教的第二故乡，佛教文化是中国传统文化中不可分割的部分。

一、佛教史略

（一）释迦牟尼

佛教产生于公元前6世纪的古代印度，由释迦牟尼创立。在早期的佛教的典籍中，没有关于佛教创始人生平的完整记录。释迦牟尼主要事迹散见于佛教各部派后来编成的经、律中，而且往往与神话交织在一起，有许多荒诞的成分。剔除这些神话虚构，大致可以找出一些较为可信的史实。

佛教创始人姓乔达摩，名悉达多，出生在古印度迦毗罗卫城（今尼泊尔南部），大约生活在公元前565—前486年，与中国的孔子所处年代相近。释迦牟尼是佛教徒众对他的尊称，意思是"释迦族的圣人"。"牟尼"是明珠的意思，喻为圣人。

乔答摩出身于刹帝利种姓，是迦毗罗卫国净饭王的王子，其母摩耶夫人早死，由姨母摩诃波阇波提抚养长大。少年时代接受婆罗门教的传统教育，学习《吠陀》经典和五明。他幼年的时候就爱沉思。世间很多现象都引起他的感触和思考。他曾多次外出，先后看到老人、病人、死人，身心受到震撼，回宫后深思人生无常，生老病死在所难免。遂萌生出家修道之念头。其父为了打消他出家的念头，为他修造宫殿，娶妻纳妃，然而他出家的决心却与日俱增。终于在29岁时，不顾父王的劝阻，毅然离别妻子，抛弃王位，剃除须发，披着袈裟入深山出家到旷野参访明师，追求痛苦的解脱和人生的真理，由王子而成了一个真正的沙门。

释迦牟尼离家之后，遍访沙门，历习苦行，长达6年，未能达到他所追求的解脱之道，身体却因苦行而干瘦憔悴。于是他放弃苦行，渡过尼连禅河，来到一棵毕钵罗树（后称菩提树）下，沉思默想。据说，经过七天七夜，终于悟出了"四谛"的真理。这标志着他真正觉悟成道了，因而被称为"佛陀"，或简称"佛"，意思是"觉悟者"。这一年他35岁。

据载，释迦牟尼悟道之后，深发感叹：一切众生皆有佛性，本具圆满大智慧，只因妄想执着，无明烦恼流转不息，致使沉迷苦海，不能解脱。若能正道修行，去妄存真，即可解脱生死烦恼，回归圆满智慧。自此，释迦牟尼为普度众生，开始了长达45年的授徒传教生涯。他以大慈悲的心情，博大精深的智慧，不畏艰苦的精神，弘扬佛法，教化众生，足迹遍于恒河流域许多国家和地区，凡是同他接触过的人无不深受感化而衷心地信佛。他一生慈悲救世的精神永远铭刻在人们的心中。

释迦牟尼建立了佛教僧伽生制度，有弟子500人，有名的大弟子10人。80岁那年在拘尸那揭罗两棵娑罗树涅槃。

（二）原始佛教的基本教义

佛教以解脱生死烦恼获得大圆满智慧为最高宗旨。佛将他所觉悟的道理说了出来，指示佛教徒怎样做人与怎样成佛的方法，这就叫作佛法。释迦牟尼45年说法所传达的教法据说有84000法门，但若就其根本思想说，可以用四个字加以概括，即"苦集灭道"，这在佛教中也称"四圣谛"。"谛"，是实在和真理的意思，是印度哲学通用的概念。

苦谛是佛教对人生苦的内容的概括。常见的人生苦有八种，除生、老、病、死外，还有怨憎会苦（即由于种种原因不得不与自己意气不相投者一块相处之苦恼）、爱别离苦（即生离死别之苦）、求不得苦（即欲望得不到满足之苦）以及五取蕴苦（由于把五蕴和合之假身执着为真实之存在所造成的种种痛苦）。佛教把社会人生的本质断定为"苦"，所谓"人生皆苦"，"一切皆苦"，并将这一判断视作真理的教义，并成为全部佛教的出发点。所谓"苦海无边，回头是岸"，此"岸"就是佛教所说的"涅槃"或者叫"入灭"，即"四谛"中的第三谛——"灭"。"涅槃"是佛教最后理想的无苦境界，是熄灭了一切烦恼，从而超越时空、生死，与现实世界对立的一种境界。

集谛是分析造成生老病死等苦的原因，"集"本意为"招聚"或"集合"，这里意谓"招致"苦难的原因。佛教认为造成人生痛苦的最根本的原因是"烦恼"，而"烦恼"之最大者是贪（贪婪心）、瞋（恨心）、痴（痴愚执着心）"三毒"，或叫"三大根本烦恼"。此外还有慢（傲慢不恭心）、疑（疑惑不信正道心）、见等诸多烦恼，因烦恼而迷于事、迷于理，此即为"惑"，有了"烦恼惑障"，于是使身、口、意做不善之业，所以有三界轮回之苦。灭谛根据"因灭则果灭"的道理：烦恼无明灭则生死灭，无生则不死，进入不生不死永恒安乐之境，即名涅槃。

仅仅懂得造成痛苦的原因还不够，要摆脱痛苦，必须掌握脱离痛苦的方法，"道谛"就是讲要实现佛教的最高理想所应遵循的途径和方法。"道"，即道路、途径，也就是方法。佛教认为只要依照佛法修行，就能走出生死苦海，到达涅槃彼岸，进入一种"常乐我净"的境界。

佛教经典中关于修道方法种类繁多，小乘教义多推崇三学（戒、定、慧）、八正道以及包括八正道在内的三十七道品。到了大乘佛教，"三学"又进一步发展为"六度"。

三学，是佛门弟子修持的三项重要内容，依次为戒学、定学和慧学。戒学指严守戒律，防犯恶业，净化身心。定学即禅定，通过禅定获得心注一境而不散乱的精神状态，从而得到排斥精细烦恼、洞察世间与出世间的智慧。慧学指断除妄惑、洞达事物实相的学习与修持。三学之间是相互关联的，戒能清净定和慧的基址，定能助长戒和慧的势力，慧则是戒和定的先导。

中道观，据《中阿含经》载，佛首次说法时就明确指出：

"有二边行，诸为道者所不当学。"所谓"二边"是指"享乐"和"苦行"，他认为二者都是过分的行为，只能"舍此二边，有取中道"。佛教不主张片面地离世解脱，而是主张万法圆融，世间与出世间、俗谛与真谛的对立统一。反对执有与执空两种片面主张，而坚持空无假（妙）有的中道观。

六度波罗蜜，是佛教徒的修持法门。度是载渡的意思，波罗蜜即到达彼岸。六渡即六种载渡人到达彼岸的途径。六度的内容分别是：①布施。分财施、法施、无畏施。财施即把自己的财物、身体器官甚至整个生命施舍给需要的众生。法施是向众生施舍正法、善法，给众生带来法利。无畏施，即为众生解除恐怖畏惧，施予安全。②持戒。意即严持佛教戒律。③忍辱。锻炼忍耐心、包容力、忍受打骂毁辱、赞誉奉承以及饥寒困苦。④精进。精勤不懈地修学六度。⑤禅定。使心性专注不散、深入定性。⑥智慧。以般若智慧正观世界实相，总导一切修持法门。

四圣谛所依据的根本原理则是缘起论。佛教的所有教义，都是从缘起论这个源泉流出来的。

缘起也称缘生，是"因缘生起"的略称，是佛教全部宇宙观和宗教实践的基础理论。所谓缘起，即诸法由因缘而起，也就是释迦牟尼常说的"此有故彼有，此生故彼生，此无故彼无，此灭故彼灭"。佛教认为，一切事物和现象的生起，都存在着相互联系，互为条件的因果关系。佛教的缘起说，主要是以人生问题为中心来谈的，用以解释人生痛苦的原因。

缘起论是佛教特有的教义，归纳起来，有四个重要的论点：

第一个论点是无造物主。佛教是反对有神论的。佛教既承认"诸法因缘生"，就否定有个创造宇宙万物的主宰。所以在佛教那里，没有神的创世神话，也没有神的权威，更不承认灵魂的转世。他们提出了缘起论，认为宇宙万物的产生是因缘和合而成，而非神造，这是释迦牟尼对当时的"种姓制度"进行批判的新思想。释迦牟尼反对有一个绝对第一因的血统论，他主张"四姓平等"。

缘起论的第二个重要论点：无常。佛教认为，宇宙间一切现象都是相互依存，没有永恒的实体的存在，所以任何现象都是无常，都表现为刹那生灭的。无常分为：①众生无常。

谓人生都是无常的，终归要变化以至于消灭的；②世界无常。谓世界上一切现象都是无常的，无时无刻不在流动变迁中，最后归于消灭；③诸念无常。谓人们的思维概念都是瞬息万变的，所谓"念念生灭"。佛教无常学说，主要是为反对当时婆罗门教主张宇宙有个最高的主宰叫作"梵"的是永恒常住的理论而提出的。

缘起论的第三个重要论点：无我。佛教根据缘起论认为世界上一切事物都由因缘而生，因缘灭则灭，所以就不会有一个独立的、实在的、主宰一切的"自我"（即灵魂）存在。婆罗门教主张宇宙间的最高主宰是"梵"，"自我"（灵魂）是梵的化身。佛教为反对婆罗门的这个理论而提出了"诸法无我"，也就是不承认有一个造物主。

缘起论的第四个重要论点：因果相续。佛教认为因缘所生的一切法不但是生灭无常的，又是相续不断的，如流水一般，前前逝去，后后生起，因因果果，没有间断。因与果相符，果与因相顺，如同"种瓜得瓜、种豆得豆"的道理一样。

"诸行无常，诸法无我"，是佛教对宇宙万有的总的解释，也可以说是一切法的总法则。所以无常和无我的教义被称作"法印"。"诸行无常、诸法无我、涅槃寂静"，并称三法印，是经佛亲自印证的区别佛教与其他宗教的根本标志，体现了佛教观察事物的基本眼光。

"四圣谛"加"缘起论"，即是原始佛教的基本教义。据有关资料记载，释迦牟尼当年在菩提树下悟得的"真理"，即世间的万事万物（包括人生）都是因缘（条件）和合而成的，一旦这些条件发生了变化或不存在，该事物就不复存在。因此一切事物都是因缘而起的假象、幻影，都无自性，都是"空"的。既然如此，人们对于一切事物（包括自身）就不应该刻意追求，苦苦执着。既然对一切都无所追求、执着，又何烦恼之有！

释迦牟尼所创立的佛教在印度经历了原始佛教、小乘佛教、大乘佛教，于公元12世纪在印度本土渐次衰落。佛教这时早已逸出本土，流入中国及南亚、东南亚地区，并分出三大脉系——南传佛教、藏传佛教和北传佛教，成为至今仍影响着广大人口的世界三大宗教之一，其基本教义仍是释迦牟尼所创立的。

二、佛教在中国的传播与发展

（一）佛教初传

佛教最初是经过著名的丝绸之路由中亚传入中国的，其确切年代已难稽考了。据史书记载，佛教大约在西汉哀帝元寿元年（公元前2年）传入中国内地。东汉初年汉明帝因感梦于佛，遂派中郎将蔡愔等8人前往西域访求佛道。蔡愔等人在大月氏国遇到了当地僧人迦叶摩腾、竺法兰两人，并得到佛像佛经。蔡等与二僧用白马驮着佛典返回洛阳，汉明帝为他们建造精舍居住，这就是后世闻名的白马寺（图5-1）。摩腾与法兰在这里翻译了《四十二章经》，是中土佛教的最早译典。

图5-1 洛阳白马寺

印度佛教之所以能在中国扎下根来，以至于在中国出现全新的佛教传统，其中最重要的一个条件，就是对于佛典的翻译。早期的佛典汉译事业，主要是由一些从西域来华的僧人主持，他们大多博闻强识，义解深渊，有着很高的佛学造诣。在内地僧侣和信士的帮助下，或依据带来的原本，或凭借惊人的记忆力，经过数年不懈努力，陆续将印度佛教中经典、论书和戒律，比较全面地介绍到中国。如从安息国来的安世高译出《安般守意经》等小乘经典，从月氏国来的支娄迦谶译出《般若道行经》等大乘经典。

几乎与此同时，还出现了中国僧人因不满当时经典翻译状况而去西域取经的现象。先驱者是曹魏时代的朱士行，后有东晋的法显、唐朝的义净等人。最杰出的是唐朝的玄奘（图5-2）。他历尽磨难，前往印度求法。回国后，拒绝了唐太宗要他还俗从政的请求，集中精

图5-2 高僧玄奘

力翻译佛典，被后世称为"新译"。玄奘与龟兹来的鸠摩罗什、天竺来的真谛、不空一起并称为中国佛教史上的四大翻译家。

佛教经典的翻译，即由梵文经典向汉文经典的转化，本身就是中国本土文化与外来佛教文化的辨异与融合的过程。大多数佛典译者是西域国人，又精通汉语，深受汉文化影响，能够自由运用汉文化语言翻译佛典，文辞典雅，语句通畅。在佛典翻译早期，大量借用道家语言训解，虽与佛典原意有出入，却是佛教中国化的最早表现形式。佛典的翻译，既为中国思想界开拓了一块新天地，更为中国文学界增加了全新的语趣。

佛教所以在中国扎根的另一个重要原因，是佛教与中国传统文化的融合。佛教在中国的传播与发展并不仅仅是种简单移植，它实际上是一个在与中国本土文化的撞击与融合中的再创造过程。

佛教初传时正值中国盛行黄老之学和神仙方术，社会上一般将佛教视为神仙道术的一种，在大城市所建立的少数寺庙主要供从西域或印度来的僧侣和商人参拜使用，汉人出家为僧者很少。当时来华的僧侣"风云星宿，图谶运变，莫不该综"（《高僧传·昙柯迦罗传》），以作为传教的方便。他们还自觉不自觉地调整译文，以免与当时中国社会政治伦理观念相冲突。

魏晋时期，玄学兴起，当时的佛典释者采取依附玄学，以玄解佛的方法，以期取得中国文化的认同。玄学分贵无论、崇有论、独化论，佛学也以本无家、即色家和心无家等派别与之相调和。一些佛教学者还带有浓厚的清淡色彩，如支道林，爱好养马养鹤，赋诗写字，富有名士风趣，深得名士推崇。东晋后期佛教领袖慧远直接提出"佛儒合明论"，宣扬孝顺父母，尊敬君主，是合乎因果报应道理的。

南北朝时期，佛教与传统文化进一步融合，并且与社会政治发生了非常密切的关系。无论在少数民族统治下的北方还是在维持汉族政权的南方，各代统治者都崇信佛教，其中以梁武帝最为突出。统治者喜好，推动了佛教的发展。道安曾把这一经验总结为"不依国主则法事难立"。同时相当独立的寺院经济逐渐形成。"南朝四百八十寺，多少楼台烟雨中"，这绝非诗家之妄语，据统计梁朝有寺2846所，僧尼82700人。寺院拥有大量土地财富，通过出租或役使依附农民，经营商业，发放高利贷，聚敛财富。"竭财以赴僧，破产以趋佛"，"粟罄于惰游，货殚于土木"。（范缜：《神灭论》）

佛教经魏晋南北朝的发展，已在中国扎下根来，成为中国封建社会上层建筑和民族文化的一个组成部分。无论在思想上或经济上都为隋唐时期创立具有中国特色的佛教宗派准备了条件。

（二）佛教盛行与法门宗派

隋唐时代是中国佛教的成熟期，其重要标志是具有本土自身特色的中国佛教八大教派的成熟与独立。这八大教派分别是天台宗、华严宗、三论宗、法相宗、净土宗、密宗、律宗、禅宗。像天台宗、华严宗、禅宗，都从不同侧面融入了儒家心性说的理论形态，带有强烈的中国本土文化的特色。如华严宗学者李通玄，用《周易》思想解释《华严》。另一华严学者宗密相继用《周易》的"四德"（元、亨、利、贞）配佛身的"四德"（常、乐、我、净），以"五常"（仁、义、礼、智、信）配"五戒"（不杀生、不偷盗、不邪淫、不饮酒、不妄语）。佛教由对传统思想的依附而逐渐走向独立，终于在隋唐之际达到顶峰。此后中国佛教得以进一步深入、消化与普及，一直推行到近现代，形成完备的系统。

隋唐八大宗派先后兴起，标志着中国佛教的繁荣。现将其主要观点介绍如下。

1. 天台宗

这一宗创立于隋初，创始人是智顗大师，其先驱则可追溯到南北朝时期的慧文和慧思。智顗（538—597），俗姓陈。在陈隋两代朝廷支持下逐渐以浙江天台为中心创立了中国第一个佛教宗派——天台宗。该宗教义正依《法华经》，所以也称为法华宗。

天台宗在教义上主张所谓"诸法实相论"，具体有两点：一是"三谛圆融"，二是"一念三千"。"三谛"即空、假、中道。一切事物和现象都是由各种条件聚合而形成的，其间并没有永恒不变的实体，所以是"空"；但当各种条件具备的时候，这些事物和现象却又形象宛然，历历在目，所以是"假"。无论"空"还是"假"，都是事物本性，自然而然地呈现出来的，我们不能固执地偏执于一端，要离开两边，即空即假，非空非假，这就是中道，三者互相联系，融合在一起。"一念三千"中的一念，是指人心念活动最短暂的时刻。该宗认为在一念之中就完全具备了宇宙间的森罗万象，万事万物了，由此进一步主张"性具善恶"的理论，认为既然一切众生一念之中无所不包，那么一切善或恶，杂染或清净都可以说是人天然具有的本性。

天台宗在修持方法上主张止观并重、定慧双修，以此将当时的南方重义理、北方重禅定两种偏向结合起来。

2. 三论宗

隋代形成的宗派。此宗学说以印度中观学派的《中论》《百论》《十二门论》三部论为主要典据，所以称三论宗。此宗始祖亦可追溯到印度的龙树，在中国的传承则肇始于鸠摩罗什，经僧肇、僧朗、僧诠、法朗传至吉藏，正式开启三论宗。

吉藏（549—623），俗姓安，祖先为西域安息人，吉藏生于金陵，应隋炀帝之请，赴长安主日严寺，完成"三论"的注疏，并撰写代表作《三论玄义》，创立三论宗。此宗的中心理论是"诸法性空"的中道实相论。以真俗二谛为纲，从真空的理体方面揭破一切现象的虚妄不实，宣传世间、出世间等一切万物都是众因缘和合而生，是无自性的；但为了引导众生而用假名来说有，这就是"中道"，即一切无所得的中道观。也称"空宗"。

3. 华严宗

华严宗从阐扬《华严经》而得名，其学术传承一般追溯到杜顺和智俨，实际开创者为唐代高僧贤首大师（法藏），故也称贤首宗。

法藏（643—712），俗姓康，原籍西域康居，生于长安。17岁投于智俨门下，武则天曾招他入长生殿讲经，并授予他三品官衔。

华严宗确立了"五教十宗"的判教方法，其主要教理是阐述法界缘起的道理。"法"指事物，"界"指分界和类别，通指称万物的本原、本体。该宗认为宇宙间的万事万物都是从"如来藏自性清净心"生起的，并作为本体和原因，深入普遍地贯彻在一切事物中，构成事物共同的本质。在它的作用下，万事万物互相依赖，互为因果。一就是一切，一切就是一，它们结成一个统一的整体，处于重重无尽的联系之中。华严宗还用理事、体用、本末、性相、一多等范畴来说明世界的本原本体与具体事相之间这种相即相入的统一关系。

华严宗的哲理阐述方式，对中国宋明理学哲学体系的建立，产生了很大的影响。

4. 慈恩宗

又称法相宗或唯识宗。因创宗者玄奘大师及其弟子窥基长期住在长安的大慈恩寺，故有慈恩宗之称。

玄奘（约600—664），俗姓陈，陈留缑氏县人，因其对经、律、论三藏无所不通，被称为"三藏法师"。窥基（632—682），俗姓尉迟，是尉迟敬德的侄子，17岁奉敕为玄奘弟子。玄奘主要从事翻译，本人著作很少，窥基发挥玄奘思想，写了大量著作，弘扬唯实学说，有"百部疏主"之称。事实上唯实宗的规模是由窥基一手建立并壮大起来的。

该宗以弘扬印度唯识学为己任，重在译述及理论之阐发。在宇宙构成的法相论上，慈恩宗继承"三性说"，以"遍计所执性""依他起性"和"圆成实性"来说明佛教缘起无自性的诸法实相论。慈恩宗继承印度大乘有宗的"万法唯识"原则，建立八识学说（眼、耳、鼻、舌、身、意、末那、阿赖耶），重点阐述第八识——"阿赖耶识"种子识的性质与功能，用以沟通杂染世间与真如法界之间的联系，从唯识角度提供转凡成圣的理论依据。

5. 净土宗

净土宗是专修往生阿弥陀佛净土的法门。后人多以晋代庐山慧远为其始祖，他取往生西方净土的人都从莲花中所化生的意思，命名其组织为白莲社，因而净土宗又被称为莲宗。北魏的昙鸾（477—543）和唐代的善导（613—681）为其重要的弘扬者。

净土宗奉《阿弥陀经》《无量寿经》《观无量寿经》和《往生论》为典要。该宗的理论，以行者的念佛行业为外在条件，以真心诚信作为内因，以阿弥陀佛的愿力为外缘，内外相应，往生西方极乐净土。

净土宗的实践修持即是念佛法门。从庐山慧远开始，多采取"观察"的办法，即观想念佛、实相念佛。但到净土宗思想的集大成者善导大师时，却逐渐把称名念佛，也就是我们常见的"口念佛号"突出地强调出来，认为对于生活在世俗世界的凡夫大众来说，只有一心一意地称念阿弥陀佛的名号才是往生极乐世界最正当和最简捷的方法。其他只不过是"杂行"，只起辅助作用。

该宗理论具有明显地依靠他力救赎的色彩，加之方法上的简单易行，对信仰者又无特殊要求，在社会上流行很广，直至近现代仍在民间有着极大的感召力。

6. 律宗

该宗是依据小乘法藏部《四分律》并加以大乘教义的阐释而形成的宗派。因专事宣扬佛教戒律中的"四分律"又称"四分律宗"。还因创宗者，道宣居陕西终南山创立戒坛，制订中国佛教的仪制，故又名"南山宗"或"南山律宗"。

道宣（596—667），俗姓钱，吴兴人，一说丹徒人。10岁出家，泛参广学，重点钻研律学。其学说主要是心识戒体论。所谓戒体是指弟子从师受戒时所发生而领受在自心的法体，即由授受的做法在心理上构成一种防非止恶的功能。律宗专以弘扬佛教律法为己任，以《四分律》统一了全国佛教内部所实行的戒律。

由于对《四分律》的理解和运用的不同，同时还有法砺的相部宗、怀素的东塔宗，与道宣并称"律宗三家"。

7. 密宗

又称瑜伽密教。由于此宗依理事观行，修习三密瑜伽（相应）而获得悉地（成就），故名密宗。

密宗正式建立于唐代，由中印度的善无畏，南印度的金刚智及弟子不空，先后来华，在长安等地弘扬密法。密宗的主干是藏传密教。前弘期由印度密教倍人寂护、莲花生等应请入藏传授密法。后弘期则有中印度高僧阿底峡尊者应请来藏，传扬显密观行具备的密法，建立迦当派。此外还有宁玛派（红教）、迦举派（白教）、萨迦派（花教）等密宗教派并呈。至15世纪初，有宗喀巴大师重振迦当派教法，大弘戒律、显密并重，建格鲁派（又称黄教）。格鲁派创立后，实行以灵魂转世说和寺庙经济利益相结合为基础的活佛转世制，有达赖、班禅两大转世系统。黄教很快成为藏传佛教史上最有势力的宗派，至今占据着藏传佛教的主导地位。

8. 禅宗

禅宗是隋唐时期在中国大地上由中国佛教徒创立的一个宗派，最具民族特点。

禅，本是梵文音译"禅那"的简称，意为静虑，也就是宁静安详地沉思的意思，这本是印度佛教的一种宗教修养方法。中国习惯把"禅"与"定"合称为"禅定"，指的是静坐，调整呼吸，舌柱上颚，心境专一，使思想高度集中，以逢苦不忧，得乐不喜，无所追求来进行思想意识的锻炼。在印度的佛教中没有叫作禅宗的教派，禅宗纯粹是中国佛教的产物。

禅宗的渊源可上溯到南梁时来华的天竺僧菩提达摩。中间经过慧可、僧璨、道信等人的努力弘扬，到五祖弘忍时已经初具规模。这时期禅宗并没有形成宗派，也没有以"禅宗"作为自己宗派的名称。禅宗真正形成宗派，应从唐中叶（公元7世纪下半叶）算起，慧能被推尊为禅宗六祖，是该宗正式诞生的标志。

弘忍有弟子700多人，其中以慧能、神秀最为著名。弘忍圆寂后，神秀弘法于北方，主张渐修，慧能得法南归，主张顿悟，禅宗遂分为南宗和北宗，世称"南能北秀"。唐代北宗曾显赫一时，神秀本人也贵为"两京（洛阳、长安）法主"，"三帝（武后、中宗、睿宗）国师"，名噪一时。南宗一系开始并无多大影响，后在慧能弟子神会的努力下，大力提倡顿悟法门，与北宗作激烈的斗争，最后取得了正统地位。

禅宗的代表著作，是慧能的传教记录《坛经》。主要观点有：

（1）"见性成佛"的佛性说。禅宗以心外无佛为宗旨，"佛向性中作，莫向身外求"（《坛经》），"识心见性，自成佛道"，众生与佛是平等的，众生自己本来具有的真心就是佛。要想成佛，不需外求，认识到自己的本心，就可以达到佛的境界。这样说的目的，否定佛教的旧权威，揭示出人类心灵主体的高度自我觉悟，把宗教信仰从外在的力量，移植到人们的心性之中，借以说明人的本质就是自我的发现和个性的发展。

（2）自悟自修的心性论。禅宗主张以自悟自修作为入教之门。慧能认为，既然知道"一切万法尽在己身（心）中"，就应当"从余自身顿现真如本性"（《坛经》）。"无念为宗"，并不是什么念都没有，而是无妄念。成佛的关键在于自性自悟。"本来无一物，何处惹尘埃"，除了自我，一切都是幻象。他认为，只有否定外物和外在的佛，才能使个性不受束缚，做一个"内无一物，外无所求"的无念之人，这样才能得"大道"。

(3)"顿悟成佛"的方法论。禅宗以直接简易为修行方法。无念的精神状态，无须通过长期修行，"本觉超越三世"，只要一念与佛法相应，就可以成佛，这就叫顿悟，顿悟也就超越了三世的局限。"定无所入"，是讲修行方法。佛家一般都认为坐禅是重要的修行方法。慧能则坚持反对坐禅，认为不管行、住、坐、卧，只要心不散乱，就算坐禅。主张"搬柴运水"都是行佛道。禅宗所强调的"教外别传，不立文字，直指人心，见性成佛"的修行方法乃是一种不拘形式、灵活多样的法门，最重要的是从开发出自己的成佛因子，达到开悟的境界，也就修行成佛了。禅师在引导他人修行时并不是以身作则来讲解坐禅的方法，而是根据修禅者的不同根基，使用有针对性的语言、手势乃至动作等方式，来诱导启悟学人，让学人自己悟道。所以它的禅法与别的佛教宗派明显不同，具有自己的特色。

从达摩初传，到慧能正式建立宗派，其间经历了约120年的时间。唐末繁衍昌盛，分别演变出五大派系，其中怀让一系分出沩仰、临济二宗，青原行思一系分出曹洞、云门、法眼三宗。合称禅宗五家，正应了达摩祖师所谓"一花开五叶"之语。临济一宗又分化出黄龙、杨歧二支，故又有禅宗的"五家七宗"之称。

三、佛教与中国文化

佛教自东汉传入中国后，经过试探、依附、冲突、改变、适应、融合，深深地渗透到传统的中国文化中，成为中国文化的组成部分。

（一）佛教与中国哲学

佛教三学中的慧学，广泛涉及对人生和宇宙的看法，包含有丰富的哲学内容。佛教哲学传入中国，与中国哲学相互影响、吸取，又相互挑战、斗争，彼此错综，交参互涵，日益民族化、中国化，进而成为中国的宗教哲学。

1. 对于世界观的认识

中国传统的哲学重经验，轻理论思维，注意对生活自身的探讨，轻视思考彼岸的问题。佛教哲学在这方面作了相当精细的补充。

首先是关于人生的本原问题，佛教的"五蕴"教义说，"十二因缘"，特别是"因果报应"说，对中国哲学影响极大，围绕着有神论和无神论曾掀起过两次很大的争论。慧远的"形散神不灭"事实上成为中国佛教哲学主流。其次，关于人的认识能力问题：般若学的否认人的认识能力，否认一切权威的思想倾向，对知识分子阶层有不小的吸引力。同时对般若学的研究，激发了人们理论兴趣，对于推动传统哲学转向抽象思辨，起了巨大的作用。第三，关于世界的本体问题。唯识学的"三界唯心"，"唯识无境"说，考察了认识的变动性和差别性，揭示了不同观念间的对立，大大发挥了认识的主观方面。但由于它突出地强调了向内心探求真理，向内心寻求解脱，从而强化了古代哲学走向内省路线的倾向。第四，关于彼岸世界问题。佛教大乘中有阿弥净土和弥勒所居兜率天宫两个彼岸世界，为某些僧俗所信仰。对中国哲学影响较大的，则是哲理化了的彼岸世界，即"涅槃""法身"和"佛性"。

2. 对宋明理学的影响

中国哲学体系的完成形式——宋明理学，是儒释道三家学说的汇总与融合。宋明理学家为全面复兴儒家学统，建立起儒学自身的本体论哲学，大刀阔斧地吸收了佛家学说的精神营养，主要表现在以下几个方面：

(1) 宋明理学的宗教禁欲倾向：受佛教修持方法的影响，宋明理学家的宗教痕迹，大大超过前辈儒者。宋明理学的创始者周敦颐，首先改写孟子的"养心莫过于寡欲"的说法。主张"寡欲以至于无，无则诚立明通"。二程的哲学修养论强调"存天理，去人欲"，朱熹则把二程的观点发展为"存天理，灭人欲"。

(2) 程朱理学体系直接借鉴了佛教华严宗的逻辑建构方式。华严宗的法界缘起、事理无碍、一多相即、重重无尽的教理；华严宗关于"一切即一，一即一切"，"一中有多，多中有一，理事相即，圆融无碍"的思辨关系，为二程以至朱熹理学模式的建立，提供了直接的理论源泉，这使得程朱理学体系具有了逻辑上的本体论基础。根据华严宗体系关于月映百川的譬喻，程朱理学则依此而建立起"理一分殊"的宇宙模式。

(3) 在修养论上,宋明理学家大力吸收禅悟的修持方法,在这一点上,程朱理学与陆王心学完全一致。程颢每与弟子门人静坐禅悟,屏息除念,以此为入门之要。朱熹令弟子"半日读书,半日静坐",引禅门静修价值为基本功夫。心学创始人陆九渊,其治学之本为"先立乎其大"亦即为学之始,这种发愿——修德——做人的程序,与佛家的修行之始,必先发菩提大愿,亦即发愿——修行——成佛的程序,在方法论上,有着极为类似的精神内涵。

3. 对近代哲学的影响

佛教在近代的复兴,是伴随着理学的衰微,西学的流入,传统儒家社会理想抱负的失落等因素而来的。佛教对近代知识分子的影响,主要表现为以下几个方面:

(1) 佛教自贵其心、不依他力的自主倾向,为近代知识分子张扬个性、冲决罗网,提供了一种理性思考、精神慰藉的营养食粮。从龚自珍汲取佛学、重新阐释今文经学,到梁漱溟、熊十力等人出儒入佛,又出佛入儒,终至亦佛亦儒,会通儒佛,都是这一探索努力的充分体现。

(2) 佛教被近代早期哲学家,作为实现社会理想抱负的精神支撑。他们以入世观众苦的慈悲精神,解释世间苦难,视佛教为救世哲学。康有为自命秉承圣贤与菩萨双重使命,构筑大同世界理想王国;谭嗣同不仅以佛学思想改造儒家仁学,"别开一种冲决罗网之学",更发大乘菩萨宏愿,"以心挽劫"救度众生,终以变法失败,以身殉道;梁启超力图以佛教改造国民性,在其《论佛教与群治之关系》一文中,力陈佛教五大优越功能;章太炎在其专论《人无我论》《革命道德论》中,视佛教为国粹,大力提倡以佛教增进国民道德,重建道德价值体系。

(3) 康、梁变法失败以后,佛教逐渐由一种治世哲学转为一种治心哲学,并渐趋突出了其学术价值和精神品味。由著名居士杨文会、欧阳渐创建的佛教学理探讨组织,其门下培养出大批具深厚佛学修养的近现代思想家。仅欧阳渐所创建的支那内学院,就培养造就了吕澂、汤用彤等一批颇有成就的佛学大家。在这批有成就的学者中,梁漱溟与熊十力采取以佛释儒,儒佛互证的治学思路,他们的思想体系深刻地影响了中国当代的国学研究，开当代新儒学的先河。正像宋明理学家借助佛学实现了经典儒学衰落后的复兴一样，梁漱溟、熊十力在理学衰落的格局下，又一次借助佛学，开启了儒学的近代复兴。

（二）佛教与中国文学艺术

1. 为中国文学提供了新的创作题材

首先，佛教禅学本身的内容及形式，即是构成中国文学艺术的重要组成部分。数千卷由梵文翻译过来的经典，其中一部分本身就是典雅、瑰丽的文学作品。如《维摩诘经》《法华经》《楞严经》特别为历代文人所喜爱，被人们作为纯粹的文学作品来研读。《维摩诘经》叙述大乘居士维摩诘有疾，释迦牟尼佛遣诸弟子前往探问，多数弟子因畏摩诘的神通辩才，不敢前往，唯有舍利佛和文殊师利敢去，于是维摩诘为他们现身说法，应机化导，显示种种神通和辩才无碍的本领，宣扬大乘佛教义理。从文学欣赏的角度看，这是一部绝妙的小说。《百喻经》列举譬喻故事近百条，以宣扬佛教教义，劝喻人们信仰。这部寓言性质的佛教文学作品，文笔朴素简练，故事生动有趣，佳喻很多，剔除其说教部分，实也具有移情益智作用。鲁迅先生曾捐款给金陵刻经处，刻印一部《百喻经》。这部经中所叙的故事，直至今日还常常被译为白话文，作为文学作品来欣赏。以中国禅宗的法系传承为表现题材的中国佛教典籍，都具有较高的审美价值。如《六祖坛经》《祖堂集》《景德传灯录》《五灯会元》等，集文（审美性）、史（史料性）、哲（哲理性）为一身，显示了丰厚的文化内涵。其中记载有为世人所熟悉的"达摩面壁""二祖断臂求法""慧能呈心偈得法衣""南岳磨砖教化马祖""黄檗棒打接引临济"等，这些世代相传不绝的故事，已成为中国文化史上趣味盎然、发人深思的史话佳篇。

其次，佛教对中国古代小说提供故事来源，启发艺术构思。佛教典籍，往往以寓言、故事来说明教义，把佛理融化在华丽奇妙的文艺形式里，取得形象教化的成效。佛教典籍的流传，为小说创作打开广阔天地。六朝时佛道两教盛行，形成了侈谈鬼神，称道灵异的社会风气，从而产生了许多志怪小说。如干宝的《搜神记》、颜之推《冤魂志》、刘义庆的《幽明灵》等。再如《西游记》，孙悟空大闹天宫、猪八戒招亲和流沙河沙僧故事，都起源于佛教的典籍或《玄奘法师传》的有关记述。《大方广佛华严经》写善财童子五十三参，奇幻多变，给《西游记》八十一难故事，开导了先路。小说通过孙悟空大闹天宫、战胜各种妖魔的故事，表现出蔑视天神世界及其秩序的反抗精神，和对邪恶势力进行顽强斗争的坚强意志。但又写孙悟空十万八千里的筋斗也翻不出如来佛的手心，最后归正，成就"正果"，宣扬佛的威力，表现出佛教思想的深刻烙印。其他如《封神演义》《三国演义》《红楼梦》等小说，均可看出佛典故事的演化痕迹及佛教思想的渗透。

2. 推动了律体诗的产生和诗歌的发展

中国古代诗歌注重音节，《尚书·虞书·舜典》说："诗言志，歌永言，声依永，律和声。"《诗》三百篇就是诗乐合一的。古代作家虽重视对声律问题的探讨，但毕竟长期来没有音韵规则可循。齐梁时文学家沈约、王融、周颙等，在梵声的影响下，把字音的声调高低分为平上去入四声，用于诗的格律。沈约等人发明声律论，既吸取了我国以往音韵学研究的成果，同时也是直接受了佛教转读和梵文拼音影响的结果。沈约等人的"永明体"，把诗歌的音节美提高到首要地位，使人们有可遵循的律诗格式，这对于古体诗向律体诗的转变产生了重要影响。

魏晋时，中国诗坛出现了"玄言诗"。而随着佛学的广泛流传，出现了佛学渗入诗歌领域的新局面。这些诗或融合玄学，或结合山水，或独说佛理，表现出佛教诗歌命意构思的新特色。如著名的佛理诗作家支道林，精通佛学，深解庄学，他的诗结合老庄思想和山水自然，文采冲逸，才藻新奇，极得文人赞赏。当时玄言诗的著名作家孙绰、王羲之等人都与他交游甚密。晋宋之际的大诗人谢灵运，继支道林之后，进一步把山水与佛理结合起来，在刻画山水个性的作品中，移入一种怡然自得的意境，从而正式创立文学史上山水诗一派。他的《登石门最高顶诗》《从斤竹涧越岭西行诗》《石壁精舍还湖中作诗》等，都能将对自然景物的生动描写与佛教意念成功地融合一体。

诗与禅本是两种不同的意识形态，一属文学，一属宗教。诗的作用在于帮助人认识世界和人生；禅的作用在于引导人否认客观世界的真实性，泯灭人生的意义。然而，诗和禅都需要敏锐的内心体验，都重启示和象喻，都追求言外之意，这使得它们之间有了互相沟通的可能。

唐代禅宗兴趣和唐诗蔚为一代文学精神几乎同时。唐代一些著名诗人谈禅、参禅，作诗表达禅趣、禅理；禅师也和诗人酬唱、吟诗，表达人生的理想、境界，于是，诗和禅就建立了联系。如唐代诗人王维因其诗通过对山水田园的描绘，宣扬隐居和佛教禅理，而被时人称为"诗佛"。其《鹿柴》"空山不见人，但闻人语响。返景入深林，复照青苔上。"表现寂灭无常的心境。《辛夷坞》通过芙蓉花的自开自落，表现了作者任运自在的恬淡、空灵的内在精神世界。宋代以禅入诗比唐代更加执着理境，且多夹议论，如苏轼《和子由渑池怀旧》中所表现的人生无常、虚空悲凉的心境，正是禅宗所提倡的。《题西林壁》从横看侧看山不同，悟出世界万物因主体观察角度不同而结果相异的道理，体现了禅宗的"彻悟言外"的教义。这些诗或写花鸟，或绘山水，或吟闲适，或咏渔钓，并没有谈禅，但在笔墨内外，寓有禅义。

诗与禅的联系必然会反映到理论上，宋代，以禅喻诗造成风气，并出现了严羽的《沧浪诗话》这部著名的文学批评著作。

诗和禅的沟通，表面看来似乎是双向的，其实主要是禅对诗的单向渗透。诗赋予禅的不过是一种形式而已，禅赋予诗的却是内省的功夫，以及由内省带来的理趣；中国诗歌原有的冲和淡泊的艺术风格也因之占据了更重要的地位。

3. 促进中国艺术风格的多样化

艺术是佛教宣传的最有效的手段和方式之一。佛教绘画、雕塑、建筑等是和佛教经典一并传入中国的。汉明帝时，从印度带来的佛像置于最早的寺院——洛阳的白马寺，并在佛寺画千乘万骑绕塔三匝图于壁，标志着中国佛教艺术之始。此后，佛教艺术逐渐发展，并在与中国传统艺术的撞击、交流、融合下，创造出了灿若星辰的中国佛教艺术。仅以雕塑、绘画为例。

佛教对中国传统雕塑的影响，首先在内容上由表现人和动物为主题，变为着重表现佛、菩萨的宗教信仰崇拜。保存至今的古代雕塑仍以佛教人物居多，敦煌石窟、龙门石窟、云冈石窟和遍布各地的寺院，构成中国古代雕塑的艺术博物馆。其次，使中国雕塑在技巧上由简明朴直发展到了精巧圆熟，在风格上由雄伟、挺秀转为庄严、富丽。如云冈石窟早期佛陀与菩萨造像都通体高大，宽肩粗颈，脸型丰满，鼻梁端正，眼长唇厚，面露微笑而蕴含崇高气魄。藻井上的飞天，肥短如小儿，与印度笈多雕像近似。晚期雕塑，飞天则削肩瘦长，衣带飘逸，体现了中国化的风格。到龙门石窟造像躯干颀长，肌肤丰润，比例匀称，形魄典丽，垂眸微笑，温雅敦厚，富于人情味。奉先寺大佛就是其中最典型的形态。唐代以后，佛像更加中国化，雕塑家选取美与健康的造型，使造像表现出美与力量。如六朝的造像多为秀骨清相，体现出是静穆而富有智慧。唐代的造像则是颊丰项满，展示的是和谐而具有力量。还有众多的菩萨像，是最能体现盛唐丰神情韵的。那清雅秀丽的女相、健美的面庞、优雅的体态、丰润的双足，加以唐代贵族妇女的装束，表现了人间美女的特征，温雅慈祥、严肃沉静的不凡气度，体现着中和为美的华夏民族传统的审美观念，是古典艺术中典雅和谐之美的理想标本。

佛教对中国绘画的影响首先是在形象上创造了许多典范作品。史载，汉明帝曾令人画佛像"置清凉台及显节陵上"。这大概是中国画家自作佛画的滥觞。六朝以后，擅于佛教画的名画家相继出现。如东吴画家曹不兴，西晋画家张墨、卫协，东晋大画家顾恺之，均是擅长佛画的大作手。顾氏画像注重点睛，提出"以形写神"论。相传他在建康瓦棺寺壁上绘维摩诘居士图，光彩耀目，轰动一时。此后，南朝梁张僧繇、北齐曹仲达，分别创立了"张家样""曹家样"的特殊风格。唐代画圣吴道子，集诸画家之大成，为古代佛画第一人，他曾在长安洛阳寺观作佛道宗教壁画三百余间，绘画笔迹磊落，洗练劲爽，生动而有立体感。因用状如兰叶或薄菜条的笔法来表现衣褶，有飘举之势，人称"吴带当风"。

其次，使中国画发生了从传神到写意的质的变化。唐代诗人兼画家王维，耽于禅悦，性喜山水，他的浓淡墨色的山水画，富有诗意，开创了超然洒脱、高远淡泊的画风，被尊为"南宗"之祖。中唐以后，随着佛教禅宗的盛行，画家们的兴趣逐渐由佛教人物画而转向了山水花鸟。选材上大多是宁静优美的自然景物，以此表达禅与自然的关系，色彩上以水墨为主，不着色或少着色，风格上追求韵外之致、言外之意、意外之境，至宋元发展到顶峰，绘画史上称为宋元山水意境。如禅僧巨然的《秋山问道》图，画面的秃顶主山在群山掩映中晶莹明净，稳居其中。画中无一僧人，无一佛寺，但任何人观之，立即明白这位高僧是在借秋山形象，表现他心中的佛道禅机。五代南唐画家董源的《潇湘图卷》等，不作奇峰峭壁，皆长山复岭，远树茂林，给人以一派平静、淡泊的整体感觉，那种潇湘水远、海阔天空、冲淡自然、天真空灵的境界，正是典型的禅的境界。

从王维开始的禅境意趣追求，强化的是一种得之于自然，又回归于自然，没有一丝心灵的震颤，甚至泯灭了时空界线的艺术境界。而空山、翠竹、青松、落花、流水、晚钟、雪月等，题材本身就表现出一种圆满自在、和谐空灵的禅意，表现出一种空山无人、水流花开的禅境。

4. 对艺术境界、审美情趣及创作方法产生深远的影响

佛教禅宗对中国艺术境界、审美情趣以及创作方法的影响渗透源远流长。在诸多艺术门类中，尤以诗和画受禅学影响最深，遂有中国艺术作品的独特之作——禅诗、禅画流传于世。这种影响可从两方面看。

首先是对理论的再建。中国一直有"学诗浑如学参禅"的说法，不管作禅或是作诗作画，都需要有灵感，而灵感的产生，来自于作者体内的领悟，它与禅宗所说的自心自性、顿悟的学说有共通之处。提倡无缚、无碍、不拘俗套的创作状态，就是一种禅悟的境界。直观直觉、纯然任运，本身就是一种审美，见性则是审美的具体体现。而审美的最高境界，则是一种只可意会不可言传的感觉。这也是禅宗所追求的一种最高的解脱境界。因此，"诗中有禅，禅中有诗"一直是中国文学艺术家作诗作画和评诗评画的标准，而各大诗画论家也均以直抒性灵、任运无滞、淋漓自然为诗之上乘。

其次是艺术作品的创作。在中国书画等艺术作品中，讲究幽深意远的蕴味，从整体上体现出作品的渲染力，将个人的能力最大限度地发挥出来，使之表现出一种宏大的气氛。尤其在山水画里将禅宗所强调的那种与山水浑然一体，赏之有味，百看不厌的意境完全表现出来。唐宋以后中国绘画渐趋从人物画转向直抒心性的文人画，从着色山水画转向水墨山水画，说明中国艺术发生了从传神到写意的质的变化，展示的是艺术中的禅境追求和心境的自由挥洒创造，这些变化明显来自佛教禅学的影响与渗透。再如中国的书法，是最具有禅味的艺术。讲究的是运禅于中，下笔恰到好处，怡然自适，物我两忘，心手合一，表现出一种动态和活泼的不拘形式的风格，一种人在书中，书在人中的蕴味。

（三）禅与社会人生

禅宗与中国文化关系极为密切。它对中华民族尤其是文人士大夫的人生哲学、心理性格、生活情趣、思维方式等有着深刻的影响。

首先，从士大夫的人生哲学和理想追求来看，"达则兼济天下，穷则独善其身"向来是中国士大夫人生哲学的基础，入世与出世，进取与退隐，杀身成仁与保全天年，就好像天平的两端时时在摇摆。当社会、时代给他们创造了进取的条件，创造了外在理想追求与内在欲望满足的可行之路时，儒家人生观的积极面便开始占据主导地位。反之，则退让、自隐，在自在适意的生活中去寻求精神上的寄托。禅宗讲究"我心即佛"，以开发自心为特点，不向外求，只要内求，这种在内心世界的宁静中寻求解脱的方式正好给士大夫一种启迪，他们不仅学会在大自然的一草一木一山一石中去荡涤胸中的污秽与不满，还学会了在尘世俗氛中超越尘世俗氛的方法，自我平衡，强迫自己忘却一切，使波动骚乱的心宁静，"不以物喜，不以己悲"，在冥想沉思中，一切变得美好、恬静，心灵充满淡淡的喜悦，精神超越了物质，"问君何能尔，心远地自偏"。儒家穷达退进的两种价值取向所产生的矛盾，士大夫在禅的极富弹性的表达中，找到了实现这种进退自如的统一。王维所谓"富贵山林，两得其趣"即是典型的范例。所以，中国的文人士大夫钟情于禅宗，不是宗教的原因，而是精神上的旨趣和思想上的自由。

其次，从生活情趣和生活方式看，禅宗反对只注重经典解释的经院派学风，也不局限于一般的止观静修，而是以自给自足的禅居生活为基础，随时随处地发掘和体会自己本然具备的觉悟心性，在行住坐卧，甚至"屙屎送尿，着衣吃饭"等平常的生活中追求绝对自由的境界，主张"平常心是道"，从而形成了一种随缘任运，逍遥豁达的人生态度。这种态度恰与老庄自然无为、退隐适意的生活情趣相一致，与士大夫追求自然澹泊、清净高雅的生活情趣相一致。禅宗的参禅，不要求有一定的格式，但讲究要有一定的禅味，而且要把这种禅味贯穿到整个日常生活中去，使生活变得更有意义。士大夫钟情于山水，喜欢大自然的野趣，从自然的一草一木中都可得到灵感，激发创作欲望，这与禅宗那种随处参禅，到处妙道的禅味是非常接近的。历史上有许多士大夫耽于山水，寄情自然，不与世争，又行为孟浪，潇洒自如，被称为狂禅之士。喝茶，也可体验禅的意蕴。唐代僧人皎然曾作诗曰："一饮涤昏寐，情来爽朗满天地。""再饮清我神，忽如飞雨洒轻尘。"饮茶的最高境界也就是作禅的最高境界了。在琴棋书画诗酒花中，无处不体现出禅的意蕴。禅的精神，被中国文人士大夫发挥演变为一种特有的生活艺术。

在禅宗的禅法里，关于那些心理的修习方法，可以给人带来心灵的宁和与平静。在现代社会，大工业的发展，往往也给人们带来了紧张与压力，于是使得人们终日生活在一个快节奏生活之中，因而得不到放松的时候，而修习禅定，则可以使人在紧张之余，情绪得到放松和调整，重新领会那种恬静平淡的生活情趣，使得从终日忙碌中解放出来。日本的禅学大师铃木大作和美国的弗洛姆合作写了禅学名著《禅与精神分析》。实际上讲，禅是一剂调节精神的良药，通过自我调节，求得心理平衡。

再者历代高僧的风度修养，对中国文人亦有较强吸引力，与僧人交流性灵，切磋学理，自魏晋以来，直至近代已成为名流雅士的一种时尚。历史上，大批的释家僧人或与诗人画家交为密友，或加入诗界、画界、书界，成为中国文化史上一大景观。如唐代著名诗僧寒山以诗最为著名，其诗已被译为日、法、英语，流布世界各地，尤得日本人喜爱。皎然著有诗论专著《诗式》《诗议》《诗评》，对中国诗学影响很深。对后世影响极大的明末清初四大画僧弘仁、石溪、八大山人、石涛，其所创画风至今仍被奉为画界楷模。以书法见长的释僧怀素、法华、雪峰、石浪、弘一等人的手笔，亦为书界所格外推崇，奉为书之精粹。古代诗人中与僧人交往最密的要算六朝大诗人谢灵运和宋代大诗人苏东坡。苏东坡自认交往密切的释僧有四十多人，谢灵运经常交往的僧人仅史料可考的也有十四人之多。在学者中，包括排斥佛教的学者，如唐代的韩愈、李翱；宋代的欧阳修、朱熹都有过参访禅僧的经历，史料亦有他们为禅僧的风范与见地所折服的记载。李翱参访药山惟俨禅师之后，作赋两首，被公认是咏唱禅师风采的绝唱："炼得身形似鹤形，千株松下两函经，我来问道无余说，云在青天水在瓶。""选得幽居惬野情，终年无送亦无迎，有时直上孤峰顶，月下披云啸一声。"在禅门公案的历史记载中，禅师们所运用的棒喝、机锋、妙对貌似荒唐，却让人感到妙趣横生，回味无穷，无疑也给文人们提供了一个灵性交流的理想参照系。《红楼梦》中第二十二回与第九十一回分别有"听曲文宝玉悟禅机""布疑阵宝玉妄谈禅",详尽描述了先后两次宝玉与黛玉智对机锋的情景,足见禅师生活对普通文人雅士的影响与渗透。印度大乘经典《维摩诘所说经》是一部融大乘教理于故事情节的文学性较强的经典。其中的主人公维摩诘大士是一个"心得菩萨解脱境,身现在家凡夫身"的居士。维摩诘的睿智雅风,尤其得到中国文人的神往,并成为中国绘画诗文的重要表现题材。唐代诗人兼画家的王维,直接为自己取字曰"摩诘",以示对维摩诘大智洒脱、任运自如风范的完全认同。苏东坡更有一首取自《维摩经》情节的诗文赞叹维摩诘:"殷勤稽首维摩诘,敢问如何是法门。弹指未终千偈了,向人还道本无言"。宋代诗人黄庭坚更形象地自喻为"似僧有发,似俗无尘,作梦中梦,见身外身"。从中可见中国文人对大乘道出世与入世圆融的生活方式的向往。

大批释家僧人的加入,为中国文人士大夫的生活与艺术带来新的方式与境界。在这种交往与相互渗透之中,佛教和中国传统文化精神一起熏陶浸润出许多具有审美、艺术气质的人格——佛禅人格。美和意境是人格情趣的返照。"采菊东篱下,悠然见南山"的陶渊明,"独坐幽篁里,弹琴复长啸"的王维,"空门寂静老夫闲,伴鸟随云往复还"的白居易,"回首向来萧瑟处,也无风雨也无晴"的苏轼,"历劫如何报佛恩,尘尘文字以为门。遥知法会灵山在,八部天龙礼我言"的龚自珍等人,他们本身就是艺术品。

唐代以来,"居士文人"现象也是中国文化史上一大景观。所谓居士文人现象,即信佛参禅与文人本具的诗、画、书、论并举的现象。唐宋大诗人几乎都有访僧参禅的经历,其中尤为苏东坡、王维、黄庭坚、白居易信行最甚,苏东坡自号"东坡居士"、王维自号"摩诘"、白居易自号"香山居士"。明代儒士高攀龙、宋濂、李贽、袁宏道,皆于佛禅有颇深造诣。清代居士钱伊庵、彭绍升、罗有高、宋文森、毕奇等人力倡佛学、引佛入儒,并有著作行世。近代著名居士杨文会创办金陵刻经处,设立"祇洹精舍",梁启超、谭嗣同等深受影响。另一著名居士欧阳渐创设支那内学院,门人弟子中有吕澂、王恩洋、黄树因、黄忏华、汤用彤、梁漱溟、熊十力等著名学者,形成近代居士佛学的中坚力量。

第三，从思维方式来看，禅宗融合了老庄"直观外推""内向反思"的思维方式，将之纳入自己内心反思的框架之中，从直觉体验、瞬间顿悟、玄妙的表达到参活领悟，形成了禅宗独特的完整的思维方式。禅宗标榜"不立文字，教外别传"，强调对自己本性的直观方法和觉悟境界的不可言传性质。中国传统的士大夫对于事物比较偏向于直观感受式的整体把握，而不十分善于细密严谨的逻辑推理；比较容易接近那种风趣高雅，理趣盎然的艺术性对话，而不太愿意进行枯燥的理论分析。对事物的理解，有时并不以全部说透为旨趣，而以不说透为玩味，究心体会这种不说透的底蕴，以达到那种情景交融，物我为一的神交的最高境界。

禅宗的思维方式，更多地影响到中国文学艺术思维。禅宗的参禅方式是以直觉观照、沉思默想为特征，领悟方式是活参、顿悟，而表达禅理的方式则是强调自然、凝练含蓄。这一切改变了过去佛教偏于灌输与说教的习惯，突出了表现与自悟，正好与士大夫们试图在诗画中表现自我细腻、微妙感受的希望相吻合。因此，在禅宗对士大夫的渗透过程中，士大夫也不自觉地习惯了禅宗的思维方式，逐渐形成了以直觉观照中沉思冥想为特征的创作构思，以自我感受为主追溯领悟艺术品中的哲理、情感的欣赏方式以及自然、简练、含蓄的表现手法三合一的艺术思维习惯，从而形成中国士大夫文学艺术网络。偏爱宁静、和谐、澹泊、清远，蔑视冲动、激烈、艳丽、刺激；注重哲理与情感的表现，而忽略物象的再现与描摹；长于抒情写意，而短于叙事状物。[甲]

> [甲] 葛兆光. 禅宗与中国文化. 上海：上海人民出版社, 1986.

总之，佛教自传入中国以后，经过了漫长的与中国本土文化的结合过程，而成为中国文化主流中重要的组成部分。佛教对中国文化生活的影响渗透，不仅仅体现在宗教方面，更体现于哲学与艺术众多的文化领域。其流布所及上至宫廷王室、文人雅士，下至普通平民百姓。佛教在中国所产生的文化效应，超过印度本土以及其他任何民族，这一局面的形成基于佛教精神本身与中国本土文化精神的精神对应与内在机缘。因此，了解佛教的中国化过程是了解中国文化要义的一个重要环节。

第六章
中国传统政治文化

政治文化是中国传统文化宏大体系中具有决定意义的一个重要方面。中国是一个历来给予政治以特殊关注的国家。中国古代的历史，在旧史家笔下，确实是一部政治史；从学术史的角度来看，所谓"文以载道"的原则，也强调文化形态不过是"载道"，即承载政治内容的"车"。对政治事务的普遍关心，是中国引人注目的文化形象，历代士人都以"治国平天下"作为最高理想，以仕途为人生唯一正途。中国人习惯上普遍以政治尺度来评价善恶是非，如同从幼时起就执着地注重好人、坏人的区别一样。中国人自古以来就专诚地以所谓忠奸作为品评人物的最主要的标准，政治意识成为民族精神的主体。政治地位高于一切，政治权力高于一切，政治力量可以向一切社会领域扩张，对社会文化的各个方面都表现出无与伦比的冲击力和渗透力，成为延续十分久远的文化传统。在这种背景下，中国政治形态具有得天独厚的发育条件方面的优势，因而以完备的政治组织、密集的政治人才、成熟的政治谋略为特征，为充实人类的知识宝库做出了重要贡献。

中国传统政治文化以其丰富的内涵、独特的韵味和深远的影响，在世界史进程中呈现出复杂多彩的特色。其中既有相当的糟粕和陈腐的内容需要批判，也有许多积极的内容需要挖掘、继承、借鉴，并在现代政治过程中得以发扬光大。因而，从这个意义上讲，不了解中国政治文化，必然难以全面了解中国文化；了解了中国政治文化，方可以真正认识历史的中国。同时，也可以更真切地认识现今的中国。

一、政治文化与中国传统政治文化

（一）政治文化的含义

在政治学研究领域中，政治文化是一个新的研究课题。现代政治学家在进行比较政治体系研究时发现，每一个政治体系都处在一系列相互关联的意图和目的之中，在一个特定的体系中，存在着某种特定的政治信念和行为标准，并由此构成了个人行为与政治事件之间的某种必然联系，即"政治行为的倾向性"。用"对政治的态度""政治价值""意识形态""民族特征""文化气质"等概念都无法完整地概括这种关系，这样，就产生了"政治文化"（Political Culture）这个新的概念和新的领域。

政治文化研究的出现，是当代政治学进行跨学科、多层次研究的产物。政治文化研究试图沟通政治学与心理学、社会学、文化人类学等学科的方法和原则，将政治分析、心理学方法和社会学技巧综合运用于政治研究。

关于政治文化的含义，各派学者的看法是不同的。但有一点是一致的，即把政治文化视为政治体系活动中的主观性成分，是指政治活动中的价值、情感与态度。我们认为，要正确理解政治文化的含义，应当从下面几个方面去认识：

(1) 政治文化是一种特殊的文化成分，是社会文化系统中的一个子系统。作为总体的社会文化系统，大体可分为物质文化与非物质文化两大类。物质文化包括衣、食、住宅、工具、机械、古迹等；非物质文化则包括语言文字、符号、观念、思想、理论、艺术、价值、宗教、法律、传统、风俗习惯、生活方式、行为模式等多方面的内容。政治文化属于非物质文化的一种，它反映了人们对政治体系的态度、情感与价值观。必须指出的是，政治文化虽然是社会文化系统中的一部分，但这并不意味着政治文化是政治与文化的简单媾和，也不是说政治文化就是文化在政治领域中的表现与作用。政治文化是一种特殊的社会文化现象，其内容形式与结构都有着特殊的规定性和表现形式。

(2) 就政治文化的内容而言，政治文化是一定社会中政治态度、情感与价值的总和,是关于政治体系的主观性因素的复杂综合。

(3) 就政治文化的方法论意义来说,它是通过对个人、集团、民族的政治倾向或态度类型的分析来研究政治体系的一种新方法。这种新方法的基本逻辑是:各类政治"角色"的政治倾向或态度类型的总和构成了特定时期的政治文化,由政治文化表现的"公众的要求"和"社会的支持"对政治体系的持续或调节发生重大的影响。

(4) 政治文化属于上层建筑与意识形态,具有阶级的和社会的内容。作为意识形态和上层建筑的一种特殊的精神文化现象,政治文化的产生及其发展无疑是以一定的物质文化创造为基础的,是同整个社会的发展密不可分的。在阶级社会里,政治文化在一定意义上是阶级利益的必然反映。

根据以上分析,我们可以将政治文化概括为下面的定义:

政治文化是社会系统中一般文化的一部分,它是指政治系统中各类政治角色的政治倾向和态度类型的总和,即政治系统中各类政治角色对政治系统和政治活动的认识、态度和情感。

从政治文化的结构看,政治文化是一个以政治认识为核心,以政治情感为形式、以政治价值为内容、以政治理想为灵魂的有机整体。

(二) 中国传统政治文化的基本含义

我们是从与"现代"相对应的意义上使用"传统"一词的。但是,"传统"与"现代"的区别是相对的,而不是绝对的。与西方文化相比较,中国文化的历史发展有其特殊性。自周秦至于近代中国,始终是一种文化范式的延续。鸦片战争的爆发,虽然使中国社会迈入了近代的门槛,但就文化变革的角度而言,这个变革的过程至今尚未最终完全完成。每一个时代都有着自己时代特有的文化,同时,每一时代的文化又是传统文化的沉积与延续。因此,任何一个历史时代的文化都无法与历史传统隔绝,但又是传统文化经过扬弃以后的延伸和发展。所以我们体认中国传统政治文化,不是把基点放在认识历史上已经消失了的文化上,而应着重研究传统文化的延续与扬弃。只有这样才有利于我们今天的变革事业。从这个意义上讲，不是传统文化需要我们去体认，而是中国的改革与历史发展要求我们去体认中国传统政治文化。

在中国传统政治文化的形成过程中，各家各派都做出了贡献，其中以儒、墨、道、法四家的影响为大。不过，墨家的影响不出战国，而其他三家的思想都在中国封建时代一直延续下来。秦汉以后两千多年的历史中，儒道法三种思想传统相互作用，构成了中国社会政治的一大特色。

在中国传统政治文化中，儒家学说又是主体，且居于支配地位。这主要表现在以下几个方面：

(1) 儒家学说居于政治上的独尊地位。自西汉以后，社会选择了儒家思想。"罢黜百家，独尊儒术"确立了儒家思想的统治地位。从此以后，尽管在某些历史时期内（如魏晋、隋唐时期），儒家思想曾经受到佛教、玄学的冲击，但是儒家的正统地位却没有在根本上动摇，真正成为政治上进身之阶的仍然是儒家经术。人们历来认为："儒者其为教也大矣，其利物也博矣，以笃父子，以正君臣，开政化之本原，凿生灵之耳目，百王损益一以贯之。"（《北史·儒林传上》）

(2) 儒家思想在中国古代占有最发达的传播手段。历史上，一种思想文化对于社会影响的程度，往往决定于这种思想所拥有的传播手段，自春秋战国时期儒家形成以后，儒家学者为了传授儒家思想，建立了早期的学校。秦王朝焚书坑儒，而儒家思想却没有因此而断绝，在很大程度上得益于斯。自西汉中期以后，儒家思想在政治上获得成功，在统治阶段的倡导下，建立了以传授儒家经术为主要目的的官府学校，此后，这种教育制度一直延续到清代。在中国古代社会，官府学校与私学是文化传播的最主要手段，而儒学又独占了这种传播途径，两千多年中国封建社会的学校，造就了一代又一代的儒生，儒家思想的影响也随之而日益加深。当然，封建时代的府州学校，对于儒家思想的传播，不是现代意上的大众传播。但是，由于历史的不断延续，儒家思想的传播远远超出了官府学校与私塾的范围。在清中叶以前，无论是社会上层的知识分子，还是社会下层的劳动人民，都在不同程度上接受了儒家的思维方式、社会观、道德观的影响。儒学传播的结果，是儒家思想在中国社会的植根的不断加深和各种思想文化被儒家思想所同化。

(3) 儒家思想吸取并同化了其他学派的学说，是中国传统文化的集大成者。在中国古代，儒道法三家曾经有过激烈论争的历史，但是，自从儒家思想的主导地位确立以后，这三种政治思想之间的斗争逐步退居于次要地位，三者之间的相互补充、互相融合、互相吸收则日益显著。儒家思想与法家思想之间的相互补充主要表现为封建国家内任刑罚、外施仁义。儒道两家的相互吸收和影响，表现为儒家对于道家思想的吸收和道家思想对儒学传统的日益接近。在儒学的影响下，魏晋以后的新道家接受了儒家的经学方法，用儒生注解经传的方式去注解老庄。儒道在思维方式上的接近，导致了思想内容的接近。儒家从道家思想中吸收了无为政治的思想成分，而道家则接受了儒家的社会观，对于道家传统进行修正。在吸收和融汇各派学说的过程中，儒家思想始终保持自己的独立规定性和与社会政治、经济结构的同构性，以其一整套范畴体系将中国社会结构理论化、符号化，并且一直参与着中华民族心理结构和行为方式的塑造。作为中国文化的内核渗透到广大民众的观念及行为之中，构成了中国传统政治文化的大文化背景。

二、中国传统政治文化的本质特征

以儒学为主体的中国传统政治文化，从先秦两汉至清中叶，经历了形成、发展以至于衰微的历史全过程。由于政治的、经济的、历史的、地理的等多方面原因，中国传统政治文化形成了其固有的特征。对此，学术界已做了有价值的考察和有见地的概括。

（一）关于中国传统政治文化本质特征的争论

学术界对传统政治文化本质特征的看法目前仍存在较大的分歧，大致存在下面几种观点：

（1）人文主义说。这种观点认为，中国古代，由于特定的历史环境所决定，宗教神权始终不发达，在古代文明的初期，没有经历神权国家阶段，进入中世纪以后，也没有出现像欧洲中世纪那样的基督教神学统治。因此，从商周时期早期的政治思想产生时，其基点就是从人事去体察天命，而不是从天命中去体察人事。所谓"民之所欲，天必从之"（《左传·襄公三十一年》）。这就决定了中国文化向人文主义发展的方向。

（2）"王权主义说"。持这种观点的学者认为，从历史上看，中国古代的人文思想很发达，君主专制主义也很发达，而且，专制主义恰恰以具有浓厚的人文色彩的儒家思想为统治思想。从内容上看，中国古代人文思想的主题是伦理道德，而不是政治的平等、自由和人权。这种认识结构决定了人文思想只能导致专制主义即王权主义。而且，由于"孝"的本质规定是"顺"，即服从，由此中国的人文思想恰恰是在最富于人情的伦理关系中，巧妙地取消了人的独立性，把人变成道德的工具。其目的仍在强化以王权主义为核心的封建秩序。

（3）"实用理性说"。还有一些学者是从民族心态和思维方式讨论的。这种观点认为，血缘宗法是中国传统的文化心理结构的现实历史基础，而"实用理性"则是这一文化心理结构的主要特征。所谓"实用理性"是说它关注于现实社会生活，不作纯粹抽象的思辨，也不让非理性的情欲横行。事事强调"实用""实际"和"实行"。满足解决问题的经验论的思维水平，主张以理节情的行为模式，对人生世事采取一种既乐观进取又清醒冷静的生活态度。

此外，还有少数学者认为，中国文化本身是在不断变化着的，先秦文化不同于两汉文化，两汉文化有别于魏晋文化，一直在变化。即使以儒家学说而言，先秦儒学与两汉儒学不同，两汉儒学又与宋明儒学不同。因此他们认为，恐怕没有一个贯穿始终的、一成不变的中国传统文化。而所谓传统文化的核心精神和本质特征，当然也不存在。

（二）以"仁"与"礼"结合为本体的伦理政治观

我们认为，中国古代的政治哲学是以"礼""仁"结合为本体的，它适应了中国古代伦理型社会的需要。在此基础上生成的伦理政治观，不仅包含着政治意识、政治价值、政治情感、政治心理等方面的内容，而且它本身就是政治实践的最高原则。因此可以说，建立在以"礼""仁"结合为本体的政治哲学基础上的伦理政治观，是中国传统政治文化的本质特征。

在儒家的家说中，"礼"与"仁"是两大思想支柱，这是学术界所公认的。

"仁"源出《尚书·金滕》："予仁若考"，指一种好品德。孔子以仁为人生追求的最高道德境界，"樊迟问仁，子曰'爱人'"（《论语·颜渊》）。"己欲立而立人，己欲达而达人"（《论语·雍也》）。"推己及人""己所不欲，勿施于人"（《论语·颜渊》），则是他"一以贯之"的"忠恕之道"（《论语·里仁》），并把恭、宽、信、敏、惠、智、勇、孝、悌等都纳入"仁"的范畴。孟子对仁的理解与孔子大意相近，认为人皆有所爱，扩充其爱便是仁。正所谓"亲亲仁也，亲亲而仁民，仁民而爱物"，"仁者以其所爱，及其所不爱，不仁者以其所不爱，及其所爱"（《孟子·尽心上》）。但孟子谈仁多从心性来讲，"人皆有所不忍。达之于其所忍，仁也"；"仁，人心也"（《孟子·告子上》），认为仁乃天赋的道德观念。墨子把兼爱作为仁的基本内容；董仲舒把仁义与天道结合，以为仁为天意的体现；朱熹把仁看作世界本原；陆九渊则变仁为人之本心。在政治上，仁是清明政治的标准，即仁政。孔子认为："克己复礼为仁"。孟子则认为，"得天下者谓之仁"（《孟子·公孙丑上》）。仁政，是王者的仁义之心推己及人的结果，强调以仁义道德作为施政的根据。总之，仁首先是一种处理人与人之间关系的准则，正如近代康有为所述："仁从二人，人相偶，有吸引之意，即爱力也"（《中庸注》）。其次，就个体而言，是一种个体人格所能达到的最高境界和全面修养的标志；从社会而言，是一种至善至美的"理想国"，是人类崇高的社会境界。

礼，最初指祭神的器物和仪式。周代把礼从形式中区别出来，发展成为一种以血缘关系和等级制度为纽带的宗法制度。认为："礼，经国家，定社稷，序民人，利后嗣也"（《左传·隐公十一年》）。春秋时，孔子推崇周礼："周监于二代，郁郁乎文哉！吾从周。"主张对"民""齐之以礼"（《论语·为政》），打破了"礼不下庶人，刑不上大夫"的周礼界限。汉儒对礼做了进一步论述，认为"礼者，理也"（《礼官·仲尼燕居》），"夫礼者，所以定亲疏，决嫌疑，别异同，明是非也"（《礼记·曲礼》）。到宋明时，礼更成为理学的范畴："夫礼，人道之准，世教之主也，""曰仁，曰义，曰信，礼之别名也"（《直讲先生文集·礼论第一》）。"礼谓之天理之节文者，盖天下皆有当然之理，但此理无形无影，故作此礼文画出一个天理与人看，教有规矩，可以凭据，故谓之天理之节文。"（《朱子语类》卷四十五）。实现礼治，是儒家的政治主张。孔子强调："非礼勿视、非礼勿听，非礼勿言，非礼勿动。"《礼记·礼运》有："礼者，君之大柄也。所以别嫌明微，傧鬼神，考制度，别仁义，所以治政安君也。"荀况也说："人无礼则不生，事无礼则不成，国无礼则不宁。"（《荀子·修身》）总之，礼首先是一道德准则和行为规范，其次又是一种社会政治制度，即以血缘为根基，以等级为特征的统治体系。

那么，仁与礼之间的关系是什么呢？简而言之：仁是礼的内在精神，礼是仁的表现形式；仁是礼的最高境界，礼是仁的实现途径。

伦理政治观起源于血缘根基的道德规范，以"孝"和"悌"为中心，实现了家和国的完整统一，并以"仁"的规范实现"礼"的要求，将政治诉诸伦理，给政治关系罩上了一层人伦和血缘的袈裟。伦理政治观强调"正己而后及人，内圣而后外王"的原则，主张用道德规范实现政治统治，把政治关系归结为个人的道德修养，并最终归结为心理结构，主张内省以正吾心，教化以正民风，实现政治与道德人伦的一体化。从而，使伦理政治成为中国传统政治文化的核心内容。

（三）伦理政治观是中国传统政治文化的本质特征

以礼与仁结合为本体的伦理政治观，是中国传统政治文化的本质特征，也是中国传统政治文化的核心内容。伦理政治观在传统政治文化中的特殊作用主要表现在如下方面：

（1）作为政治统治原则，伦理政治观内含于修身齐家治国平天下之中。在儒家思想中伦理道德是人的本质。人所以为人，人与动物的区别，就在于人有礼——伦理道德。最先提出这个问题的是孔子。他说："今之孝者，是谓能养。至于犬马，皆能有养。不敬，何以别乎？"（《论语·为政》）。敬是礼的主旨之一。生养不能区分人与动物的差别，只有礼才能说明两者的区分。孟子说，"人之所以异于禽兽者几希"（《孟子·离娄下》）。意思是，人不同于禽兽的地方就那么一点点，这一点点即"不忍之心"，亦即仁、义、礼、智。荀子说："人所以为人者，非特以二足无毛也，以其有辩。"（《荀子·非相》）《礼说·冠义》说："凡人之所以为人者，礼义也。"人的本质既然是伦理道德，那么，人的行为的最高准则就是实现伦理道德，即按照"礼"的规范修身养性，以达到"仁"的境界，正己方可以及人，个人的道德修养不仅是塑造个体人格以为"内圣"，而且在参与政治活动中以为"外王"的条件和基础。于是，个人的道德修养、家庭的伦常关系、国家的政治统治被置于同一坐标系中，先要正心、诚意、修身、齐家，然后才能"外王"，即治国平天下，这就是修齐治平的公式。这一公式为政治社会化提供了一条根本性的指导原则，为个体通过自身努力成为政治角色和统治集团鉴别吸收新的政治成员提供了方向和标准。

(2) 伦理政治观作为政治统治手段，是统治阶级调整政治与社会关系，控制国家的重要工具，从而为传统政治文化的发展提供了制度上的支持和保证。儒家主张道德心治，对百姓实行教化。在德、礼、政、刑四大统治手法中，德历来居于首位。在与刑政的关系上，孔子明确指出"道之以政，齐之以刑，民免而无耻；道之以德、齐之以礼，有耻且格"（《论语·为政》）。儒家一贯把政治实施过程看作是道德感化过程。"季康子问政于孔子。孔子对曰：'政者，正也，子帅以正，孰不正'"（《论语·颜渊》）孔子还说过："其身正，不令而行；其身不正，虽令不从。""苟正其身矣，于从政乎何有？不能正其身，如正人何？"（《论语·子路》）"君子笃于亲，则民兴于仁"（《论语·泰伯》）就其实质而言，德政思想不外乎号召统治者通过自身的道德修养在百姓中树立一种行为规范，同时，要求人们洁身自好，克己宽恕。以此来缓解社会矛盾，减少政治成本。这实际上是给政治关系蒙上了一层温情脉脉的面纱。也正因为如此，孔子所提倡的"以德教民，而以礼齐之"的思想，长期以来颇受统治阶段的推崇和青睐。

(3) 伦理政治观以孝、忠一体维系最基本的社会政治关系，使家国不分成为中国政治文化的一大特色。"孝"是中国传统的家族道德，"忠"是中国传统的政治道德。但历代统治者都竭力强调孝忠一体，或将孝的范围扩大至忠，或将孝直接推移于忠，使"孝"与"忠"结合起来，出现了诸如"移孝作忠""忠孝本一""以孝治天下""以孝事君""求忠臣于孝子之门"等观念。"孝忠一体"观念的产生，既有宗法政治结构的客观基础，又有利用家族道德强化君主统治的主观需要。从语源上讲，中文"国家"一词是由"国"与"家"两个词合起来的复合词，它形象地反映了古代中国是"家""国"统一的宗法国家。古代中国是在原始社会结构没有打破的情况下进入到政治国家的，使立足于血缘宗法关系的氏族社会和立足于地缘政治关系的国家组织统一起来，宗法家族内的父权和国家机构中的君权统一起来，父权和君权之间可以相互转化，相互维持，正所谓"家无二主，尊无二上"（《礼记·坊记》）。"君者，民众父母也"（《新书·礼三本》）。"家"是"国"的原型，"孝忠一体"是"家国一体"的同构态。由子孝、妇从、父慈所建立起来的家庭伦理关系，不过是民顺、臣忠、君仁的社会关系的缩影。这就产生了古代中国特有的"政治道德化"和"道德政治化"的倾向,即把国家内部的政治关系归结为一种道德关系,企图用道德来维持政治秩序,制约政治权力;同时,又把一切道德的功能转化为政治目的,使传统中国政治成为典型的伦理型政治。于是统治者和被统治者之间的压迫关系也被描绘成一种温情脉脉的道德伦常关系,并通过"君为臣纲、夫为妻纲、父为子纲"的伦常关系,将顺从与依赖、臣服与感恩合为一体,从而将君主政治系统的强制要求变为民众自觉的道德义务和道德选择。正所谓"仁莫大于父子,义莫大于君臣,是谓三纲之要、五常之本,人伦天理之至,无所逃于天地之间"(《朱文公文集·癸未垂奏扎二》)。家是国的原型,孝与忠的合一,家庭成为保存国家的原动力,以忠孝道德为核心的伦理政治观在长期的政治实践中发挥了调节政治关系的特殊功能。中国传统社会由此获得了极具修复功能的超稳定结构。

三、中国传统政治文化的结构

中国传统政治文化的内容十分丰富,呈现出多层次的结构形态,总览中国传统政治文化,大体上是由以下层面构成的:

(一)以王权主义为核心的政治意识形态

在中国传统政治文化中,王权主义始终处于核心的地位。王权主义的形成是中国古代社会君主政治的需要,在政治运行过程中,它直接促进并强化了君主专制政治系统的建立和完善,并且通过多种社会化的渠道,控制和影响着人们的政治意识。王权主义的主题是宣扬君权至上,围绕这个主题,传统中国政治文化主要形成了如下的观念[甲]:

(1)君主能参天地,是调节人与自然的中枢。天地化育万物是古人的共同认识,在天地化育万物过程中,人并不是纯粹的外在物,他们可以参加到天地化育万物的行列中来。《荀子·天论》说:"天有其时,地有其财,人有其治,夫是之谓能参。"人虽具有参天地之才能,但并不是人人都能做到的。只有圣人君子才能做到这一点。《中庸》说:圣人"能赞天地之化育。"荀子说:"君子者,天地之参也,万物之总也,民之父母也。无君子,则天地不理,礼义无统。"(《荀子·王制》)中国传统思想中的圣与王在理论上并不完全一致,但一般说来又是"内圣而外王"。正如董仲舒所说:"古之造文者三而连

[甲] 刘泽华. 中国传统政治思想反思[M]. 北京:生活·读书·新知三联书店, 1987:64-70.

其中谓之王。三画者，天、地与人也，而连其中者通其道也。取天地与人之中以为贯而参通之，非王者孰能当是"。（《春秋繁露·王道通三》）圣人、君主参天地的理论，把君主抬到超人的地位，君主不但被圣化，而且也有神化的意味。

（2）君主是政治治乱的枢机和决定力量。中国古代的各家各派从不同的角度出发，几乎一致认为君主在国家治乱中具有决定性的作用。这种认识同君主专制制度的不断强化是一致的。在君主制度下，君主个人具有无上的权力。由于权力支配着社会，君主的一言一行都会对社会政治局面发生重大的影响，于是就出现了鲁哀公与孔子关于"一言可以兴邦"和"一言而丧邦"问题的讨论。在这一言可以兴邦，一言可以丧邦的体制下，君主在国家治乱兴衰中，无疑具有决定性的作用。"君不贤者其国乱。"（《荀子·议兵》）"君者，民之源也。源清则流清，源浊则流浊"（《君道》）董仲舒讲得更明确："君人者，国之元，发言动作万物之枢机"。（《春秋繁露·立元神》）王是政治生活中的主导力量，治乱兴衰系于君主一身，"治天下者惟君，乱天下者惟君"（《潜书·鲜君》），"其人存则其政举，其人亡则其政息"（《中庸·二十七章》）。君主既然决定着全部政治生活的运转，当然成为社会的最高主宰。

（3）君主拥有统属社会一切的巨大权力。王权主义肯定了君主的崇高地位，又赋予其巨大的权力。在理论上，君主拥有对全体社会成员的人身统属权。"天子者，天下之父母也"（《盐铁论·备胡》），"臣之于君也，下之天上也，若子之事父，弟子事兄"（《荀子·议兵》）。君主是全社会最大的家长，在观念上，君主是全国土地和财富的最高所有者，所谓"普天之下，莫非王土"（《诗·北山》），"邦者，人君之辎重地"（《韩非子·喻老》）。君主"视天下为莫大之产业，传之子孙，受享无穷"（《明夷待访录·君原》）。就实际历史过程来看，君主除了直接占有一部分土地，还拥有最高赋税征收权，通过超经济强制，实际享有全国最大的财富。

在政治上，君主作为国家元首，拥有政治权力的独占权，正所谓"权者，君之所控制也"（《商君书》）；君主还独揽了最高决断权，拥有生、杀、予、夺的刑赏权和最高军事统辖权。总之，传统政治文化把一切权力都奉献给了君主。

（4）君主是认识的最高权威和终极裁决者。权力和认识本来属于两种不同范畴的事，但中国传统文化确认王是认识的最高权威和终极裁决者。在《尚书·洪范》中就有这样的论述："无偏无陂，遵王之义；无有作好，遵王之道；无有作恶，遵王之路；无偏无党，王道荡荡；无党无偏，王道平平；无反无侧，王道正直。"这几句话是传统思想中的最高信条之一，它的妙处在于把王权、认识、道德和行为准则四者结合为一，而以王权为核心。

从历史过程来看，帝王的权威高于认识。秦始皇"禁绝百家，以吏为师"，运用权力裁决认识；汉武帝"罢黜百家，独尊儒术"，也是依靠行政钦定认识的统一标准。儒家学说之所以列为经典，成为封建时代的政治指导思想，更是缘于汉代及历代君主的确认。当思想界出现重大分歧，只有君主有权作最后裁决。汉代的石渠阁会议和白虎观会议就是典型的例证。君主还可以随意指斥思想异端，判定思想罪。中国历史上文字狱比比皆是，恰恰说明帝王是认识的最高权威。

（二）以伦理道德为标准的政治价值评价

正如我们在前面已经讨论过的，中国传统的政治文化是以伦理道德为本位的，主张政治与道德合一，甚至认为政治中的根本问题就是道德问题，政治的实施过程就是道德的感化过程。因此，道德的标准自然也就成为政治的标准。我们可以从以下几个方面去分析：

（1）伦理道德是人的行为的最高准则，也是评价政治人物的标准。在中国传统政治文化观念中，伦理道德被看作是人的本质，人的行为的最高准则就是实现道德。而实现的途径则是按伦理道德的规范修身养性。于是伦理道德成了人的行为准则，对政治人物的评价也总是以伦理的概念去定性和归类。如对君主，就分为圣主、明君、昏君、暴君等；对官吏则分为贤臣、忠臣、清官、贪官等；对百姓则称为顺民、良民、暴民、刁民等。这种价值标准很明显是以伦理道德去规范政治行为的。

（2）道德是政治的目的，亦是施政的依据，同时，也是评价政治过程与政治行为的标准。传统政治文化由于把伦理道德视为人类社会最根本的东西，十分强调"仁政"和"德治"。孔子认为："如有王者，必世而后仁"（《论语·子路》）。孟子则更进一步把王者行政视为"施仁"的过程，"有不忍人之心，期有不忍人之政矣"（《孟子·公孙丑上》），仁政是王者的仁义道德之心推及人的结果，强调以仁义道德原则作为施政的依据，甚至将道德本身视为政治过程的目的，正所谓："志士仁人，无求生以害仁，有杀身以成仁。"在主张"仁政"的同时，儒家十分强调以道德教化来维持统治，认为政、刑只能使人不敢犯罪，德、礼则能使人知耻归心。因而主张："圣人治化，必刑政相参焉。太上，以德教民，而以礼齐之。其次，以政导民，而以刑禁之。化之弗变，导之弗从，伤义以败俗，于是乎用刑矣。"（《孔子家语·刑政》）这就是说，最好的统治方法是伦理道德教育，其次才是行政约束，至于刑罚，那只能是不得已而为之的。由于把道德视为政治的目的，对政治行为的评价也只有以是否符合道德为标准。儒家十分强调"义利之辩"，主张重义而贱利，甚至把利当作抨击的对象。孔子讲："君子喻于义，小人喻于利。"（《论语·里仁》）孟子说："亦曰仁义而已，何必曰利。"（《孟子·梁惠王上》）董仲舒更强调："正其谊不谋其利，明其道不计其功。"（《汉书·董仲舒传》）儒家虽然不是一般地反对人的物质需要而空谈道德教化，但在人的物质需要与道德规范发生矛盾的情况下，则毫不犹豫地选择后者。《论语·颜渊》中有段话说得十分清楚："子曰：足食、足兵，民信之矣。子贡曰：必不得已而去，于斯二者何先？曰：去兵。子贡：必不得已而去，于斯二者何先？曰：去食。自古皆有死，民无信不立。"

（三）以"均平太平"为内容的社会政治理想

中国古代社会民众的社会理想始终没有离开物质生活的温饱以及人与人关系的和谐这个主题。在中国宗法社会里，以家庭为生产单位的小农经济不仅限制了社会经济的发展，而且限制了人们的视野。这就决定了中国民众对这一主题的思考虽然很鲜明，但又是粗浅的。这个被我们归结为"均平—太平"的社会政治理想，主要由以下内容构成：

1. 平均主义与大同理想

平均主义是一种主张社会地位和财富平均分配的社会政治理想。它的形成至少有三个来源：一是古代思想家的社会政治理想，如儒家的"不患寡而患不均"和"大同"的理想，墨家的"兼相爱、交相利"政治理想等；二是中国古代宗教思想中的"平等""平均"观念，如佛教的"众生平等"，道教的"太平"理想；三是小生产者基于社会贵贱贫富不均而凝成的生活向往。在这方面，最有代表性的就是孔子描绘的大同理想："大道之行也，天下为公，选贤任能；讲信修睦。故人不独亲其亲，不独子其子，使老有所终，壮有所用，幼有所长，鳏寡孤独废疾者皆有所养。男有分，女有归。货恶其弃于地也，不必藏于己；力恶其不出于身也，不必为己。是故奸邪谋闭而不兴，盗窃乱贼而不作，故外户而不闭，是谓大同。"

大同理想曾经鼓舞并启发了一代又一代中国人为之奋斗。但是只要我们稍加分析就会发现，孔夫子所向往的"大同世界"，不过是礼教化、理想化的农业社会而已。这个社会，不需要以物质财富为基础，只需依靠思想道德的进化，正所谓"不患寡而患不均"，反映的是小农经济的最高理想境界，体现在政治上就是"等贵贱"的口号。

如果说，"大同"理想本身就充满了空想的话，那么，在小农经济条件下，实现"大同"理想的途径就更令人感叹。小农经济的落后，使均贫富的问题不可能从生产中解决，只能在分配和消费中解决，靠低消费、人人平均来实现。而这些单靠小农自身又无法实现，只能依赖一种外力来调节，依靠强大的行政权力作为强制力，将无数小农规定于某种同一的生活条件之中，形成信仰统一，礼仪统一，生活单一的社会格局。人类历史早已反复证明，平均主义必然要求王权作调节器，正如马克思所言："小块土地所有制按其本性说来是全能的和无数的官僚立足的基地，归根到底，小农的政治影响表现为行政权力支配社会。"甲于是，悲剧发生了。小农渴望"均富贵"，企盼"等贵贱"，但却无法摆脱并且还要依赖权力，于是只好祈求权力掌握在好人手里，将希望寄托在"明君"和"贤臣"身上。

2. 清官思想

清官思想实质上是王权主义的另一种补充形式。"清官"的概念形成于战国，《周礼》中就明确指出"以听官府之六计，弊群吏之治，一曰廉善，二曰廉能，三曰廉敬，四曰廉政，五曰廉法，六曰廉辨"。自此，历代统治者大都承继和沿袭这六条标准作为规范官吏的最一般准则。所谓清官思想，是希望官吏们清廉不贪，执法公允；为民请命，爱护百姓；搏击豪强，惩治贪官，正所谓"当官不为民做主，不如回家卖红薯"。其本质不过是传统"仁政"思想和"君舟民水"说的人格化。

中国古代官吏的身份和地位一直比较特殊。对君主而言，官吏是臣仆，必须忠实地执行君主的旨意，要精忠报国，效命

甲 中共中央马克思恩格斯列宁斯大林著作编译局. 马克思恩格斯选集：第1卷[M]. 北京：人民出版社，2012：697.

于"皇上";对百姓而言,官吏又是"父母官",要"为官一任,造福一方",为民做主,为民请命。于是,在君主与百姓的根本利益冲突的情况下,无论是君,还是民,以及官自身,都要求官吏的角色定位于"清官"。君主提倡清官,树清官典型,是为了体现"宽猛相济"政策,以保证政治系统的正常运转;官吏以清官自许,是伦理政治观"修齐治平"的内省结果,也是政治价值观的压力所致;百姓祈盼清官,则是处于社会底层的民众逆来顺受的一种无奈的愿望。

"清官"是中国古代历史上很复杂的一种政治现象,二十四史中虽然不乏对清官事迹的记载,但就庞大的封建官僚群体而言,清官的数量少得可怜。正如《后汉书·循吏传》所言,"夫忠良之吏,国家所以为理也,求之甚勤,得之甚寡"。这也正是海瑞、包公和"七品芝麻官"徐九经所以让人尊敬,让老百姓念念不忘的原因。

(四)以传统经学为框架的政治思维方式

不同文化背景下的民族,有着不同的思维方式,它在一定程度上决定着文化的发展路向和进程。自儒家思想的统治地位确定以后,传统儒家的思维方式对于中国古代社会的影响也日益扩大,因而,经学的思维方式成为中国传统政治文化的重要内容之一。

1. 经学的思维方式是中国传统政治文化的重要特征之一

经学主要是指解释、阐述和研究儒家经典的那套学术。"经"历来多指儒家典籍,其内涵逐渐演化。把儒家经典说为"经"的,始于《庄子·天运篇》:"孔子谓老聃曰:'丘治《诗》《书》《礼》《乐》《易》《春秋》六经,自以为久矣'"。儒家经书最初只有"六经"(也叫"六艺"),后逐渐扩展为七经、九经、十三经。

中国传统政治文化的主体是儒学,而经学又是传统儒学的经典。从汉武帝"罢黜百家,独尊儒术"之后,孔子和"六经"几乎成为神圣不可触犯的圣人和经典。统治者提倡儒学,通经可以为仕,朝廷诏令及群臣奏议皆援引经义以为依据。学校、教育以及统治者的科举考试、选拔人才几乎都以经学为主要标准和基本内容。从两汉迄于清代,经学一直被人们视为最精深的学问。人们在主观上认定,儒家经典是一切科学与知识之源,清朝张之洞在《书目答问》中说:"由小学入经学者,其经学可信，由经学、史学入理学者，其理学可信，以经学、史学兼词章者，其词章有用，以经学、史学兼经济者，其经济成就远大"。经学的方法，一言以蔽之，就是注解、阐发经传的方法。在中国封建时代，经学的思维方式源远流长，历代注家层出不穷。虽然在历史上的各个不同时期，经学的思维方式有着不尽相同的表现，但是在以下两点却是共同的，一是把自己的思维视野囿于儒家经典之内；二是把圣人之言、经传所云视为人的政治行为的规范和治理国家的准则。

在这种文化氛围和思维方式的支配下，中国古代政治家们在政治上的举措，往往须从经典中去寻找根据。历代皇帝下诏书制令，要援引"子曰诗云"，以取信天下；历代大臣奏议对策，也要引经据典；而朝廷的一切典章制度、政策法规，乃至人们的政治行为，也须从圣人那里找到理论根据，以便循规蹈矩。总之，儒家经典成为古代中国人一切思想和行为的最高原则和"以不变应万变"的法宝。人们反复研读、注解这些经书的目的在于从经书的字里行间去发现圣人的"微言大义"和万古不变的绝对真理。经学是古代中国的最高学问。因此，经学实际上也成为我们理解古代中国政治的一把钥匙。

2. 经学是传统中国政治变革的工具

经学既然被奉为万世不易的治国法典，奉行既久，自然在士大夫阶层以及黎民百姓中培养起一种根深蒂固、牢不可破的信仰：圣人说的一切都是对的，错就错在没有按照圣人说的去办。而"祖宗之法""先王之法"又总是与"圣人之道"联系在一起的，而改革就是"离经叛道""大逆不道"。于是，在中国历史上出现了一种奇特的现象，政治改革者与反对改革的人都竞相从一部经书上去寻找自己的依据。明明是一己的创议，却说是圣人千百年前的政治观点；明明是一场改制或革新运动，却总是呈现出"复古"的意味。

王安石是中国历史上著名的改革家，曾大胆提出："天变不足畏，祖宗不足法，人言不足恤"，可谓千古一人。但也不得不在"法先王意"的口号下提倡变法，他在致宋仁宗的《万言书》中指出："今天下之财力日以困穷，风俗日以衰坏，患在不知法度，不法先王之政故也。法先王之政者，法其意而已。法其意，则吾所改易更革不至乎倾骇天下之耳目，嚣天下之口，而固已合先王之政矣。"他还专门编纂了《诗》《书》《周礼》的新注本，号为"三经新义"作为科举考试的统一标准，借用经学来统一思想，为他的新法建立理论基础。

近代中国的变法维新也是在经学的名义下进行的。康有为、梁启超鼓吹今文经学，反对古文经学"述而不作"的传统，实际上是为变法维新制造理论依据。康有为著《孔子改制考》一书，尊孔子为"素王"，认为"六经皆孔子托古改制之书，实为后王立法"。他甚至将近代西方的历史进化论也通过对《春秋》的重新解释，用"公羊三世说"的形式来表达自己托古改制，维新变法的思想。

总之，传统中国的政治改革与变法维新总是具有浓厚的复古色彩，总是不得不到传统经学中去寻找反传统的思想武器，这也势必使变革运动受到极大的限制。"崇圣尊经"已成为士大夫阶层和黎民百姓不可移易的思维定式，这本身就构成了改革或变法不可逾越的障碍。这也正是中国历史上的政治改革与变法维新最终往往归于失败的深层次的原因之一。

综上所述，中国传统政治文化是一个以王权主义为核心，以传统伦理道德为本质、以"均平—太平"的理想模式为目标、以传统经学的思维方式为形式而构成的一个有机整体，并由此使传统中国政治文化呈现出既丰富多彩又复杂多变的形态。

四、中国传统政治文化给我们的启示

我们讨论和研究中国传统政治文化，不是为了发思古之幽情。传统政治文化存在两千多年，自然有它合理的一面。传统是一个中性词，并无褒贬之意。而且人们往往也难以摆脱传统的影响，就如同不能拔着自己的头发离开所站立的土地一样。长期以来在历史过程中积淀下来的传统是每一个民族和国家现实的发展起点。问题仅仅在于如何承扬传统文化并在此基础上重构现代中国政治文化。

必须指出，中国传统政治文化的主体必须否定，因为它的根源是小农经济和封建政治。但其中一些具体的内容经过发掘和改造，也就是经过扬弃，在今天仍有积极的意义，对我们重构中国政治文化有着重要的启发。大体有以下几个方面特别值得我们去思考：

（一）"大一统"的国家观念

"大一统"的提法，始见于《春秋·公羊传》。所谓"大一统"，就是尊崇一统的意思。《春秋》隐公元年的第一条记载是："元年春，王正月"。字面的意思是：鲁隐公元年的春天，也即周历的一月。这本不过是点明时间而已。但《公羊传》却从字里行间发现了圣人的"微言大义"："元年者何，君之始年也。春者何？岁之始也。王者孰谓？谓文王也。曷为先言王而后言正月？王正月也。何言乎'王正月'？大一统也。"春秋时代，礼崩乐坏，天下政令已不能统一，各国的历法也不一致，有用夏历，有用商历，也有用周历的。《春秋》记时，仍遵用周王所定的正月，以示历法应当划一，也就是要"大一统"，尊崇周历和周王的"天统"。尽管后世注家对"大一统"的解释不尽相同，但都认识到它是表述一种国家统一的观念。这种观念自西周晚期便已萌发，到秦汉时期则形成高潮。综观当时的论述，其内容有如下几个方面：

一是全国疆土的统一。最早体现这一思想的当推《诗·小雅·北山》里的那句名言："溥天之下，莫非王土"。古人所说的"溥天之下"（间称"天下"），是以华夏中原为本土而外及"四海"的全国概念。"四海"即四境边民夷、狄、戎、蛮的聚集区（《尔雅·释地》）。在这个范围内，以"九州"作为行政区划，以"五服"或"九服"表示地方对中央的从属关系。总之，不以种姓分割天下，而以天下包容各族。天下之内，地无分南北，人无分华夷，都在一个中央政府的治理之下。这就是古人为未来中国统一所作的基本构想之一。

二是全国政令制度的统一。在这方面，成书于战国时期的《周礼》讲得最多，甚至规定每年正月由中央政府颁布刑法，供全国遵守。而《管子·君臣篇》所说的"衡石一称，斗斛一量，丈尺一制，戈兵一度，书同名，车同轨"，更成为统一制度的先声。秦作为中国的第一个统一王朝，正是以"海内为郡县，法令由一统"以及"一法度衡石丈尺，车同轨，书同文"而功垂千古的。

三是全国思想的统一。这种统一，是指全国指导思想和理论基础的统一。从孟子到荀子，都主张这种统一。此主张到秦代则走向极端，采取了"焚书坑儒"的野蛮作法。董仲舒反对秦政，也注重统一的思想，于是便有"独尊儒术、罢黜百家"的提出，这个方针在当时尚未彻底执行，但其文化专制倾向对后世的影响不可低估。而作为指导思想和理论基础的统一，这对任何一个统一的国家来说仍不可废。

中国是一个幅员广大，历史悠久的多民族国家，各民族共同生活在一块土地上，经过长期的民族摩擦与文化交融，融汇成为一个统一的中华民族。儒家"大一统"的政治观念，固然维护并强化了最高统治者君临天下的绝对权威，但也使我们的中华民族增加了巨大的凝聚力，对维护国家的统一起着积极的作用。欧洲在罗马帝国时期，也曾出现过400年的统一局面，后来帝国分东、西两部，其后又走向分裂。现在星罗于欧洲大地上的众多国家，大部分是罗马帝国以后不断分裂的结果。中国历史上虽然也出现过几次分裂，但又最终走向统一，而且每一次分裂都孕育着下一次更大的统一。《三国演义》开篇即说："天下大势，分久必合，合久必分"，但"三国归晋"，还是大势所趋。"天下一家，四海一流"，人心思定，人心思合，已经成为我们这个古老的东方民族不可动摇的基本信念，也是我们这个民族最可宝贵的一笔财富。

（二）"民惟邦本"的重民思想

"民惟邦本，本固邦宁"是一句很有价值的古训。尽管是东晋梅赜的伪托，但却反映了一种十分有意义的价值观。虽然中国传统政治文化的核心是王权主义，但有关"重民"思想的论述亦十分丰富，并由此构成了中国传统政治文化的重要内容。对此，我们应从以下方面去把握：

1. "重民"是中国传统政治文化的重要特征

在中国古代典籍中，有关"重民"的言论十分丰富，而且很富有哲理和人情味。如"朕及笃敬，恭承天命"（《尚书·盘庚下》）；"天视自我民视，天听自我民听"（《孟子·万章上》），"民之所欲，天必从之"（《左传》），"人无于水鉴，当于民鉴"（《尚书·酒诰》），"政之所兴，在顺民心；政之所废，在逆民心"（《管子·牧民》）。"民为贵，社稷次之，君为轻"（《孟子·尽心下》）。"苟无岁，何以有民？苟无民，何以有君？"（《战国策·齐策四》）"君为舟，民为水，水可载舟，亦可覆舟"，等等。在传统中国社会及其长期发展过程中，"重民"思想具有重要的位置，出现了"富民""养民""教民""爱民""民为邦本""民贵君轻""吏为民役"等多种有关"重民"的思想。在维护君主专制的前提下，重视民的作用，是中国传统政治文化的一个重要特征。

2. "重民"是维护君主统治的重要手段

在中国传统文化中,有关"民"思想都是针对君民关系而言的。就君民关系而言,从来就是君本而不是民本,并不存在"民"的独立地位,君才是真正的目的所在。讨论"民"的前提是承认封建等级的不平等,上述种种关于"民"的思想,都不过是维护王权统治的一种手段。荀子有一段话讲得清楚:"有社稷而不能爱民、不能利民、而求民之亲爱己,不可得也。民不亲不爱,而求其为己用、为己死,不可得也。民不为己用、不为己死,而求兵之劲、城之固,不可得也"(《君道》)。

为什么历代统治者要"重民"呢?原因就在于这种国家最高所有权支配下的小农经济。小农经济是专制王权建立的基础,是国家兵力和财政的直接来源,没有民的支持,任何一个政权都无法维护。对此,中国历代的统治者都是非常清楚的。孟子"得其民斯得天下"(《孟子·离娄上》)的"政在得民"的思想和唐甄提出的"封疆,民固之;府库,民充之;朝廷,民尊之;官职,民养之;奈何见政不见民也"(《明鉴》)的思想,很清楚地说明了封建统治者重视民的原因。

尽管"重民"思想不是民主思想,但仍有着很多积极的意义。我们应当积极地挖掘中国历史上"重民"的思想精华,在建立和健全有中国特色的社会主义民主政治中,使之经过转化能够成为现代民主政治的借鉴。

(三)报国报民的人生价值

中国人一贯把报国报民作为人生之最大价值。范仲淹的名言"先天下之忧而忧,后天下之乐而乐",道出了千古仁人志士的高风峻节和博大胸怀。出身贫贱的孔子,抱经世之志游历诸国,恓恓惶惶。当受到楚隐者讥评时,他说:"鸟兽不可与同群,吾非斯人之徒而谁与?天下有道,丘不与易也。"他这种热爱人类并以匡世救民为己任的积极态度,给后世以深远影响。《礼记·大学》在道德与政治的关系上提出八目:格物、致知、诚意、正心、修身、齐家、治国、平天下。前五目讲个体人的道德修养,后三目讲对国家天下的改造。以加强知识修养为治理国家天下的基础,以治理家国天下为加强知识修养之目的,这种经世致用的原则和积极的人生态度,一直为儒家所提倡。

中国人十分注重个人的道德与操守,强调刚健有为,自强不息,将"富贵不能淫,贫贱不能移,威武不能屈"视为人生所追求的"浩然正气",并且在一生中的任何情况下都能保持这种气节。正所谓"老当益壮,宁知白首之心,穷且益坚,不坠青云之志"(王勃语)。古代的中国知识分子大都有"学而优则仕"的心愿,这还不能简单地用追求功名利禄去一概否定。对相当一部分人而言,它包含着一种兴国利邦的抱负,为民请命的精神和对国家前途命运关心的忧患意识。所谓"天下兴亡,匹夫有责","儒者用于君则忧君之忧,食于民则患民之患"(王安石语),均体现了他们以报国报民为人生最高价值的崇高思想境界。

关心国家的治乱和人民的疾苦,是中国知识分子的传统,也是其最为可贵之处。每当国难当头,民族存亡之际,也正是救国救民热忱空前高涨的时候,其声势之壮烈,足可以动天地而泣鬼神。在中国文化典籍中留下的浩如烟海的诗文论著中,这类的内容也特别多,表现出强烈的忧患意识和政治责任感。从班超"投笔从戎""不入虎穴,焉得虎子"的雄雄胆略,到范仲淹"处江湖之远则忧其君,居庙堂之高则忧其民"的拳拳之心;从文天祥"人生自古谁无死,留取丹心照汗青"的千古绝唱,到谭嗣同"我自横刀向天笑,去留肝胆两昆仑"的壮怀激烈;从龚自珍"落红不是无情物,化作春泥更护花"的绵绵情怀,到林则徐"苟利国家生死以,岂因祸福避趋之"的赳赳勇气,这些都反映出我们这个民族的气节和追求。事实上,在中国历史上,这种情况又何止一朝一代。正如鲁迅先生所言:"我们自古以来,就有埋头苦干的人,有拼命硬干的人,有为民请命的人,有舍身求法的人,……虽是等于为帝王将相作家谱的所谓'正史',也往往掩不住他们的光耀,这就是中国的脊梁。"^甲正是这种力量,使中国经过了一次又一次民族危机,并在每次危机之后,都得以收拾精神,重整河山。

在悠久而丰富的中国传统政治文化中,值得发扬的内容还有很多,有些尚待进一步发掘和整理。对中国传统政治文化的正确态度,应当是继承并且批判。批判也不是一概否定,全盘抛弃。批判地继承是一种扬弃,更是一种创造,是一种凤凰涅槃的效应。

甲 鲁迅. 鲁迅全集: 第6卷[M]. 北京: 人民文学出版社, 1981: 118.

第七章
中国传统兵家文化

兵学研究的战争技艺是一门古老的技艺,几乎与文明的起源同步。中华文明源远流长的历史中,战争是贯穿古今的重大历史事件,有关战争的实践和思考也孕育并产生了璀璨的兵家文化。本章将在介绍有关兵学起源、发展、传承的历史基础上,围绕经典兵学著作,深入认识中国传统兵家思想。

一、兵家的起源及发展

我们追寻中华文明的古老足迹,简单考辨兵家的起源及发展。

(一)从远古到西周的王者兵学

中华文明从炎帝神农氏和黄帝轩辕氏算起,大约经历了5000年。漫长而悠久的历史中,经常发生并对历史进程产生巨大影响的历史现象就是战争。在传说的部族时期,"及少皞之衰也,九黎乱德",蚩尤是九黎部落的著名首领。最著名的战事,就是黄帝与蚩尤之间展开的涿鹿之战。战事中,黄帝亲自率众御敌,反映当时的部族首领身兼军事首领的历史事实。传说黄帝因战争之用而发明了指南车,并利用驯服的虎豹熊罴,战胜蚩尤,使天下安定下来。皇帝发明指南车、驯服猛兽,已包含后世兵阴阳家和兵方技家学说的内容。班固在《汉书·艺文志》就认为兵法创始于黄帝,并著录有《黄帝》《神农兵法》等著述，汉代就形成黄帝为兵法始祖的认识。

此后的历史沿革进入尧、舜、禹的"禅让制"时代，天下基本安定。大禹死后，其儿子启杀掉（另一说接替）按照禅让原则推选出来的伯益，取而代之，坐上了部落联盟首领的位置。由此引发了有扈氏对启的征伐，双方战于甘泽（今陕西户县附近）之地。双方摆开军阵正式交战之前，启在三军前发表誓词，进行了战前动员，这就是有名的《甘誓》。在誓辞中，启首先为自己正名，更重要的是用赏罚规范和激励将士，"用命"有功则"将在祖庙神主前受到奖赏"，"弗用命"有罪则"将在社神神主前惩罚，降为奴隶，或者杀掉"。启的誓师之辞以严明赏罚有效地激励将士，保障了战争的最后胜利。《甘誓》也是有文字记载的最早军礼，《司马法》后来承其绪。

周武王建立西周后，实行分封制。为确保各分封国听候朝廷调遣，派兵驻扎分封国，既可帮助封国剿灭叛逆，又可监视和防止分封之国的异举。为了有一个专门的机构统一管理进驻各分封国的兵马和各侯国的军队，武王在派遣军队进驻各分封国的同时，又在国都设置专管天下兵马的司马一职。大司马是周王的重臣，其下逐级设有军司马、都司马、家司马，各级司马共同受周王节制，共同管理西周军赋，组织军队进行训练和演习。从此，历史上第一次出现了专管军事的机构，这一制度保证了周朝对各分封诸侯国军队的统一领导、统一指挥和统一行动，这是我国古代军事建设中的一件大事。

上古兵学发展到殷代和西周时期，战争形态及其兵学思想达到典型的王者兵学形态。"唯殷先人，有典有册"（《尚书·多士》），是说殷代开始出现书籍。在这个大背景下，周代出现了《军志》和《军政》两部古老的兵书。尽管书已经亡佚，但后世的《左传》《孙子兵法》、唐代的《通典》、宋本《十一家注孙子》等著作仍保留了这两书的一些重要军事片语，比如"有德不可敌""允当则归""知难而退""止则为营，行则为阵"等，为我们认识上古时期的王者兵学思想留下宝贵历史资料。除此之外，《司马法》，亦称《司马兵法》，也是中国最古老的兵书之一。按司马迁《史记》中《司马穰苴列传》所记载：齐威王"使大夫追论《司马兵法》，而附穰苴于其中，因号曰《司马穰苴兵法》"。也就是，战国中期齐威王指派大夫整理古已有之的《司马法》，并将春秋时齐人司马穰苴的兵学附记于内，因此称为《司马穰苴兵法》。可见，现存的《司马法》

一书虽是战国中期时人整理成书,自然带有一定战国时代的语言思想成分,但是,这并不足以完全否定其中保留的相当部分的"三代"王者兵学内容。概括起来讲,《司马法》具有深厚的历史积淀,集中反映了商周,甚至春秋前期的军事制度、军事观念及作战特点,集中渗透着春秋中期以前的时代文化精神,是中国传统兵学文化的重要著作。

我们以《司马法》为主,比参《左传》《国语》等史籍,大致了解这一时期的战争基本形态。

由于受三代王者仁政,尤其是西周礼乐文明的影响,这一时期的战争形态总体表现为,战争是王者以仁义安顿天下,维持贵族秩序的一种常备手段,是失之礼而后求之的不得已的"治乱之道",其兵学整体比较有贵族气,或者说有仁义的品行。具体来讲,这一时期战争形态及战争观表现在以下几个方面:在战争观上,主张王者"诛讨不义""伐无道"的正义战争;战争训练通常在农闲之时,以"春振旅,秋治兵"的田猎方式进行;战争以"阵而后战"的大方阵对决分出胜负;战术原则讲究"徒不趋,车不驰"的舒缓方式,"不失行列之正,不绝人马之力";军事行动中要贯彻"礼""仁"一类原则,"见其老幼,奉归勿伤;虽遇壮者,不校勿敌;敌若伤之,医药归之";战争的结果是"服而舍人",即通过武力威慑,迫使对方屈节归顺并悔改,"王及诸侯修正其国,举贤立明,正复厥职",这也是孔子所谓"兴灭国,继绝世,举逸民"的政治实现。可见,殷周时期的战争形态,是古典礼乐文明在军事领域的具体体现,也就是以"军礼"来指导、制约具体的军事活动。正因为如此,东汉班固在《汉书·艺文志》中没有将《司马法》归入兵书类,而是归为经学中的"礼"书类,名曰《军礼司马法》。

及至春秋之世,虽然诸侯开始僭越违礼,战争慢慢开始沦为诸侯争霸的工具,但是殷周时期的"仁义"战争形态,仍然是春秋中期以前的战争主要形态,参照《左传》《国语》中大量的历史记载,信而有征。我们熟悉的公元前632年"城濮之战"中,晋文公信守诺言"退避三舍",然后"阵而后战",最后以少胜多,取得对楚国的重大胜利,就反映了殷周战争的基本特点。然而,几乎同一时期发生的泓水之战,却成为历史的巨大反讽。公元前638年,宋襄公与楚军实力上相差悬殊,不知"阵而后战"必须要基于实力,又不懂"正不获则权"的变通,只是自负地坚持"不以阻隘""不鼓不成列"等兵法教条,终于导致惨败。泓水之战划分开了两个时代，正如《淮南子》所说："古之伐国，不杀黄口，不获二毛，于古为义，于今为笑，古之所以为荣者，今之所以为辱也。"它标志着商周以来以"成列而鼓"为主要特色的"礼义之兵"行将被新型的以"诡诈奇谋"为主导的作战方式所代替。

（二）春秋战国兵学的发展和繁荣

春秋时期，随着周天子的权利衰落，兵权下移到诸侯国，逐渐出现"礼乐征伐自诸侯出"的混乱局面。大国争霸，小国朝贡，出现了长期激烈的争霸和兼并战争。郑庄公打败王师，箭伤天子，拉开了争雄称霸的序幕。随着齐、晋、楚、秦、吴、越等国的相继崛起，周天子的地位日益式微，王道夷陵，霸道迭兴，世道沦丧为以众暴寡、以智诈愚、弱肉强食的乱世。

全面的"礼崩乐坏"，也包含传统王官之学的败落、散失，出现学问下移，"学在四野"的变化。诸子之学逐步兴起。百家之学"务皆为治"，以求有治世之效。兵者自古作为国之大事，无休止的兼并战争又使国家兴衰成为迫切、重大的现实主题，战争自然成为百家学说都关注和思考的对象。

老子的《道德经》就有直接谈到战争的不少至理名言。《道德经》第五十七章提出："以正治国，以奇用兵，以无事取天下。"明确将治国的文道与治军的武道，以"正"与"奇"相区分，前者是"吉事"，后者是"凶事"。道不同，不要使二者相混杂。对观《道德经》第三十一章，老子的观点表达得更加清楚：

"夫兵者，不祥之器，物或恶之，故有道者不处。君子居则贵左，用兵则贵右。兵者不祥之器，非君子之器，不得已而用之，恬淡为上，胜而不美，而美之者，是乐杀人。夫乐杀人者，则不可得志于天下矣。吉事尚左，凶事尚右。偏将军居左，上将军居右。言以丧礼处之。杀人之众，以悲哀莅之，战胜以丧礼处之。"

正与奇的区分，进一步以吉事与凶事、左与右的区分得到清晰贯彻。老子以"慈"为宝，故将君子不得已而用之的兵事视为左道凶事，在三十章进一步提出"以道佐人主者，不以兵强天下"的慎战思想，甚至可以说是隐恶隐战的思想。作为周室收藏之史，老子的兵学思想其实和《司马法》的王道兵学一脉相承。

孔子曾说，"有文事者必有武备"（《史记·孔子世家》），说的春秋中期以前的情形。由于实行兵民合一民兵制度，贵族的文职和武职不分，平日理政，战时统兵，如春秋时晋国的执政卿，战时也就是中军统帅，所以，当时君子都曾受过军事教育。孔子的说法可以理解为暗示他本人是文武兼具。令今人对孔子的军事知识表示怀疑，主要因为《论语·卫灵公第十五》的如下说法：卫灵公问阵与孔子对曰："俎豆之事盖尝闻之矣，军旅之事未尝学也。"明日遂行。孔子此语实乃有为而发。卫灵公为无道昏君，还不度德量力，妄图对他国发动侵略，所以故意敷衍其事，第二天的立即辞行，更明显可以看出孔子的态度。可见，孔子即使掌握兵学思想，对不当讲的人还是不会随便讲。《史记·孔子世家》记载：

冉有为季氏帅师，与齐战克之。季康子曰："子之于军旅，学之乎？性之乎？"冉有曰："学之于孔子。"

可以进一步为证。孔子还在《论语·颜渊第二》中进一步提出足食、足兵的战略原则：

子贡问政。子曰："足食，足兵，民信之矣。"子贡曰："必不得已而去，于斯三者何先？"曰："去兵。"子贡曰："必不得已而去，于斯二者何先？"曰："去食。自古皆有死，民无信不立。"

孔子的"足食、足兵"之言与后来法家的"富国强兵"相类似，"足"与富强的差异耐人寻味。"足兵、足食"与"民信"并举，在不得已而去其一、其二的艰难选择下，孔子依次去兵、去食，而不肯失信于民。《论语·述而第七》有云："子之所慎：斋，战，疾。"可以看到孔子对战争采取非常慎重的态度。《论语·子路第十三》讲道："善人教民七年，亦可以即戎亦，"以及"以不教民战，是谓弃之。"可以看到孔子对国防教育的重视。总而言之，孔子对军旅之事有战略层面的深入认识，尽管也曾对某些弟子进行军事施教，但作战层面的内容却无记载可考。

儒家孟子主张"得道多助，失道寡助"的国内政治基础，提倡仁政而不言兵。荀子是儒家中的现实主义者，重视现实问题，对兵战的态度远较孟子积极。《荀子》一书中有专门的"富国"篇、"议兵"篇，对兵学有十分精彩的见解。在"富国"篇，承接孔孟的爱民思想，荀子进而提出利民，认为必须藏富于民，然后长治久安才有坚固基础。在"议兵"篇，他从"仁者之兵"前提出发，全面阐发了设道、选将、重礼等多方面问题。其中以陈嚣设问："仁者爱人，义者循理，然则又何意兵为？"接着荀子答曰：

"非女所知也。彼仁者爱人，爱人，故恶人之害之也；义者循理，循理故恶人之乱之也。彼兵者，所以禁暴除害也，非争夺也。故仁人之兵，所存者神，所过者化，若时雨之降，莫不说喜。是以尧伐欢兜，舜伐有苗，禹伐共工，汤伐有夏，文王伐崇，武王伐纣，此四帝、两王皆以仁义之兵行于天下也。故近者亲其善，远方慕其德；兵不血刃，远迩来服，德盛于此，施及四极。《诗》曰：'淑人君子，其仪不忒。'此之谓也。"

可见，荀子提倡仁者之兵，将军队作为王者禁暴除害的工具，最终达到兵不血刃远迩来服的威慑效果。这一思想在《荀子·王制》中进一步表达为"以不敌之威，辅服人之道，故不战而胜，不攻而得，甲兵不劳而天下服。"在荀子看来，在兵威天下之上，还有以道服人。以兵辅道，以德服人，才能天下归仁。

墨家是先秦诸子中仅次于儒家的显学，尽管《墨子》一书为后学所追述或编撰，但内容足以显示墨子思想的梗概。墨家思想的起点感受到春秋战国之交列国攻伐日益频繁，民众痛苦不堪，而这惨痛祸乱的根源出于人性之自私。因此，墨子提出"兼爱"的核心观念，试图在人性层面劝服世人"兼爱"，达致交相利的太平。《墨子·兼爱上》提出："视人国如己国，谁攻？故诸侯之攻国者无有。若使天下兼相爱，国与国不攻，则天下治。"可见墨子是一个国际主义者。墨子的其他思想，包括兵学上所提出的"非攻"思想，都是实现兼爱的目的。战争方式无非攻守两种，墨子的"非攻"思想及实践在战争防守方面极有价值。在"非攻"思想上，墨子首先多方面论证攻伐他国的侵略行为绝对有害无益，甚至会引致天怒人怨。其次，他强调小国必须善守，有备无患，以吓阻别国的进攻。《墨子》"守城门"一下的十一篇，都是讨论战争中的防御问题。墨子不只是思想家，还是强调实际行动的实干家。在"非攻"的实践方面，他亲自带领并指导门徒们研究防御战术，完善守城装备，并将门徒训练组织成精锐的部队，能实际从事守城战斗。墨家由此几乎被提升为一组织严密、训练有素、装备精良的武装组织，身体力行其主张。

道家、儒家、墨家由于都坚持战争的正义性和必要性原则，主张不同程度上的王道仁政，坚持慎战甚至不战，谴责和反对不义的纯粹攻伐之战。哪种学说能为世所用，往往并不单纯取决于学说的品质，而是由现世政治的状况，或者说有国者的品质所决定，乱世中尤其如此。由于"王道无近功"，在世愈乱而攻伐兼并愈烈的战国时代，无论主张何种王道仁政学说，自然都不会被寻求霸道的王侯（也可以称为僭主）所采用。正如老子《道德经》所说："失道而后德，失德而后义，失义而后礼，礼为忠信之薄而乱之首也。"古代的礼，涉及范围极广，包含后世的法在内。礼之不及而求之于法。世有高下，重用刑名法术之徒，是忠信日薄的乱世中不得已的选择而已。

春秋末年，三家分晋。公元前403年，周威烈王封三家为诸侯，韩、赵、魏，加上秦、楚、齐、燕，成为战国七雄，历史进入战国时代。商鞅见秦孝公的故事典型地体现这个时代的风气所在。商鞅三见秦王，分别说以帝道、王道、霸道，以辨别其志向，结果秦孝公独对霸道深感兴趣。秦孝公再次见商鞅，谈霸道，与商鞅交谈中竟然"不自知䣛之前于席""语数日不厌"。秦孝公任用商鞅实施变法，法家开始登上历史舞台，商鞅在秦、李悝在魏、吴起在楚，相继发起法家性质的变法运动。法家的变法彻底摧毁西周礼乐文明的残存形式，将整个社会的目标集中于"耕战"的短期功利目标，促使社会发生经济、政治、文化各方面的巨大变革，也带来战争形态和战争观念的巨大变化。国家常备军，专职武官、骑兵水战、铁器强弩等新战争要素都是在战国时期出现。在战争观念上，法家一反传统和道、儒、墨诸家的观点，提倡战争，鼓励扩张，崇尚暴力。法家在"霸道"政治格局中对战争观念的变更，使得世风日下，坑卒、屠城、灭国愈演愈烈，战争日趋激烈和残酷。

法家在立场上距离兵家最近，有时甚至合二为一，比如《汉书·艺文志》兵书略兵权谋家下就收录有《公孙鞅》《李子》《吴起兵法》。在法家开创和主导的战国历史舞台上，阴谋诈作的兵战之将成为时代的主角，将法家的刑名法术用于治兵，是战国时代兵家的基本特征。频繁而又残酷的战争，催生了这一时期兵学的极度繁盛。一时兵家人物辈出，或整理发掘前人思想，或重新著述，兵学著作大量涌现。《武经七书》中的五种经典著作，几乎都是这一时期的作品。"兵圣"孙武的《孙子兵法》虽然著述于春秋之末，大约与孔子同时，但也算是开战国兵学著述之先河。战国初期，著名军事家吴起撰写的《吴子兵法》开始传世。《司马法》整理成书在战国中期。战国后期出现了魏国军事家尉缭子所写《尉缭子》，以及无名氏托姜太公而作的《六韬》。这一时期兵学文化的大繁荣，思想丰富，流派众多，对我国兵家文化的形成和发展，对后世兵学的传承，发挥着巨大而深远的影响。

二、兵家的流派与代表

（一）兵家的重要流派及代表

古人对兵书的最重要流派划分，出自汉代的兵书整理。西汉对兵书进行了三次收集整理工作，按《汉书·艺文志》的记载：第一次是西汉初年，"张良、韩信序齿兵法，凡百八十二家，删取其要，定著三十五家。"这一次以收集为主。第二次是在汉武帝时，"军政杨仆捃摭遗逸，记奏兵录，犹未备也。"杨仆是进一步扩大搜集范围。第三次也是在汉武帝时，"光禄大夫刘向校经传诸子诗赋，步兵校尉任宏校兵书"。校书之事，刘向总其成，为整理校定好的书作序录，附于其书后。刘向校定群书的成果是《序录》。刘歆承其父业，"总括群书，撮取指要，著为《七略》"。《七略》包括《辑略》《六艺略》《诗赋略》《诸子略》《兵书略》《术数略》《方技略》，是我国最早的一部图书总目。史家班固的《汉书·艺文志》就源于刘歆的《七略》。

在《汉书·艺文志·兵书略》中，各派兵书被任宏分为四大类，即兵权谋家、兵形势家、兵阴阳家和兵技巧家，这是现在所知古人对于兵书的第一次分类、也是最重要的分类。

兵权谋家的特点是"以正守国，一奇用兵。先计而后战。兼形势，包阴阳，用技巧者也"。兵权谋首重的是"计"，是指从宏观战略角度制定战争的战略计谋，大致相当现在的军事战略学，同时还兼有其他三派的内容在内，因而是兵书中最重要的一类。先秦兵书中的《孙子兵法》《吴子兵法》就属于这一类。

兵形势家的特点是"雷动风举，后发而先至。离合背向，变化无常，以轻疾制敌者也"。"形"一词主要是指实力的概念，"势"一词主要是指人为、易变的因素，相对于实力，尤其指随机、能动的方面。所以形势家就包含对双方实力的认识，以及对实力的调动和运用，大致相当于现代军事学的战术运用。先秦兵书中的《尉缭子》是这一派的代表。

兵阴阳家的特点是"顺时而发，推邢德，随斗击，因五胜，假鬼神而为助也"。"推邢德"是以时辰、方位等推求阴阳顺逆祸福凶吉之术，"随斗击"在前者基础上以斗柄所在为胜，"因五胜"顺承五行相生相克之理。古人用兵往往要占星、卜筮、望气、讲论五行等因素，掌握天时地利。可见，兵阴阳家是阴阳之学在兵学上的运用。

兵方技家的特点是"习手足，便器械，积机关，因五胜，以习攻守之胜者也"。这一类主要涉及体育训练和和兵器军械的制造和训练使用，古代兵器以攻城和守城的器械最为复杂，墨家著作的一部分即属此类，后世的武术传统也由此出。

西汉政府连续三次的大规模搜集整理，促成中国传统兵学的定型和成熟，任宏的发凡起例之功、刘向刘歆父子的序校之功，值得后人永远感念。《汉书·艺文志·兵书略》共序列兵书五十三家，四十三卷，全则全矣，但是，兵学著作的代表经典还不是很突出。

宋代统治者出于国势衰弱，边患不绝的危局，注重对兵法理论的研究和总结，希望借此振兴军威，兴旺国势。朝廷开设军事院校"武学"。为适应"武学"的教学和训练需要。元丰三年（1080年）宋神宗命朱服等人整理武学经典著述，从当时传世流行的二百多种的著作中选出七部兵书，正式颁行于武学，成为官方选定的武学教科书，这就是《武经七书》。《武经七书》包括《吴孙子兵法》《吴子兵法》《司马法》《唐李问对》《尉缭子》《三略》《六韬》，除了成书于汉代的《三略》、唐代的《唐李问对》外，其他五部都是先秦以前的作品。"吴孙子兵法"的提法，是要将孙武著作与后来战国孙膑的《孙膑兵法》相区别。《武经七书》是古代兵法的杰出代表，集中体现了我国传统兵学智慧的结晶。由于《司马法》和《孙子》我们后面要重点介绍，先在此对其他五部兵书做一简单介绍。

《吴子》一书非常重要。中国古人一贯以"孙吴"并称，视为兵学大师；在中国历代兵学著述中，也一贯以"仿佛孙吴"来比喻最杰出的军事家。《汉书·艺文志》记载，《吴子兵法》为四十八篇，以后历代著录的篇数都不同。今天所见到的《吴子兵法》，只有《图国》《料敌》《治兵》《论将》《应变》《励士》六篇，提出了许多有价值的兵学思想：第一，它在《图国》篇提出一套政治、军事并重的宏观战争观念；第二，它提出"审敌虚实而趋其危"的深刻战略战术原则；第三，他在论将、治军和激励将士的方面多有发明。《尉缭子》在兵学思想的独特价值在于它是现存兵形势家的唯一著作，它提出了一整套军中刑罚条令和军事条令，具有鲜明的法家特色。《六韬》托名姜太公，传承太公的谋略思想，在兵学思想的独特价值在于它是先秦兵学思想的集大成之作，是战国后期百家学术合流趋势在兵学著述中的体现。《三略》在兵学思想的价值在于它是汉代军事理论的代表作品，集中讲到国君如何治国、统军、驾驭将帅，将帅如何治军、统军、驾驭下级的方法，是关于帝王将帅统治术的专论，具有鲜明的黄老之学的特色。《唐李问对》的思想价值不容忽视，主要体现在两点，第一，对重要兵学战术范畴奇正、虚实、主客、形势、攻守等的丰富和发张；第二，表明兵学研究重心从战略层面向战术层面的转移，以及古典兵学在具体研究中日趋深入和缜密。

　　如果再在《武经七书》的基础上优中选精，详细介绍，我们选择《孙子兵法》和《司马法》。理由在于，《艺文志·兵书略》兵权谋类最为重要，其中的《孙子兵法》和《吴子兵法》是当之无愧的佼佼者，古人也战国以来就"孙吴"并举，视为一代旷世大师。但是，遗憾的是在历史传承中《吴子兵法》成为一部残书，其思想的系统性和深刻性已经无法和《孙子兵法》相比。所以我们选择《孙子兵法》作为兵权谋类的代表。选择《司马法》的理由在于，它是兵权谋类之外上三代王者兵学的唯一代表，充分反映了春秋中期以前军事思想的主体内容和基本特征，展现了比"争于利害"更高的兵学境界。《艺文志·兵书略》并未将《司马法》收入兵书略，而是移出另外归于"六艺略"中的"礼"部，题名《军礼司马法》。后世《艺文志》和类书均将其归入兵学著作，《武经七书》将其收入兵学著作，其重要性仍然排前三甲之列，可见其重要性。所以，我们选择《孙子兵法》和《司马法》作为中国传统兵学的杰出代表，下面做一详细了解。

（二）《孙子兵法》的兵权谋思想

　　战争是重大的政治实践活动，兵学是指导战争实践活动的知识。兵家之学是战争中的实用知识向战术、战略的抽象和升华，战略思想是兵学的最高形态。达到战略自觉的兵家思想对战争的理解，和实用知识向战术思想、再到战略思想的提升过程相反，它是从战略的宏观全局出发，认识并指导战术运用。所以，《孙子兵法》的谋篇就是首先论述战略思想（前三篇），其次讨论战术原则，战略思想贯彻到战术原则，并指导战术之运用。

1. 孙子"计于厉害"的战争观

战争观是人们关于军事问题理性认识的集中体现，是军事思想的总纲，决定人们从事军事活动的出发点和根本宗旨，它包括对战争的态度，对战争性质的认识，对战争与政治、经济关系的认识等方面。孙子的战争观相对简单而纯粹，就是"计于厉害"的战争观。

首先，在战争与政治的关系上，孙子将战争视为一独立领域，从政治中脱离出来，单独就战争来谈论战争。同时将战争的指挥官完全交给作为国家辅佐的知兵之将。因此，其兵书中的整个立论就定位在面对未来的将军，论述用兵的将道。这一点，从其战略、战术的论述过程中，可以非常明显地感受到。知兵之将成为战争的全权指挥者，传统上君主对战争的不当指挥就被看作"患"于军，"不知军之不可以进而谓之进，不知军之不可以退而谓之退，是谓縻军。不知三军之事，而同三军之政，则军士惑矣。不知三军之权，而同三军之任，则军士疑矣。三军既惑且疑，则诸侯之难至矣"。孙子将知兵之将视为"国之宝""国家安危之主"，进而提出"将能而君不御""君命有所不受"的观点。

其次，孙子不区分和谈论战争的正义与否，"和于利则动，不合于立而至"，将战争视作利益的争夺取舍。所以，关于用间，强调"重金收买"；关于调动分化敌方，就是"以利动"，"能使敌人自至者，利之也；能使敌人不得至者，害之也"。孙子在军争篇提出影响深远的兵学名言："兵以诈立，以利动，以分和为变。"只是基于利害的考虑，孙子进而也明确为提出"伐大国"的观点。这种对待战争的态度，无疑为战国时代的兼并攻伐起到极大的推波助澜作用。

2. "知己知彼"与"先知"的重要性

任何战略、战术原则的制定和实施，即必须建立在对敌我双方国力、军情的实际了解基础之上，否则就成为脱离实际情况的"纸上谈兵"式空谈，招致实践中的不利后果。孙子强调对敌我双方实情的认识和掌握，在谋攻篇的结尾，也就是战略部分的最后提出"知彼知己，百战不殆；不知彼而知己，一胜一负；不知彼不知己，每战必殆"的著名警句。如果对自己的实情有清醒地估算，关键问题就是如何做到了解敌方的实际情况？孙子专门以"用间篇"思考并解决这个问题。孙子在用间篇一开头就明确提出观点，"故明君贤将，所以动而胜人，成功出于众者，先知也。""先知"的观点包含两重含义。其一就是知，即如何了解敌方的实际情况？孙子的方法是依靠熟悉敌情的人，尤其依靠专门的间谍。其二就是"先"知，"先"知晓敌方的实情。"先"即指事先了解对方，也包含我了解敌方，敌方却不了解我的先机之先的含义。只有两层含义兼具，才能保证我先了解对方，对方并不了解我，从而敌明我暗，我主动敌被动，才能在战略、战术中把握先机，牢牢把握战争主动权。

在用间篇的开头和结尾，孙子始终在强调用间的重要性。孙子曰："不知敌之情者，不仁之至也，非人之将也，非主之佐也，非胜之主也。"又讲："三军之事，莫亲于间，赏莫厚于间，事莫密于间。"在历代兵书当中，孙子对用间的强调可以说是无出其右者，因为他深刻地认识到整个军队的行动都要依靠间谍提供的情报来决定。

对用间的强调，其实就是对依靠他们达到"知敌"和"先知"的重要性的强调。

3.《孙子兵法》中的战略思想

"先计而后战"是《汉书·艺文志》对兵权谋家兵学特征的精要总结。"计"的本意是指出兵前在庙堂上使用筹策的工具进行计算，以后用来指战前对敌我实力进行计算、比较，依据双方的胜负情势，作出战与不战决策的过程，相当于今天战前的沙盘推演。古人常说的"运筹""决策"就是指这个"定计"而言的。"先计而后战"是讲先制定好战略原则，才能依次展开实际的战争，所以全书开始于"计篇"，有的称为"始计篇"。孙子的战略思想集中体现于前三篇，我们依次介绍。

"计篇"在承认战争是关系生死存亡之国家大事的前提下，提出完整把握敌我双方道、天、地、将、法这五方面的实情，通过分析、比较来探索战争胜负的情势，形成对未来战场谁胜谁负的清醒判断。简而言之，可称之为"明察五事"。胜负结果的准确判断成竹在胸之后，却要在外在态势上作出"诡"的表现，"故能而示之不能，用而示之不用，近而示之远，远而示之近"，以实现对敌方"攻其不备、出其不意"的打击效果。这才是用兵的神妙之处。神妙在于"兵者诡道"，也就是阴谋诈作的权谋。如此才能实现"攻其不备、出其不意"理想效果，争得主动。

内心战与不战大计已定，外部却示之相反，内心大计是战略，外在伪为之势是战术，二者在实战中难以截然分离。故而，孙子在计篇谈"明察五事"以制定战略时，不得不连带谈及战术之事。这是孙子兵法的高明之处，不可不辨。

接下来的"作战篇"的主旨，按张预注《孙子》的观点是"计算已定，然后完车马，利器械，约费用，以作备战"。在备战环节，孙子基于战争巨大的耗费，考虑到长期作战不利于国，结合当时的运输条件，提出"善用兵者，役不再籍，粮不三载，取用于国，因粮于敌，故军食可足也"的用兵原则。追求战争利益的最大经济化，这又是孙子的一大难能可贵之处。对于战争与经济关系的处理，基于利益最大化考量，孙子在最后提出他在备战环节的核心观点："故兵贵胜，不贵久。"因此，用兵贵在速战速决地赢取战争胜利，而不宜旷日持久。如此方可以实现"兵胜而益强"的攻战争霸目标。

接下来，正如张预注所说："计议已定，战具已集，然后可以智谋攻。"孙子先定下"以全争于天下"的大目标，他的具体表述是："凡用兵之法，全国为上，破国次之；全军为上，破军次之；全旅为上，破旅次之；全卒（百人为卒）为上，破卒次之；全伍（五人为伍）为上，破伍次之。"可见，孙子在战略层面主张攻的态势，设法扩大既得利益，使敌人举国屈服是上策。处处追求"善之善者"的孙子又为这个大目标加上高明之法，将其谋攻之法的核心观点提升为"不战而屈人之兵"至高境界。"不战"的高明之法是指"伐谋"和"伐交"两种手段。"伐谋"的手段是指，知道敌方有某种图谋后，及时以智谋挫败。"伐交"的手段是指用外交手段瓦解敌方结盟，孤立削弱对方，使之屈服。能运用这两种方法，不止挫败敌方战略，进而实现敌国举国屈服，兵不血刃而利益得到实现，是孙子认为的谋攻的最高境界。当然，最高境界不能实现时，还得野战、攻城，孙子主张必须贯彻以多打少，才能立于不败。

4. 《孙子兵法》中的战术思想

孙子的战术思想集中体现在接下来的形篇、势篇和虚实篇，虽然其战术思想全书都有体现，但是，这三篇体现得最为集中。孙子的战术思想在这三篇分别围绕战术层面的守与攻、奇与正、实与虚三对重要概念而展开，我们依次来认识。

形篇主要涉及"守与攻"的辩证关系。在战略层面，孙子明确主张谋攻，但在战术层面，孙子却主张善守，其间差异不可不辨。孙子一开始就提出"昔之善战者，先为不可胜，以待敌之可胜"的重视防守的观点。原因在于，战争的相争，同于博弈理论，最终结果单方面不能完全决定，是双方共同影响互动决定的。起初双方机会均等，在这种情况下，我方将帅只能先做到先做好自己的事情，善守立于不败，不给敌人任何可以取胜的机会。但是，孙子终究不同于墨子，守还是为了最终的攻。开始的守只是为了等待敌方的失误，并最终利用对方的失误反守为攻。孙子主张善将者，不但能抓住敌人失误之"机"，而且还善于利用常人不易察觉之"机"，果断采取正确行动，不断扩大己方战场优势，陷敌方于被动。善将者的每一步行动明智且没有差错，结果我方牢牢把握战场主导权，敌方陷入完全不利境地，孙子将前者成为"已胜"之兵，后者成为"已败"之敌。此时，战场决战时机成熟，"故胜兵先胜而后求战"，战争的结果不但百战百胜，而且每一战都胜得非常容易，这才是孙子所谓的"善战者"。理论上说起来容易，真正的困难在于，实际战争中，有多少为将者可做到行动中环环相扣，每一步骤都没有差错，即"所措不忒"，直至完全把握战争主动权。用"古之善战者"中格外强调的一个"善"字，孙子将由守到攻转换提高到了常人难以企及的神妙境界。

势篇主要涉及"奇与正"的辩证关系。战阵不过奇正两种。孙子主张"凡战者，以正合，以奇胜"，即用常规战法，正面迎敌，指挥得当，可以立于不败；要想取得胜利，就得善于利用奇谋、出奇兵。奇与正作为一对可以相互转化的两个概念，其第一重含义指通常经验意义上的区分，如重兵正面迎敌、从防守薄弱敌方突围等为正，而夜晚突袭、布疑兵、空城计等为奇。这一重意义上的奇正之分具有相对性。真正意义上的奇兵在于是否实现"攻其不备，出其不意"奇袭效果。要达到这一点就先要准确地"料敌"，即准确判断敌人的具体战术想法，然后再使我方的具体战术超出敌人的具体战术想法之外，最终实现

"攻其不备，出其不意"效果。结合诸葛亮的空城计来说，对诸葛亮来说，一生用兵谨慎，从不冒险，危急形势所迫，不得已才铤而走险，摆下空城计。需认识到诸葛亮被迫改变了自己一贯的用兵风格，今之诸葛已非昔之诸葛。对于司马懿来说，深知诸葛亮一贯用兵的谨慎风格，不了解其新变化，仍用自己的旧眼光看诸葛亮。诸葛亮才在司马懿面前做到"出其不意"。因此，"出其不意"上的奇就是上方将帅的高级斗智行为。孙子讲的"以奇胜"主要是在第二重意义上来说的。也只有在"出其不意"的层面上，孙子所讲的"善出奇者，无穷如天地；不竭如江海"，以及"奇正之变不可胜穷也。奇正相生，如环之无端，孰能穷之"的高妙境界，才有可能想象和企及。

虚实篇主要涉及"实与虚"的辩证关系。在这对战术辩证概念中，孙子的立场非常清楚，就是"以实击虚"。我方兵力优于对方，这一战术原则容易实现。如果我方兵力和敌方相当，甚至少于对方，怎么办？本篇几乎就是对这一问题的解决之道。在"致人而不致于人"，即调动敌人而不被敌人所调动的前提下，战争既然是利益的争夺，那么我们可以以利益为诱饵，充分地调动和分化敌人。"我专而敌分；我专为一，敌分为十，是以十攻其一也。则我众而敌寡，能以众击寡者，则吾之所与战者约矣。"十与一都是大约之数，其实就是说，使敌人分为多部，我方集中优势兵力，仍然可以贯彻以多打少、以实击虚的战术原则。

在虚实篇的结尾，孙子以水设喻，既是对"实与虚"关系的比喻，也是对战术部分整个灵活战术原则的形象化总结："兵形象水，水之行，避高而趋下，兵之胜，避实而击虚。水因地而制形，兵因敌而制胜。故兵无成势，无恒形。能因敌变化而取胜者，谓之神。"由于战术原则的高度辩证和灵活性，理论层面可以进行成对清楚地界定和论说，但作为实践技艺，在实际战争中，关键还在于依据敌情灵活地"因敌变化"而求胜。

5. 对《孙子兵法》的评价

孙子认为要做到"先知敌之情"只有"必取于人"，当时的君主和将帅却往往要祈求鬼神、用类似的事物去类比推测、用日月星辰运行的度数去验证。孙子对时人的此类做法进行了明确"不可"的彻底批判。这些做法表明，当时人们认为战争的胜负还要受到某些超出人的、不能为人所完全掌控的力量支配，孙子的批判其实是他对这些力量和因素的拒绝，从而努力将战争完全纳入人的力量、人的智力的掌握之下。因而，孙子是一个伟大的现实主义者，是一个彻底的理性主义者，意图实现对战争的完全掌握，即排除一切超出人掌控之外的偶然，将战争完全纳入必然之域。彻底现实的孙子唯有诉诸于人，诉诸于人的智，诉诸于上智之人的上智。"上智""上智之人"是《孙子兵法》一书中频繁出现的关键词，"智"字在全书中共出现23次之多，乃至书中屡屡出现的"圣""贤""明"一类用语，其含义皆和"德"完全无关，只是"上智"的同义词而已。《孙子兵法》的论述层次定位于将道，在谈论将的五种品德时，孙子提到的第一个为将之德就是智，也是对智的强调。孙子对"上智"或"上智之人"的强调是《孙子兵法》一书的重要特征，同时也是我们认识其兵学思想一个关键所在。

孙子依其"上智"试图实现对战争活动的完全掌握，在其兵学的每一方面无求其极致。这一极致追求通过对"善""善之善者"的大量使用表现出来。通过对战略战术重要方面"善"境的孜孜以求，孙子将战争的技艺提升到微乎、神乎的理想境界，提升到理智必然性的完美。因而，尚"善"是《孙子兵法》另外一个重要特点。

孙子尚"智"和尚"善"两个方面又是一致的。总之，通过他艰苦卓绝的伟大努力，将关于战争的经验提升为知识，提升为艺术，最终升华为战争的哲学，从而无愧于后人"兵圣""谈兵第一人"的美誉。

（三）《司马法》的仁义之兵

虽说百家之学"务皆为治"，然而，学终究有高下大小之别，有道术与方术之异，不能不慎思明辨。《孙子兵法》是方术而非道术，尽管书中屡屡用到"将道""用兵之道"的说法，然而，孙子兵道之"道"终究不是彼由道、儒两家所承继的圣道王道。其为方术的品质表现在：孙子的兵学是有为小道，与大道的虚静之德相悖，与大道不强为、不妄为的无为之旨相违。孙子不及仁义，只谈厉害，其实已经是贼害仁义。在习尚霸道之世，可以凭兵胜得一时之强，却不可以行长久。秦帝国的迅速强大，是"刑名法术"刺激下出现的巨大政治泡沫。当帝国行二十余年、及两世而迅速泡沫破裂，帝国灭亡之后，天下人深深为之震撼，并惨痛地领悟到争霸逞强之术，非足以安邦定国。汉有天下之后，先黄老，后儒家，其实就是对治世正道的探索及回归。从安邦定国的更长远、更整全视野来看待和研究战争，《司马法》的兵学思想和智慧，就显得卓尔不群、弥足珍贵。汉代官方对《司马法》非常重视，汉武帝时设置"尚武之官，以《司马法》选，位秩比博士"（《申鉴·时事》），就是说以《司马法》选出的武官，地位相当于经学博士。司马迁对它的评价也非常高，"闳廓深远，虽三代征伐，未能尽其义，如其文也。"（《史记·司马穰苴列传》）由此可见，《司马法》中兵学思想的深刻和卓越。下面我们对其做具体介绍。

1. 慎战与系统的备战思想

《司马法》在"仁本"篇提出的对今天仍有重大启示意义的至理名言是："故国虽大，好战必亡；天下虽安，忘战必危。"其含义就是既反对迷信武力，攻伐不休；又高度重视战争，积极从事备战活动。它正确处理了慎战与备战的辩证关系，将两方面统一于加强战备，巩固国防。即使天下太平，天子诸侯仍然要在每年春秋通过田猎操练部队，演习军阵，以保持"不忘战"。关于如何备战，《司马法》全面揭示了战争与政治、经济、民众、天时地理、人才以及装备之间的紧密联系，提出系统的国防建设观念。在国君以仁治国、以义教民的清明政治条件下，考虑到巩固国防的各方面综合因素，提出"五虑"的系统建设观念：即通晓顺应天文地理，发展经济，争取广大人心，巧妙利用地形之利，改善提高武器装备水平。

《司马法》的慎战与备战思想十分全面和成熟，直至今天，仍然有重要指导意义。

2. "国容不入军，军容不入国"的治军思想

《司马法》立足三代"礼乐文明"的文明原则，区分了治国和治军之间的重大差异，深刻道出了治军的特殊要求和自身规律。由于意识到治国和治军的深刻差异，它一再强调"古者，国容不入军，军容不入国。""故在国言文而遇温，在朝恭以逊，修己以待人，不召不至，不问不言，难进易退。在军抗而立，在行果而遂，介者不拜，兵车不式，城上不趋，危事不齿。"就是说行于朝廷的礼根本不同于军队的规章制度，所以，在朝廷上，要言辞文雅、语气温和，行为应恭敬谦逊、严以律己、宽以待人，君主召见就来、不问就不发言，晋见时礼节隆重、辞退时礼节简单；而在军队中，神态昂首直立，行动果敢勇猛，穿铠甲时无须行跪拜之礼，乘兵车时见上级不必行礼，城上值更时不用小步疾走以示恭敬，遇有危险可替身而出而无

须讲究长幼尊卑。行于朝廷的礼仪是治国教化的常行正法，行于军中战时的军法规则是特殊领域的特殊准则，一正一奇，一左一右，当分开贯彻不相混杂，以使"德义不降逾"。如果相互逾越混杂，则"军容入国则民德废，国容入军则民德弱。"也就是军队的特殊行为准则会使礼仪的尚德之风气废弛，礼仪的尚德举止会使军人的尚武果敢精神削弱，岂可不慎乎！《司马法》对治国和治军的区别态度和老子在《道德经》中表达的立场完全一致，都是立足真正的文明原则立场对战争特殊性的卓越洞见和智慧警诫。

根据治军的特殊规律，《司马法》用大量篇幅阐述治军立法的各项原则，指出申明军法、规定约束、严格赏罚是治理部队的关键之所在。比如提出"从命为士上赏，犯命为士上戮"（《天子之义》），即服从命令的军士给最高奖赏，违抗命令的军士给最重的惩罚，从而保证勇武刚强的军士不敢违抗命令。严格赏罚的威信必须建立在赏罚者尊德尊道而贵义的基础上，否则，违背道义的严酷刑罚，既难以有威信，也会压抑士卒的士气。《司马法》认识的"法"不是出自将帅的私意好恶，必须是源自人们的共同要求，同时经过一段时间的试行证实它体现名实相符后，才制定实施。一经制定实施，必须严格执行，主帅和部众一样要受其约束。《司马法》还主张赏罚贵及时。及时行赏是为了使军民迅速得到作做好事的利益，施罚要就地执行，为了让军民立即看到做坏事的害处。只有及时赏罚，才能有效地教导军民遵法行善。为了防微杜渐，还要做到"小罪杀"，否则小罪胜法，大罪随之就会到来。

我们在这里只是略举一二而已。《司马法》由治国延及治军，在"军法"方面有着丰富系统的卓越见解，值得后人借鉴和学习。

3. "以仁为本"的战争观思想

既然战争是人类整体生活的一个特殊领域，就没有脱离政治社会文明原则要求的独立战争领域，所以，战争观必须纳入政治观，并受政治社会文明原则的规约。《司马法》立足古典礼乐文明原则，提出"以仁为本"的战争观念。首先，"以仁为本，以义治之"是治国之"正"道，治国失正就陷入乱，战争乃是面临乱世不得已而选择的"治乱之道"。可见，战争是辅佐于以正治国的治乱工具，这和老子所讲的"以正治国，以奇用兵"的思想完全一致。其次，战争的目的是达到由乱归正。《司马法》

讲道:"即伐有罪,王及诸侯修正其国,举贤立明,正复厥职。"在用战争惩罚了兴乱滋战的罪犯后,要整顿国家回复到治国正道上来,任用贤能,恢复官职。第三,《司马法》进而区分了"义战"和"不义之战",坚持"义战",反对不义战争。当不义和有罪行为出现并危害政治秩序时,就应当"兴甲兵以讨不义",故"杀人安人,杀之可也;攻其国,爱其民,攻之可也;以战止战,虽战可也。"这种既立足于"仁本"的立场,避免不义的攻伐兼并战争,又正视战争存在的客观现实,肯定从事正义战争必要性的理性态度,无疑是正确和可贵的,比《孙子兵法》的战争观更为深刻和可取。

4. "以重行轻则战"为代表的战术思想

与《孙子兵法》《吴子兵法》的其他先秦兵书先比,对于战术问题的讨论虽然不那么专门系统,但《司马法》作为兵学经典著作,切中战争本质,也提出了许多重要的战术原则。比如在兵力部署和使用上,它提出"以重行轻则战"的根本原则:"凡战,以轻行轻则危,以重行重则无功,以轻行重则败,以重行轻则战。"是说作战的规律,用自己的小部队去对付敌人的小部队会很危险,用自己的大部队去对付敌人的大部队会难以成功,用自己的小部队去对付敌人的大部队会导致惨败,用自己的大部队去对付敌人的小部队才能决战取胜。这也就是集中优势兵力战胜敌人的观点,它揭示了战术原则的基本规律,为历代兵家共识,被战争实践所一再证实。在战术的其他方面,提出"重仅勿尽,凡尽危"(《天子之义》),即不能一次性投入自己的全部兵力,应预留战略预备力量;"视敌而举","称众,因地,因敌令阵"(《定爵》),即强调善于捕捉战机,因敌变化而取胜;"凡战,击其微静,避其强静;击其疲劳,避其闲窕;击其大惧,避其小惧",即主张避实击虚;"众寡以观其变,进退以观其固,危而观其惧,静而观其怠,动而观其疑,袭而观其治。击其疑,加其卒,致其屈,袭其规。"即主动示形动敌,观察分析敌情,出奇制胜。这都是精辟而深刻的战术思想,说明《司马法》的战术思想也非常成熟和完备。

总而言之,《司马法》是我国传统兵家文化的总源头,是先秦兵学思想发展史上的第一部伟大经典,它既集中体现了战国中期以前战争的性质和特点,也是后世军法、战术的重要来源,尤其对于我们完整认识中国古典兵学思想发展变化的全貌不可或缺。

三、兵家文化的影响及未来

《武经七书》地位重要，是卷帙浩繁的古代兵法的杰出代表，集中体现了我国传统兵学理论的精华和成就。虽然后世不断有兵家人物及兵学著作的涌现，但是，中国传统兵学文化的最优秀代的表无疑还是《武经七书》。《武经七书》自宋代确立官方武学教科书的权威地位以来，对我国传统兵学文化的传承起到了巨大的推动作用，也对历代战争实践发挥着巨大指导作用。不只是在武学和战争领域，中国古典兵书所承载的谋略智慧也渗透和影响到社会生活的许多方面，尤其是在当今之世的管理和经济领域，发挥着多方面深刻地影响。今天，我们仍然面临对其进行继承和发扬光大的历史使命。

我们今日继承和发展的首要问题是如何认识及评价中国传统兵学这一巨大的历史遗产。《司马法》代表了礼乐文明之世兵学的形态、特点和成就，《孙子兵法》代表了逐于气力乱世中兵学的形态、特点和成就。如何对待和评价这高低的两个极致，极具代表性地反映了认识和评价中国传统兵学思想的困难和复杂。我们下面以这二者为代表来讨论和思考如何认识和评价。

我们先大致对比一下《司马法》和《孙子兵法》的巨大差异：在论述的侧重点上，《司马法》注重于申明军礼；《孙子兵法》注重纯粹探讨战争指导原则。在战争的目的上，《司马法》基于崇礼尚仁，将战争活动的宗旨归为"讨伐不义""会天子正刑"；而《孙子兵法》则明确主张"伐大国"。在战争善后处理上，《司马法》主张"服而舍人""正复厥职"；而《孙子兵法》主张"拔城坠国"的全胜。在战术战法上，《司马法》主张"徒不趋，车不驰"的"军旅以舒为主"；而《孙子兵法》则提倡"兵之情主速，乘人之不及，由不虞之道，攻其所不戒"。在战场纪律方面，《司马法》主张"无取六畜禾黍器械"；而《孙子兵法》明确主张"因粮于敌""掠于饶野""掠乡分众"。种种明显差异不一而足，总之，《司马法》与《孙子兵法》品质迥然相异。

造成如此巨大差异的缘由在于，学终究有高下大小之别，有道术与方术之异。我们主张从道术与方术的差异视角来认识和评价。道术的关键因素在于，立足对人类社会复杂性和多样人性状况整全性的认识，坚持社会和人性的"仁义"正道。《司马法》之所以有兵家的道术品质，就在于它坚持社会和人性的"仁义"正道，并将战争这一特殊活动纳入"仁义"正道的规约之下，作为战术之法的兵战"奇道"只是不得已而用之，并且最终是为了辅佐仁义"正道"的工具，而不是取代治国"正道"。《孙子兵法》是方术而非道术，在于将战争从人类社会整全性的框架分割出来，基于自利争夺的基础看待战争。这种独立出某一单独领域做专门研究，有利于理论研究的系统和深入，但是，却造成兵战之术与政治的脱离，使兵战方技失去社会和人性的"仁义"正道的规约。如果后人反过来以自利争夺的战争战争观看待政治和人性，就会因"小智不及大智"的狭隘，很容易将"仁义"正道视为"空言"，造成"善复为妖，正复为奇"的荒唐景象。

而这样的荒唐曾经在战国之世一度成为现实，岂不令人痛心。战国中期以后，百家蜂起，其关键的转折点正是道术日益破碎和蜕变为方技之小道。方技之徒明面上号之曰以道济世，其实质则是"各为其所欲焉以自为是"。庄子处身其间，以救世衷肠冷眼观世，不由发出"道术将为方术裂"的深痛悲叹。更不幸的是，目前学人多数不能明辨道术与方术之别，而以所谓平等的杂多主义眼光，一概而论，没有警觉方术品质本身潜在的危险。其中一方面的原因也许在于我们当今之世也是逐利之世吧。为学贵在考明源流，辨古今得失。世风高低有沉浮，论学当然不能以偶然的世风为凭，否则一不小心，就会成为拔高方术，贬损道术，助长"善复为妖，正复为奇"不良风气的邪说之人。

既然道术高而方术低，道术贵而方术贱，那么，《司马法》的价值和意义尤为重要，对待《孙子兵法》中方术的正确方式，自然是将其方术重新纳入道术的整全视野，以仁义正道的"阳谋"规约和限制"阴谋诈作"的潜在弊端。对中国传统兵学文化的继承和发展，恐怕也得以分辨道术与方术之别为前提，唯有如此，我们才能明智谋划中国传统文化的真正复兴，期望一个文明的清明之世的实现。

第八章
中国古典文学

文学是对社会生活以及社会进程的形象反映。中国古代文学是世界上历史最悠久的文学之一，在长达三千多年的发展历程中，留下了极其丰富多彩的文学作品，以其辉煌成就而成为世界文学宝库中的瑰宝。中国古代文学以诗、词、曲、赋、散文、小说等多种体裁，生动形象地记载了中国传统社会不同的时代生活和精神面貌，深刻地体现着中国文化的基本精神，成为中国传统文化中颇具活力的重要组成部分。

一、中国古典文学的发展历程与辉煌成就

中国古典文学在漫长的发展历程中，高峰迭起，瑰丽璀璨。从先秦散文、《诗经》《楚辞》到两汉辞赋、魏晋诗文，从唐诗、宋词到元曲、明清小说，名作辈出，群星灿烂，"一代有一代之所胜"（焦循《易余龠录》卷15），堪称文学史上之奇观。下面就从主要方面介绍中国古典文学的发展历程与辉煌成就。

（一）先秦散文与《诗经》

中国古代散文的形成是以《尚书》为标志的。《尚书》之后分别向偏重于记述的历史散文和偏重于论说的诸子散文两个方向发展，并且都取得了极大的成功。在历史散文方面，有编年体的《春秋》《左传》，有国别体的《国语》《战国策》，

也有专记个人言行的《晏子春秋》等。其中，文学价值最高的首推《春秋左氏传》，简称《左传》。它配合《春秋》所载的简略历史大事记，详细描写了该历史大事的本末及有关佚闻琐事，广泛地记载了当时的社会生活画面，深刻地反映了当时诸侯角逐，社会急剧变革的历史进程。《左传》通过人物言行所表现的民本思想，历史学家"不隐恶"的原则以及反对用人祭祀和殉葬的进步思想都是很显著的。在艺术上，《左传》叙事富于故事性、戏剧性，有紧张动人的情节，如晋公子重耳的故事等。其次，《左传》善于写战事，并对战争的看法有一定的思想原则。如长勺之战、城濮之战、郯之战等等。其三，善于在具体事件的叙述中刻画人物形象，如《郑伯克段于鄢》中，郑伯、共叔段、蹇叔等人物写得栩栩如生，令人过目不忘。

在春秋战国之交这个社会大变革的时代，产生了新型的"士"，并成为最活跃的社会力量。他们由于出身不同，立场不同，为了解决现实问题，从代表各自的阶级或阶层的利益出发，对政治提出了各种不同的主张和要求，并且著书立说，争辩不休，形成了百家争鸣的局面。据《汉书·艺文志》记载，当时有儒、道、阴阳、法、名、墨、纵横、农、杂、小说十家。诸子散文的发展大约可分为三个阶段。第一阶段是春秋末期至战国初期，散文形式主要为语录体，代表作品有《论语》《墨子》。第二阶段是战国中叶，散文已由语录体向对话体、论辩体过渡，代表作有《孟子》《庄子》。第三阶段是战国后期，散文发展为专题论著，代表作有《荀子》《韩非子》。

《论语》主要是记载孔子及其弟子言行的书，内容涉及哲学、政治、教育、伦理、文化等各方面。《论语》的核心思想是"仁"，提倡"仁者爱人"，"克己复礼"。《论语》是语录体散文，文字明白易懂，寓意深刻，如"知之为知之，不知为不知""学而不思则罔，思而不学则殆"（《为政》），"岁寒，然后知松柏之后凋也"（《子罕》）等。某些篇章通过对话、白描、表现人物的神态和性格，富有浓厚的文学意味。如《先进》篇弟子侍坐章。《孟子》和《庄子》的内容大多是论辩之辞。《孟子》是孟轲及其门人所作，其中心思想是仁义。孟子主张施"仁政"，行王道，倡导"民为贵，社稷次之，君为轻"的民本思想。他反对暴政虐民，反对掠夺战争，重视后天教化和环境对人的影响。孟子散文的主要特点是气势充沛，感情强烈，笔带锋芒，富于鼓励性，有纵横家、雄辩家的气概。其次是善设机巧，引君入彀。再次就是常用譬喻来陈说事理，辩论是非。《庄子》是道家的经典著作，是庄周及后学所作。《庄子》的主要内容是主张顺应自然，提倡无为而无不为。他承认事物的相对性，但又否认客观事物的差别，希望人类社会返璞归真，回到清静无为的太古时代去。庄子的散文在先秦诸子中有独特的风格。这首先表现在吸收神话创作的精神，大量采用并虚构寓言故事，极富浪漫主义色彩。在他笔下，蝉、斑鸠、小雀、蛤蟆、甲鱼、风、栎树、铜铁等等都会说话、辩论。二是善用譬喻。在《庄子》中几乎任何情况、任何事物都可以用作譬喻，如庖丁解牛喻养生之理，轮扁斫轮（《天道》）喻读书之法，佝偻承蜩（《达生》）喻专心致志之道，匠石运斤（《徐无鬼》）喻知音难遇之感，蜗角触蛮（《则阳》）喻诸侯的战争等。不管庄子或其后学者的主观如何，企图用它们来说明什么观点，达到什么目的，文章本身的深刻意义和极为生动的语言是永存的。三是文中多用韵，声调铿锵，节奏和谐。如《德充符》末段惠庄二人，一唱一和，全用韵文，然而妙在非常自然，真可谓"天籁"之文。总之，《庄子》一书有时如风行水上，自然成文；有时像万斛源泉，随地涌出，汪洋恣肆，妙趣横生，具有浓郁的浪漫主义色彩。《荀子》和《韩非子》则是比较严谨的学术论文集。荀子是战国后期儒家学派一个杰出的代表人物，他指出"天行有常"，不迷信鬼神天道，强调人事的重要性。韩非子是战国后期法家，反对复古，主张因时制宜。《荀子》和《韩非子》中每一篇文章都中心明确，条理清晰，逻辑严密。《韩非子》中的寓言故事，《荀子》的譬喻及排偶句法，都具有较强的文学意味。

《诗经》是我国第一部诗歌总集，共收入自西周初年至春秋中叶大约500多年间的诗歌305篇。根据音乐的不同，分成风、雅、颂三个部分。其中，风是带有地方色彩的音乐，有十五国风，诗160篇。雅有"正"的意思，当时人们把王朝直接统治地区的音乐看成正声，故雅即周王朝直接统治地区的音乐。雅分《大雅》《小雅》，有诗105篇。颂有形容之义，是一种宗庙祭祀用的舞曲，它包括《周颂》《鲁颂》《商颂》三部分，有诗40篇。

《诗经》内容非常丰富，305首诗从各个角度反映了500多年广阔的社会生活。具体地说，《诗经》主要描写了下列内容：一是记录了周部族的历史。如"大雅"中的《生民》《公刘》

《绵》《皇矣》《大明》。这些诗叙述了自周始祖后稷建国至武王灭商的全部历史，歌颂了周王朝祖先的功德。二是描写战争及徭役给人民带来的痛苦和折磨。代表作品有《鸨羽》（"唐风"）、《何草不黄》（"小雅"）、《东山》（"豳风"）等。其中，《东山》写行人久役后，在归家途中对亲人的怀念和向往，深切表达了在长期的劳役中人民渴望过正常生活的愿望。三是控诉统治者对劳动人民的残酷剥削，讽刺统治阶级的荒淫无耻，表达了人民对压迫、剥削的不平和争取美好生活的信念。代表作品《七月》（"豳风"）、《相鼠》（"鄘风"）、《伐檀》《硕鼠》（"魏风"）等。《七月》一诗用素描手法叙述了农奴一年四季的辛勤劳动过程以及"无衣无褐，何以卒岁"的贫困处境。而女农奴的境况更惨，她们不仅要参加劳动，连身体也被奴隶主占有。这从诗句"春日迟迟，采蘩祁祁，女心伤悲，殆及公子同归"中可清楚地体会到。四是叙述爱情和婚姻，这在国风中占有较大的篇幅。这些恋歌都有一种乐观、健康的基调。《溱洧》（"郑风"）表现了在河水涣涣的春天里，青年男女群游嬉戏的欢乐。《静女》（"邶风"）、《女曰鸡鸣》（"郑风"）等小诗则表现了爱情生活的和谐与喜悦。从这里，我们看到了他们纯洁的内心和开朗的胸怀，即使那些表现曲折爱情生活的诗也是如此，像《狡童》《褰裳》（"郑风"），它们或表现内心的苦闷，或表现欢乐的嘲戏，也都显得那么直率大胆，毫不忸怩作态。在"一日不见，如三秋兮"的相思中，在"风雨如晦，鸡鸣不已"的昏夜相会中，可以想见他们爱情的真挚，那"榖则异室，死则同穴。谓予不信，有如皦日"的誓言，更显示了诗中主人公任何力量也摧毁不了的相爱决心。在表现婚姻生活的诗篇中，《氓》（"卫风"）是一首代表作。诗中女主人公以纯洁诚挚的心追求爱情幸福，但结婚仅仅三年就被遗弃，在诗中她谴责了丈夫的负心，"女也不爽，士贰其行；士也罔极，二三其德"，同时也发出了"于嗟女兮，无与士耽！士之耽兮，犹可说也；女之耽兮，不可说也"的深切感叹。女主人公的不幸遭遇，再现了春秋时期下层妇女的可悲命运，显示了男女社会地位的不平等。

《诗经》在艺术上的成就是巨大的。古代学者把《诗经》的艺术手法归纳为"赋""比""兴"三类。"赋者，敷陈其事而直言之也"，这是《诗经》中运用最多的一种手法，它实际上是现实主义的创作方法。如《七月》以素描的手法写农奴们一年紧张的劳动生活，像一幅风俗画一样，那么生动、那么真实地把他们的处境呈现在读者面前。"比者,以彼物比此物也",如《相鼠》《硕鼠》用老鼠来比喻统治阶级的可憎可鄙。"兴者,先言他物以引起所咏之辞也"。如《秦风·蒹葭》,以"蒹葭苍苍,白露为霜"的清秋萧瑟景象为起兴,引起下文,使诗歌更加曲折委婉。比兴手法的运用,大大丰富了诗歌的表现手法,它可以在极短的篇幅里构成极动人的艺术形象和境界。比兴手法在我国古代诗歌创作中一直继承着,发展着。《诗经》在形式上多数是四言一句,隔句用韵,但并不拘泥,富于变化。许多诗常常冲破四言的定格,而杂用二言、三言、五言、六言、七言或八言的句子。另外,章节的重复也是《诗经》形式上的一个显著特点,它不仅增加了诗歌的音乐性和节奏感,也更好地表达了诗人的感情和诗的韵味。

先秦的春秋战国时期是中国古代社会的剧变时期。先秦文学以理性的原则,用散文和诗歌的形式忠实地记录了这一时期的社会生活。

先秦历史散文中,《春秋》褒贬是非以及《左传》中直书无隐的理性精神,一直为司马迁以来的"良史"所继承,成为史家撰著的原则。《左传》的作者常常通过君子或他人之口来表明自己的观点以及对历史事件和人物的批评,这正是作者理性批判精神的体现。这种精神对后世史学家和文学家的写作有极其深远的影响。

先秦诸子散文就本来的意义说,它们只是政治、哲学、伦理等方面的学术著作,但由于他们说理论证的风格气势,却使诸子散文成为文学范本。如《孟子》和《庄子》,说的或是政治之理,或是哲学之理,但他们在说理中充满了丰富饱满的感情,从而使说理、辩论的文字终于成为散文文学。如《孟子·梁惠王上》中"不违农时,谷不胜食也"一段,采用连锁推理句式,以前几句得出的结论为前提推出新的结论,再以新的结论为前提作出更新的结论,使文章的前后承接关系更为紧密,从而使说理具有一种难以阻挡的气势。而《庄子·逍遥游》则以奇特夸张的想象为主线,以散而整的句法为形式,使逻辑议论溶在具体形象中,从而使说理具有一种高举远慕式的"飘逸"。诸子散文以各自不同的思想观点和风格特点影响着一代又一代的中国古代作家。

《诗经》同样以艺术的形式共同体现了那个时代的理性精神。《诗经·国风》中的恋歌以及氏族贵族们的某些咏叹,奠定了中国诗的基础及其以抒情为主的美学特征。它们不同于其他民族的古代长篇叙事史诗，而是一开始就以这样虽短小却深沉的实践理性的抒情艺术感染着、激励着人们，而它所表现的"饥者歌其食，劳者歌其事"的现实主义精神对后世文学影响最大，它推动着历代诗人、作家去关心国家的命运和人民的疾苦。

（二）楚辞汉赋

当理性精神在北中国文坛上节节胜利之时，南中国由于更多保留和残存了原始氏族社会结构，绚烂鲜丽的远古传统便依旧强有力地保持和发展着。在文学上仍然弥漫于一片奇异想象和炽烈情感的图腾——神话世界中。《楚辞》就是其集中的代表作。

《楚辞》原是战国时代以屈原为代表的楚国人创作的诗歌，后至汉成帝时，刘向整理古籍，把屈原、宋玉等人的作品编辑成书，定名为《楚辞》。从此，《楚辞》就成为一部诗歌总集的名称。

屈原（约前340—前277）是中国最早，最伟大的浪漫主义诗人，他"衣被词人，非一代也"（《文心雕龙》）。他的作品集中代表了一种根柢深沉的文化体系，这就是充满浪漫激情，保留着远古传统的南方神话——巫术的文化体系。屈原是楚国的贵族，曾官居要职，参与内政外交等重要政治活动，他的政治思想是要使祖国独立富强，达到唐虞三代之治。具体做法是举贤授能和修明法度。屈原的改革遭到贵族集团的排挤和打击，最后被放逐。屈原因报国无门而自沉于汨罗江。诗人在长期流放中，写下了许多不朽的篇章，主要有《离骚》《九歌》《天问》《九章》等25篇。

《离骚》是屈原的代表作，也是我国古典文学中最长的抒情诗，更是一篇光耀千古的浪漫主义杰作。长诗是屈原在政治上遭受严重挫折之后，面临个人的厄运和国家的厄运，对于过去和未来的思考，是一篇崇高而痛苦的灵魂自传。

长诗以"岂余心之可惩"为界，分前后两大部分。在前半篇中，诗人的自我形象，代表着美好和正义的一方，作者相信他的理想和主张，能使楚国强盛。而代表邪恶、与诗人敌对的"党人"，则苟且偷安，并诬蔑诗人是淫邪小人。楚王灵修昏庸糊涂，他虽一度信任和重用诗人，但最终却受了"党人"的蒙骗，背弃了诗人，由此导致了诗人的失败和楚国的衰危。诗的后半篇中，诗人以幻想的方式对未来的道路进行了探索。在上天入地，求神问巫后，屈原发现自己已无路可走。在既不能改变自己，又不能改变楚国，自己又不能离开楚国的矛盾中，除了以身殉自己的理想，以死完成自己的人格外，别无选择。《离骚》闪耀着理想主义的光辉异彩。诗人以炽烈的情感，坚定的意志，追求真理，追求崇高的人格，至死不渝，产生了巨大的艺术感染力。

《离骚》在艺术上有着极高的造诣和独特的风格。首先，他塑造了一个纯洁高大的抒情主人公的形象。由于理想的崇高，人格的峻洁，感情的强烈，这个形象就远远超出流俗的现实之上。其二，《离骚》大量地采用了浪漫主义的表现手法，这突出地表现在诗人驰骋想象，糅合神话传说、历史人物和自然现象编织幻想的境界。如关于神游一段的描写，朝发苍梧，夕至县圃，他以望舒、飞廉、鸾皇、凤鸟、云霓为侍从仪仗，上求帝阍，下求佚女，想象丰富奇特，境界仿佛迷离，场面宏伟壮丽。其三，《离骚》中的比兴手法运用广泛。它与《诗经》的比兴不同，《诗经》中的比兴大

图8-1 屈原行吟图

多比较单纯，而《离骚》中则有了象征的性质。如香草象征诗人的高洁。《诗经》的比兴往往只是一首诗中的一个片断，而《离骚》则在长诗中以系统的一个接一个的比兴表现了它的内容，如诗人自比为女子，由此出发，他以男女关系比君臣关系，以众女嫉美比群小嫉贤，以求媒比求通楚王等等。《离骚》形式虽来自民间，但在诗人手中有很大发展，诗句形式大多四句一章，字数不等，亦多偶句，形成了错落中见整齐，整齐中又富有变化的特点。长诗语言十分精炼，并大量吸收了楚方言。此外，《离骚》除了诗人内心独白，还设有主客问答和大段的铺张描写，绘声绘色，对后来辞赋有很大的影响。

赋是中国特有的一种文学样式，它兼有散文和韵文的性

质。其主要特点是铺陈写物，不歌而诵。赋的形成和发展经历了很长时间。汉初的赋，一般模拟屈原的作品，缺乏真实感。贾谊是汉初唯一优美的骚体赋作家。代表作品《鹏鸟赋》《吊屈原赋》。在形式上，贾谊的赋趋向散体化，同时又大量使用四字句，显示了从楚辞向新体赋过渡的痕迹。枚乘，对汉赋贡献最大，起着承前启后的作用，代表作为《七发》。作品假设楚太子有疾，吴客往问的谈话，指出楚太子的病根在于腐化享乐、安逸懒惰，这病非药石针灸所能治。接着吴客分述音乐、饮食、车马、宫苑、田猎、观涛等事，目的在于用"要言妙道"转移他的志趣。作者认为安逸享乐之病，最好从思想上来治疗，这具有深刻意义。《七发》在艺术上铺张特色鲜明，其描写涛状一节，奇观满目，音色盈耳，使读者精神震荡，有如身临其境。《七发》标志着新体赋——汉赋的正式形成。后代有许多作者模仿之，在赋中形成一种定型的主客问答形式的文体，号为"七体"，但作品成就均不及枚乘之《七发》。汉武帝至汉成帝时代，为汉赋的全盛时期，代表作家司马相如、扬雄等。司马相如（？—前118），字长卿，《子虚赋》《上林赋》是其代表作品。赋中假设楚国子虚先生使齐国，向齐国大臣乌有先生夸耀楚国的云梦泽和楚王在此游猎的盛况，乌有先生不服，夸称齐国山海之宏大以压倒之。最后，亡是公又大肆铺陈汉天子上林苑的壮丽及天子射猎的盛举，以压倒齐楚。作品歌颂了大一统中央王朝无可比拟的气魄和声威，赋末虽委婉致讽，即认为过分奢侈"非所以为继嗣创业垂统"，但实际上起不了多少讽刺作用。同样司马相如的《大人赋》，本欲讽刺武帝喜好神仙，但汉武帝读后却"缥缥有凌云之气"。自司马相如创立新体赋的形式和作风后，作家争相模仿，如扬雄所作的《甘泉赋》《羽猎赋》《长杨赋》《河东赋》，四赋都歌颂汉朝的声威和皇帝的功德，又处处仿效司马相如，但赋中讽刺成分有所增加。晚年认为辞赋为"童子雕虫篆刻"，无补于规谏，乃辍而不为。

东汉末年，赋走上末路，只有张衡构思十年作出了《二京赋》，在铺叙夸张上更加厉害。除此之外，张衡能摆脱藩篱，以平浅的字句，简短的篇幅，平淡的情怀，田园的诗意，创作了一些抒情小赋一扫汉赋载道、模仿、堆积、颂谀的积习，而表现出一种言志、创造、潇洒、淡泊、浪漫、清新的作风，代表作品《归田赋》。《归田赋》主要表现了作者在宦官专权、朝政日非、变乱迭起的情况下，归隐田园的乐趣。张衡的抒情小赋对后代魏晋抒情赋的发展产生重大影响。因此,张衡也是一位承前启后的赋家。

由楚至秦到汉,汉王朝在政治、经济、法律等制度上承袭了秦代体制,但在文学领域,却依然保持了楚文学的本色——浪漫精神。这主要是因为汉起于楚,刘邦、项羽均是楚人,项羽被围,"四面皆楚歌";刘邦衣锦还乡唱《大风》,依然是楚声。楚汉文学在内容和形式上都有其明显的继承和连续性。汉赋虽从楚辞脱胎而来,但它已是"不歌而诵"的形式,这表明赋已是脱离原始歌舞的纯文学作品了。汉代是中国历史上一个空前强大的统一帝国。文景之治,奠定了汉朝稳固的基础。社会的繁荣文明,既是汉代大赋产生的背景,也是司马相如、扬雄等人描写的题材。所以汉赋在语言上虽有堆砌、重复、拙笨、呆板之疵,但我们依然可感受到江山的宏伟,物产的丰饶,宫殿的巍峨,服饰的奢侈,鸟禽的奇异,人物的气派,狩猎的惊险,歌舞的欢快。汉赋恢宏的气度正是自强不息的民族性格和积极乐观的时代精神的艺术体现。汉赋对现实生活中各种环境事物和物质对象的全面描述和歌颂,表现了中华民族对自身力量的高度自信,对自己所创造的物质文明和精神文明的高度肯定,也表现了对现实世界的热爱。楚汉浪漫文学是继先秦理性文学之后,中国古代文学的又一伟大传统。

(三)魏晋诗歌及南朝文论

从汉末大乱至隋朝统一,社会历经近四百年的分裂和动荡,历史情况复杂,文学也进入了一个重要时期。从这时开始,中国古代文学开始构建纯文学的理论,它从明经载道的附庸独立为个人言志的创作。这种变化是从建安文学开始的。

建安时期,文坛上首次出现了众多的作家,并掀起了文人诗歌的高潮。代表作家有曹操、曹丕、曹植、建安七子和蔡琰。他们在诗歌形式上,普遍采用新兴的五言形式,奠定了五言诗在文坛上的地位。在诗歌风格上,他们直接继承了汉乐府民歌的现实主义精神,反映了丰富的社会生活,表现了新的时代精神,具有"慷慨悲凉"的独特风格,形成了"建安风骨"这一优良传统。曹操(155—220)字孟德,不仅是汉末杰出的政治家、军事家,也是杰出的文学家和建安文学新局面的开创者。一方面,他以统治者的身份,广泛搜罗文士,造成"彬彬之盛"的建安文学局面;另一方面用自己的创作开创了文学上的新风气。曹操的诗虽然大都沿用乐府古题，但并不因袭古意，而是继承了汉乐府"缘事而发"的精神，用"乐府题目自作诗"（清方东树语）。他的诗歌内容可分两大类，一是反映动乱的现实社会面貌，如《薤露行》《蒿里行》，诗中概括地写出了军阀混战所造成的惨象，流露出诗人伤时悯乱的感情。诗风苍凉激越，形象鲜明，明人锺惺评论为："汉末实录，真诗史也。"二是抒发自己的政治抱负和理想，表现了他统一天下的雄心和顽强进取的精神，代表作品有《短歌行》《龟虽寿》《观沧海》等。曹操在文学上的贡献很大，他的诗歌不仅对建安文学有开风气的作用，而且他创造性地运用乐府旧题来抒写时事，对后来的新乐府诗有很大的启示。曹操又是"改造文章的祖师"。汉代散文受辞赋影响，往往形成某种固定的框框，曹操的散文只是用简洁朴素的文笔把要说的话说出来，极富个性。

曹丕（187—226），字子桓，曹操之子。他在中国文学史中，有着特殊的地位，一则文艺批评由他开始，代表作品《典论·论文》，二则七言诗体从他创格。他的诗歌质朴平淡，情韵绝佳，题材取向偏重于男女爱情与游子思妇。如七言诗《燕歌行》，诗人将思妇安放在秋夜的背景中来描写，把她的缠绵悱恻的相思之情细腻委婉地表现出来，语言浅显清丽，很能表现曹丕诗歌的一般风格。

曹植（192—232），字子建，曹操之子，曹丕之弟。他是建安时期最负盛名的作家，《诗品》称他为"建安之杰"。曹植的一生以曹丕称帝为界，明显地分为前后两期。前期曹植幼而聪明，智力超群，深得曹操之赏识与宠爱，几乎被立为太子，故他的前期诗作主要表现他"戮力上国，流惠下民，建永世之业，流金石之功"的雄心。曹丕称帝后，由于前期有争为太子的一段经历，曹丕对他深怀猜忌，横加压抑和迫害，有名的《七步诗》，说的就是这个故事。由于这种生活遭遇，曹植深深感到人生的悲苦，身世的无常，为求心情的解脱，理智上虽还是师承儒家，而感情上不免趋向于庄老逍遥的道路，如他的《吁嗟篇》《怨歌行》《赠白马王彪》等，不一而足，表现出虚无、浪漫的心情，悲愤、诅咒的情绪。《诗品》中称他的诗"骨气奇高，词采华茂，情兼雅怨，体被文质，粲溢今古，卓尔不群"。曹植的诗无论在形式和风格上，都有过人成就，无疑是建安文坛之首。

建安七子中文学成就最高的作家是王粲，《文心雕龙·才略》称他为"七子之冠冕"。他能诗善赋，诗以《七哀诗》为最有名。诗中通过"白骨蔽平原"的概括描写和饥妇弃子的特写场面，深刻揭示出当时军阀混战所造成的凄凉景象和人民的深重灾难，令人触目惊心。

建安文学在我国文学史上占有重要地位。一个时期的文学能形成一种传统而被接受下来是不多见的。锺嵘在反对晋以后的形式主义诗风时，曾慨叹"建安风力尽矣"！初唐诗人陈子昂在进行诗歌革新时，也高举"汉魏风骨"的旗帜，这说明"建安风骨"的传统对后世文学影响之深。

建安后，帝王不断更迭，社会上层争夺砍杀，政治斗争异常残酷。门阀士族的头面人物往往被卷进上层政治漩涡，名士们一批又一批地被送上刑场，当时著名的诗人、作家、哲学家如何晏、嵇康、张华、潘岳、谢灵运等均遭杀戮。门阀士族生活在一个既富贵安乐又满怀忧惧的境地中，他们的作品便不可避免地流露出无边忧惧和深重哀伤的人生慨叹。无论他们是顺应环境，保全性命，或是寄情山水，寻求安息精神，或是佯狂放诞，纵酒颓废，但由于内心深处总藏存这种人生的忧惧，情感总是处在一种异常矛盾的状态中。阮籍便是其中的典型。

阮籍（210—263），字嗣宗。他早年"好书诗"，有"济世志"，但处于魏晋易代之际，在统治阶级内部的残酷斗争中，不仅抱负无法施展，连身家性命都没有保障。于是放怀竹林诗酒，对黑暗现实采取了一种消极对抗的方式。虽然他仍是司马氏的一个官，但终日"饮酒昏酣，遗落世事"。为了拒绝与司马懿的联姻，他大醉六十日让对方没有提出的机会。虽然阮籍在行动上那么放浪潇洒，但内心深处依然十分痛苦。他把这种寓藏在内心的无由发泄的痛苦和愤懑，用隐约曲折的形式倾泻在82首《咏怀诗》中。这些诗篇充满了诗人的感伤、悲痛、恐惧、爱恋、焦急、忧虑以及欲求解脱而不可能，逆来顺受又不适应的矛盾心情。一方面他很想延长寿命，"独有延年术，可以慰吾心"；另一方面他又感到"人言愿延年，延年欲焉之"。一方面，他要"一飞冲青天，旷世不再鸣。岂与鹑鷃游，连翩庭中戏"；另一方面，却又是"宁与燕雀翔，不随黄鹄飞，黄鹄游四海，中路将安归"。阮籍在文学史上创造了一种忧愤无端、慷慨任气的艺术境界，把受政治迫害的痛楚哀伤曲折而强烈地抒发出来，并且写得如此深刻美丽。

晋朝暂时结束了以往的分裂局面而归于统一。当时的士族文人远离社会和人民，清谈玄理之风更盛，玄言文学占据了文坛的统治地位。这类作品大多缺乏现实内容，专重形式之美，锐意雕琢，既损情意，又伤文学之真。直到晋末，陶渊明的出现，才一改当时文坛的枯索之风，重建诗文的情韵。

　　陶潜（365—427），又名渊明，字元亮。青年时曾有"大济苍生"的壮志，但晋朝极端腐败的政治，统治阶级内部十分尖锐的矛盾以及门阀制度使他无法施展自己的抱负，他在既不能匡时救世，又不能同流合污的痛苦心态中，不得不另寻精神的生活，生命的境界。三十四岁那年，以"我不能为五斗米折腰向乡里小儿"为由，辞掉彭泽令而退居山林，从此躬耕自给，优游于山水田园诗酒之中，与农樵为友。即使到了不得不出去乞食的地步，也绝不出仕，直至离世。陶潜的伟大之处就在于人格的高尚，人生的真实。他的作品与行为，是融为一体而不可分的。他不像一般身在江湖心存魏阙的伪君子，也无丝毫沽名钓誉、立异鸣高的企图，他完全是真性情真人格真实的表现。他做官不以为荣，归隐不以为高，穷乏乞食不以为耻，有酒食辄醉，无亦雅咏不辍，自得其乐，闲静寡言，不慕荣利，一切都是一任天机，逍遥自得，真可谓一尘不染。诗境也扫尽铅华，益臻净化。陶渊明的诗歌，具有丰富的内容，一是表现了诗人高远的理想、志趣以及守志不阿的耿介品格，二是表现对现实的强烈不满，三是写下了大量的田园诗，抒发了诗人对纯洁的田园生活的热爱。陶诗中的山水草木，已不再成为哲理思辨或供观赏的对峙物，而是诗人生活、兴趣的一部分。在他笔下，春雨冬雪、夏风秋叶、辽阔平原，无不充满生命和情意，拥有真实、平凡而不可企及的美。陶渊明以其高洁的人格和独具特色的诗歌风格，在不同的历史时期，对不同的作家，都起过不小的作用。他的人格力量，教育了后代文人不屈服于权贵，不与世俗之流为伍。李白的"安能摧眉折腰事权贵"正是这种精神的继承。高适无法容忍"拜迎官长心欲碎，鞭挞黎庶令人悲"的情况下，也"转忆陶潜归去来"，要学陶渊明那样与污浊的现实一刀两断。陶渊明疾恶除暴的精神，他的"金刚怒目式"的作品，也给后代作家以巨大的支持和鼓舞。辛弃疾在《水龙吟》词中写道："须信此翁（指陶渊明）未死，到如今凛然正气，吾侪心事，古今长谈。"另一方面，陶诗中平静安谧的境界，逃避现实的思想也对一些作家起了消极作用。陶渊明独特的艺术风格，受到历代诗人的企羡，他开创的田园诗一体，为古典诗歌开辟了一个新的境界。从他以后，田园诗不断得到发展，到了唐代就形成了田园山水的诗派。

自魏晋到南朝，中国文坛首次迎来了文学批评的高峰时期。这时，讲究文辞的华美，文体的划分，文笔的区别，文思的过程，文作的评议，文理的探求，都是前所未有的现象。文学批评之风，开始于曹丕的《典论·论文》。首先，他把文学看成"经国之大业，不朽之盛事"；其次，他初步探讨了作家个性和风格的问题；其三，他提出了奏议、书论、铭诔、诗赋四大类文体互相区别的标准。曹丕之后，又有沈约、萧统、陆机等人，对文学批评都各有意见，各有贡献。但最成熟而最有系统者，莫过于刘勰的《文心雕龙》和锺嵘的《诗品》。

刘勰（466？—520？），早孤，家贫，然笃志好学，中年时创作了这部不朽的文学批评名著《文心雕龙》。全书共五十篇，包括总论、文体论、创作论、批评论四个主要部分。总论五篇，论"文之枢纽"，是全书理论的基础。文体论二十篇，每篇分论一种或两三种文体。创作论十九篇，分论创作过程、作家个性风格、文质关系、写作技巧、文辞声律等类问题。批评论五篇，从不同角度，对过去时代的文风，作家的成就提出批评，并对批评方法作了专门探讨。最后一篇《序志》，说明自己的创作目的和全书的布置意图。全书虽由四个部分组成，但理论观点首尾一致，各部分又互相照应，其体大思精，在古代文学批评著作中是空前绝后的。综观全书，刘勰在文学批评上的主要贡献有四。第一，他初步建立了用历史眼光来分析、评论文学的观点。在《时序篇》里，他首先注意从历代朝政世风的盛衰来系统地探索文学的盛衰。例如他论建安文学"雅好慷慨"的风格是出于"世积乱焉，风衰俗怨"的现实环境。在《通变篇》，他又系统地论及历代文风的先后继承变革的关系。第二，他从不同角度阐发了质先于文、质文并重的文学主张，比较全面地说明文学内容和形式的关系。在《精采篇》中，他指出："故情者，文之经，辞者，理之纬；经正而后纬成，理定而后辞畅，此立文之本源也。"他反对"为文造情"，认为应该"为情造文"。在《风骨篇》中，他强调文章要有风有骨。所谓风，是指文章的思想，而骨，就是文章的结构。第三，他从创作的各个环节，各个方面总结了创作经验。在《神思篇》中，论述了创作构思过程。他认为构思时一方面要"虚静"，另一方面更要注意平时的学识才能修养和生活阅历的积累，因为正是它才是"论文之首术,谋篇之大端"。第四,他初步建立了文学批评的方法论。在《知音篇》里,他反对"贵古贱今""崇己抑人""信伪迷真"等错误观点,提出"无私于轻重,不偏于憎爱"的正确批评态度。他认为任何文章都是可以理解和批评的,而一个合格的文学批评家应该有深广的学识和修养。

钟嵘,生卒年不详,字仲伟。代表作《诗品》写于513年以后。《诗品》的主要内容,一是总论五言诗的起源和发展,二是品评了两汉至梁代的诗人122人,计上品11人,中品39人,下品72人。钟嵘论诗,反对用典和声律论。他认为喜欢用典的人,往往是没有写诗的才能,以此来标榜学问。对于声律,他认为只要"清浊通流,口吻便利"即可。过分讲究声律,会使"文多拘束,有伤真美"。钟嵘的《诗品》是第一部论诗的著作,它和刘勰的《文心雕龙》的出现,体现了这时期文学批评和文学理论的成熟。在我国古代文学中,它不仅是空前的,后来者也难与媲美。《文心雕龙》和《诗品》标志着我国古代文学批评和文学理论发展的高峰。其理论内容不仅对后代作家有深刻的影响,而且某些观点直到今天看来也仍有它的正确性。

(四)唐诗宋词

唐代是我国文学史上一个光辉的时代,整个文坛出现了自战国以来所未有的百花齐放、万紫千红的局面。其中诗歌的发展,更达到了高度成熟的黄金时代。唐代诗人之众和作品之多都超过了以往各代。据统计,流传至今的唐诗有五万多首,独具风格的著名诗人也有五六十个。这个前所未有的文学全面繁荣局面的形成,一方面固然是文学本身不断发展的结果,但更为根本的还是决定于文学发展的社会基础与历史条件。

唐代结束了近四百年的分裂而一统天下,为了巩固政权,在政策上采取了限制豪门士族势力的方法,废除了魏晋以来保护士族特权的九品中正制,通过科举选取官吏,这给许多中下层文人一个宽广的出路,激发了他们对功名事业的种种幻想。知识分子不必再像数百年前左思那样无可奈何地慨叹:"郁郁涧底松,离离山上苗。以彼径寸茎,荫此百尺条。"一条充满希望的新道路等待着他们去开拓。这条路首先似乎是边塞军功。表现在诗坛上,就以高适、岑参为主,并有王昌龄、李颀等人共同形成的边塞诗派。这些诗人几乎都亲历过大漠苦寒,兵刀弓马的生涯。他们的诗,表达了将士们从

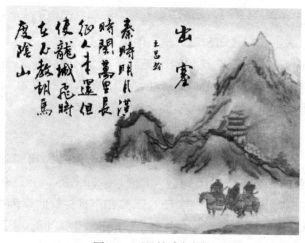

图8-2　王昌龄《出塞》

军报国的英雄气概，不畏边塞艰苦的乐观精神，描绘了雄奇壮丽的边塞风光，也反映了战士们怀土思家的情绪，揭露了将士们苦乐悬殊的不合理现象。边塞诗给唐诗增加了无限新鲜壮丽的光彩，它集中体现了中华民族不畏强暴，反对侵略的民族精神。

盛唐时期，由于国家繁荣，社会安定，诗人们可以由多种途径实现人生追求，除了从军外，另有一些诗人以隐士的面目出现，希望幽居山林以获得生活与心境的宁静。表现在诗坛上则形成了以王维、孟浩然为代表的山水田园诗派。该诗派较多受佛老思想影响，作品以描写悠闲宁静的山水田园生活为主，在诗中常细致入微地刻

图8-3　孟浩然《宿建德江》

画自然景物，构成独到的意境。从山水诗中，我们可以感受到中华民族热爱自然、重视人与自然和谐的优良传统。

李白（701—762），字太白，盛唐诗坛的代表作家。他的作品不只是一般地抒写青春、边塞、江山美景，而是热情地讴歌现实生活中一切美好的事物，猛烈抨击黑暗，极度蔑视腐朽无能的权贵人物。这种追求自由，一心想征服现实的态度，乃是中华民族酷爱自由和反抗黑暗现实的典型体现。李白的诗作似乎没有任何约束，似乎毫无规范可循，一切都是冲口而

出，随意创作，但读来却让人感到如此美妙奇异，层出不穷和不可思议，真是"笔落惊风雨，诗成泣鬼神"。"诗仙"李白以其丰富多彩的诗歌内容和极富浪漫色彩的诗歌形式奏出了盛唐诗歌的最强音，达到了中国古代浪漫文学交响音诗的顶峰。

杜甫（712—770），字子美，伟大的现实主义诗人。他生活在唐代社会由盛而衰的时期。青年时代，受到盛唐诗坛浪漫氛围的影响，早期诗歌带有相当浓厚的浪漫主义色彩，《望岳》诗可为代表。"会当凌绝顶，一览众山小"正流露了诗人对一切事业的雄心壮志。746年，诗人为实现自己"致君尧舜上，再使风俗淳"的政治抱负，赴长安应试，但不幸落第。困顿长安十年后才被授予右卫率府胄曹参军的微职。安史乱起，在流离颠沛中被叛军所俘，后从长安只身逃奔凤翔，受任左拾遗。不久，被贬。759年，弃官西行，流浪于四川、湖北、湖南一带。770年，病逝于湘水的舟中。杜甫中年后饱经忧患的生活，折磨了他，也成全了他。就是在这种生活中，诗人逐渐深入人民生活，看到了人民的痛苦，也看到了统治阶级的罪恶。在饥寒交迫的贫困生活中，诗人写下了大量惊心动魄的诗篇。这些诗篇或描绘人民遭受的苦难，或愤慨外敌的入侵，或期待国家的中兴。他的诗像一面镜子，照见了安史之乱前后社会生活的各个方面，赢得了"诗史"的称号。杜诗中忧国忧民的忧患意识以及仁爱精神，是儒家思想中积极因素的艺术表现。杜诗风格，沉郁顿挫，深刻悲壮，独树一帜。

中唐，是中国诗的个性特征充分发展的时代。诗坛上出现了比盛唐时更多的风格流派。诗人的个性不再大同小异，而是风格繁多，个性突出。具体说来，主要有以下四个流派。一是以白居易、元稹、张籍等人为代表的现实主义诗派。他们继承了杜甫正视现实、抨击黑暗的精神，主张"文章合为时而著，歌诗合为事而作"，掀起了新乐府运动。他们的新乐府诗揭露了统治阶级的残酷剥削和骄奢淫逸，对人民所遭受的深重疾苦表示同情。在艺术上则以语言通俗流畅、平易近人为特征。代表作有：白居易《新乐府》50首、《秦中吟》10首，元稹《田家词》《织妇词》，张籍《野老歌》《山头鹿》等。二是以韩愈、孟郊、贾岛、李贺等人为代表的浪漫诗派。该诗派融合楚辞、乐府浪漫幻想的传统，以浓丽的色彩，出人意料的想象，横放杰出的诗笔，开创了奇险生新的艺术风格。代表作品有韩愈的《山石》《早春呈水部张十八助教》，孟郊的《洛桥晚望》，贾岛的《剑客》、李贺的《金铜仙人辞汉歌》《雁门太守行》等。三是以刘长卿、韦应物为代表的山水田园诗派。四是以李益、卢纶为代表的边塞诗人。这两个流派都是盛唐诗风的余响，作品虽不乏潇洒风流，但已无盛唐那种乐观豪放的情调，却有一层薄薄的孤冷、伤感和忧郁。代表作品有刘长卿《逢雪宿芙蓉山主人》，韦应物《滁州西涧》、李益《夜上受降城闻笛》、卢纶《和张仆射塞下曲》等。

晚唐，中央王朝在宦官专权、朋党交争的局面下日益衰微，诗人们虽满怀壮志，要治国平天下，但已是心有余而力不足了。晚唐诗坛完全不同于盛唐，其审美趣味和艺术追求都走进了更为细腻的官能感受和情感色彩的捕捉，呈现给读者的是人的心境和意绪。杜牧、李商隐的诗正是其中的代表。二位诗人在艺术上均取得很高的成就，但那冷艳幽僻的情调，浓厚的感伤气氛，就好像西下的余晖，象征着唐诗的告尽。

唐朝历经289年，诗歌这一形式始终伴随其中。无论初唐、盛唐、中唐、晚唐，每个时期均有杰出的诗人和作品，唐诗不仅歌咏重大题材，也描写社会的一般风俗，它全方位反映了社会各阶层人物的生活状况和精神面貌，是唐代社会一部生动的艺术的历史。在诗歌形式上，唐诗完成了我国古典诗派各种形式的创造。古体诗的五古、七古、乐府歌行，近体诗的五律、七律、五绝、七绝、排律，无不齐备，并成为我国文学史上流传最普遍、影响最深远的诗体。唐诗的成就，几乎可以说是空前绝后的。

词，是宋代文学的灵魂。据《全宋词》记载：作品有两万余首，词人有1400余位。宋代结束了残唐五代混乱分裂的政局，统一南北，建立了君权至尊的帝国政府。北宋至靖康之变，维持了一百多年的和平安乐局面。此时，宋代统治者推行优待士大夫官僚的政策，加上社会经济的发展和城市的繁荣，造成君主的荒嬉，士大夫贵族的晏乐。这种生活情景，反映在文学上正适宜于秾歌绮语或高雅悠闲的诗的盛兴。唐代随燕乐兴起的、在晚唐已形成了绮靡婉约风格的新体诗——词，正

图8-4　贺铸《青玉案》

与北宋的社会氛围相吻合，于是词这一形式和它的婉约词风，在北宋几乎一统天下。代表词人：晏殊、范仲淹、欧阳修、秦观、柳永、苏轼等。范仲淹曾镇守边塞，写下了一些境界开阔，格调苍凉的词作。欧阳修的词则更多地流连湖光山色，表现洒脱情怀。

柳永（987？—1053？）原名三变，字耆卿。他是第一个对宋词进行革新的词人。他主要从都市中下层人民生活中吸取创作素材，以描写男女离别相思和个人流落江湖的羁旅之愁见长，词风婉约。他大量创作篇幅较长，结构复杂的慢词，从内容到形式都富于平民色彩，在当时市民中传唱极盛，"凡有井水处，即能歌柳词"。随后，苏轼对革新词风做出了巨大贡献。首先，他打破诗词的界限，把艺术的笔触伸向了广阔的现实生活和个人极其丰富的内心世界，扩大了词的题材，提高了词的意境，丰富了词的表现手法，使词成为独立的抒情诗体。在苏轼的词中，无意不可入，无事不可言，除通常的写景抒情外，他还用词来怀古、记游、感旧、说理和谈禅。其次，苏词风格多样，有的词笔细腻，风情婉转，有的则高歌入云，逸怀浩气，启迪了南宋豪放词派的诞生。

靖康之变后，侵略者的金戈铁马使婉约词赖以生存的社会环境不复存在，国破家亡的惨痛经历使文人创作了大量感时伤乱，抒发爱国情怀的词。杰出的女词人李清照就是其中的代表。

李清照（1084—1151？），号易安居士。她的前期词作大多抒写少女、少妇的情怀，感情宛曲，词风清丽宛转，后期词作则将国破家亡的悲境与身世漂泊的伤痛融合一气，词风沉哀凄苦。

南宋伟大的爱国词人辛弃疾（1140—1207），字幼安，号稼轩。有出将入相之才，满怀抗金报国的凌云之志，但受到朝廷妥协苟安政策的羁绊，壮志难酬，只得将一腔爱国情

图8-5 辛弃疾纪念邮票《破阵子》

怀寄之于词。他继承苏轼词的豪放风格并加以发展，创造出雄奇阔大的词境。在词的表现手法上，他创造性地"以文为词"，把经史子集之语熔铸入词而一如己出。他的词作，多种风格并存，但壮怀激烈的豪放词是其主调。在辛弃疾的创作影响下，南宋形成了爱国的豪放词派。主要词人有陈亮、刘过、刘克庄、刘辰翁等，他们创作了大量豪放词，与北宋时期的婉约词双峰并峙，平分秋色。

回溯宋词几百年的发展历程，我们发现宋词在总体上有以下特征。首先，词风偏于阴柔和婉。在全部宋词中，婉约词在数量上占绝对优势。宋代有许多婉约词人从不写豪放词，但很少有豪放派词人不写婉约词的。宋词委婉含蓄的美学特征是中华民族传统审美思想的典型体现，这种特征使宋词虽不像西方爱情诗那样热情奔放，但自有深情婉转，低回往复的特殊魅力。第二，题材取向注重于个人的生活。唐宋之时，文人对诗词的看法不一。他们把具有一定社会意义的题材放在诗里描写，而词的内容则局限于个人的爱情离别，四时景物，羁旅愁叹等。它常通过对一般的对象，日常的、普通的自然景象的白描来表现形象细腻、含意微妙的词境，从而使所描绘的对象、事物、情节更为具体、细致、新巧，并涂有更浓厚更细腻的主观感情色调。有的词境花轻似梦，雨细如愁，尽管意境小而狭，却巧而新。它比别的文字形式更亲切、更细腻地表现、描写了人们各种心情意绪，这就是为什么多年来好些青年男女更喜爱词、接近词的原因。

（五）元曲与明清小说

元曲，是元代文学的标志，历来与唐诗、宋词并称，代表着元代文学的最高成就。

广义的元曲包括散曲和杂剧两部分。散曲，是新的诗歌样式，是不具备表演内容的歌曲。与词相比，一是句式不同，二是音律不同。散曲又分小令和套数，小令是单支曲子，套数是两支以上的同一宫调的曲子依次连缀而成。元代散曲作家可考者二百多人，其中关汉卿、马致远、张养浩等为代表作家。他们在散曲中或表现对现实的不满，或表现男女恋情，或抒写离愁别恨，风格质朴自然，真切动人。

元代杂剧是汇融了歌唱、舞蹈、说白、杂技等多种艺术形式的综合艺术，是中国戏剧臻于成熟的标志。元杂剧在结构上一般是一本四折（四场）演一个完整的故事。杂剧的剧本主要由曲词、宾白、动作三个部分组成。角色分工更趋细密。杂剧在元代甚为流行，当时有姓名可考的杂剧作家有八十多个，见于记载的剧目有五百余种，涌现了被后人称为"元曲四大家"的关汉卿、马致远、白朴、郑光祖和以《西厢记》"天下夺魁"的王实甫等著名作家。

图8-6　王实甫《西厢记》

元杂剧内容丰富，风格多样，广泛而深刻地反映了元代的社会生活。从题材看，主要有以下几类：一是爱情剧。主要描写青年男女对爱情与婚姻的自主追求，鲜明地体现了反封建反礼教的倾向。代表作品有王实甫的《西厢记》、白朴的《墙头马上》、尚仲贤的《柳毅传书》等。二是公案剧。它们一般通过刑事案件的审判，揭露贪官污吏贪赃枉法，草菅人命的罪恶，歌颂了人民的反抗斗争和以包公为代表的清官形象。代表作有关汉卿的《窦娥冤》《鲁斋郎》和无名氏的《陈州粜米》。三是水浒剧。它们主要描写梁山英雄除暴安良的侠义行动。李逵是元代水浒戏中最重要的角色，半数以上的水浒戏是以他为主人公的。代表作有康进之的《李逵负荆》等。四是世情剧。它们主要揭露社会上的种种丑恶现象，批判矛头集中于负心郎、守财奴、败家子、伪君子之类的人物。代表作有关汉卿的《救风尘》《望江亭》，杨显之的《潇湘雨》，郑廷立的《看钱奴》等。五是历史剧。歌颂历史英雄，谴责叛臣逆子。代表作：关汉卿的《单刀会》，纪君祥的《赵氏孤儿》，马致远的《汉宫秋》，高文秀的《渑池会》。

元杂剧在艺术上取得了辉煌成就。首先，它根据人物的性格特征，展开错综复杂的戏剧冲突，成功地塑造了一系列栩栩如生的人物形象。窦娥、红娘、程婴、屠岸贾等人物，或善或恶，或忠或奸，无不令人难忘。第二，元杂剧褒贬分明，剧中人物的忠奸善恶一目了然。《赵氏孤儿》演述的是春秋晋灵公时赵盾与屠岸贾两个家族的矛盾斗争。权奸屠岸贾将忠良赵盾满门杀绝，连公主在囚禁中生下的赵氏孤儿也不放过。义士程婴面对屠岸贾"有盗出婴儿者，全家处斩，九族不留"的榜文，毅然去救赵氏孤儿；韩厥不愿意将孤儿"献出去图荣进"，放走程婴后，自刎而死。在屠岸贾又要"把晋国内凡半岁之下一月之上新添的小厮"全部杀害以灭绝赵氏孤儿时，程婴又和公孙杵臼商量，分别以舍子、献身的壮烈举动，救出了赵氏孤儿。剧本在表现屠岸贾的残暴和奸诈的同时，突出了程婴等自我牺牲的高贵品质，收到了很好的舞台效果，几百年来上演不息。此故事在18世纪传入欧洲并引起轰动，西方观众为之倾倒的正是它所体现的中国文化精神的道德光辉，程婴等人之所以能够自我牺牲以保全孤儿正是中华民族长期以来见义勇为、舍生取义精神的艺术反映。第三，元杂剧作家善于选择和融化古代诗词里优美的诗句并提炼民间生动活泼的口语，熔铸成自然而华美的曲词。如关汉卿的《单刀会》，作者用了孔子的话，杜牧的诗，苏轼的词和散文，还有民间的口语，从而形成了"文而不文，俗而不俗"的语言风格，收到雅俗共赏的效果。王国维认为元杂剧的语言"写情则沁人心脾，写景则在入耳目，述事则如其口述者也"，实为中肯贴切的评价。第四，元杂剧体现了中国戏剧文学的一个特征：以浪漫的理想化方式处理现实主义题材。这种方式往往使元杂剧具有"大团圆"的结局，它在某种程度上不仅冲淡了戏剧的悲剧意识，也削弱了剧本的思想意义。然而，也正是这种方式，体现了中国人民"善有善报，恶有恶报"的信念，体现了正义战胜邪恶，幸福普降人间的美好愿望。

　　元代杂剧在中国文学史上有着划时代的意义。元代以前，占据文坛统治地位的是古文和诗词。到了元代，原本为文人所鄙视的大众文学（散曲与杂剧等）在此时逐渐抬头，取代了正统文学的地位。这表明叙事的通俗文学开始成为中国文学的主流。元杂剧的作者大多是社会地位低下的文人或演员等，观众更是遍及社会各阶层。它的兴盛意味着文学在作者与读者两个方面都进一步走向民间。

　　到了明代，由于城市经济的高度发展，资本主义萌芽已经出现，市民势力不断增长。为适应文化娱乐的需要，通俗文学如小说、戏曲等方兴未艾，特别昌盛。而中国的小说在经历了先唐笔记小说，唐代传奇小说和宋代话本小说三个发展阶段后，至明已趋成熟。短篇小说方面，以《喻世明言》《警世通言》《醒世恒言》和初刻、二刻《拍案惊奇》为代表，标志着中国短篇小说的成熟。这些小说"极摹人情世态之歧，备写悲欢离合之致"，把当时被商业繁荣所侵蚀的封建社会作了广泛的描绘。多种多样具有现实人情味的人物、故事、情节都被揭示出来，呈现给人们的是对人情世俗的津津玩味，对荣华富贵的钦慕渴望，对性的解放的企望欲求，尽管这里充满了小市民的种种庸俗、低级、无聊、浅薄，但它们毕竟是有生命活力的新生意识，是对长期封建王国和儒学正统的侵袭和破坏。值得注意的是这些小说中有一个流行的题材，即多方面描写了普通男女之间的性爱。从《卖油郎独占花魁》《杜十娘怒沉百宝箱》，到《乔太守乱点鸳鸯谱》，从《玉堂春落难寻夫》到《任君用恣乐深闺》，形形色色，五光十彩。其中，有对献身纯真爱情的歌颂赞扬，有对封建婚姻的嘲笑讽刺，有对负心男子的鞭挞谴责，也有对色情荒淫的欣赏玩味。这表明随着商品经济的空前发达和城市生活的高度繁荣，自然生理的性爱日益取得社会性的意义和内容。从这个意义上说，它们与欧洲文艺复兴时期《十日谈》的出现有同样的价值。

在长篇小说领域，明代小说的开山之作是明初罗贯中在民间流传的三国故事基础上整理加工而成的《三国志通俗演义》。这部作品以宏大的结构，曲折的情节，展现了东汉末年和整个三国时期各封建统治集团之间的军事、政治、外交等内容，是一幅生动的历史画卷。书中"拥刘反曹"的基本倾向，反映了作者的封建正统观念。《三国演义》创造了数以百计的栩栩如生的人物形象，其中的曹操、诸葛亮、关羽、刘备、张飞、周瑜、刘禅等早已家喻户晓。此书不仅在中国影响甚广甚深，对日本等亚洲诸国也极有影响。

《水浒传》为施耐庵所作，描写的是北宋末年以宋江等36人为首的一场波澜壮阔的农民起义。小说突出了"官逼民反"的主题。书中的108将英雄出身各异，有"帝子神孙，富豪将吏，并三教九流，乃至猎户渔人，屠儿刽子"，不少起义首领写得个性鲜明，活跃生动，如李逵、鲁智深、林冲、武松等等，全书渗透着浓厚的忠义思想。

吴承恩以他的天才、学识和丰富的想象力写成的《西游记》，是我国空前绝后、奇思幻构、浪漫诙谐的伟大杰作。它通过唐僧师徒四人去西天取经的艰难历程，特别是通过寓人于神，人神合一的孙悟空形象，表现了人民对美好理想的不懈追求和战胜自然，克服困难的大无畏精神。

署名兰陵笑笑生所作的《金瓶梅》，在中国小说史上是一部具有里程碑性质的作品。它直接取材于明代社会生活，显示出现实主义在我国小说创作中的进一步发展，标志着我国小说发展史上一个新阶段的开始。《金瓶梅》取名于西门庆三个妻妾——潘金莲、李瓶儿、庞春梅的名字。作者通过西门庆一生罪恶的生活史，展现了明代社会尔虞我诈，争权夺利，道德沦丧，人欲横流的黑暗现实。书中描写了多起无告的沉冤、难雪的不平，显示了中国小说史上第一次出现的并未涂上理想色彩，压得人喘不过气来的真实。《金瓶梅》以描写人物形象为主，书中大量出现的色情描写，有其复杂的历史背景，它不仅是统治者荒淫无耻的反映，也与当时李贽为代表的"好货好色"的思想有关。

清代乾隆年间，吴敬梓的《儒林外史》和曹雪芹的《红楼梦》先后问世。《儒林外史》刻画一批面目各异的封建知识分子形象，显示了社会的种种形态，把批判的矛头直指科举制度本身。作者认为就是这种禁锢思想，毒害人心的科举制度引诱下，本性善良的读书人一个个变成了不学无术的腐朽官僚或无耻小人。除了儒林群丑外，小说还揭示了官场的腐败，社会的黑暗以及封建道德的虚伪和残酷。作者在揭露讽刺的同时，也塑造了一批寄托其理想的正面人物。贵公子杜少卿，慷慨好施，轻视功名富贵与科举制度，骂学里的秀才为奴才，具有一定程度的叛逆性格。作者也肯定了虞育德、庄绍光、迟衡山等人以祭泰伯祠挽回世道人心的举动。作为儒林群丑的对照，作者把忠厚诚笃的下层人物如牛老爹、卜老爹、鲍文卿等加以赞扬，对他们自食其力，不图富贵，不伺候人颜色，自由自在的生活，流露出无限倾慕的心情。《儒林外史》是我国文学史上少有的讽刺杰作。小说中，作者针对不同的人物形象作了不同程度、不同方式的讽刺。作者擅长在生活真实的基础上加以夸张以取得强烈的讽刺艺术效果。这种讽刺真实地揭露了问题的本质，起着深刻的批判作用。在小说史的发展中，《儒林外史》奠定了我国古典讽刺小说的基础，对晚清的谴责小说有极大影响。

《红楼梦》是中国古典小说的艺术高峰。全书以封建贵族青年贾宝玉、林黛玉、薛宝钗之间的恋爱和婚姻为中心,写出了贾、王、史、薛四大家族的兴衰,揭露了封建社会后期的种种黑暗和罪恶及其不可克服的内在矛盾,对腐朽的封建统治阶级和行将崩溃的封建制度作了有力的批判,使读者预感到它必将走向覆灭的命运。同时,小说还歌颂了具有叛逆精神的青年贵族,表达了新的朦胧的理想。《红楼梦》的巨大艺术魅力首先在于作者通过对日常生活琐事和人物内心活动的精微、深刻的描写,塑造了一批活生生的艺术形象。《红楼梦》看似家庭琐事、吃喝玩乐,实则一步紧似一步,使人读之但觉精微,不嫌厌烦,处处可引人入胜。最神秘的笔墨,要算作者对人物性格的刻画。同是中年贵妇,邢王两夫人与薛姨妈就有显然不同的个性;同是纨绔公子,贾珍、贾琏、贾蓉又自有不同。小姐中的黛玉、宝钗、湘云,丫鬟中的袭人、晴雯、平儿、鸳鸯,无不描写得各有个性,各有特征。作者通过叛逆者贾宝玉的形象,对封建的国家政治制度,家庭宗法制度,科举制度,婚姻制度以及封建的伦理道德、价值规范等进行了大胆的否定和批判。贾宝玉把封建的正统思想程朱理学斥为"杜撰",把"仕途经济"斥为"混帐话",把科举制度斥为"诓功名混饭吃",把"文死谏,武死战"的封建道德斥为"胡闹"。他大胆否定"男尊女卑"的封建观念,认为"天地间灵淑之气只钟于女子,男儿们不过是些渣滓浊物而已"。宝玉种种叛逆的言论及行动,自然被封建家长们看作是"不肖的孽障""混世魔王"。

图8-7 黛玉葬花图

大观园里只有林黛玉在一切价值观念上与他持相同的观点,他们是在相互了解和思想一致的基础上彼此相爱,引为知己的。因此,这种爱情愈发展,就和封建势力的矛盾愈尖锐,宝黛最后的以死殉情(宝玉的出家意味着尘世生命的结束),实际上是年轻的叛逆者在追求个人的自由和尊严时,对封建腐朽势力的殊死反抗。从这个意义上说,宝黛的殉情体现了初步民主主义的色彩，显示了一种新的时代特征。

《红楼梦》与《儒林外史》问世于"康乾盛世"，这个时期从表面上看，好像太平盛世，但骨子里各种社会矛盾正在加剧发展，整个王朝已到了盛极而衰的转折点。吴敬梓和曹雪芹，以艺术家的敏锐，洞察到这个社会行程的回光返照毕竟经不住"内囊却也尽上来"的内在腐朽，预感到它不可避免的没落和败亡。然而吴敬梓和曹雪芹都出身于封建官僚家庭，都深受传统文化的影响，他们对自身的阶级仍抱有同情，他们是怀着感伤和惋惜的心情去看待这个历史趋势的，他们的作品也自然成了一曲为封建制度和传统文化所唱的挽歌。但是，值得肯定的是，两部小说毕竟对封建制度及传统文化作了深刻的反思，对新的社会力量，新的文化类型，提出了朦胧的希望。这些闪烁着思想解放的观点，开启了对自由、个性、解放的近代憧憬。

二、中国古典文学的文化精神

文学是民族心灵的结晶，是民族文化精神的重要组成部分。将文学现象与社会文化现象联系起来考察，从中发掘民族的心理素质，探讨民族的审美经验，把握民族文学的传统生成和演进的规律及在新形势下发展和改造这种传统，是文学研究面临的重大课题。中国古代文学深受中国传统文化的长期熏陶，生动而深刻地体现着中华民族独特的文化精神，具体说来主要有以下几个方面的内容。

（一）关注人间的理性精神

"以人为本"，向来被认为是中国文化的一大特色，也是中国文化精神的重要内涵。它肯定天地人之间，以人为中心；在人与神之间，以人为中心。这与西方文化中注重人与自然（以古希腊文化为代表）、人与神（以希伯来文化为代表）的关系形成强烈对照。在这种文化传统背景下，中国古代文学与西方文学相比，具有特别鲜明的人文色彩和理性精神。如果说古希腊神话和基督教教义决定了欧洲古典文学，使之带有明显的神话和宗教色彩，那么，中国古代文学因欠缺神话与宗教的背景，在本质上可以说是人间的文学，具有浓厚的人文主义色彩。

远古时期，中国自然也有神话传说，《山海经》里所记述的神话就很多，如"夸父逐日""精卫填海""大禹治水"等，在屈原的《楚辞》中也保留着大量的古代神话内容。但是，与古希腊神话相比，中国神话大多东零西碎，加起来也不成其为井然有序、互有关联的神话，只能算是散漫的传说，远不像古希腊神话那么完整系统，也没有发展成为古希腊荷马史诗那样高度发达的形式。其次，在上古神话中，中华民族先民们所崇拜的也不是古希腊罗马诸神那样的天上神灵，而是具有神奇力量并建立丰功伟绩的人间英雄。例如，大神鲧盗天帝的息壤以平治洪水的神话，与普罗米修斯盗天火给人类的神话颇为相似，所不同的是，事后，普罗米修斯被宙斯锁在奥林匹斯山上，并让苍鹰日夜不停地啄食他的心肝。而鲧虽被天帝压杀于羽山，但死后三年尸体不腐，并从肚子里生化出他的儿子禹来继承他未完的事业，其神格其实就是崇高、伟大人格的升华，体现了中华民族生生不息，刚健有为的进取精神。再次，如果说古希腊的史诗是神话化的，那么，由于儒家的改造，中国的神话则是历史化的。儒家反对神话中"怪力乱神"的内容，并对神话中一切超自然的奇特幻想作出"合理"的解释，把神说成是人间的君主帝王，把神的系谱改为帝王的家世等等。例如《尸子》中记载"黄帝四面"，即传说黄帝有四张脸。但当子贡以此问孔子时，孔子却解释为黄帝派四个人去分治四方，这与神话的原意相去甚远。由于中国神话的历史化，给中国古代文学带来十分重要的影响，它使汉族大批神话、史诗趋于消亡，造成中国文学史上神话资料稀少和史诗不发达的状况，导致叙事文学发育成熟时间大大推迟，但文学的抒情能力却得到迅速的发展，使中国成为抒情诗的王国。

至于宗教，中国古代文学深受儒家不言鬼神、注重人伦的积极入世精神的影响，宗教观念极其淡薄。而西方文学由于受基督教文化根深蒂固的影响，弥漫着浓厚的宗教气息。在整个中国古代文学中，无论是抒情文学还是叙事文学，中国古代作家总是把目光对准人间而不是天国。他们关注的是现实世界的悲欢离合而不是属于彼岸的天堂地狱，因而中国古代文学的主题，不是人与神的关系，也不是人与自然或环境的斗争，而往往是人与自然的默契和人与人之间的关系。现实世界中的亲子、君臣、夫妇、兄弟、朋友、亲族、同胞的人际关怀或人伦冲突，更是其描写的重心。于是，各种生离死别、感新怀旧、婚丧吊贺、国难家灾、历史变故就被经常地、大量地、细腻地、反复地咏叹着，描述着。即使在佛、道二教兴盛之后，它们对文学的影响也主要体现在作家世界观和思维方式的多元化上，而没有造成文学主题偏离现世的转移。自然，中国古代文学中，也有一些"志怪""鬼神"的作品，体现了道、佛的宗教意识，但其中大部分作品中神仙鬼怪的矛盾斗争，都是现实世界的写照。《西游记》中的孙悟空，本身就是个寓神于人、人神合一的人物，他敢于蔑视天庭的统治秩序，敢于嘲弄揶揄佛祖，对那些贪婪凶狠、残害百姓的并与天上佛祖沾亲带故的妖魔鬼怪，全然不怕，一一扫尽。这个形象实际上寄托了人民反抗社会邪恶势力的理想。再如蒲松龄的《聊斋志异》，虽写妖狐鬼怪，但通过人鬼相杂、幽明相间的生活画面深刻地反映了现实矛盾，并非为写鬼而写鬼。

（二）"文以载道"的教化传统

作为中国传统文化的主导思想儒学，其要义是伦理中心、政治至上、"内圣外王"等等，它渗透于传统中国社会生活的各个方面，自然也不能不影响到文学。中国古代文学与儒学有着密切的关系，儒学对政治教化的极端重视和以文学为政治工具的观点，极大地影响了中国古代文学以及文学的发展历程，并且成为古代文学最显著的特质之一。

儒家历来注重以诗文为教化手段，早在两千多年前的孔子，就曾以"兴于诗，立于礼，成于乐"（《论语·泰伯》）的教育程序，指明了文艺在人格修养上的巨大效应。《诗经》虽产生于儒学风行之前，但经孔子删改，突出了礼制政教的约束，并作出"诗三百，一言以蔽之，曰：'思无邪'"的判断。及至汉儒，更把诗歌功能衍化为"经夫妇，成孝敬，厚人伦，美教化，移风俗"（《毛诗大序》）。这样一整套纲领，赋予诗文教化说以完备的形式。此后两千年的文学创作，无不处于这种文学观的笼罩之下。随着儒学政治化程度的提高，以《诗大序》为代表的儒家文学观实际上成为中国古代文学的根本大法与无形律令，其基本思想原则，后来被概括为"文以载道"，贯穿于整个古代文学中。这与西方文坛上公开标榜为艺术而艺术的宗旨，是大相径庭的。

"文"与"道"以及"文与道"的关系，是中国古代文论的中心问题之一，历代论者对此的解释并不一致，但究其实质，"道"实际上离不开封建政治和伦理道德，相对于"文"来说，"道"永远处于中心的主宰的地位。古代作家一般都认同"文以载道"，反对"学文害道"。即使某些带有离经叛道气息的作家，如明代的徐渭、李贽、汤显祖、公安三袁等人在提出"童心说""性灵说""以至情为文"来与儒学的思想对抗时，也不能完全摆脱"文以载道"说的阴影。因此，中国古代文学审美观念注重美与善的统一，尤其以善为美。

与此相适应，我国古代文学在内容上多重政教伦理，文学的主题比较单纯。如长篇小说《三国演义》《水浒传》《西游记》等，一旦剥去其历史的、传奇的、神魔的外壳，显露的内核仍不脱忠奸、正邪、善恶之间的争斗，显示出对社会伦常的执着关注。即使被人们认为打破了一切传统模式的《红楼梦》，它所昭示的具有真正深刻意义的历史悲剧，也还是通过一个家族的伦理关系的解体和礼教压制下人的毁灭而展现出来的。即便是抒发个人情怀、人际情感乃至讴歌大自然风光的作品，也多和"出处进退"的人生道路，"发乎情，止于礼"道德规范紧密相连。总之，古代文学的思考离不开现实的政教伦理。虽然，中国古代文学中也有《金瓶梅》之类的"离经叛道"之作，但始终只占次要地位。

"文以载道"的教化传统，对中国古代文学有着正反两方面的影响。一方面，这种与政治过于直接贴近的关系和过于单纯急切的教化目的，使一部分古代文学作品充斥着大量枯燥的说教内容，不可避免地带有思想的狭隘性和艺术的单调性。例如，在元杂剧中常以封建的伦理道德为评判标准，混杂着不少封建的伦理说教，这不仅使作品的思想意义大受损害，也使它的艺术感染力大为下降。另一方面，关心政治，留意现实，注重作品的思想性、讽谏作用和教育意义，也促使了古代作家写出不少揭露现实、哀叹民生多艰的作品。例如唐代的杜甫，终其一生，不懈地追求理想的儒家仁政，深切地关注着国家与人民的命运。他把这一切都倾注在他的诗作里，而这，正是杜诗的感人之处。

（三）中和的美学风格

持中贵和，作为中国文化的基本精神之一，对中华民族和中国文化发展起过十分重要的作用。这与西方文化重分别和对抗形成很大的反差。"中庸"之道反映在文艺观上，便是提倡文艺作品的"中和"之美。我们以诗、书、礼、乐、易、春秋六经原典来看，这种主冷静反思，重视克制自己，排斥感性狂欢的文化特征，是很早便形成了。随后，中国古代文学又受到儒家"中庸"哲学思想的影响。孔子倡导的"乐而不淫，哀而不伤"的观点后来发展成"温柔敦厚"的"诗教"，即主张在文学作品中要有节制地宣泄情感，而不要把感情表达得过分强烈。至于那奔放的情欲、本能的冲动、强烈的激情、怨而怒、哀而伤、狂暴的欢乐、绝望的痛苦、毁灭、悲剧等等更是被统统排除了。在这种文学思想指导下发展起来的中国古代文学，在整体上便明显带有中和的美学特点。

在中国古代抒情文学中，少有狂喜或狂怒的作品。多数古代诗人都自觉不自觉地遵循着"诗教"的传统，以"怨而不怒""婉而多讽"的方式来批判现实。即便是情诗，也往往写得含蓄深沉，委婉曲折，像汉乐府"上邪"那样感情奔放的少而又少。但这并不是说中国古代诗歌缺少真挚的感情，只是由于情感的适度宣泄和表达方式的简约，才使它从未达到西方诗歌那种"酒神型"的迷狂程度，从而形成了含蓄深沉、温柔敦厚的中和风格。《毛诗序》中"发乎情，止乎礼义"的教言，正是这种"中和"美学准则的具体体现。

如果说中和思想给抒情文学提供了含蓄深沉的美学特征，那么，它在叙事文学上，恐怕消极一面的影响要大于其积极一面。综观中国古代的戏曲和小说，我们发现少有金刚怒目和嬉笑怒骂式人物而多温良恭俭让的形象，西方文学中那种以英雄为主角，以英雄和正义的毁灭来显示崇高的、恐怖的、美的悲剧，在中国古代悲剧中几乎是绝迹的。中国戏剧常常采用喜剧或大团圆的形式来结尾，即使是悲剧，也要留下一线希望，要么让受尽磨难的恋人在虚幻的仙境相会，要么让受害人的后代长大成人后报仇雪恨，要么让清官为受害人申冤，等等。这种处理方式不仅使故事的悲剧色彩大大降低，也使作品失去了那种惊心动魄的悲剧美。鲁迅先生对此曾批评说："中国人的不敢正视各方面，用瞒和骗，造出奇妙的逃跑来，而自以为正路，在这路上，就证明着国民性的怯弱，懒惰，而又巧滑。一天一天的满足着，即一天一天的堕落着，但却又觉得日见其光荣（鲁迅《论睁了眼看》）"这里，鲁迅一针见血地指出"中和"思想中消极的一面，即把各种互相对立性质的矛盾作丧失原则立场的调和。这种病不除，"则不但卢梭他们似的疯子绝不产生，并且也绝不产生一个悲剧作家或喜剧作家或讽刺诗人"（鲁迅《再论雷峰塔的倒掉》）。

（四）抒情写意的艺术手法

在古代中国，"天人合一"的思想传统源远流长，弥漫于全社会。在中国古代思想家看来，天与人、天道与人道、天性与人性是相类相通的，因而可以达到统一。这种思想观念熔铸了中国文化中的艺术精神。唐君毅指出，这种"艺术精神之本，在物我相忘以通情"，"原纯粹之艺术精神，根本在移情于物而静观静照之。静观静照之极，必托出对象，使之空灵。对象真达空灵之境，即在若有若无之间，与我全然无对待"（唐君毅.中西文化精神之比较）。这与西方文化中的科学精神截然相反。这种艺术精神反映在中国古代文学上，则表现为注重抒情和写意，与西方文学重视摹形和写实有很大的不同。

西方文学以戏曲和小说为主，侧重于人生的具体描写，无论是浪漫派写实派都一样。而中国古代文学则以诗歌和散文为中心，不喜作人生的具体描写，他们只是些轻灵的抒情小品，平澹宁静。中国古代文学中，发展得最为成熟的样式是"抒情言志"的诗歌，而叙事文学则相应地不发达。这一事实正说明了中国古代文学主要的性质是抒情。抒情性质使中国古代文学总体上呈现出诗的光辉，即使是叙事文学也不例外。例如《史记》就因洋溢着司马迁的悲愤情感而被鲁迅誉为"无韵之《离骚》"。

中国古代文学的抒情性质使之在写作手法上不重写实而重写意。它所追求的艺术境界不是真实而是空灵，不是形似而是神似。中国古代文论所讲的"神韵""意境"，正与中国书画艺术中的"传神""写意"相通。古典诗词中情景交融的境界正是传神写意在诗歌领域的表现。成功的古典诗词，圆融浑成，无始无终，无涯无际，超乎时空的存在。由于不拘人称且省略主语，任何读者都恍然有置身其间，躬逢其事之感。正因如此，中国古典诗词的意境是普遍而又永恒的。传神写意的手法也同样应用于古典小说、戏曲的创作中。中国的古典小说有白描的传统，即用最简约的笔墨，不加任何烘托，勾画出人物栩栩如生的情貌来。这种传神写意的笔法与西方小说中常作细致的环境、肖像描写和人物心理分析有极大的不同。中国的古典戏曲，不像西方话剧那样注重写实，也不受时间空间，分幕分场的限制，不求布景、道具和音响效果的逼真。它充分发挥了虚拟写意的表现性能，用象征性的景物器具，脸谱化的人物扮相，程式化与自由创造相结合的动作，背白、旁白、自报家门等表现手法,完全不同于西方话剧那种人为的真实感,拆除了演员与观众之间的"第四堵墙",使观众更易摆脱自己的静观地位,自由地参加到剧情流动的节奏中去。这种戏曲的虚拟形式所造成的"物我同一"的境界,与古典诗歌的情景交融,有异曲同工之妙。

第九章
中国传统音乐

在中国漫长的历史中，各个时代、各个地区、各个民族显示出千姿百态的灿烂文化，由此也形成了各具特色的音乐文化。它们在不断的交融、碰撞中逐渐凝聚成为具有深厚内涵的中国传统音乐。从广义上讲，世代相传的、前人创造的音乐均可称为传统音乐。如果再为它加上一个时间限制，中国传统音乐则是指"20世纪以前，在中华民族的文化背景中历史地形成的音乐"。它基本上由民间音乐、文人音乐、宫廷音乐、宗教音乐四部分构成。

一、传统音乐的发展历程

（一）原始至先秦时期

原始时期的音乐尚未形成独立的艺术形式，它与诗歌、舞蹈结合在一起，曲调简单，以节奏为主，粗犷而质朴。它主要反映着氏族部落的祭祀、畜牧、耕种、狩猎、繁衍等社会生活。

先秦时期，最具代表的音乐形式是宫廷乐舞，它仍是集诗、乐、舞为一体的艺术形式。庄重、肃穆、徐缓的钟鼓乐舞为其最高表现。此时的乐器品种也日趋丰富，有鼓、磬、埙、篪、龠、编钟、琴、笛等多种乐器。

同时，还出现了最早的乐律计算方法——三分损益法。在

图9-1　曾侯乙编钟

音乐美学思想方面，从西周末至春秋时期的"和同之辩"，到先秦诸子百家的论争，都为此后的各种学说奠定了理论基础。其中以孔子为代表的儒家提出的"中和"，以墨子为代表的墨家提出的"非乐"，和以老子为代表的道家提出的"大音希声"等音乐思想，对中国传统音乐的发展产生了深远的影响。这时还出现了我国第一部诗歌总集《诗经》及融会了儒家全部音乐美学思想的著作《乐记》（此书虽成于西汉，却是由战国的公孙子尼而作）。以上内容说明了我国传统音乐在这一时期已达到了一定的高度。

师旷，字子野，春秋后期晋国的宫廷乐师，精通琴艺和审音调律，他能弹瑟唱歌，而且是自作新曲，他还提倡诗词要配以曲调来咏唱。明、清琴谱中记载《阳春》《白雪》《玄默》等琴曲为师旷所作。

伯牙，春秋战国的琴师。其琴艺高超，《荀子·劝学篇》中有"伯牙鼓琴而六马仰秣"，就是说伯牙弹琴时，连正吃草料的马也会仰首而听。《列子·汤问》《吕氏春秋·本味》还记载着一段有关"知音"的故事：伯牙鼓琴，钟子期善听。伯牙鼓琴志在高山，钟子期曰："巍巍乎若泰山！"志在流水，钟子期曰："洋洋乎若江河！"是为"知音"。现存琴曲《高山》《流水》等都是源于此传说故事的作品。

（二）秦汉时期

战国末期，秦相继灭六国，结束了战国时期诸侯割据的局面，并建立了我国历史上第一个统一的中央集权封建国家。秦始皇在征服六国后，将"六国之乐"集于宫中，并为此设立了专门的音乐机构"乐府"，使华夏之乐在此得到了交汇和融合。

汉袭秦制，汉武帝时期"乐府"更为兴盛。汉乐府的职能是将贵族、文人的诗词歌赋编配成曲用于宫廷的演出。此外它还担负着采集、加工、整理各地民歌，甚至是少数民族、外域音乐的重要工作。它的产生促进了汉代民间音乐的繁荣，其中的相和歌、鼓吹乐、百戏较有代表性。西汉时开辟的西域交通路线，促进了中国各族人民与亚洲各族人民的经济文化交流，也使音乐得到了丰富和发展。

李延年（？—约前87）汉武帝时乐官。他知音，善歌舞，并能作曲。曾为司马相如等数十人所撰诗词配曲，作《郊祀歌》十九章。还曾将张骞从西域带回的乐曲《摩诃兜勒》改写成汉代最早的横吹曲《新声二十八解》。

蔡邕（132—192）字伯喈，东汉文学家、书法家、音乐家。少博学，善辞章，精通音律。其创作的古琴曲《游春》《渌水》《幽思》《坐愁》《秋思》被誉为"蔡氏五弄"。他所写的《琴操》一书，是早期最丰富的琴学专著，其中包括十五首琴曲的解题及歌词。

《胡笳十八拍》，琴歌，相传为蔡琰（字文姬）所作。蔡琰于东汉末年，被掳入南匈奴，成为左贤王妃，生得二子，12年后被曹操赎回。传说她在饱尝了思乡之苦及别子之痛后，孕育出了千古绝唱《胡笳十八拍》。此曲虽长达十八拍，但却只有一个主题。乐曲融入了匈奴族乐器胡笳特有的曲调，旋律既委婉凄美，又高亢悲壮，音乐情真意切感人。

（三）魏晋、南北朝时期

魏晋、南北朝时期政治上的动荡、分裂迫使北方人民南迁、少数民族内移。但这种现象并未使音乐萎缩，从某种意义上说它使各地、各民族的音乐又有了一次交融、碰撞的机会，也为隋唐音乐的繁荣奠定了坚实的基础。此时的琴乐艺术日趋成熟，琴的形制已基本定型，并有了初期的文字谱，与此同时也涌现出了嵇康、阮籍等一大批优秀的琴家及经典的琴曲，如《梅花三弄》《酒狂》《碣石调·幽兰》等作品。

嵇康（224—263），字叔夜，三国时期著名的思想家、文学家、音乐家。他与阮籍、山涛等六人常在竹林写诗赋文、奏乐高歌，世谓"竹林七贤"。嵇康为人刚正疾恶，锋芒毕露，由于不满司马氏的专权，终被司马昭所杀。嵇康精通琴艺，最擅长弹《广陵散》，并创作了多首琴曲。他的音乐美学论著《声无哀乐论》对儒家的音乐思想形成了猛烈的冲击，书中涉及音乐的本质、功能、审美感受等内容，其中的"言不尽意""得意忘形"是嵇康音乐美学思想的最充分体现。《声无哀乐论》是我国古代具有代表性的音乐美学论著。

《广陵散》，琴曲，又名《广陵止息》。其内容题材取自于《聂政刺韩王》的故事，大意是：聂政的父亲因为韩王铸剑误期而被处死，聂政为父报仇费尽周折，学琴十年后以高超琴艺进宫奏琴。在演奏中趁韩王不备由琴腹中抽出匕首，将韩王刺死。此曲结构庞大而富有逻辑性，因其内容反映的是社会人际的激烈冲突，所以音乐气势磅礴，雄浑壮烈。

（四）隋唐时期

由隋至唐，中国传统音乐进入了空前繁荣的时代。政治的稳定，经济的发展，民族的和睦团结，为音乐文化的高度发展提供了必不可少的外部环境条件。综合了诗歌、器乐、舞蹈于一体的歌舞大曲是这一阶段最具典型意义的艺术形式。庞大的结构、复杂多变的节奏与速度，使得唐歌舞大曲朝着大型化、规范化、程序化的方向发展。其代表曲目有《霓裳羽衣曲》《破阵乐》《水调》等。

图9-2　唐代伎乐人乐舞图（敦煌莫高窟一一二窟壁画摹本）

唐代注重与东西方各国及各少数民族音乐文化的交流、融合，它吸收了大量外来的曲调，如《霓裳羽衣曲》中就融入了西凉音乐的素材。音乐的传入亦带来了多种多样的乐器，如曲项琵琶、筚篥、竖箜篌、铜钹、答腊鼓等，其中曲项琵琶在流传过程中融入了本土直项琵琶的特点，逐渐发展成为现在的琵琶。与此同时，中国的音乐也影响着世界各国，尤其是以日本、朝鲜为代表的亚洲各国。

唐诗入乐。唐人有选词度曲的传统，好的诗作无不被乐人们争相配乐传唱，李白、白居易、王之涣、王昌龄等人的诗更是被广为传唱。所以，在音乐中我们能听到田园诗派那来自心灵的吟唱，也能听到现实主义诗派对社会的痛斥及浪漫诗派奇丽的幻想，更能听到边塞诗人那豪气冲天的万丈情怀。与诗相融的盛唐之乐，博大精深、气势恢宏，它矗立于世界东方，释放着光辉耀眼的华夏之光。

李隆基（685—762），即唐玄宗，又称唐明皇。精通音律，善即兴作曲，并能演奏多种乐器。作有《霓裳羽衣曲》《春光好》等曲。他竭力倡导音乐，在宫廷创建教坊、梨园等机构，并亲自作曲、演奏、指挥。从某种程度上讲，唐代音乐的繁荣，李隆基功不可没。

《霓裳羽衣曲》，其音乐是唐玄宗部分地吸收了西凉音乐《婆罗门》而创作的。它是唐代最著名的歌舞大曲，其规模巨大，结构复杂，共36段，分为散序、中序、破三部分。《霓裳羽衣曲》从音乐、歌舞到服饰都力图创造和表现一种"仙意"。音乐既有中原清商乐的含蓄婉转、清丽悠扬，又有印度佛曲的空幻、缥缈，是一部将外族音乐汉化的杰作。难怪白居易会发出"千歌万舞不可数，就中最爱霓裳舞"的感慨。

（五）宋、元、明、清时期

宋元、明清时期，是政治在又一次分裂后进入到的相对稳定的阶段。相应的，传统音乐也得到了再一次的发展。但与唐代音乐不同的是，此时的音乐文化已具有了世俗性，其重心已由宫廷转向民间。它反映着人们的喜怒哀乐，与人民保持着密切的联系。戏曲音乐为此时期的最高代表形式，它继承了宋元杂剧、南戏的遗风，又从各地民间音乐中吸取养分，哺育出了众多的剧种和唱腔，成为中国传统音乐的重要传承、保存途径。

明清时期，琵琶艺术获得了很大的发展。不仅形成了众多的流派，还涌现出了许多著名的琵琶演奏家，同时优秀的琵琶曲也应运而生，《十面埋伏》《霸王卸甲》《海青拿天鹅》等便是其中的代表之作。

《溪山琴况》是此时期众多音乐理论著作中较有影响的一部，它在总结前人琴学理论的基础上，提出了古琴表演艺术的"二十四况"，即：和、静、清、远、古、淡、恬、逸、雅、丽、亮、采、浩、润、圆、坚、宏、细、溜、健、重、轻、迟、速。为后人研究、借鉴、吸收古琴演奏技巧和审美思想提供了较完整的理论思想。

乐律学理论在此时也有了重大的突破,明代乐律学家、历算学家朱载堉的"新法密率",科学地解开了历代律算学家无法解决的难题——"黄钟不能还原",最早提出了"十二平均律"律学理论。再次证明了中国人在这个领域的领先地位。

姜夔(1155—1221),字尧章,号白石道人,世称姜白石。南宋词人、音乐家。因屡试不第,终身不仕。与杨万里、范成大、张鉴、辛弃疾交往颇深。他能作曲,在乐理上自成一家。《白石道人歌曲》六卷中,《扬州慢》《鬲溪梅令》《暗香》《疏影》《长亭怨慢》等词曲十七首,均有古工尺字旁谱,多为姜白石自作。他的词十分注重格律,其内容多为写景咏物及记述客游之况,情调感伤,但往往也曲折地传达出对国家命运的关心。他的著作还有《白石道人诗集》。

《十面埋伏》,琵琶曲,又名《十面》《淮阴平楚》,是琵琶音乐的代表性作品。全曲共分13段,其结构清晰、形象鲜明。它以楚汉垓下之战为题材,歌颂了汉王刘邦的英雄气概,刻画了汉军在鸡鸣山小战到九里山大战中所表现出的英武雄姿。此曲中琵琶的演奏技巧得到了较为充分的发挥。其中轮拂、勾轮、推、拉、煞、纠弦等手法的运用逼真地再现了战场上铁骑纵横、兵戈相击的激烈场面。

二、传统音乐的构成

中国传统音乐是由民间音乐、文人音乐、宫廷音乐、宗教音乐四部分组成。

(一)民间音乐

民间音乐有着悠久的历史,它是劳动人民在长期的生产劳动和社会实践中产生的。虽然长期以来历代统治者对它持鄙视甚至是干涉、压制的态度,但它仍生生不息,演化出众多的音乐种类,形成了丰富多彩的音乐风格。可以说民间音乐是其他各类传统音乐的基础,无论是宫廷音乐、文人音乐还是宗教音乐,它们都在民间音乐中汲取了大量的养分,并与之保持着密切的联系。民间音乐以它拥有的绝对数量、广泛的覆盖面、优美动听的旋律、鲜明浓郁的特点、真挚的情感、蓬勃旺盛的生机,在我国传统音乐中占有绝对优势的地位。从整体上说，民间音乐具有以下特点：

多元性、丰富性。我国幅员辽阔、民族众多，每个民族在它的成长过程中都会形成具有一定特色的音乐风格，如维吾尔族音乐中的附点、切分节奏，蒙古族"长调"中的三度颤音等等。同时，近乎封闭式自给自足的劳动生活习惯，也形成了不同地域的音乐文化。同样是《绣荷包》，流行于江浙一带的，其音乐委婉、流畅、细腻。而流行于东北地区的，其音乐则跳跃、伸展，具有爽朗、粗犷的特点。除此之外，中国历史上还经历了几次文化大碰撞，使得外域文化逐渐融入我国。这诸多因素使民间音乐具有品种繁多、内容丰富、形态各异等特点。

口头性。民间音乐大都是劳动人民自发的口头创作，同时它也借助口头形式进行传播。之所以以口头形式传播，其原因主要是：一方面，劳动人民没有机会受更多的教育，因而无法以文字的方式记谱。另一方面，再科学的记谱法也无法把音乐的"韵味"体现出来，古人说"谱可传而心法之妙不可传，存乎其人耳，善学者能自得之"就是这个道理，而且乐谱还禁锢了人们的发挥、想象。与之相比，面对面的传授不仅能较好地捕捉到音乐的"韵味"，还有利于对音乐的再创造。因此，口传心授就成为民间音乐的主要传播方式。

创作的集体性。与其他音乐种类由作曲者单独创作的方式不同，民间音乐大都是由集体创作的。由于口头传播的方式，一些作品经个人创作完成之后，在流传的过程中，由后人一代一代地丰富、完善，从而形成了纵向的集体创作方式。还有一些民间音乐是在集体的直接参与下创作而成的。如劳动号子，它是在某些需要集体配合的劳动中，由于需要统一力量、协调动作，因而就有人领头吆喝，其后众人应和，如此一呼一应循环往复而产生的。古文献中所谓"今夫举大木者，前呼邪许，后亦应之，以举重劝力之歌也"甲，这段文字便是对古时期先民一边运木一边唱号子的真实写照。

实用性。民间音乐来自于人们的劳动生活，因此它具有广泛的实用性。除了娱乐功能外，它还可以作为青年男女间感情交流的媒介；在红白喜事中用来渲染气氛；在集体劳动中充当指挥者；在买卖人的吆喝中招揽生意等等。它像一本"百科全书"一样记载着人们最细微的情感和最具体的生活。

甲 何宁. 淮南子集释[M]. 北京：中华书局，2006.

（二）文人音乐

文人音乐是指中国封建社会知识阶层创作、流传的音乐。生活在封建社会中的文人大都处于压抑、不得志的地位。因此，用音乐去寻求精神世界的自由往来，使主观精神达至理想境界，是他们调和心境的最佳方式之一。但是由于长期受封建礼教思想的束缚，这种"精神的自由"并不能完全地释放开来，所以作为精神载体的音乐又会受到一定的限制。这使文人音乐形成了一种清心寡欲的浪漫主义音乐风格——它带人徜徉寰宇却不洋溢激荡，只是以含蓄的表达方式追求意境与弦外之音，用有限的音乐传达无限的思想。以琴曲《梅花三弄》其主题音乐的前六小节为例：

$$1=F \quad \frac{2}{4} \quad \frac{3}{4}$$

$$\underline{15}\ 5\ |\ 5\cdot\underline{32}\ |\ \underline{15}\ 5\ |\ 5\cdot\underline{32}\ |\ \underline{12}\ \underline{123}\ |\ \underline{55}\ 5\ -\ |$$

在这短短的六小节里，并没有复杂的音符组合，而只用了"1""5"这两个较为稳定的音符（"3""2"为经过音），节奏趋于简洁，再配以泛音的演奏，梅花那凌霜傲寒、高洁不屈的节操与气质已豁然跃于我们眼前。无须繁复的创作手法，音乐留给我们的是那充满想象的"弦外之音"。

文人音乐与诗歌一直保持着相互支持、相互促进的关系。琴歌《阳关三叠》就是这两者结合而产生的佳作。原诗为王维的《送元二使安西》，它以文字的声律配合乐曲的音律，且讲究歌法，使音乐与诗达到了完美的统一。

文人音乐经过长期的发展，形成了一套完整的音乐美学思想体系，它较大地影响了中国传统音乐总体风格的发展，其特征正如吴毓清先生所说的"在清和淡远与孤芳自赏中蓄以深沉的忧患意识与孤愤、超脱之想。就其内涵而论，它既是对封建社会的一种无力抗议，也是对人的尊严和自由、人性追求的一种扭曲折射"。

（三）宫廷音乐

宫廷音乐可分为典制性音乐和娱乐性音乐两类。典制性音乐用以显示典礼的隆重和帝王至高无上的地位、尊严。它包括祭祀乐、朝会乐、凯歌乐等。由于受厚古薄今的观念影响，典制性音乐往往沿用古乐或模拟古乐，这使音乐增加了庄严、肃穆的效果，但整体却缺乏活力。娱乐性音乐主要取材于民间音乐和其他国家的音乐，经过精心挑选、加工、改造之后，供统治者欣赏、娱乐。它包括筵宴乐、行幸乐、吹打乐等。

功利性是宫廷音乐最显著的特点。在这里音乐成为统治者手里的有力工具，用来表现统治者的威严、高贵，为统治者歌功颂德，同时它还兼有教化和训导人民的功能。宫廷音乐的旋律大都优美、典雅、绵延徐缓。多采用严格的齐奏方式演奏，即每件乐器同时演奏相同的旋律。这种对齐奏方式的偏爱正是政治上"大一统"观念的体现。

宫廷音乐属于统治阶级礼仪、制度的一部分，遇到改朝换代，新的统治者往往将其废除，再建立起合乎自身的新的宫廷音乐，这就是宫廷音乐难以完整保存的重要原因。现在我们只能从少量的文献资料中依稀寻找到《霓裳羽衣曲》《秦王破阵乐》的遗风。

（四）宗教音乐

我国有着众多的宗教文化。从音乐方面说，相比之下佛教、道教的音乐特色较为浓厚。因此，这里我们主要谈谈佛教音乐与道教音乐。

佛教是由印度经西域传入我国内地的，经过这条漫长的传播道路，随佛教而来的音乐便具有了印度、西域音乐的神秘感和中国民间音调的质朴感。佛教音乐由汉传佛教音乐和藏传佛教音乐构成，它的到来丰富了我国音乐。一方面，佛教音乐促进了说唱音乐的发展。佛教是外来宗教，当它开始传入我国时，人们对它是陌生的，僧侣们为了让百姓了解并接受它，便采取了"说唱形式"进行宣传，即将教理、教义与好听的音乐旋律（有时是采用民间音乐的旋律）相结合，让人们在加唱加叙中轻轻松松地去接受和领悟佛教。这里的"说唱形式"讲究节奏的平稳、旋律与字调的吻合，注重对音乐所负载内容的明确阐述。另一方面，佛教音乐引进了一些新的乐器及乐曲。我们都知道"木鱼"是佛教的法器，它是僧侣们诵经时敲击，用以调音节的。由于它具有调音节的作用，清代以来木鱼逐渐流传到民间，并被广泛应用于民乐合奏中。另外还有打击乐器"铙"（俗称"镲"），它起初用于佛教的法事中，后为民间世俗演奏所广泛采用，在戏曲和民族打击乐合奏中，它还是主奏乐器之一。现在木鱼、铙都是民族打击乐器中的一员。

道教音乐是在道教的修行法事、纪念法事和斋醮法事中配合使用的音乐。它具有渲染宗教气氛,增强信徒对本教的迷信与崇敬等作用,是道教仪式中不可缺少的内容。由于道教是本土所生,因而它与民间音乐、宫廷音乐、文人音乐及佛教音乐都有着密切的联系,在大量地吸收、融合他们的曲调和演奏方法之后,道教音乐具有了更广泛的群众性和地方性。一方面,它的曲调容易被人们理解和接受,在宣扬宗教的同时也产生了娱乐的作用。另一方面,由于道教音乐往往就地取材,而不同的地域又有其不同的音乐风格,因此道教音乐也具有浓厚的地方特色,如全真道的"地方道韵"(也称"乡韵")就有北京韵、崂山韵、陕西韵等许多流派。正因为道家音乐集各家之所长的特点,它在音乐的表现力上也越加丰富:祈福庆祝时音乐热烈欢快,赞颂神灵时音乐优美恬静,清修养炼时音乐悠扬飘逸。从另一个侧面,它反映了道教追求长生永世和清静无为的思想。

从佛教音乐和道教音乐的介绍中我们可以看到,宗教音乐其主要作用在于配合宗教仪式、宣导宗教教义、渲染宗教气氛。总之,宗教音乐是作为宗教统治的工具而出现的。

三、传统音乐的形态特征

(一)线性思维的旋律

从西方绘画那种讲究明暗效果,重视透视性、立体性的思维中,我们可以体会到,为何西方音乐更着力于表现多声部纵向的和声关系,其音响为何富有立体的效果。同样在中国书法、绘画那流动的线条背后,我们也洞察到了中国传统音乐所具有的思维方式——线性思维,即以旋律的横向伸展为主要表现手段,注重旋律线条的流动性。如《渔舟唱晚》《梅花三弄》等作品都是通过一条起伏绵长的旋律线将音乐娓娓道来。

线性思维模式的形成有诸多因素。其一,线性思维符合中国传统哲学的审美标准。儒家提倡的"中和"、道家的"无为"、禅宗的"清、静、淡雅"等思想,已为中国传统音乐的思维模式定了型。在这些思想的影响下,传统音乐缺少形成多声部、立体思维方式的条件。其二,受佛教音乐的影响。如前所说,佛教音乐的一个重要作用在于宣传教义。而以纵向和声为基础的多声部音乐,难以将歌词清楚地表述。与之相比,线性的旋律清晰、明确,配以歌词后,无论从听或唱的角度都有利于百姓理解、接受教义，因此线性思维方式在佛教音乐上的体现也逐渐影响到整个中国传统音乐。其三，与中国传统艺术特性有关。中国传统艺术具有时间性和动态性的特点，它重视艺术形式在时间上的流动。如中国的园林艺术，"园林艺术的整体概念是与时间联系在一起的，我们在园林中看到的每一个单一的风景形象，均可视为在整体中存在的某个'顷刻'。每前进一步，就过渡到下一顷刻，就会欣赏到不同的形式。即使同一个风景，只要稍微改变欣赏的角度，也会获得不同的感观"。(《画境文心——中国古典园林之美》) 这种时间性、动态性的特点也深入到传统音乐中，而时间上的流动必然会显现出线性的轨迹。

传统音乐在旋律上对线性思维的发展，使音乐有了起伏、张弛、虚实等变化，它追求的是单纯质朴、深邃飘逸的音响效果，这正是传统音乐"韵外之致"的美学境界产生的源泉。

（二）融于审美之中的节奏

"节奏是音乐的骨骼"，中国传统音乐对节奏有着自己独特的认识，即融于审美之中的节奏。直至明清时期，音乐的节奏仍没有从审美观念中单独分离出来。如同用轻重、虚实去认识力度的大小；用刚柔、清浊、明暗去认识音色的变化一样，"长短、顿挫、迟速、周疏"这些带有审美意味的词也在制定着节奏的内容，并且似乎还含有对力度、速度等内容的暗示。除此之外，中国传统音乐审美中重自然、重人的观念也影响着节奏。它淡化了乐谱的功能，而更注重节奏在听觉上的感受。这样，被赋予如此丰富内容的"节奏"也就不再像原本意义上的节奏那样，有规则、均匀的时位感，而是在听觉的基础上随着情绪，随着自然之律，较自由地进行。这种特点在琴乐中最为显著，《敬斋古今注》说"琴无节奏，节奏虽似拍而非拍也……故琴家迟矣不妨，急矣不妨，所最忌者，唯其作拍。""既然最高的音乐是自然本身，所谓天地有大美而不言；既然最美的节奏是自然的节奏，那么琴之节奏自然应与自然之律及自身气息的调理相通，应随其曲之悠扬，自得天籁之中节"。

（三）以"三音组"为基础的五声调式

从一开始，中西方文化就走向了两条相反的道路。西方文化追求细致、缜密，他们以理性的态度处理外部世界，西方音乐选择以十二平均律为基础的大、小调式。与之相反，中国文化崇尚朴素、单纯，重直觉、顿悟，常以感性来把握外部世界。认识到这一点，我们也就不难理解为何中国人对五声调式（这里的五声调式专指民族五声调式）偏爱有加。

中国传统音乐的五声调式是按照纯五度排列起来的五个音（即：宫商角徵羽）所构成的调式。它有五种形式，即宫调式、商调式、角调式、徵调式、羽调式。五声调式的特点是避免了半音和三全音这类不协和的音程，其音响自然协调，比较适用于单音音乐。五声调式特有的风格体现在旋律进行时音与音之间的结合关系上。一般每个调式都是由两个"三音组"结合而成的。如羽调式中的"三音组"为６１２、３５６两组，在羽调式的音乐中，这两组音在旋律的构成上起着重要的作用。以《春江花月夜》为例：

$1=G \quad \frac{2}{4}$

五声调式的音乐明朗、清丽，具有单纯、质朴、简洁的特点。这些特点正迎合了"中和"的美学主张。

（四）多元化的结构原则

在传统音乐中，许多音乐作品常以"大体如是"的逻辑进行整体布局，这常使我们难以准确地把握音乐的总体结构。这种现象的形成，一方面是由于传统音乐口传心授的延续方法增加了音乐的不确定性，使许多音乐的结构变得模糊不清。另一方面，在思维方式上重直觉、重顿悟，以"忘形"为上的思想，使传统音乐在曲式结构上很难看出精心设计的人为痕迹。因此，如果将西方音乐那种严格的结构框架——"曲式"硬套在传统音乐上，便显得有些牵强。虽然没有明确的曲式，但中国传统音乐并非没有自己的结构原则。在漫长的历史当中，中国传统音乐形成了多样且独具特色的结构原则，下面我们来谈谈常用的一些。

1. "起、承、转、合"式的结构原则

"起、承、转、合"原则体现在许多艺术形式里。如《诗经》的第一篇《关雎》："关关雎鸠，在河之洲，窈窕淑女，君子好逑"就是如此。在传统音乐中也习惯把乐曲所含的乐段，甚至乐句都纳入起、承、转、和的原则中。其中"转"部常在音乐素材、节奏、调式等方面与"起"部形成对比，由此去演绎音乐的高潮、兴奋点，使音乐具有较强的张力，赋予音乐更多的"韵味"。以琴歌《阳关三叠》为例：

$1=\flat A \ \frac{4}{4}$

$\underline{6\cdot 1} \ \underline{3 \ 2} \ | \ 1 \ 2 \ 2 \ - \ | \ \underline{5\cdot 6} \ 5 \ \underline{3 \ 5} \ \underline{3532} \ | \ 1 \ 2 \ 2 \ - \ |$

渭城　朝雨　浥轻尘，客　舍青　青　　柳色新。

$\underline{1\dot{6}} \ \underline{\dot{6}\dot{6}} \ \underline{\dot{5}\dot{6}} \ | \ \dot{6} \ - \ \underline{6\cdot 1} \ \underline{3 \ 2} \ | \ 1 \ 2 \ 2 \ - \ |$

劝君　更尽　一杯　酒，　西出　阳关　无故人。

其中"起"句较舒缓、平和；"承"句则是起句的延续；"转"句其情绪激越，旋律一开始即以富有动力的切分节奏八度跳跃到乐曲的最高音，充分表现了情绪的转变；"和"句是对起句的再现，似整体的一个总结。在这样的原则中，音乐可随之自然地起伏上下。

2. 三部式结构原则

西方音乐的三部式结构大都以对比、再现为原则，即A（主题部分）—B（对比部分）—A（主题再现部分）。其中A与B之间常用突变的方式来表现对比，追求强烈的变化，之后再回到A，寻求在对比基础上完成统一的布局。这种思想离不开西方古典哲学有关"三段式"的论证思想（即一切事物的发展构成可分为正题—反题—和题三阶段）。而中国传统音乐多受"起、平、落"思维定式的影响，音乐上强调在统一的基础上逐渐变化、展开乐思，这就使三部式结构多采用渐变手法发展音乐。在中国传统音乐中即使音乐需要对比，也常以渐变的方式将其淡化，使对比在无形中展开。

3. 变奏式结构原则

传统音乐的变奏原则建立在对主题段落加以变化重复之上。它强调的是一种有机的渐入，讲究音乐线条的流动性，是传统音乐中一种重要的结构原则。被孔子称为"尽善尽美"的

《韶》乐,全曲共进行了九次变奏,阿炳的《二泉映月》,全曲共有五次变奏。这些作品之所以采用变奏的结构原则,其原因在于变奏手法对深化音乐主题,塑造统一的音乐形象有着重要作用。

四、美学境界

(一)中和

"中和"原是儒家"中庸"思想在音乐中的反映,后经发展成为中国传统音乐所追求的一种美学境界。

"和"的概念最早见于公元前773年史伯的《国语·郑语》:"和实生物,同则不继。以他平他谓之和,故能丰长而物归之"。文中已认识到,只有事物内部相异或对立的方面按一定规律和谐统一起来,才能使事物获得继续发展的动力。史伯还提到"和六律以聪耳",说明不同律高的音乐组合在一起,就能产生出好听的音乐。他认为"声一无听,物一无文"这其中暗示了一种美的构成规律,即和谐的美来自于事物内部变化时的协调统一。和不是同,而是异。音乐中若能将各种矛盾因素有机地协调统一起来,使之形成音响上的起伏变化,便能达到"和"的境界。

在两百多年后的《左传·昭公二十年》中,齐大夫晏婴将史伯"和"的观点加以继承发展,他提出"一气,二体,三类,四物,五声,六律,七音,八风,九歌,以相成也。清浊,大小,短长,疾徐,哀乐,刚柔,迟速,高下,出入,周疏,以相济也"。强调了音乐的美在于诸要素之间应和谐统一,"和"是不同事物关系协调后的结果。

史伯、晏婴提出的"和"是音乐美的构成规律,这种关于"和"的认识更多地倾向于音乐外在的审美。其后以孔子为代表的儒家思想,在前人的基础上提出了"中和"并将其发展成为一种深入音乐内部的审美观念。

"中和"是中庸思想在音乐上的体现。孔子要求音乐的情感表现要适度而有分寸,在音乐审美时,内在的情感体验应保持"中和"的状态。"乐而不淫,哀而不伤""不偏不倚""无过无不及"等都是儒家"中和"思想在音乐中的直接表述。

儒家之所以将"中和"作为音乐的最高审美境界,是由于他们沿袭了周代的"礼乐"制度,将音乐强调到同政治、伦理同等重要的位置上,使音乐发挥出比审美娱乐更为重要的作用,即认识、教化作用。儒家强调音乐与政治的关系,认为"乐"是"政"的反映,所谓"是故治世之音安,以乐其政和;乱世之音怨,以怒其政乖;亡国之音哀,以思其民困,声音之道,与政通矣"。因此儒家推崇符合中和思想的音乐,因为音乐上的"和"会帮助政治的"和",这里"中和"之乐不仅是一种艺术,更是一种治理国家的工具,统治者可借助这种工具来实现社会政治秩序的有条不紊,以巩固自己的政权。

儒家还看中音乐的教化功能,认为典雅纯正的、符合"中和"思想的音乐能改变人们的性情,感发人们的心灵,使人自觉地接受和实行人道,塑造理想的人格。以《韶》为代表的雅乐是"中和"思想的直接体现。孔子在听了韶乐以后,竟三月不知肉滋味,认为"《韶》尽美矣,又尽善也",这里所说的"善"便是昭示德行的心灵美。孔子还从一个初生婴儿纯洁的目光里看到"韶乐将作"。这说明音乐能间接地再现出道德品质,孔子相信在达到"中和"境界的音乐里,人们的心灵自然能得到净化。

在对"中和"思想分析之后,我们也就可以理解为何孔子好雅乐而恶郑声。在孔子看来"郑声"违反了"中和"的原则,"其声哀而不庄,乐而不安,慢易以犯节,流湎以忘本,广则容奸,狭则思敛。感条畅之气,而灭平和之德"(《礼记·乐记》)。与之相反"雅乐"肃穆、和谐、平静,其表达方式"典雅纯正",其内容"中正和平",完全符合"中和"的审美标准,因此"雅乐"也为历代儒家所提倡。在这样的思想背景下,中国艺术对情感的表现在大多数情况下都保持着一种理性的人为控制,而极少坠入卑下粗野的情欲发泄或神秘狂热的情绪冲动中。

(二)大音希声

"大音希声"出自《老子》第四十一章:

大白若辱,大方无隅,大器晚成,大音希声,大象无形。

李泽厚、刘纲纪在其《中国美学史》中说:"老子这句话的本意,是在借音作为比喻来说明'道'是人们的视听感官所不能把握的东西。从视觉所及的'形'来说,'道'是'无状'之状,无物之'象'(《老子》第十四章),也就是'大象无形';从听觉所及的'音'来说,'道'就是无声之音。"虽然"大音希声"在最初是为阐明"道"而出现的,但它仍透出了老子在音乐美学上的思想。在后人的继承发展下,"大音希声"逐渐成为道家音乐美学上的最高境界。

那么"大音希声"该如何理解呢?《老子》第十四章说:"有物混成,先天地生,寂兮寥兮,独立而不改,周行而不殆。可以为天下母,吾不知其名,字之曰道,强为之名曰大。"这里"道"即是"大",文中以"大"喻"道"之至高无上,宽广无限。"音"指"音乐","音,声也,生于心,有节于外,谓之音"(《说文解字》)。因此"大音"可解释为最大最完美的音乐。"希",老子说"听之不闻名曰希","希声"就是听不到声音。从字面上讲"大音希声"可理解为:最大最完美的音乐是听不见声音的。

"大音希声"的第一层涵义是说,最完美、最完善的音乐是无状之状,无物之象,是作为"道"的音乐。这种附和"道"的最美、最好的音乐是无法用声音去实现的。一旦将这种音乐表现出来,那它就不是最完美的音乐了。正如"道可道,非常道"一样难以言表。

"大音希声"的另一层涵义在钱钟书的《管锥编》中有所表露,文中说:"寂之与音,或为无声,或为遗响,当声之无,还声之用。是以有绝响或间响之静,亦有蕴响或酝响之静。静故曰'希声',虽'希声'而蕴响酝响,是谓大音。乐止响息之时太久,则静之与声若长别远暌,疏阔遗忘,不复相关交接。《琵琶行》'此时'二字最宜着眼。"钱钟书拓宽了"大音希声"的思想范围,在他看来"希声"等同于白居易《琵琶行》中"此处无声胜有声"中的"无声","希声"存于"有声"之中,并在有声的映衬下更具表现力。钱钟书试图将这种个人对音乐虚实关系的艺术体验,赋予"大音希声"之本体中,以使之在艺术的现实世界里更具生命的活力。

道的艺术其最高境界是"独与天地精神往来",而"大音希声"在最深层所追求的正是这种自由的精神境界。它的存在方式似乎与听觉感官把握的音乐外在形态毫无关系,而完全存在于观念层,它是一种用心去聆听的音乐。传说中陶渊明自备"无弦琴"而抚弄的故事就是这方面的例证。《陶渊明传》中说:"渊明不解音律,而蓄无弦琴一张,每酒适,辄抚弄以寄其意。"陶渊明似乎有意识地要实现"大音希声"的最高境界,他表现的是一种以精神来感受天地"大音"的追求,"但识琴中趣,何捞弦上声"。

（三）空静、淡远

"空静、淡远"是经历了道、玄、禅后逐渐凝练成的一种美学观。它所体现的是未经人为扰乱的客观自然本性，是一种令自己内在心灵归于朴素，融化于自然，体悟道之本性的境界。

禅的艺术强调"空"，但"空"并不是精神空虚，而是要排除干扰、消除杂念。

中国传统文化讲究与自然的融合，因此传统音乐也多以宁静优美的自然景物为题材，表现一种守静的美。"幽兰高洁，墨竹雅韵，寒松风骨，皓月当空"，这些在静中充满灵动的生命都成为音乐的表现对象。

"空静"讲求的是一种心境。只有心中若空静如一池碧水，才能让弹奏的对象占据整个的心境。就像伯牙学琴与成连，琴技虽有所成，但音乐终不达精妙之地。后成连将伯牙置于"绝海之滨、空洞之野、渺无人迹之地"时，面对自然伯牙终做到心无杂念、情志专一，从而领悟到了音乐之真谛。"空静"中，空虽空，却不是空洞无物，而是空中有生命的灵韵；静虽静，却不是寂灭无声，而是静中有生命的律动，它是将自然化为心中之静的美学意境。

空静必淡远，这是一种必然的发展。淡远，是封建社会后期中国艺术追求的最高境界，它是一种"渐老渐熟，乃造平淡"的艺术境界。它的表现特征是"只取远神，不拘细节"。当"淡远"停留在音乐表面上时，它是由声音渐虚、渐微、渐静所产生的空间效果。而当"淡远"成为美学境界时，它在更深层上营造的是蔑功利、脱凡欲、求寂寞、追求自由的精神世界。它具有平淡却恒久的意味。在"淡远"的音乐境界里没有明显的对抗，没有彻底的悲剧，有的只是淡淡的惆怅和恬静的笑意。心灵的痛苦在大自然的背景上淡化，灵魂的激动在自由的节奏中平静，神思的浮动在悠扬潇洒的旋律中飘逸……

"空静、淡远"是道、玄、禅造就的一种优美的美学境界，它可使人们的心灵从纷繁的世界退避到另外一个更为广大、浩瀚，却宁静、和谐、空明、悠远无尽的自然界中去。这其中虽有消极、逃避的一面，但依然会透出对人生、生命、自然的向往和热爱。

（四）韵外之致

在音乐的发展中，随着人们对更深层次美的追求，音乐也不止停留在对表面事物的反映上，而是努力去表达人们的意志和愿望。所以中国的音乐一般很少直接去摹仿自然界，而是致力于表现高山流水那"巍巍乎""洋洋乎"的意韵。正是这种独特的表现方式，形成了中国传统音乐在美学上的又一追求——韵外之致。

"近而不浮，远而不尽，然后可以言韵外之致耳"（司空图《与李生论诗书》）。其中的"韵外之致"是一种超越于形貌、味道的深微的意味。它甚至成为一种衡量艺术优劣的标准，所谓"有韵则生、无韵则死；有韵则雅、无韵则俗；有韵则响、无韵则沉；有韵则远、无韵则局"（陆时雍语）。

"韵"在音乐中，既依存于声音又疏离于声音，随着乐曲音响的渐渐岑寂，它会逐渐脱离声音载体，在人的想象空间与心境之间穿梭往来。这便是"余音绕梁三日而不绝"的奥秘所在。明人陆时雍说："物色在于点染，意态在于转折，情势在于犹夷，风致在于绰约，语气在于吞吐，体势在于游行，此则韵之所由生矣。"这段话说明"韵"在表现形态上应以"虚""动"为本。所以《高山》《流水》在几经流变后仍是"山在虚无缥缈间""水在若有若无处"。"韵外之致"也多隐秘于清虚、高洁、玄远的流动之乐中。它将自然的景物化作情思，愈淡愈浓、愈平愈深。这些作品多具有气韵生动、情深意远的品格，在乐声中寓以精深的人生哲理，时而引人沉思，时而催人奋进，在给人们心灵的启迪同时，也留下了许多耐人寻味的余韵。

"韵外之致"是中国音乐审美境界中一道独特的风景。也许对中国传统音乐最终的认识，就是要悟出这言外之意、弦外之音、韵外之致吧。

（五）音乐性的美

音乐是中国传统文化中一个重要的部分，在悠远的历史发展中，它的特性逐渐融入了各个艺术门类，使诸多艺术无不具有音乐性的美。

绘画艺术本是空间艺术，但受传统音乐的影响，中国绘画也有了时间的流动韵味——音乐性。中国画，无论是山水还是人物、动物，其基本特征皆是以墨线和点造型，不像西方绘画那样注重以光色来表物象。画家借助水墨的虚实、干湿、粗细、曲直、轻重等变化，创造出具有节奏性与律动性的多种线条。这起伏而有韵律感的墨线，散发着音乐般的神韵，似画面上飘响着的优美的旋律。石壶在题画中说："画中有声，不在笔墨而在意度，观者可以目闻也。"画中之乐就是画的韵律之美。许多画家都努力地在画中寻求可闻之乐。明代画家徐渭的《驴背吟诗图》，使人产生一种驴蹄行进的节奏感，似乎听见了驴蹄的声音，这是画家微妙的音乐感觉的传达。南宋马麟的《静听松风图》，画中运用笔墨的渲染和线条的流动、变化，造成一种松枝轻摆、流水萦绕的艺术效果。以松风流水的意境，让人们"静静地"去聆听松风轻吟、流水低唱的清幽雅韵，似一段"余音袅袅，不绝如缕"的琴乐。宗白华先生说过这样一段话道出了绘画与音乐的关系："通过结构的疏密，点画的轻重，行笔的缓急，就像音乐艺术从自然界的群声里抽出乐音来，发展这乐音间相互结合的规律；用强弱、高低、节奏、旋律等有规律的变化来表现自然界、社会界的形象和内心的情感。"

中国画侧重"轻描淡写，泼墨写意"。水墨画以墨为主色，或辅以淡彩，画中留有多处空白，这使画面更写意、更简淡、空灵。"笔虽不周而意周"，于简淡、疏旷中见空灵活泛。这不正是传统音乐对"空静、淡远"的追求吗？

传统音乐与诗歌的关系渊源已久，正是这种联系使诗歌有着音乐般优美的韵律。从四字的《诗经》到五言的汉赋，到七言的律诗，到长短句，到元曲均是如此。音乐的韵律是借助起伏跌宕的旋律和张弛有序的节奏传达出来的，而诗歌若要用语言的艺术来表达音乐中的韵律之美，则需调动一切富于想象和创造性的词句去努力再现音乐的起伏和张弛，赋予诗句以旋律感、节奏感。如马致远的《天净沙》："枯藤老树昏鸦，小桥流水人家，古道西风瘦马，夕阳西下，断肠人在天涯。"平仄的交织似音符的变化，感情语气的强弱顿挫似旋律的起伏，用简单规整的节奏型层层推进，带出诗的主题"夕阳西下，断肠人在天涯"，营造出诗句无限的音乐之美感。

诗歌中蕴涵的音乐性的美，在吟诗时更能生动地表现出来。吟诵者在平仄交错、合辙押韵的诗句中，可运用自身声音的抑扬顿挫、阴柔疾徐使这种音乐性的美再次升华，它可以与琴曲的余音之韵相媲美，耐人寻味、绕梁不绝。

诗歌中音乐性的美，从更深的角度看还可以理解为天籁之音、自然之乐的美。诗人们常以这种大自然的音乐之美、空灵之美作为诗歌所必有的意韵，并使其成为品评诗作高下的一个重要标准。"春江潮水连海平，海上明月共潮生""采菊东篱下，悠然见南山""君不见黄河之水天上来，奔流到海不复回"这些来自于心灵的感叹，无不是自然之乐的回响。

诗歌在音乐中也发挥着积极的作用。它可直接表述音乐的内容、意境，将原本抽象的音乐具体化。在乐曲的标题上它也有着画龙点睛的效果，《梅花三弄》《阳春白雪》《平沙落雁》《春江花月夜》这些颇具诗意的标题似神来之笔，使得音乐更赋灵韵。

音乐与舞蹈可谓是水乳交融、难舍难分。先秦的乐舞即是诗、乐、舞三位一体的形式，《诗经·大序》中有"情动于中，而行于言；言之不足，故嗟叹之；嗟叹之不足，故咏歌之；咏歌之不足，不如手之舞之，足之蹈之也"。这里道出了舞蹈与音乐的内在关系，即都是情感的艺术。这种共性使它们虽以各自不同的方式塑造艺术形象，但两者仍能构成一个和谐的统一体。这其中音乐给予舞蹈的不仅是听觉上的补充，更赋予它的是在"舞"的过程中一种音乐性的美感。

有人说节奏是音乐的骨骼，其实它也同样地支撑着舞蹈。节奏是表达人的情感力度的基础，节奏上疾、徐、长、短、刚、柔的变化可以突出不同的思想情感。舞蹈可以没有旋律，但却离不开节奏，因为节奏已化入了舞者的每一个动作中，哪怕是一举手、一投足、一个眼神，在静与动之间都应着音乐的节奏。

传统音乐中的线性思维在舞蹈中也时有体现。舞者在舞动时划出的起伏错落，或刚或柔的线条不正是音乐旋律的立体化、视觉化吗？白居易在《霓裳羽衣舞蹈歌》中写道：飘然转旋回雪轻，嫣然纵送游龙惊。小垂手后柳无力，斜曳裾时云欲生。烟娥敛略不胜态，风袖低昂若有情……长裙曳地、罗衣从风、长袖交横，也似旋律的线条婉转袅绕、绵长不绝。

"音乐是流动的建筑，建筑是凝固的音乐"，这就是建筑与音乐的关系。建筑的音乐性是在"流动"中产生的。当我们在建筑的空间内巡视时，那一系列固体空间随着脚步的流动而流动，建筑的时间性得以强调，音乐般的律动渐渐渗入其中。以故宫为例，天安门、午门、太和殿三处形成了建筑的空间高潮，它似乐曲中旋律的三次起伏：当我们进入大明门来到开阔的广场时，迎面矗立着的是高大的天安门城楼，音乐的第一次高潮形成。之后空间迅速收缩，过端门经过一段纵身的空间，其尽端是雄伟的午门，旋律也在这一伏一起中迎来了音乐的第二次高潮。经过太和门站在舒展开阔的太和殿前广场上，它恰似音乐向上的推进，酝酿已久后，在最后时刻爆发出最强音——宏伟壮观的太和殿。在建筑中的漫步就这样充满了音乐性。建筑本身也颇似音乐，雄壮蜿蜒的长城似民族管弦乐的合奏曲；清秀雅致的苏州园林似江南丝竹乐；典雅庄重的皇家园林似宫廷乐舞。建筑物也极具节奏感，如西安的大雁塔，那单纯而分明的层次，那每个层次之间疏朗、明显的差异比例，似简洁而逐渐拉宽的节奏，呈现出一种渐进的节奏美感。

我国的传统音乐中沉积着民族的情感和民族的气质，它以优美动人的曲调和多重美的品格，给人以无限的喜悦、慰藉和鼓舞。它蕴涵着难以言表的美，正如闻一多先生的玄言妙语：

"一个更寥廓更宁静的境界！在神奇的永恒前面，只有错愕，没有悲伤。""这是一番神秘而又亲切的，如梦境的晤谈"，"是一个更神秘、更渊默的微笑"，"这是顶峰上的顶峰。"

第十章
中国戏曲文化

中国戏曲，以其独特的民族风格和非凡的表现形式，在中国传统文化中占有重要位置。中国戏曲，既不同于其他国家的戏剧，也有别于中国现有的其他歌剧、舞剧、话剧等艺术形式，而是对中国传统戏剧的一个独特称谓。元代陶宗仪最先使用戏曲这个名词，当初本是专指元杂剧产生以前的宋杂剧的；从近代王国维开始，戏曲就成为包括宋元南戏、元明杂剧、明清传奇以至近代的京剧和所有地方戏在内的中国传统戏剧文化的通称了。

一、戏曲的孕育和产生

中国戏曲萌芽很早，但成熟较晚，从远古的大禹治水到元代杂剧，其间经历了漫长的准备和充分的孕育，所以它一旦形成，就显得非常完善自如。

据史传，当年大禹治水之日，涂山女派人前往涂山之阳迎候大禹，可能因为等待太久，禹还没有来，心里焦急的涂山女便唱道："候人兮猗！"《吕氏春秋》的作者认为，此歌就是"南音"的起源，并说："周公及召公取风焉，以为《周南》《召南》。"当然，简单的因情绪冲动而发出的歌唱实在不能和戏曲同日而语。但正如《毛诗序》所说："言之不足故嗟叹之，嗟叹之不足故咏歌之，咏歌之不足，不如手之舞之，足之蹈之也。"

这说明，由语言到歌唱，实在是有歌舞的第一步，而歌舞，正是戏曲起源的第一个要素。所以追根溯源，公元前21世纪，中华民族发出的第一声歌唱，可能正是中国戏曲产生的种子。

大约产生于公元前10—公元前6世纪的《诗经·郑风》中，有这样一首男女对唱的歌：

女曰："鸡鸣。"

士曰："昧旦。"

"子兴视夜，明星有烂。"

"将翱将翔，弋凫与雁。"

"弋言加之，与子宜之，宜言饮酒，与子偕老。

琴瑟在御，莫不静好。"……

著名学者余冠英这样翻译[甲]：

女说："耳听鸡叫唤。"男说："天才亮一半。"

"你且下床看看天，启明星儿光闪闪。"

"干起来啊起来干，射野鸭儿也射雁。"

"射鸭射雁准能着，和你煮雁做美肴。

有了美肴好下酒，祝福我俩同到老。

你弹琴来我鼓瑟，多么安静多美好。"

……

这个对唱，很容易使我们想到当年延安有名的两出戏——眉户剧《兄妹开荒》和《夫妻识字》。可见，公元前的民歌《国风》中已经存在今日戏曲的要素和体式了。

中国戏曲文化，经由古代歌舞、滑稽戏、说唱艺术三种不同的文化艺术形式综合形成。在这三种艺术形式中，歌舞其实早在远古原始社会就已经司空见惯。

（一）古代歌舞

戏曲最早的起源在原始歌舞。原始歌舞是古代先民节日庆典中的内容，它表现氏族采集、渔猎、驯养、农耕、战争和男女爱悦，表达对天地、神灵、图腾的敬畏以及对生殖的崇拜。最初的歌舞都是集体性的，后来出现了擅长歌舞的专门人才，即巫觋。巫觋们的表演因不同地区的文化环境而有差异，名称也不同。一般在北方叫"跳神"，在南方叫"巫舞"。在无论"跳神"

甲 [春秋]孔丘. 诗经选[M]. 余冠英, 注译. 北京: 人民文学出版社, 1978.

还是"巫舞"的过程中，先民们相信他们可以传授神的旨意，表达人的祈愿，可以在人神之间起一个重要的交流作用。而这些巫觋们的作用也确实不可小觑，他们虽属装神弄鬼之徒，但在他们装与扮的过程中，是要从衣着、动作、形貌上做一番改变的，是要有化身表演的成分的，因而其中存在着戏剧的萌芽。

汉代武帝时期，经济发达，国力强盛，表演艺术也繁荣起来。汉代的表演艺术统称为"百戏"，又叫"散乐"（相对于殿堂雅乐而言）。汉帝国的强盛，疆域的辽阔，表现在审美观上是"以巨为美，以众为美"，因而才会有各种表演艺术共聚一堂，彼此竞赛。东汉张衡的《西京赋》中有一段专门描写当时的百戏演出情况，有歌、舞、蔓延、抗鼎、寻橦、冲狭、走索、吞刀、吐火等。此外，还提到一个"东海黄公"的故事："东海黄公，赤刀粤祝，冀厌白虎，卒不能救。挟邪作蛊，于是不售。"东晋葛洪的《西京杂记》中也记述过这样的故事：有东海人黄公，少时为术，能制蛇御虎。佩赤金刀，以绛缯束发。立兴云雾，坐成山河。及衰老，气力羸惫，饮酒过度，不能复行其术。秦末，有白虎见于东海，黄公乃以赤刀往厌之。术既不行，遂为虎所杀。这是一种以人虎相斗为题材的故事表演，其间有人虎相斗的过程，有虎的咆哮和人的挣扎，还有与所扮演对象相适应的装扮：黄公头裹红绸，身佩赤金刀；白虎是人装成虎形。可见，它带有一定的戏剧因素。

（二）滑稽戏

春秋时期，从古巫中又分化出"优"。优以歌舞、诙谐、作乐、杂耍等服侍于帝王左右，娱人而不娱神。优都是由男子充任的。据《列女传》记载："夏桀既弃礼义，求倡优侏儒狎徒，为奇伟之戏。"汉朝人所记载的夏朝时的"戏"，究竟是什么样子？不好考证。但公元前774年周幽王的宫廷里已经出现了"优"，这却是有史实记载的。当时有一条不成文的规矩：国王行事不当，别人不能批评，但优却可以以调笑讽刺来输送批评的信息，即使说错了也不要紧，不受责罚不算犯罪。这就如同《诗经》产生时期以诗歌讽刺某人某事一样，"言之者无罪，闻之者足以戒"。

古代的优，一开始都是由侏儒充任的。可能侏儒的如同人的模型一样的可笑样子既使国君觉得稀奇好玩，又不便与之一般见识，只是逗趣开心。而侏儒却因了自己特殊的身型，有可能在国君不计较或开心之时发表自己的或他人的重要见解。可能是由于侏儒充任的优所起的一般文武大臣想起而起不到的政治作用，后来皇帝的宫廷中专门设定了优的一个位子，成为似乎必不可少的一个"编制"。优可以说俏皮话以博一笑，还可以模仿别人的言语行动，可以讽刺国君，也可以受国君指使编排故事讽刺文武大臣或某个事情。优还进一步和倡——即乐人合一成为倡优，显然，这就把说、唱甚至音乐初步融合在一起了。因为倡优得到国君的喜爱，政治家的认同，所以，逐渐地其演技也得到提高。

魏晋南北朝这三百多年，是在战乱与分裂中走过来的。虽然社会动乱不安，但作为戏剧因素的各种文艺表演样式却仍在继续发展着。值得一提的是三个有名的歌舞戏：钵头、代面、踏摇娘。它们都是带有故事性的表演节目。王国维认为："古之俳优，但以歌舞及戏谑为事。自汉以后，则间演故事；而合歌舞以演一事者，实始于北齐。顾其事至简，与其谓之戏，不若谓之舞之为当也。然后世戏剧之源，实自此始。"生活中的偶然事件，促成了俳优和歌舞交织在一起由许多人演出，但这种偶然，因为包含着符合艺术规律性的必然，所以就在以后被继承、发展以至发扬光大了。

尤其值得注意的是，因为南北朝时期的魏、齐、周三朝，都是非汉族人入主中原称帝，这种民族间因争斗而产生的大融合，也使各民族的民间艺术得以交流合融合。公元4世纪统一北方建立的北魏鲜卑族拓跋氏政权，统治区域北至今蒙古人民共和国，西至新疆。原来鲜卑与西域各国交往便很频繁，这时西域各国的音乐、艺术也便随之传入中原汉族地区，这也使得原来的俳优得以借鉴别民族的音乐文化，滋润已经初步合歌舞结合的滑稽故事。汉族的民间歌舞有了和胡乐（几乎所有戏曲都离不了的乐器胡琴之所以称胡琴，就因为它本来是胡人发明）的结合，最后发展沉淀为今日戏曲的声容；而俳优和各地方言语音结合，最后发展沉淀为今日戏曲的科白。

本来，歌舞的唱和舞，是有旋律、节奏、动作的严格要求的，其演出带有因规范而造成的相对恒久性；而滑稽戏，以语言作手段，辅以化妆和随机的动作，逢场作戏，并无定制。把这两者结合在一起，不能不说有一定的困难。但生活和历史的契机却是解答一切难题的关纽。许多在理念上和逻辑上似乎都难以两全的问题，社会生活的实践却会因一个偶然的历史契机使构成矛盾的难题两全其美。公元319年，羯族石勒自称为赵王，331年又在邢台西南（今河北省）称帝，建立后赵。其间他的一个担任参军的官员贪污官绢，石勒就令一个优人穿上官服扮成参军，再让一个优伶从旁戏弄他、羞辱他，两人互相问答，以滑稽讽刺为主，在科白、动作之外，还加进了歌唱及管弦伴奏。这样，优的表演由一个角色变成两个角色，随意性的讽刺时事也变成了有相对独立形式的"参军戏"。以后，这种"参军戏"就成为固定的一种表演，由两个角色慢慢增加到多个角色同演一个故事，甚至还出现了女角色。原来两人演参军戏，被戏弄的叫"参军"，戏弄参军的叫"苍鹘"。发展成多角色以后，就有了所谓"戏头""引戏""副净""副末""装孤"等角色称谓。这种有计划的演出，便很容易把歌舞穿插进去，渲染剧情。歌与说并用，辅之舞蹈动作表现故事。

民间歌舞和滑稽戏结合，对中国戏曲的产生有重要的意义。但中国戏曲作为博大精深的综合艺术，中国戏曲文化作为具有复杂内涵的体系性文化，并不是滑稽戏和民间歌舞的简单结合。事实上是原来大的歌舞不断发展，不断提高演唱的艺术水准，俳优的表演也不断地提高水准，几近炉火纯青，然后在各自都飞升到一个较高层的艺术空间后，才逐渐得以化合，而且这种逐渐的化合过程，得有一个催化剂，这就是说唱艺术。

（三）说唱艺术

说唱艺术是一种新的艺术品种，虽然它具有滑稽戏"说"的成分，也具有歌舞戏"唱"的成分，但它却不是滑稽戏和歌舞戏的简单相加。说唱艺术的出现，使得原来各自处在自发、封闭状态中的滑稽戏和歌舞戏达到了有机的融合。说唱艺术对戏曲的影响主要有两点：首先是其内涵的文学性对后来戏曲剧本创作的影响；其次是说唱音乐对后来戏曲唱腔的影响。

两汉魏晋是文学走向自觉的时代，文人开始用铺采摛文的辞赋制造虚幻的现实，驰骋笔墨，把取材于历史或传说的人和事戏剧化。两汉时代乐府诗歌中，出现了配合管弦歌唱故事的"相和歌辞"——如《陌上桑》《白头吟》等。这一部分乐府诗歌在南北朝时被称为"大曲"，这是因为这些歌辞是用"大曲"这种音乐形式来演唱的。一支曲子反复演唱多遍来叙述一个完整的故事。诗歌的歌辞是其内容，大曲的乐曲是传导内容的形式。大曲的前面加一个引子，叫作"艳"，后面加尾声，叫"趋"

或"乱"。"艳""趋""乱"本是楚歌、吴声、西曲，不是儒家提倡的"雅乐"，而是属于摇荡人的心志的"新声"，但从魏晋以降，享乐之风盛行，新声应风兴起，上层阶级对声色之乐的爱好达到流连忘返的地步，原来汉赋仅有的一点"曲终奏雅"也被彻底甩掉，上层阶级在日常生活中对声色之乐的追求开始与文人对创作艳情诗的爱好结合起来，"怜风月，狎池苑，述恩荣，叙酣宴"的风气流行诗坛，这就在客观上开了说唱艺术的先河。这个时候，在歌辞唱完后，还常有一段由音乐伴奏的舞蹈，以供声色之娱乐。

到了隋唐时期，大曲在音乐舞蹈上又得到大的发展，形成散板——慢板——快板——散板的乐曲结构形式，而且反复次数很多，最多达到40遍。到了宋代，因前述部分的散板部分太长，用音乐描述故事不太方便，就摘取慢板和快板到尾声，反复若干遍来叙述一个故事，歌辞当然也随着时代的发展而前进，进化为艳辞，这种形式叫作"摘遍"，在宋杂剧中成为述唱故事节目的主要形式。

唐代的"变文"后来到宋代就发展成了"鼓子词"。鼓子词的音乐是一支曲调的不断重复，比较单调。北宋中叶，说唱艺人孔三传又创造了一种"诸宫调"来说唱长篇故事。诸宫调的形式是在乐曲上不限于用一个曲子，而是根据故事的情节需要，选用合适的"宫调"来表现。说一段故事，再唱一段表现这段故事情绪的曲子，其表现能力便大大增强了。

中国的说唱艺术到了金代又得到了一个阶段性的飞跃，出现了董解元创作的说唱诸宫调《西厢记》。13世纪金代出现的诸宫调可以看作是后来元代北曲的先行者，而董解元实是北曲的首创人。人们经常用"董西厢"来称谓说唱诸宫调《西厢记》，这个节目的出现，意味着说唱艺术无论在文字上还是音乐上抑或在说唱艺术的表现力上都已经完全成熟。这种成熟为戏曲的产生在文字上、音乐上铺平了道路。而后，戏曲的产生便水到渠成。

正是说唱艺术将民间歌舞和滑稽戏的精粹熔铸在一起，使中国戏曲得以出现完备的形态。没有说唱艺术的渗入，原来的民间歌舞和滑稽戏因为缺少有头有尾的故事情节和有血有肉的人物形象，无论怎样都不可能构成激动人心的戏剧冲突。有赖于发展到成熟阶段的说唱艺术，唐代歌舞戏、参军戏、宋杂剧才能最后发展为中国戏曲。

（四）勾栏瓦肆

中国戏曲由民间歌舞、滑稽戏和说唱艺术及其他一些被称为"百戏""散乐"的民族艺术形式化合发展而来。但消融上百个艺术品类并最后铸成戏曲这一灿烂的新艺术品种是还得有一个"熔炉"的，这个"熔炉"就是勾栏瓦肆。

瓦肆，也称瓦市、瓦舍、瓦子，是宋朝以始大城市娱乐场所的集中地。"瓦"的本意，是野合易散的意思。北宋时期，许多商业城市都搭盖了专为艺术表演而设的瓦舍，瓦舍中搭有许多棚，棚内设有若干栏杆——因其所刻花纹皆相互勾连，故称勾栏。勾栏瓦肆内，荟萃了各种门类的艺术表演形式。本来，自汉代以来，百戏就是集中表演的。汉代百戏集中在宫廷演出时，表演地设在平乐观。北魏开始，孝文帝把表演场所改在寺庙里。隋炀帝时，每年正月初一到十五，专门在皇宫端门外八里长的地方辟出一处场所，集中"散乐"和"百戏"，让文武百官和前来朝贺的外国使臣随意观看。唐代开始，大的寺庙也是集中演出的场所。宋代钱易在《南部新书》中记载："长安戏场多集于慈恩，小者在青龙，其次荐福、永寿。"尤其值得一提的是，唐玄宗时，因为皇帝本人的喜好专门辟出京城长安的一个禁苑——梨园，作为演出和训练俗乐乐工的场所，有三百多名来自民间的乐工在这里学习，唐玄宗还以演出地"梨园"来命名这个专门训练乐工的机构。梨园和当时专司礼乐的太常寺、充任串演歌舞散乐的内外教坊，为鼎足而立的机构。（由此以后，朝廷内所有的乐工机构，就都打起了"梨园"的名号，由皇帝亲自命名的"皇家梨园弟子"，以后也为最讲究正名和正统的中国人认同，逐渐成为戏曲界和戏曲演员的指代。直到今天，许多人还常常把戏曲演员称作"梨园弟子"，把戏曲界称为"梨园行"。）大抵百戏、散乐集中演练成为习惯。

到了宋朝，都城汴梁等地成为繁华大商业都市，东京除了相国寺是大游乐场而外，瓦肆比比皆是。据宋孟元老《东京梦华录》所记，东京的瓦舍遍布东西南北四城，有桑家瓦子、里瓦、中瓦、朱家桥瓦子、州西瓦子、州北瓦子等若干座。城东靠近大商业区的瓦子最大，在这一带不仅紧连着几个瓦市，而且每个瓦市中都有好几十座勾栏棚，一个勾栏棚内是一个表演点。瓦市内集合多种伎艺常年卖艺。艺人以卖艺为职业，不再是业余演出。观众主要是市民——手工业者、商人、城市平民、知识分子，也有官僚和贵族。在各自勾栏内分别表演着不同门类的艺术品种，有小说、讲史、诸宫调、合生、武艺、杂记、傀儡戏、皮影戏、笑话、猜谜、舞蹈、滑稽表演、装神弄鬼等等，随之出现了由滑稽戏发展出来的杂剧。到南宋，虽然政治腐败，但也正因为政治腐败，临安成了被称为"销金锅儿"的大消费城市，娱乐也反而得到空前的畸形的发展。南宋都城临安的瓦舍勾栏承袭了北宋东京的模式，但杂剧演出的水平有了很大的提高，更兼瓦舍勾栏内各种伎艺集中表演，招徕观众。这些不同门类的艺术品种互相观摩，互相竞争，也互相吸引，互相结合，最后逐渐汇合。起源于滑稽戏的宋杂剧正是在勾栏瓦舍中吸收了各种伎艺形成了作为综合艺术的中国戏曲。

二、戏曲的定型和发展

中国戏曲文化形态，在元朝得以成熟并定型。

王国维先生是最早提出这个观点的人。他认为："我国戏剧，汉魏以来，与百戏合，至唐而分为歌舞戏及滑稽戏二种，宋时滑稽戏尤盛，又渐借歌舞以缘饰故事；于是向之歌舞戏，不以歌舞为主，而以故事为主，至元杂剧出而体制遂定。""北剧南戏，皆至元而大成，其发达，亦至元代而上。"[甲]就戏曲形态而言，王国维先生认为，元杂剧较以前戏曲的进步，主要有两方面，一是从元杂剧开始，每剧有了四折，每折换一个宫调，每调中的曲子，都在十曲以上，比以前的大曲自由，又较以前的宫调雄肆。每曲中又字句不拘，可以增减，这是乐曲上的飞跃。二是戏曲由以前的"叙事体"变为"代言体"，于科白中叙事，至于曲文则全为代言。这种代言体因为可以把叙事和抒情相结合，又可以多方面多角度地表现剧情，当然更具有戏剧的特质。这也就是说，中国戏曲在元朝真正定型。元杂剧的形成，是中国戏曲艺术发展到成熟阶段的重要标志。

（一）元代杂剧和南戏

元杂剧已经有相当生动的故事内容和人物形象。演出三国、水浒、公案等由话本移编的戏目，把说话人渲染景色、描摹人物、展开故事情节的手段在戏曲演出中体现了出来，甚至人物的打扮、化妆也借鉴了话本小说的描写成果——如诸葛亮的道扮、关羽的红脸、包公的黑脸等（看来戏曲和小说的关系历史悠久。综合艺术首先要依靠文学艺术。借鉴、拿来小说

[甲] 王国维. 宋元戏曲史[M]. 上海：东方出版社，1996：133, 134.

移编电影、电视剧，情同此理）。其次，说唱诸宫调的乐曲组织是元杂剧按不同宫调组织曲调的滥觞。这种以歌曲为主结合说白演唱的"代言体"形式，使元杂剧成为有说有唱、载歌载舞的表演艺术。而且，因为借鉴了舞队的舞蹈、扑打的武技、傀儡艺和影戏的动作及脸谱，使元杂剧的角色人物的身段、化妆、形体动作、舞蹈程式都尽善尽美。

元杂剧每本四折，演唱四套宫调不同的曲子。除了人物在所唱曲调中夹以对白外，其情节不够连贯，或者单用曲调不能充分发展剧情的地方，就用一个"楔子"作为补救。"楔子"或用在开场，或用在一二折和三四折之间。四套曲子各由一个演员主唱。扮演男角的叫正末，扮演女角的叫正旦。一些次要的男女角色被称为外末、冲末、外旦等。反面的角色男的叫净或副净，女的叫搽旦。反面人物往往只起配角的作用，虽然偶尔也唱一两支小令，但从来不唱整套曲子。四个宫调演唱一个故事，既符合事物从发生、发展、高潮到结束四个阶段的程序，也符合剧中人物矛盾的开端、发展、高潮到结束的情节和场面。有些复杂的人物故事，可以分成多本多折演唱（如《西厢记》就有5本21折）。元杂剧的曲词采用了曲牌联套体的形式，即在同一宫调的范围之内，按歌唱的习惯，联结不同的曲牌为一套。四折戏分用四个宫调：第一折多用"仙吕"，第二折多用"南吕"或"正宫"，第三折多用"中吕"或"越调"，第四折多用"双调"。每套曲词都一韵到底。曲词配合音乐演唱，用以描摹场景，抒发剧中人物的感情，间或也用以交代事件、对答发问。它继承中国抒情诗和叙事诗的传统，但写得更生动活泼，接近口语。宾白有人物上场时自报家门的定场白、互相对答的对口白、插在曲词中的带白以及背着剧中人物直接向观众陈说的背白。它继承话本小说和说唱诸宫调中说白的部分，浅显而又流畅。为了配合人物形象和舞台音乐节奏的需要，也注意调子、句式和押韵。科范简称为科，这本是指道教中种种仪式的语词，元杂剧把它借来指剧中人物的动作表情和舞台效果。元杂剧中的人物科介动作，即后世戏曲行话中所说的"做"和"打"。加上歌唱和宾白，元杂剧已经包含有戏曲演出的全部要素——唱、念、做、打。

元杂剧的演员一般都在各个戏班，戏班归教坊或乐籍这两个官设的机构。宫廷或官府庆宴常常要戏班来演出。演出一旦触犯朝廷的禁令或官府的忌讳，那就要受到笞挞甚至被处死，所以元杂剧有许多结尾都对当时的皇上歌颂一番。元杂剧的戏班，在大都或其他城市里演出的大班子，都是官办的或曰官管的。但也有不少在各地流动演出的小班子则不属官办或官管，通常以一个家庭的成员为主组成。当然，农民在业余时间也会临时组织起社火演出戏曲。可以说，当时的戏曲文化，已经是官办和民办相结合，专业和业余相结合，遍布全国各地。

元代戏曲舞台上的演员，女演员多于男演员，这些女演员，有的是因家长犯罪，被没入教坊；有的是因家境贫困，沦落到乐籍。元代的勾栏瓦肆常常和青楼歌妓合一。历史记载，元代仅寄生在大都的妓女就有二三万人，就像欧洲18、19世纪社会存在一些实为高级妓女的名演员一样，中国也有这种传统——元代时，社会上层和一般人仰慕的名女演员实则有不少是高级妓女。元末夏庭芝所写《青楼集》详细记载了这一切。当时著名的女艺人有74人。当然也有一些色艺双绝的女子自愿投身戏班。

元杂剧的演出一是在都市的勾栏里进行。勾栏内有艺人上演的舞台（戏台），戏台对面和两侧，是设有座位的看棚，供有钱人享用；中间是没有座位的空荡荡的看场，规模很大。演出时有人写海报，有人做宣传，观众按不同"票价"（那时并没有戏票，是借用这个词描述）交钱进场。二是在村镇的庙台演出。庙台是镜框式的，观众在露天三面围观。这里的戏班多是流动的民间小戏班（间或也有大戏班下到乡镇来），一般在迎神赛会或物资交流集会时演出。有时候，戏班也可能在大街小巷的繁华地带、在没有戏台的空场上为观众演出。因为中国戏曲演出在历史上从一开始就受到物质条件的限制，舞台比较小，道具和布景都比较简单。所以故事中场景的变化、时令的更替等，都主要是通过剧中人物的描摹和特定动作的暗示，引发观众的想象并规定观众的想象，这种做法从元杂剧定型开始一直到现代，反而形成了中国戏曲演出不受时空限制，而以虚拟示意为特点的传统，也成为中国戏曲文化的一个显著特色。

元代以前，戏曲演出的剧本多不很重要。从元代起，剧本真正成为"一剧之本"。这标志那时的戏剧和今天的戏剧都走到了同一基础起点。成熟的剧本出现是戏剧成熟的标志。古希腊悲剧从原始的酒神祭祀发展为一种完整的表演艺术，就是以一批悲剧剧本的出现为根本标志的。印度和日本古典戏剧的成熟，也是由一批传世的剧本来标明的。现代不少标新立异的戏剧流派，其确立的标志也常常要由其代表性的剧本作标志。现在流传下来的337个元杂剧剧本，也是中国戏曲文化走向成熟的最重要标志。它的部分优秀剧目，如关汉卿的《窦娥冤》《救风尘》，王实甫的《西厢记》，马致远的《汉宫秋》，白朴的《梧桐雨》，纪君祥的《赵氏孤儿》，石君宝的《秋胡戏妻》，康进之的《李逵负荆》等，700多年来被改编为各种新的戏曲形式，延续不断地长演不衰，有的剧本还流传到国外，影响至为深远。伴随着这些剧本的出现，涌现出了一批不仅名留中国文学史和中国戏曲史，而且名扬海外各国的剧作家。

元杂剧作家作品到底有多少，我们今天并不清楚。元代人钟嗣成《录鬼簿》中记载有杂剧作家80余人、作品450多本；元末明初人贾仲明《录鬼簿续编》又有所补充；明代朱权《太和正音谱》收录作家191人、作品名目560多本；明代臧晋叔《元曲选》收录杂剧剧本100种；还有诸多其他记载收录数目不一的选本……仅从流传下来的这337个剧本看，也足以感受到元杂剧——作为一个时代艺术的代表，所取得的辉煌成就。

元代前期杂剧盛行，以大都为中心，逐渐向南方发展。到元后期，杂剧创作和表演的中心就移到了杭州一带。与此同时，南方本来就有的南戏并未因杂剧的流行而受到影响，而是出现了杂剧作家兼作南戏，也有杂剧演员兼演南戏的现象。

我们今天多看到的元代南戏，有两种情况：一是以原始面目出现的南戏，即收录在《永乐大典》中的《宦门子弟错立身》和《小孙屠》；一是以被改动过的面貌出现的"明改本"，如"荆刘拜杀"四大本和《琵琶记》等。

南戏是在南方民间歌舞的基础上发展起来，当它成为一门独立的艺术后，仍然保留着民间艺术的特点。音乐上，南戏最大的特点是"不协宫调"、随意灵活。它的曲调主要是民间流行的各种歌曲、宋代流行的词体歌曲及大曲、诸宫调、唱赚等传统音乐，在漫长的发展过程中，逐渐形成了南曲的独特声腔。在表演上，南戏的各行角色都能演唱，与杂剧的一人主唱到底相比，既有利于刻画各色人物，也有利于调节舞台气氛。南戏的角色行当共有其七种：生、旦、净、丑、外、末、贴，其中以生、旦为主。

（二）明清传奇

在宋元南戏的基础上发展而来，是继元杂剧之后戏曲史上又一座高峰。明初传奇继承了南戏的体制，且创作上具有更多说教的意味。说到在戏曲史上取得辉煌成就的传奇创作，实际上是指明末清初这段时间。一般把它分为两个时期：嘉靖末年至崇祯末年（1567—1644），顺治初年至乾隆末年（1644—1795）。

明代中后期，社会经济发展，人们的生活方式和思想观念发生了极大的变化，文人士大夫、高官大臣等不仅不再贱视戏曲创作及表演，而且还亲自参与到创作中来，甚至躬亲实践，粉墨登场。这样一来，不仅提高了剧本的文学品位，改变了剧作的社会功能，而且直接促进了戏曲的繁荣。

中国戏曲是以唱为主的，唱腔基本上就能代表一个剧种。明代前期，在南戏的影响下，各地都有以民间曲调为基础的曲调体系。在后来的演变发展过程中，逐渐形成了影响较大、流传较广的四大声腔：弋阳腔、海盐腔、昆山腔和余姚腔。昆山腔经魏良辅等民间戏曲音乐家改良后，得到了进一步的提高和发展，尤其是当梁辰鱼创作的《浣纱记》用昆山腔的声调搬上舞台后，剧作和声腔互相辉映，俱获得极大的成功。从此明代戏曲"竞奏雅乐"，曲文追求典雅绮丽。昆腔以昆山、太仓为中心，迅速向四方传播。而弋阳腔，则因其善于与各地方言土语结合的特点，也在流传过程中，迅速扩大了影响。

传奇作家灿若群星，作品层出不穷。据历代文献记载，作家有800多人，作品存目2590种。

（三）清代京剧

京剧是在地方戏兴盛的基础上产生的新剧种，又称"皮黄戏"。清代京剧是戏曲史上第三座高峰。京剧从孕育到形成，经过了这样几个阶段。概括地说，从乾隆五十五年（1790）徽班进京到嘉庆十五年（1810），徽班与其他戏班融会贯通是京剧的孕育时期。从1810年至1845年（道光二十五年），楚腔来京，与徽班合作，形成皮黄戏（后称京腔）是京剧的形成时期。1845年至1894年，是京剧从雏形到完美提高的时期。

1790年，为了祝贺乾隆皇帝的80岁寿诞，一个由安徽商人扶植的戏班"三庆班"进京演出，领班的是高朗亭。该剧的主要唱腔是二黄，兼有昆腔、四平调、高腔、吹腔、秦腔等。唱腔相当丰富更兼高朗亭善于博采众长，在北京演出时又大量融进了北京语汇，使该剧表现力愈加丰富，此时徽班在北京戏曲界占了首位。《扬州画舫录》载："高朗亭入京师，以安庆花部，合京秦二腔，名其班曰三庆。"随后还有不少徽班陆续进京。著名的为四喜、春台、和春四班，后世称之为"四大徽班进京"。

道光八年（1828），流行于苏、浙、皖、赣等省的楚腔（亦称汉调）由名演员米应先（米喜子）、李六、王洪贵、余三胜、谭志道等人先后携班来京。该剧主腔是西皮调，与徽剧的二黄通力协作，同台演出，形成了西皮、二黄大联唱的局面，于是出现了皮黄戏。此时可以说京剧已具雏形。

在京剧的形成过程当中，有一大批艺人都起到了重要作用，其中最有影响的是被称为"三鼎甲"的程长庚、余三胜、张二奎，此外，小生行的徐小香，老生行的卢胜奎、王九龄，旦行的胡喜禄、谭志道、郝兰田，净行的庆春圃，丑行的黄三雄、杨鸣玉、刘赶三等，都为京剧艺术的形成，起到了极大的推动作用。

在早期艺术家的推动下，京剧的艺术水平迅速提高，它激起了上自皇帝下自平民的狂热爱好。在剧本的创作上，既有艺人的作品，也出现了文人的创作。文人的介入，使得京剧剧本越来越正规起来，京剧的表演中心也由北京为中心而向周围地区辐射，于是，京剧的繁荣期来到了。其中一个重要表现就是出现了一大批技艺超群绝伦的演员，尤其突出的是被称为"后三鼎甲"或"老生后三杰"的谭鑫培、汪桂芬、孙菊仙。清代画家沈蓉甫，根据当时深受广大群众欢迎的13位演员，绘了一幅《同光名伶十三绝》图。他们是：张胜奎、刘赶三、程长庚、时小福、卢胜奎、谭鑫培、郝兰田、梅巧玲、余紫云、徐小香、杨鸣玉、朱莲芬、杨月楼。他们代表了当时的各种角色，是京剧艺术成熟时期的杰出代表。

三、中国戏曲的表演文化

中国戏曲是融歌、舞、乐、诵于一体的舞台艺术，其本身先天具有综合艺术的形态和特色。在早期的戏剧活动中，往往都有执事人集编、导、演调度之权，既组织演出场面，也负责安排演练和预习。及至宋、元以后，戏曲有了剧本，在表演时就有了"科"与"介"的动作提示，演出时常由剧作家兼当演出指导。明代末叶，汤显祖开始总结戏曲表演的经验，成为中国导演艺术和戏曲表演理论的拓荒人。他亲身参与演出实践，并写下了颇具价值的"指导氍毹"（氍毹，本指毛织的地毯。因古代演戏多在地毯上，所以氍毹即舞台上的指代）的诗文和批语。其后冯梦龙直接写下了他处理艺术的"戏曲重定本"，详细阐述排演中对原剧作的修改删节和实际构思。到了清代，李渔在其《闲情偶寄》中的词曲部和演习部中，对戏曲的表演艺术更作了全面的阐释。

从文化底蕴上讲，中国戏曲的表演仅仅借助于几方丈的空间和几个小时的时间，要表现一个完整的又是情节复杂纷纭的故事，还得有一个主题思想隐藏在后面，绝非易事。从孔子起，中国古代的思想家向来认为，艺术应该对人的精神起一种感化、净化、升华的作用，而不应该引导人们放纵本能，追求私欲，追求低级趣味，也不能使人消极、悲观、颓丧。戏曲舞台作为整个中国传统文化的一部分，也要重视人文教养。所谓人文教养，就是要重视自身的教化和塑造，把人不断地从动物状态提升到符合"礼"——伦理规范和"乐"——艺术陶冶的需要层次上。这种思想指导使中国传统的文化艺术常常不能仅仅停留在模拟、刻画一个具体的、有限的对象，不满足于仅揭示生活中某一个具体的事物或具体事件，而要超越具体的事物和事件，在艺术中表达其对整个人生的体验和感受，通过艺术揭示整个人生的意味，表达一种带有哲理性的人生感、历史感和世界观，这其实是一种形而上的追求。这种形而上的追求落实到戏曲表演中，就影响戏曲艺术家一般都不能仅重视对于某一具体对象或局部的刻画，而追求一种"意境"，即唐代刘禹锡所谓的"境生于象外"的美学趣味。这种超越具体的、有限的物象、事件、场景，进入无限的时间、空间，表达对整个人生、历史、社会的哲理性感受和领悟的所谓"胸罗宇宙，思接千古"的艺术表现原则，就为中国戏曲的表演无形中制造了一个文化上和美学上的规范。这种规范具体地说就是表演上的程式性和综合性，舞台结构体制上的虚拟性和时空特殊处理，形象创造上的以形传神和善恶分明，以及为了完美地体现这些规范所要求演员的非凡的表演基本功。演员表演时，要综合运用唱、念、做、打各种表现手段来创造舞台形象，用深入浅出的夸张手法，来适应剧场性的评价效果。戏曲的艺术语言，有唱有念、形式多样，在文字不足以显形时，则用舞蹈来造型，舞蹈不足以传声，就用音乐声腔来抒情。观众通过演员的表演，在评价伦理道德的同时，进入审美境界，品味其形式美，并受到感染。

（一）表演上的程式性和综合性

所谓程式，就是以生活为基础，按戏曲舞台的特殊规律，经过选择、装饰加以规范化，形成一套有规律可循的表现方法。"程式"不同于"公式"，公式是刻板的，而程式是发展的，有灵魂的，否则便成为僵化的非艺术的东西。就艺术的假定性讲，凡艺术皆有程式，由于艺术家的艺术语言、民族风格和所运用的艺术材料不同，会形成在创作表现上不同的程式。中国戏曲的表演程式是运用歌舞手段表现生活的表演技术格式。唱、念、做、打以至音乐伴奏皆有程式的特点制约着戏曲形象创造的一切方面，也贯穿于舞台演出的结构体制并统一于戏曲的舞台演出风格。程式是由实践中产生的，原始的广场艺术和群众直接交流，民间艺人用传统的创作方法，在吸收民间歌舞、说唱艺术、滑稽表演和武术杂技等各种技艺中的表演技术后，在简陋的物质条件下，要达到表现纷纭复杂的生活现象的目的，就须将各种表现手段调整、综合并加以规范化，这就是程式产生的过程。这个复杂的艺术加工过程，主要贯穿于歌舞化、戏剧化和节奏化三点。

在戏曲的各种表现手段中，音乐和歌舞，特别是歌唱始终是主导的因素。唱戏唱戏，"戏"首先是而且主要是"唱"的。由于有唱，唱有韵，所以念白就要和它配套，不能保持生活语言的自然音调，"无声不歌"，也需要吟咏，产生韵律和节奏的回环跌宕，形成音乐美。语言音乐化了，形体动作也必须提炼到舞蹈化的高度，"无动不舞"，才能使动作也产生出韵律和节奏美，于是种种富于舞蹈美和塑形美的身段、工架和武打就产生了。另外演员表达喜怒哀乐等感情时，也要强调它的外在节奏和统一的格式才能使感情宣泄产生强烈的艺术震撼力。这样，一些用来辅助表现情绪、渲染艺术效果的舞蹈用具便在实践中产生了，而要使这些用具作表达艺术思维和发挥艺术张力的工具，就要求演员在经过专门训练，摸透其性能后，将之组织成规范性的艺术语言，表现生理器官难于明确传达的艺术感情。听觉形象音乐化，视觉形象舞蹈化，歌舞结合，唱白和谐，视听同感，头发可甩，胡须可舞以后，戏曲便使生活中的一切都变了形，其反映生活时，便不能再对生活的真实面貌作机械的模拟和再现，而只能以自己特有的假定性语言所塑造出的鲜明形象来表现生活真实的本质，以一种艺术真实代替生活真实。显然，这种综合唱、念、做、打各种艺术成分的表演技术格式，只能是以严格的规范形成程式才能使之统一并发挥艺术效果，产生艺术魅力。

还有，民间歌舞和说唱艺术等在进入戏曲表演的过程中，是要把它们自身各个不同的形式打碎，化入戏剧需要的形式的，这就要使这些各个不同的艺术形式发生质的变化，具有戏剧性，以戏剧性作为新的素质。比如唱的曲调，单独的唱需要曲牌联套体，进入戏剧，就需要化为板式变化体，唱词重押韵但不重平仄了，这样可以一口气连唱数十句，也可以只唱一两句，完全视内容需要，唱快板珠落玉盘，唱慢板行云流水。可以唱了再念，念了再唱，也可以夹唱夹念如雨夹雪式的，这种戏剧化的说、唱给叙述和抒情带来非常有利的条件，在辞情和声情的发挥上充分表现出剧场性的审美效果。再如一些功夫性的表演，如果以杂技杂耍的形式出现，那是自由而单调的，但进入戏剧后，就必须为特定的内容服务，一切技术手段不过是塑造人物形象，表现戏剧主题的手法，那就有了戏剧赋予的限制，但同时却也使这种种功夫表演不再是单调的一种功夫，而有了丰富的情感内涵和思想内涵。举例说，有的人说掉泪就掉泪的特技，但如果仅仅作为一个特技对大众表演，那最多只能博得大众一笑，但进入戏剧，由角色在需要表现悲痛时流出眼泪，那就可能与其所表现的剧情一起感染观众跟着演员掉泪。显然，这就是特技有了戏剧化的素质了。

再有，使唱念做打多样艺术手段统一，就必须运用节奏做共同要素。在一出戏里，根据剧情需要，各种表现手段有时互相衔接，有时互相结合，需要形成全剧节奏的起伏和变化，通过戏曲形体动作的节奏和戏曲音乐的节奏相辅相成地贯穿于全剧。连通各种不同节奏的枢纽是由各种打击乐器的音响组成的锣鼓经。鼓点和锣声是调节一出戏中唱念做打等形体表演节奏的指挥棒和说明书，要达到渲染剧情又向观众解释剧情两重效果，当然这些节奏就都要形成一定的程式，既便于演出人员记忆，也便于观众与演出内容沟通。在戏曲中，打击乐、弹拨乐、管弦乐等组成的音乐节奏不能独立于表演之外，而要结合戏曲情景和演员的形体动作表现出来，它也和渲染整个舞台气氛不能分割。有时人物还没有上场，舞台上已经充满了音乐所创造的一种气氛。音乐节奏服从表演节奏，但表演节奏又要靠音乐节奏来调配和提拉。通过音乐节奏，抓住欣赏者的心灵和注意力，把他们拉入净化了的戏剧情景中去。

戏曲表演中的这种种程式，就是在复杂的综合过程中形成和发展起来的艺术和技术上的格律、规范。程式存在的意义在于，它使戏曲的表演艺术改变了生活的原生态而升华到音乐和舞蹈的境界，以一种独创的形式使生活得到更集中、更鲜明、更强烈的艺术表现。由于有了程式，演员演出时的手法、技巧、技术等就都有了容易被感知和被把握的物质外壳，容易继承前人的经验掌握戏曲表演的规律。而演员在掌握了程式及内在规律后，又可以结合自己对生活的理解和体验，进入正确的创作状态，创造出鲜明的艺术形象并进而创造出新的表演程式出来。

就戏曲反映生活的本质讲，程式和生活总是矛盾的。这种矛盾表现为，生活要靠程式给予规范而又要突破它的规范，程式要靠生活给予内容而又要约束生活的随意性。为解决这个矛盾，中国戏曲传统就有了"戏不离技，技不压戏"的说法。演员演出时必须发挥程式的积极作用以赋予戏剧内容以鲜明的表现力，但又不能让程式束缚，在演出时跌入形式主义而削弱对戏剧内容的表现。"戏"与"技"要高度统一于所表现剧情的需要。作为综合艺术的戏曲，对程式的运用也是综合性的，多种程式综合于一部戏的表演中，程式才有实用的价值。

（二）舞台结构体制上的虚拟性和对时空的特殊处理

戏剧不同于小说，也不同于电影，尽管它也是反映生活的一种特殊形式，但它反映生活却要求在舞台这个有限的空间和一次演出的有限的时间内表现戏里的生活图景。这必然会产生反映生活场景的无限空间和舞台相对的有限空间，戏剧情节延续的无限时间和实际演出的相对有限时间这两种矛盾。戏曲在解决这两对矛盾时，公开表明舞台的假定性，不去追真也不去拟真，承认戏就是戏，对舞台空间和时间的处理采取一种超脱的态度，不追究舞台空间的利用是否和表现的生活场景成比例，也不追究演出时间是否合乎情节时间的延续，甚至还可以不顾生活的逻辑。它采用分场的结构体制和虚拟的表现手法，通过创造独特的意境，对生活作出广泛的形象概括。

戏曲舞台在空间观念上的特殊处理：

(1) 以人物的活动为依归确定舞台环境。有人物活动，舞台环境存在。离开人物，舞台即成为抽象的空间。人物上下场是戏剧环境变化和剧情发展的枢纽。

(2) 在同一场中，通过演员的虚拟动作，可以从一个舞台环境迅速地转入另一个环境。人行千里路，马过万重山，只要一个圆场，一场趟马就可以表现。一个"控门"的动作就表示从室外进到了室内，没有影视或话剧那样的门窗布景。一个"绕场"就表示换了一个地方，甚至从一个世界进入另一个世界，由地上到了天庭。

(3) 在某些场合，舞台空间完全不合生活的逻辑，比如《空城计》里诸葛亮坐于城头，不过只是把椅子放在桌子上，司马父子手中的刀枪一不小心就会拍到诸葛亮的脑门上，但实际表现的环境却是高空与平地，相距很远。反过来，有时表现男女偷情，生活实际是两个人拥在一起，但戏曲舞台上却是两个人有相当的空间距离，以目传情或以物传情。这里，舞台环境又拉大了生活空间。

戏曲舞台在时间观念上的特殊处理：

舞台时间的安排，完全由戏曲情节的需要决定，不是为了表现时间本身，而是为了表现这个时间中的人物的行动和性格。有时候一个圆场中间可能相隔了几十年，甚至眼睛一睁一闭，就表示一个晚上过去，但又有的时候，人物由睡到醒地睁一只眼睛，可能伴有大段的唱段，许多的动作，前后占用十多分钟。比如《宋江杀惜》，实际生活中，宋江拔出刀来，可能几秒钟就完成杀掉一个女人的过程，但在舞台上，这个过程经历了一个唱、念、做、打的全部展示。这种处理给戏曲带来一种既流动灵活又相对固定，既连续不断又相对间隔的分场结构体制，有戏则长，人物一刹那的心理可以安排很长的唱段和很多动作；无戏则短，一个换场可能几十年过去。它表明戏曲的演剧主张，主要不是依靠灯光布景等舞台技术和制造舞台生活的幻觉来吸引观众，而是依靠表演艺术来吸引观众，靠演员的表演和观众的想象表现生活场景。人行千里路，马过万重山，一个圆场来表现，观众心里是默契的，甚至一看到这个程式，就一切了然。演员一句"离了家下，来到河下"，观众就知道这中间说明了什么，省略了什么，没有情节意义的时间、空间，对戏曲就没有任何作用。戏曲的空间和时间观念使有限的舞台可以反映广阔深远的生活而游刃有余。

超脱的舞台时空观是戏曲分场体制的前提，而体现戏曲分场体制这一舞台体制结构的手段则是虚拟化。虚拟性是戏曲舞台结构体制的灵魂。虚拟手法的作用不仅仅在于使时空观念的特殊处理显得空灵而活泛，更重要的还在于它有利于演员塑造人物形象。演员以虚拟手法描摹客观事物，又在艺术创造中观照自己，形成一种情景交融的自我感觉，凡登山、涉水、行船、走马等虚拟动作莫不如此。戏曲虚拟的景物不脱离演员单独存在，与演员形影不离，表演休止，景亦消逝。演员表演时，也用诗文创作中托物言志、借景抒情的手法，借剧中描绘之景，诉自己的独特心理。如昆曲《荆钗记》中，钱流行以唱念写景抒情："古树枯藤栖暮鸦"，"景萧萧，疏林中暮霭斜阳挂。闻鼓吹。闹鸣蛙。空嗟呀。自叹命薄，难苦怨他"，这分明是经过主观心理折射出的景色。虚拟手法充分利用了舞台的假定性，但却又要体现艺术反映社会生活的特点，在细微的每一处都显露源于生活的痕迹并接受社会生活的检验。舞台是空的，戏是假的，可是假戏又要真做。虚拟表演的动作越符合生活的逻辑，越准确严谨，就越能打动人。比如，戏曲舞台上的门总是往里拉的，窗户总是向外推的，演员做推窗拉门的动作形成固定的程式，尽管空空的舞台没有门窗，但这种动作一做出，观众便懂。因为这符合传统中国建筑的特点和人们的生活经验。执鞭代马，观众眼中无马但心中却有一匹马在舞台上展现，因为演员上马时不仅有唢呐模仿马嘶，而且演员还要做出如生活中跨上马背那样的动作并打一个圆场。这就是说，不管虚拟手法有多大的假定成分，还是和客观的生活密不可分，程式也不是随意创造的，而是从生活中来，又到生活中去。但戏曲艺术作为美轮美奂的艺术，虚拟的表演又一定要处处合乎美的特点。比如梅兰芳表演的《贵妃醉酒》，本来生活中喝醉酒的人，哪怕是贵妃，其醉态也可能不太雅观，但梅兰芳创造出了一个既能使观众联想到酒醉而又姿容妙曼地舞蹈于舞台的程式，表现生活又高于生活，集中了生活中醉美人的千娇百媚的憨态而又避开了一切不雅。这个程式直到现在还存活于舞台，但它是虚拟手法的醉态。

　　对于戏曲来讲，虚拟化不仅是舞台结构体制得以完美展示的充分条件，而且也是必要条件。如果戏曲脱离虚拟手法，不仅不伦不类，而且可能导致这门艺术的毁灭。

（三）形象创造上的以形传神，善恶分明

中国戏曲表演艺术在形象创造上要求演员把剧中人物的内心活动、精神气质和音容笑貌等转化为鲜明的外部形象，而且主要依靠富于表现力的动作完成形象创造。动作是演员从纷纭复杂的生活现象中提炼出来的，而且是典型化的，足以表现人物独特个性和丰富内涵的。一般地说，动作都比较简洁地概括生活，但有些也比较复杂。比如山西梆子《三关排宴》，佘太君和萧太后这一对战场上的死敌在议和的场面上，佘太君隐忍着家仇国恨以胜利者的身份担任和谈代表，为了国家和民族的根本利益大度容让，而萧太后因战争失利只好求和，心里十分气恼沮丧但偏偏又要维持一国之尊的面子。这种心理和复杂的性格内涵是通过动作和音乐以"三请三让"的外交礼节表现出来的，人物通过手、眼、身、法、步以及语言传达出性格神韵。中国戏曲要求演员对生活既勤于观察，又精于提炼，准确、鲜明地刻画出人物的外形和神韵，做到形神兼备，许多优秀的戏曲作品中的人物，其思想、性格和感情活动几乎都是可以让观众如闻其声，如见其人的，而扮演这些人物的演员也因此被观众认同和喜爱，甚至将演员和其扮演的角色混为一谈。我们把叶盛兰称"活周瑜"，把裘盛戎称"活包拯"，此之谓也。

以形传神，可以说是所有中国传统艺术都遵循的原则，它反映儒家和道家的思想及文化本色。儒把礼和乐当作辅助政教的艺术。《论语·八佾》讲："礼，与其奢也，宁俭。"简单易行，方能产生更大的作用。《礼记·乐记》讲："大乐必易，大礼必简。"所谓"乐之大者必易，一唱三叹而有遗音，而不在乎仪物之繁也"。力求简易，可以发挥审美教育的效果。老子在《道德经》第二十二章更指出："少则得，多则惑"，"以圣人抱一为天下式"，这种思想和文化要求反映在戏曲中，就要求演员摄取生活中最能表现本质的东西来单刀直入地表现人物形象，风格素朴简约，这样作品有神韵。而儒家对音乐的要求是"典雅纯正"，"中正和平"，这种区别于"淫邪"的"郑声"的"雅乐"，成为一种歌舞艺术传统，表现在戏曲中，就是要求演员不能仅仅停留在"形似"地表现生活上，像绘画一样，《清明上河图》描写北宋时汴河两岸人民的生活场景，因为写实很有历史参考价值，但却被文人雅士认为"无高古气"，不高雅，太俗。而只有富有艺术家思想感情和创作气质的东西，才能称之为

高雅。这种本来表现俗生活的戏曲艺术,又要求演员在演出时追求"典雅纯正"的风格,自然就只能在传神写意上下功夫。以形传神,形神兼备,才能做到脱离"俗恶"的境界。

　　台湾辜振甫先生认为中国的历史都在戏曲中。信然。作为综合艺术的戏曲,是中国人民生活状态的真实写照。中国人通过戏曲表现自己的生活状态,传达自己对生活的理想和要求,当然不可能超然其外的没有评价。故而戏曲表演在形象创造上,不但要求形神兼备,而且还寄托创作者对人物性格和品德的评价。善恶美丑,爱憎分明,或贬或褒,毫厘不爽。这种褒贬,常常通过人物的动作神态乃至化妆打扮等外部造型而得到鲜明的表现,分寸掌握得很准确,手法也多种多样。在形象处理上,表现出创作者道德理想和审美理想的一致。比如戏曲舞台上的关羽,最早在蒲剧中,被化妆定型为红脸膛,绿蟒袍,三绺长髯。这种造型以浓重的色彩烘托出"面如重枣"的这位"美髯公"庄严威武的气势,所以很快在戏曲的所有剧种中,关羽的外部形象都如此定型。而且演关羽的演员要求唱腔高亢激越,有虎虎生气;动作规定洗练干脆而猛势,不动则已,动则令人震惊。甚至一个亮相,夫子盔上的珠子都要求刷刷作响。总之整个是一个"神威将军"的形象,寄托着中国人对这位"武圣""关帝"的崇敬、膜拜和歌颂之情。

　　戏曲表演在形象创造上,寄托着儒家传统文化对社会现实中各种善恶美丑现象的直接介入,他不能如自然主义者那样去解剖式地再现生活,而是爱憎分明地去褒贬剧中人物。角色行当的脸谱化就是一个明显的例证。从一个方面说,脸谱化当然不是含蓄地表现生活,但实际上戏曲表现生活并不是不要含蓄,它的含蓄性要求体现在演员表演的分寸和对生活现实的针刺中,它常常并不直接触及现世政治,而又要针刺现世政治,采取以历史为鉴的手段,借助某个历史故事、历史人物或虚拟的人物来使观众产生现实的联想。另外演员的脸谱其实也含蓄地暗示某种东西。比如戏曲中的"白净"人物,抹大白脸,专门扮演权奸阉宦一路人物。清朝人李斗说得好:扮这类人物,"声音气局,必极其胜。沉雄之气寓于嬉笑怒骂者,均于粉光中透出"。即既要表现出这类人物因权大位高势重而具有的形象特征,又要深刻揭露其奸诈、阴险、凶狠暴戾的本质特征。这样,这种人物其实在生活中就有两面性:可能表面是白脸,像正派人通常显示的面孔一样,但因智谋推向极端成为阴谋,形象过度粉饰就成为假面的白脸,所以舞台上的"白净"

正好含蓄地揭示生活中的此类人"温暾近于小面，忠义处如正生，卑小处如副末"（李斗语），伪善、卑琐在脸上便显示出来。从这个方面讲，脸谱化又不能说就不是含蓄地表现生活。这种中国特色的表现显然寄托着创作者的批判精神。

（四）非凡的表演基本功要求

中国戏曲重视艺术"高台教化"的作用，但这种教育功能和认识功能，却又和娱乐功能紧紧地结合在一起发挥。在美的前提下实现教化作用，艺术美感以一种"形式美"在舞台上展示。念白"虽不是曲，却要美听"（王骥德《曲律》），演出要求"声要圆熟，腔要彻满"（燕南芝庵《唱论》）。身段工架上讲究出场、亮相的姿势有静态美，手、眼、身、法、步的联系和协调有动态美。所有的功夫表演以及各种道具表演技巧，不但都是表情达意的手段，而且在线条、姿态和韵律上都要给人以美感。不但每一个动作都要做到形式美，而且要求在动作的运动过程中照顾到每一个观众的视角。正如盖叫天所说："一伸拳，一举步的姿势，都要练成为可以雕塑的独立塑像。"为了在形象创造中实现戏曲表演的美学要求，中国戏曲在长期艺术实践中逐渐稳定、汇集起性格化表演程式的分类系统，即生、旦、净、末、丑等各个角色行当。这些角色行当都有完备的一套基本功要求，要求演员掌握。

在表演上，对演员的基本功要求非常的高。

首先要求演员把表演的感情节奏同音乐节奏、舞蹈节奏紧密结会。演员必须对角色有真情实感的体验。演员的体验要深刻而细致，一方面，演员所体验的感情，既是演员的，又是角色需要的，两者合一，演员该哭就能流泪，该笑就能笑出，甚至该出汗就出汗，该变色就变色。又一方面，这种体验经过演员再创造后，纳入了程式规范，同音乐节奏、舞蹈节奏紧密结合，甚至能以配合着音乐的雉尾、帽翅表演，搓步、跌步、滑步等功夫舞蹈准确地表现角色的喜怒哀乐，达到比生活感情更集中、更强烈，色彩更鲜明的艺术效果。

其次要求演员把纳入程式的体验过程和严格的技术表现过程相统一。演员体验角色时要"钻进去"，而表演角色时又要"跳出来"。本来感情的体验是个性的，程式的表现是规则的，两者有矛盾，感情要求程式给予形式但又要突破程式的约束，程式要求感情充实内容但又不能让其自由泛滥。而"钻进去，跳出来"就使这种矛盾获得解决。

再有最重要的，戏曲演员是带着一整套程式技术来创造角色的。这个程式技术不是一个人制成的，它是经过几个世纪的艺人以"衣钵真传"的方法继承下来的。因为时代在发展，在变化，各个剧种的特点又都不同，程式技术呈现一种尺有所短、寸有所长、百花齐放的局面。这些技术的掌握，既需要好的形体条件，又需要好的心理条件，还需要有一定的文化素质准备，对于演员来说，掌握这些程式技术是要有很高的基本功要求的。"十年磨一戏"不是夸张，小生的几声笑，需要情绪和呼吸有机配合，声音的亮度和节奏速度和谐。只限于眼神的微笑和全副面孔以及全身都在狂笑在表演上各有严格区别，演员要经千锤百炼才能达到鲜明准确的审美要求。净角一怒如龙吟虎啸，叱咤风云，它要经过舌、腭、鼻腔、腹部呼吸等一系列严格训练的运动，造成一阵闷雷滚滚忽然霹雳一声的强大声势。这些都要求演员在理智监督下，把其五官四肢锻炼得敏感到筋肉具有思维的程度。把全部的心理意识渗透到有高度技巧的筋肉里去，骨节里去，使程式能表达丰富的语言，而且这种程式要熟练到似乎来自天然，不是来自人工。使演员的形体动作和心理动作成为戏曲表演的有机天性。这种以生活为基础的戏曲化了的有机天性，要求演员有歌唱家的歌喉，气功师的运气本领，魔术师的机智，杂技演员的形体动作和对于艺术本质的深刻理解以及深厚的美学基础修养。这种要求的高度、深度和难度，都需要做到如李渔所讲的："闺中之态，全出自然；场上之态，不得不由勉强，虽由勉强，却又类于自然。此演习之功不可少也。"[甲]

总之，中国戏曲的表演文化是有独特内容的呈体系性的艺术架构。它没有西方表演体系中所谓"体验派"与"表现派"的尖锐对峙，而且综合这两个流派的优长，要求表演达到表现与体验，理智与情感，用"头脑"与用"心"的和谐统一。而且，中国戏曲的表演抱定着"宜俗宜真"的原则，以一种平民主义的精神把大众的趣味视为表演准则和风格的导向，要求戏曲表演做到老少咸宜，妇孺皆喻，将通俗性、大众性作为表演追求的极坐标，这是西方戏剧表演所不及的。

四、中国戏曲"以文教化"的功能

戏曲从它产生之日起，就与中国的老百姓结下不解之缘。

[甲] [明]李渔(笠翁). 李渔随笔全集·演习部[M]. 成都：巴蜀书社，1997.

它是劳苦大众的精神食粮——我们用"食粮"这个语词,是标示其对于劳苦大众的不可或缺。几个世纪以来,"舞台小世界,世界大舞台"的观念就伴随着中国人及其创造的中国历史绵延。只要"世界"存在,戏曲也就存在。中国人可以没有别的,但不能没有戏曲。一字不识的文盲可以听懂甚至复述出演绎前朝古代历史的戏文内容,帝王将相不陌生,才子佳人都亲切。蓬头垢面的乞丐可以一面捧着半只破碗,一面演出着《龙凤呈祥》的唱段兴高采烈地沿门讨饭。甚至丧失理智的精神病患者,也能一字不错地唱完《贵妃醉酒》的所有唱段。惩恶扬善,弘扬教育是中国戏曲的重要使命,以文载道的传统贯穿几乎所有的戏文之中,"或为君子小人,或为才子佳人,登场便见;有时欢天喜地,有时惊天动地,转眼皆空","人情到底好排场,耀武扬威,任你放开眉眼做;世事原来多假局,装模作样,惟吾脚踏实地看",这些常贴于戏台两旁的对联,是宣传戏曲的特点和作用的最简洁的写照。它们并不是一般的借题发挥,慨叹世道人情,而是揭示着中国戏曲的一个最重要的文化功能。这也是中国戏曲极富人民性的一个根本原因。列宁说得好:"艺术属于人民。它必须深深地扎根于广大劳动群众中间。它必须为群众所了解和爱好。它必须从群众的感情、思想和愿望方面把他们团结起来并使他们得到提高。"[甲]中国戏曲正是这样的艺术。

[甲] 列宁. 列宁论文学与艺术(二)[M]. 北京:人民文学出版社,1960:912.

"舞台方寸悬明镜,优孟衣冠正后人"。中国戏曲几百年来,正是给了中国人认识社会,认识自身的一面面镜子,它使渴望爱而又缺乏爱,永远升腾着希望而又很难看到希望的中国人在另一个时空中,另一个属于自己的东方时空中体验到爱和希望。因而,它便深深地扎根在了劳动群众中间。劳动群众既从舞台看世界,认识人世,认识生活,也从舞台上的演出得到精神享受和灵魂的愉悦。

中国的戏曲文化,是中国传统文化的典型代表,是最有中国特色的一种文化。戏曲的文化功能,即"以文教化"的功能,最集中地体现了中华民族的精神。我们这个民族,几千年来,悲欢离合,互相争斗又互相融合,无论在任何情况下,都没有使古老的文明之邦灭亡,相反,还常能同化一些入侵者,靠的正是"以文教化",而2000年的令人心酸的封建专制和支撑这个专制的自然经济形态使安分守己、恪守"礼义"的中国人如套在磨盘上的牛一样,被蒙着眼睛原地兜圈子,自以为走了很长很长的路，结果还是绕着轴心循环往复，不能挣开羁绊，原因也有"以文教化"对人民产生的作用。戏曲文化，作为"以文教化"的重要组成部分，难道不应认真总结吗？

作为文化的精粹，中国戏曲不但有"文治教化"的功用，而且简直可以充作中国的象征。江泽民同志曾经谈到，"在国外，一听到京剧，就想起了中国。"是的，京剧作为国剧，确实代表着中国。它有典型的中国音乐风格——以旋律为主，气韵生动，富于线条美。节奏宣泄突出，粗犷的阳刚之气和细妙的阴柔之美并存于中，"乐而不淫，哀而不伤"，"发于情，止于礼"。如同黑格尔所说：音乐最能直接表现和激发情感。京剧所激发于听众的，正是一种内心情感，这种内心情感深入中国人的灵魂，随着京剧的旋律和节奏一起震颤。

中国戏曲既葆有旺盛的生命力，也曾经走过非常曲折的发展道路。因为它的影响大，植根、开花、结果于不同时代中，植根、开花、结果于社会生活之中，植根、开花、结果于人民之中，所以它必将随着社会和人民的前进而不断发展。

第十一章
中国绘画、雕塑与传统艺术

中国传统艺术源远流长博大精深。从距今一百万年的陕西"蓝田猿人"和距今一万八千年前的北京周口店"山顶洞人"遗物的清理中我们可以清楚地看到，我们的祖先在劳动和斗争中创造世界、完善自己的同时也在创造着美。"蓝田人"那些粗糙的石斧、砍砸器、刮削器是实用的，是和谐的美的萌芽。"山顶洞人"骨、石、贝做的装饰品就直接开启了中国艺术的大门。由此而下，中国人经过新石器时代神秘奇崛的彩陶文化的洗礼，商周青铜文化的狞厉、威严、辉煌，逐渐步入了漫长的多姿多彩的封建文化，逐渐形成了包括书法、绘画、雕塑、建筑、音乐、戏曲、舞蹈等门类齐全的中国传统艺术，形成了中国传统艺术独具的艺术规律和艺术特性，形成了浩若烟海、丰富多彩的中国传统艺术宝库。它是中华民族极为宝贵的精神文明财富，它是中华民族为人类文明、为世界文化宝库所做的重大贡献。

中国传统艺术，首先是中国的，是根植于中华大地的，是在草原文化、黄土文化、湖海文化的不断交融与撞击中发展起来的。从有文字使用的半坡村文化算起它已有了六千多年的历史。在六千年铸成的历史链条上的每一个环节都闪耀着艺术的光芒。研究传统艺术，重新认识我们先民所创造的辉煌业绩，研究它的艺术规律、艺术特性对弘扬民族文化、振奋民族精神，再创今日和未来的辉煌，其意义都是极深远的。在中国走向世界，让世界认识中国的大潮中，研讨中国传统文化艺术更有其特殊的作用与意义。

一、中国传统艺术深厚的中华文化思想基础

中国传统艺术有着极深厚的中华文化思想基础。

中华传统文化思想的出发点、基础是中华民族传统的宇宙观、世界观、方法论。

早在新石器时代的彩绘陶盆上，我们的先民已经用石墨勾画出了神秘而博大的太极图。"中国古人认为宇宙之间首先是'无极'。即无所不包，又至虚至空，它是一切所出的总门。由此'无极生太极，太极生两仪，两仪生四象，四象生八卦'。一生二，二生三，三生万物，如此派生，以至无穷。太极图就形象地表明了这一浅显而深奥的哲理。宇宙间一切事物的外象与本质规律在太极八卦中都能得到显示。宇宙间一切精神理念的复杂层次在太极八卦中都能找到它的坐标点。它是抽象的，又是具体的；它是神秘的，又是有像可寻的；它是理性的，又是感性的；它是思维，又是物质；它是宇宙观，又是方法论"甲。

阴阳对立统一的观念是中华民族传统哲学观念的核心。"一阴一阳之谓道"，这是中国古人对无所不包容的"道"的最简要的解释。阴阳存在于宇宙万物之中，阴阳是宇宙万物的本质属性，阴阳繁衍出无穷的生命，阴阳创造出人世间无尽的奇迹。这就是早就存在于中华民族先民理念中而后被道家在《易经》《道德经》中明确揭示、系统阐述的中国人原始的、本土的哲学观念。道家崇尚"自然"，也崇尚自然的规律。所谓"道法自然"即是此意。《易经·系辞上》："天尊地卑，乾坤定矣"，"动静有常，刚柔断矣"，"在天成象，在地成形，变化见矣"，"乾道成男，坤道成女"。"刚柔相推而生变化"……以阴阳囊括宇宙事物万象之刚柔二性，以阴阳两爻作为代表符号。这也是最简单、最原始、最质朴的辩证法。《道德经》提出："万物负阴而抱阳，冲气以为和。"詹剑峰在《老子其人其书及其道论》一书中阐释说："实际上，老子所谓'一'，就是'浑沌的气'，所谓'二'，就是'一气分为阴阳'，所谓'三'就是阴阳对立之'合'，它就是'和'。所谓'万物负阴而抱阳'则'一切事物本身皆包含内在矛盾'，所谓冲气以为和，则在事物运动中的矛盾统一。宇宙

甲 钟明善. 书法欣赏导论[M]. 西安：陕西人民美术出版社，1993.

万物就是这样发生和发展的。"[甲]

儒家道德标准提出"中庸",所谓不偏之谓中,不变之谓庸。而其审美标准、行为准则明确提出"中和",所谓"喜怒哀乐之未发谓之中,发而皆中节谓之和。中也者,天下之大本也。和也者,天下之达道也。致中和,天地位焉,万物育焉"(《礼记·中庸》)。汉代董仲舒则明确提出"中和"为美的观点。这一"实践理性"的美学思想,渗透于中华文化艺术各个领域。至两汉之际佛教传入中国,佛家思想很快与中国本土的道家、儒家思想相融合,成了中华文化思想的有机组成部分之一。有趣的是佛家关于"静、定、慧","昼夜守一,必入定意"的禅定修持的意念活动,与道家所谓"圣人抱一,为天下式"的修道原则又是那样契合。

这些就是中华传统艺术深厚的文化思想基础的最主要内容,也是我们研究中国传统艺术的出发点。

二、中国绘画及其特性

(一)历史回顾

中国绘画的远祖至今有迹可考的就是距今六千年前西安半坡村仰韶文化遗址出土的彩陶盆上神秘而又有像的"人面鱼纹""鱼纹""鹿纹""鸟纹";甘肃礼县、秦安等仰韶文化遗址出土的大量"雷纹""涡纹""指纹""网纹""几何纹"等彩陶装饰纹;青海大通县上孙家寨出土的"舞蹈纹彩陶盆"上所绘的五人一组群舞图画。这些图画清晰地反映着我们先民丰富多彩的渔猎生活,有着对生活美的追求与期盼。他们在劳动中创造着世界,完善着自己,也创造着作为世界重要组成层面的艺术,创造着自己的绘画。这些绘画和陶器上神秘的符号一样具有形象性、抽象性、意象性。

有趣的是这些古朴而有意蕴的纹饰,是用黑色的石墨为颜料,用兽毛笔绘制的。陈列在陕西省历史博物馆的临潼姜寨出土的圆形石砚,是我们先民使用砚、墨的证据。而那些粗细不尽均匀的黑线条,应该是非兽毛笔莫能为的了。由此,开创了中国绘画艺术所独具的一条最有自己民族特色的大道。这就是对笔、墨的依赖与发挥。这也就和使用同种工具的中国书法结下了不解之缘。正因为如此,线在中国传统绘画造型中始终起着决定性的作用。中国绘画由此掀开了自己辉煌灿烂的

[甲] 詹剑峰. 老子其人其书及其道论[M]. 武汉:湖北人民出版社,1982.

历史画卷，成了人类文化艺术宝库中的明珠，成了中华民族的骄傲。

1949年长沙陈家大山楚墓中出土了令世人震惊的帛画《凤夔美女》，1973年长沙城东子弹库楚墓出土的帛画《御龙人物》（原藏湖南省文管会），它以浪漫主义手法，准确的造型，流畅的线条，描绘了美女为凤战胜夔而祈祷。郭沫若曾说它是生命胜利的歌颂，和平胜利的歌颂，充分表现着战国时期的时代精神[甲]。这大约也是墓主人的企盼、愿望、美德的形象表现吧。至于《御龙人物》画一侧身直立有须男子，执缰驾龙向天界飞升，更是楚人幻想、追求的超然遐思的境界。郭沫若诗中称其"仿佛三闾再世"，应当说此画作者在三千年后遇到了知音。

将幻想与现实有机结合创造一种全新的绘画境界，这是中国绘画从幼年期就已产生的一种本质特征，这一优秀传统影响一代又一代中国的画家们去寻觅、去创造。

秦代在中国历史上是短暂的一代，然而它所留下的政治、经济、文化发展的业绩却是至今令人惊叹不已的。艺术上，秦俑兵阵，成了举世瞩目的世界第八大奇迹。与此同时，秦代绘画的遗存更从秦都咸阳六国宫殿的残墙上显示了它的辉煌。那是绘制在经过精心制作的草灰、细泥的灰墙上的，用红、黄、兰、墨、赭等颜料绘制的《驷马驾车图》。其富丽堂皇之气象简直是铜车马出巡的一种绘画再现。这一写实的手法，是构成中国绘画传统的又一重要组成部分。所应注意的是，中国绘画的写实仍然有着抽象性和意象性，而不是自然主义的写实。

从大量汉代墓室壁画、画像石、帛画中，我们可以清晰地看到这些从远古而来的传统审美意识、造型手段在不断延续、发展、丰富。

湖南长沙马王堆出土的帛画中，锦绣华贵的墓主人形象的塑造和对太阳、太阴的神话式的解绎，就是明证。汉代大量画像石上对古代神话、传说的描绘，对女娲、伏羲、东王公、西王母的描绘，对孔子、老子等历史人物的描绘，对"荆轲刺秦""二桃杀三士"等历史故事的描绘正体现了传统的文化精神和传统绘画意识。

佛教从汉代传入中国后，佛教绘画艺术也直接影响了中国本土固有的绘画传统。这从魏晋南北朝石窟和墓室壁画上

[甲] 郭沫若. 关于晚周帛画的考察[J]. 人民文学, 1953, 11.

佛教内容的大量遗存中我们就能清晰地看到这一点。本土宗教、世俗生活、神话传说、历史故事、幻想世界的题材之外又加入了大量佛教故事，大大丰富了中国绘画的题材范围，打开了中国宗教绘画的新天地。许多以宗教绘画闻名的画家也走上中国画坛的前列。张僧繇、曹不兴等人的名字至今人们还没有忘却。与此同时，由印度等地传来的对人体美的表现与歌颂，技法上对色彩块面的新的表现手法的运用，不但对中国传统绘画意识是一次重大的冲破，也是对中国绘画运用色彩表现物象的进一步丰富。这从新疆、甘肃的石窟壁画中我们可以得到更多的实证资料和感性认识。除民间画工之外，著名知识分子画家曹不兴、卫协、顾恺之、陆探微、张僧繇等也都是画佛的国手。

魏晋南北朝时期中国绘画与中国其他艺术门类一样，在政治动乱、思想活跃、玄学风行的大文化背景下也有了较大的发展。此时期，墓葬壁画的传统内容有了新的发展，晚近题材如《竹林七贤与荣启期》的砖刻画也在六朝墓室中赫然拼成巨幅；一大批知识分子画家步入画坛；中国绘画技法由汉代的粗笔涂染渐趋细密精微；渲染凸凹没骨画法在张僧繇的笔下出现；中国绘画理论研究有了巨大成就（顾恺之《魏晋胜流（名臣）画赞》、谢赫《古画品录》、孙畅之《述画记》、姚最《续画品录》）；山水画作为独立画种在这一时期出现；漆画（油画）得以发展与使用。

晋顾恺之，他在为裴楷画肖像时，颊上加三根毛，对典型细节的捕捉，使所画人物"神明殊胜"；他画嵇康、阮籍肖像时对"点睛"特别慎重。他强调"妙处传神正在阿堵中"。流传有序的《女史箴图》，当是隋唐时期能得顾恺之笔墨神韵的摹本。由此也能看出中国画到了魏晋时期其创作态度之严谨，技法之进步。顾氏重视形与神的关系，他强调"一毫小失，则神气与之俱变矣"。对传神中细节刻画的重视，对技巧与绘画神气关系的探索，是顾恺之对中国绘画的重大贡献。

南齐谢赫不但是"写貌人物，不俟对看，所需一览，便工操笔"的形象记忆力极强、善于捕捉所画对象特征的大画家，而且也是一位承前启后，创立绘画"六法论"的杰出的艺术理论家。他在《古画品录》里提出了品评画家、画品的六个条件。这就是至今仍有着现实意义的"六法"：气韵生动，骨法用笔，应物象形，随类赋彩，经营位置，传移模写。这六条既有对中国画技法的历史总结，也有对中国画审美观念的高度概括。特别是"骨法用笔"，抛开光与色的干扰直接着力于物象骨气，以书法入中国画成了中国画的最为本质的特征之一，也是中国画与西洋画在切入生活的意识与手法上的最大区别。"气韵生动"，对"气韵"的追求，对画家自己心中所产生的与描绘对象融为一体的气与韵的追求更是中国画的灵魂。谢赫的画论的精辟处至今熠熠闪光，成了中国传统美学理论的重要组成部分。

隋唐时期，是中国封建文化发展的高峰期。这一时期绘画上的发展其突出特点是：石窟壁画长足发展；墓室壁画巨作出现；多姿多彩、风格各异的人物画家群体出现；水墨山水画发展；花鸟画出现；理论上有新突破。敦煌壁画中隋唐部分之丰富多彩，为今日歌舞中《丝路花雨》《仿唐乐舞》等的创作提供了诸多形象资料，也启迪着今日许多画家去创作李唐王朝昔日辉煌的画卷。唐永泰公主墓、李贤墓等墓室壁画"满壁风动"的壮观场面、丰富的内容、深邃的寓意、传神的造型、生动畅达的线条，使人自然地想到了"吴带当风"的神采和"曹衣出水"的风神。阎立德、阎立本兄弟的画名至今仍为中国文化人所敬仰。阎立本的《历代帝王图卷》《步辇图》等大量历史题材绘画，其所反映的内容是当时政治生活中的头等大事，其技巧之纯熟，造型之逼真惟妙惟肖正是一流大手笔。特别是《步辇图》，画唐贞观十四年藏族领袖松赞干布派使者禄东赞进见唐太宗要求与唐王朝通婚的历史性场面，其意义远在绘画艺术之上了。这也正是中国绘画的现实主义传统的魅力与生命力的体现。被尊为"百代画圣"的吴道子是唐代绘画的又一代表人物。他主张以"焦墨薄彩"作"疏体""白画"，充分发挥线的造型功能。他在长安兴善寺画画时，"立笔挥扫，势若风旋"，观者云集，喝彩、惊呼，一时传为佳话。他的《天王送子图》（李公麟摹本）尚能仿佛一二。宋代米芾说他的画"行笔磊落，挥霍如莼菜条，圆润折算，方圆凹凸"。从中可以理解到吴道子的线条有了粗细、方圆变化，有了立体感、流动感。无疑，有意识地这样追求是技巧上的探索与进步，是刻画形象的高标准要求所必需的，这也正是吴道子对中国绘画线描技法上的重大贡献。人物画中以仕女作为绘画主体的罗绮人物画的出现也是唐代社会繁盛的历史反映。张萱的《捣练图》（宋徽宗摹本，现藏美国波士顿博物馆）、《虢国夫人游春图》（宋徽宗摹本，现藏辽宁博物馆）、《唐后行从图》，周昉的《簪花仕女图》《纨扇仕女图》《听琴图轴》等就是最典型、最优秀的精粹之作。其仕女多丰肌肥体，这正是盛唐仕女以丰肥为美的时尚的体现。一幅幅雍容华贵的贵族妇女生活图画，也正是李唐王朝贵族奢侈生活的真实写照。其造型之细腻逼真，准确表现衣纹、肌肉体态的挺拔流畅细筋入骨浓淡分明的线条，重彩衣饰、淡彩丝罗的色彩处理以及对纹眉后蛾眉的渲染表现，都为中国工笔重彩人物画树立了楷模、创立了新法。至于韩干的"鞍马人物"《牧马图》《照夜白》，韩滉为秦川牛写照的《五牛图》和描绘文人生活的《文苑图》（均藏北京故宫博物院）都是当时绘画的精华，中华之国宝。少数民族画家胡瓌是专画游牧民族生活的画家，他的《卓歇图》（现藏北京故宫博物院）是其传世代表作，也是中国绘画史上的奇葩。隋展子虔的横幅《游春图》（现藏北京故宫博物院。有宋徽宗题签、元冯子振题跋。）是山水画成为独立画种的重要标志，也是青绿山水的代表作品。把山水画从"人大于山"的陪衬地位独立出来，这是绘画史上的创造、进步、发展、突破，由此中国画又有了新生面。稍后，唐李思训又创作了大量"金碧山水"，发展了展子虔的技法和表现内容，他"笔格遒劲"，讲究皴法，开创"北宋画法"。设色与对楼阁的刻画，更是他的贡献，其影响于宋、元、明、清画家既深且远。王维的水墨山水画则是文人画的开风习者。"诗中有画，画中有诗"既是对王维的评价，也是对中国文人诗画艺术境界、美学理想的高度概括。初唐大书家薛稷，还是以"画鹤知名"的大画家。诗人白居易的宗兄白旻"得丹青之妙，传写之要，毛群羽族，尤是所长"。中晚唐之边鸾"善画花鸟，精妙之极"。白居易居长安时所写《画竹歌》"举头忽看不似画，低耳静听疑有声"，更是咏画竹的绝唱。初唐的大书法家殷仲容也是有名的花鸟画家。花鸟画在唐代也蔚成大观，成了独立的画种，这是中国画史上重大的突破与进步，其影响十分深远。在美术理论上有李嗣真《续画品录》、张怀瓘《画断》、朱景玄《唐朝名画录》、张彦远《历代名画记》，都从不同角度记录、评价、论述了中国画的各个侧面。至若王维、吴道子、杜甫的诗文里也都有不少关于绘画的精辟见解结语。理论与实践，蔚成了隋唐绘画的高峰期，完善了中国绘画的传统。

　　五代，大部分国土上战乱不已、生灵涂炭，经济、文化不堪回顾。然而偏安一隅的西蜀（成都）、南唐（金陵）却有着相对的繁华。特别是皇家画院的建立，网罗、培养了不少才能出众的画家。南唐顾闳中"中夜至"中书舍人韩熙载宅第，"窃窥""目识""心记""图绘"的《韩熙载夜宴图》,用连环画方式真实地描绘了当时上层贵族整日价声色狗马饮宴、乐舞的荒唐生活,将中国绘画的现实主义传统推向了一个新的高峰。同时期的画院画家周文矩的《重屏会棋图》中着力描绘了南唐中主李王景的形象,也都是现实主义的代表作。西蜀、南唐画院中都有肖像画一项主题,称画家为"写貌待诏"。这将自唐而来的中国人物肖像画创作提高、发展到一个新阶段。从帝王、文武功臣到皇后、皇妃、美女、道释人物,都在画家笔下神采奕奕、风姿万种。西蜀画院黄筌的花鸟画,对花鸟作"写生",以工笔双勾,"随类敷彩"。他还完成了隐去线条的"没骨"画法。传世《珍禽图》等成了中国花鸟画的里程碑。山水画则有荆浩"恣意纵横扫,峰峦次第成";关仝"石体坚凝,杂木丰茂,台阁古雅,人物幽闲"甲,将唐代王维的水墨山水画发展到了一个新的高度,后世并称"荆关"。

[甲] [宋]郭若虚. 图画见闻志.

画院一举到了宋代酷爱书画的徽宗赵佶更将其发展成为皇家美术学院。集教育、研究、创作、网罗人才为一体。宫廷画家也是当时中国画坛的中坚。山水画创作中有以写秦岭山水雄奇壮美称著的范宽。《雪景寒林图》《溪山行旅图》是其代表作。"石破天惊,元气淋漓",天地山川雄浑凛然之气扑面而来。

董源、巨然以"披麻皴"法写江南秀色,所作山川草木葱茏,水光接天,或平远或高远或简淡或深厚,都有郁郁之生气。又有郭熙,全用水墨作山水画。他的山水"其山耸拔盘回,水源高远,多鬼面石,乱云皴,鹰爪树,松叶攒针,杂叶夹笔、单笔相半,人物以尖笔带点

图11-1 溪山行旅图(范宽)

斫,绝佳。"(格古要论)他又是画论家,所著《林泉高致集》是他的力作。花鸟画创作,首推赵佶。他是技巧很全面的画家。无论工笔重彩,水墨小写意都画得十分生动、潇洒。特别是他用"瘦金书"笔法线条入工笔画、作题跋,书画结合得天衣无缝,

令人叫绝。在画院考试、课程设置、教育方法中，他十分重视画家全面艺术修养与观察生活、写生基本功的培养。从入学考试命题用"踏花归去马蹄香""乱山藏古寺""竹锁桥边卖酒家""野水无人渡，孤舟尽日横"等诗句，即可见其用心。宋代文人中苏轼、文同、米芾、王诜、李公麟、晁补之、宋迪也都是一代画家。只不过文人画派的代表人物并不赞同宫廷画家的绘画主张与表现手法。苏东坡关于"论画以形似，见与儿童邻。赋诗必此诗，定知非诗人"。"瘦竹如幽人，幽花如处女。低昂枝上雀，摇荡花间雨"的论画诗句更道出了中国绘画传神写意的真谛所在。他关于"画竹必先得成竹于胸中"的议论，更进入到"其身与竹化"的创作激情物我皆忘的最高境界。米芾所创的"米点山水"，更丰富了中国画表现雨中山川的技法，升华了中国画的境界。王诜的青绿山水、水墨描金山水都达到了新的高度。李公麟的人物画十分重视从人物形象的真实与现实性的表现中传达自己的审美趣味，他说"吾为画如骚人赋诗，吟咏情性而已。奈何世人不察，徒欲供玩好耶？"（宣和画谱）"嗜酒自乐，号梁风子"的梁楷，其泼墨大写意的人物画更是画史上的奇葩。

在宋代绘画中，宋徽宗时翰林画吏张择端的《清明上河图》成了中国画史上的瑰宝。作者用中国画特有的散点透视画法"游目骋怀"中描画了北宋末年以汴河为背景的村郊、河道、城市的丰富多彩的历史生活场景。场面之博大，人物之繁多，情节之组合，人物形象之刻画，气贯长虹之总体布局，都是亘古未有的。这幅作品也成了中国画史上的巨迹。

南宋马远、夏圭的山水画更开创了一代新风。马远常常选取山川之一隅以大斧劈皴法画山石，以劲捷的线条画树木、屋宇、舟船，所成山水，小中见大，笔墨洗练而意境幽远。人称"半边""一角""剑拔""空疏"不无道理。夏圭所作的《长江万里图》，运用散点透视，从横移中让我们领略了长江之雄奇壮伟。他的山水画深得李唐、范宽雄厚之气，水墨淋漓浑穆厚重中仍不失典雅、清丽。中国绘画史上并称"马、夏"是很有道理的。中国文人水墨山水画到宋代马、夏发展到了高峰。此后元、明、清许多文人山水画仍然在"荆关""董巨""范李""马夏"范围内徘徊。

元、明、清以后的中国画，虽然派别林立山头割据，但从绘画的总体来讲进步并不显著。元代大书家兼大画家赵孟頫在书法上直追"二王",提出"用笔千古不易"的主张,在绘画上也极力摹古,追求"古意"。他的题画诗"石如飞白木如籀,写竹还于八法通。若也有人能会此,方知书画本来同"准确地揭示、概括了中国书法与绘画的内在联系。中国画既有书法意识又有强烈的抒情色彩,元代画家十分注意这一点。王冕题画梅诗中写:"我家洗砚池头树,个个花开淡墨痕。不要人夸颜色好,只留清气满乾坤。"画梅、兰、竹、菊"四君子"以抒怀是元代文人画的一个突出特点。"霏霏桃李花,竞向春前开。何如此君子,四时清风来。"吴镇的题画竹诗也道破了这一创作缘由。元代山水世称"黄、王、倪、吴"。黄公望(子久)、王蒙(叔明)、倪瓒(云林)、吴镇(仲圭),四位的生活际遇以及所得之江南山川灵气,造就了他们在艺术上相近的追求。后人称富春江以及浙东山水都是"倪黄粉本"不是没有道理的。清简、萧疏、平淡、苍茫、空灵中寄寓了画家各自复杂的情怀。他们更将诗文书法题于画上,将"诗、书、画、印"结合一体,在中国画形式美的完善上做出了重要的贡献。

图11-2　容膝斋图(倪瓒)

　　明代画坛,有浙派戴进,承"马夏"之余绪;吴伟得线描、泼墨之趣;吴派沈周、文徵明,山水得"董巨""吴王"、赵孟頫之真谛;唐寅、仇英以山水、人物、仕女名噪文坛;董其昌、莫士龙、陈继儒三人提出所谓山水画"南宗则王摩诘","北宗则李思训父子",其分法实在和阮元在书法上强分"南帖北碑"一样荒唐可笑。但后世人不加分析仍沿其说,就令人莫衷一是了。殊不知他们只是分了两种不同画风而把这两种画风的代表人物冠以"南宗""北宗"而已。董其昌、莫士龙、陈继儒都是当时一流山水画家。他们的作品和画论也都丰富了中国画的艺术宝库。徐青藤、陈道复、孙克宏、陆治更以其水墨写意花鸟画丰富了明代画坛,为中国画宝库增色。特别是天池山人徐渭(号青藤)的泼墨大写意《杂花卷》真可以当作抒情诗去解读、去感受。他将花鸟画创作看作是针对时弊的"朱亥椎",是他关切政治、同情人民的平民意识的体现，难能可贵。

清代初年画坛上"四王"（王时敏、王鑑、王翚、王原祁）追"黄倪"以干笔枯墨皴擦作山水，以仿临为主旨，虽然也画出了一些好的作品，但从总体意识上窒息了中国山水画的生命。倒是明末清初的石涛、八大、石谿、弘仁，"四大高僧"，主张"搜尽奇峰打草稿"（石涛），"寄爱憎于花鸟"（八大），"师法黄山"（弘仁），"书画当以气韵胜人"（石谿），他们的见解、主张、画风给中国画注入了新的生命激素，开辟了中国画的新天地。清代乾隆年间，活跃在江苏扬州一带的高翔（字凤冈）、高凤翰（字西园）、金农（字寿门）、黄慎（字恭懋）、郑燮（字克柔）、李鱓（字宗扬）、李方膺（字虬仲）、汪士慎（字近人）、罗聘（字遯夫）、华喦（字秋岳）、边寿民（字熙公）、闵贞（字正斋）、陈撰（字玉儿），人称"扬州八怪"或"扬州画派"。他们在艺术主张上有共同的平民意识。"不补桃花三两枝，何须贵人题恶诗"（金农），"些小吾曹州县吏，一枝一叶总关情"（郑燮），"心恶时流庸俗"（李鱓），就是他们心灵的写照。为此在表现手法上他们也求新、求变、求个性风格的体现。这也就是他们的艺术主张和艺术作品至今仍受到国内外艺术家、文化人珍视的原因。中国画发展到清代，虽然已失去了唐宋的辉煌，但已萌生了求新、求变、求个性风格表现的积极躁动的艺术追求。这些基于深厚传统之上的新的冲动正是21世纪以来中国画发生大变革、大发展的内因。在与外域政治思想、文化思潮这个外因撞击之后，中国画的发展变化就更令人欣喜、震惊了。

（二）中国画的艺术特性

从对传统的回顾中我们看到了中国画昔日的辉煌，也了解到中国画包括山水、人物、花鸟三大画种。倘细分，山水可分青绿、浅绛、水墨、焦墨等；人物可分历史、道释、仕女、民俗故事等；花鸟画从技法运用上又可分工笔重彩、小写意、大写意等。若从应用范围分，中国画可分为宫廷、民间、文人、宗教、市民等。但不管是哪一种、哪一类中国画，都有着共同的艺术特性。

1. 中国绘画的基础是书法，是笔情

西方绘画脱胎于希腊的雕刻，通过光、影、色彩去塑造自然的物象。虽然西方画家也重视理解描绘对象，画自己的理想,但在造型规律上更多的是"模仿自然"与"再现自然"。达·芬奇说:"圆描是绘画的主体与灵魂。"素描就是西方绘画的基础与骨干。而中国画自古迄今都十分重视线的运用。一根有意蕴、有生命的线的律动、线的节奏形成了中国画特有的笔法、笔势、笔情。以有意蕴的线(包括由线变出的点、块、面),抓住描绘对象造型上的骨干与气韵去"写",这就是中国画所强调的"骨法用笔"。这种"写",在传统人物画中就是"十八描",在山水画里就是皴法,在花鸟画中就是大写意、小写意、工笔。这就是笔法。近代美术教育家吕凤子在《中国画法研究》一书中曾说:"据我的经验:凡属表示愉快感情的线条,无论其状是方、圆、粗、细,其迹是燥、湿、浓、淡,总是一往流利,不作顿挫;转折也是不露圭角的。凡属表示不愉快感情的线条,就一往停顿,呈现一种艰涩状态,停顿过甚就显示焦灼忧郁感。有时纵笔如'风趋电疾',如'急起鹃落',纵横挥折,锋芒毕露,就构成表示某种激情或热爱、或绝念的线条……"有生命的线是中国绘画的基础与骨干。明代董其昌曾说:"以草隶奇字之法为之,树如屈铁,山如画沙,绝去甜俗蹊径,乃为士气。"清代石涛也强调:"一画收尽鸿蒙之外,即亿万万笔墨,未不始于此而终于此。"一根线条的内涵几乎包孕了天地身物多层次、全方位的生命信息。线为骨干的意识,也就是书法意识,是中国画民族传统的灵魂所在。骨法用笔的骨法既包括画家有个性的书法语言中有骨气的线,也包括画家捕捉到的物象本身所溢出的骨气,二者有机结合就是出现在画面上活脱脱的线。中国绘画在世界各民族绘画中独特之处在这里,中国绘画深邃的内涵在这里,中国绘画难以为域外人们理解的原因也在这里,中国绘画的神秘奇妙之处更在这里。

2. 对墨趣的追求

以模仿自然为其艺术内容的西方绘画可以说是"色彩的诗"。对特定光线下自然色彩的客观追求是达·芬奇的传世杰作《蒙娜丽莎》的创作意识,也是西方古代许多画坛巨星的创作意识。他们对光与色的表现是自然的再现,所成的作品既有呼之欲出的人物,也有可以走得进去的实景。而中国画最讲究的是"墨分五彩"。近代书画大师潘天寿曾说:"色易艳丽,不易古雅;墨易古雅,不易流俗,以墨配色,足以济用色之难。""水墨画,能浓淡得体,黑白相用,干湿相成,则百彩骈臻,虽无色,胜于青黄朱紫矣。"[甲]用墨,要讲墨韵,"浓淡分明,便是活墨"。中国画讲究"墨趣",讲墨的干湿浓淡变化所产生的

[甲] 潘天寿. 听天阁画谈随笔(三)[J]. 老年教育(书画艺术),2011,2:28-29.

自然美。这种自然美，也就是"墨韵"。墨韵是流注笔势之中，于画面之上的有生命节奏的气，是"挥毫落纸如云烟"的"云烟"，是画家胸中之气与笔下淋漓的墨气生死相混的物化形态。齐白石笔下的虾、蟹，讲笔法、墨法；石涛的山水画讲笔法、墨法；徐文长的《杂花卷》更是笔墨淋漓的抒情诗。中国画以墨为色彩的主体与基础。墨的运用寄寓了历代中国画家的审美意识与艺术追求。中国画家"惜墨如金"，翰不虚发，因为黑与白是两种最单纯的色素，也是最丰富的色彩。中国书画讲究笔歌墨舞，墨也是有生命节奏与韵律的活的艺术元素。

3. "游目骋怀""以大观小"

西方绘画应用的是有固定视点、视线的焦点透视，近大远小。所成作品完全符合依几何数据推定的比例尺寸，是数学科学与绘画的统一与结合。画家始终站在一个固定的视点，从一个光源看物象之光影色彩变化。所成之作站在常人的角度完全可以理解。而中国画则更多地运用了特殊的透视法，"游目骋怀"，"以大观小"的"散点透视"。"游目"，画家的视点可以上下左右移动。"以大观小"是坐着宇宙飞船在观察地球，就像我们现在欣赏微缩景观一样。由此产生了山水画中的"三远"即"高远""平远""深远"。虽然早在南北朝时期山水画家宗炳在《画山水序》里曾说过："张绡素以远映，则昆阆之形可围于方寸之内，竖划三寸，当千仞之高，横墨数尺，体百里之远。"与一千年后发明的西洋画的透视法完全一致。但中国画"以一管之笔，拟太虚之体"，"目有所极故所见不周"的窄狭的视角根本不合要求。宋代沈括也指出"仰画飞檐"（李成）仰望大山时作画者的困惑。清代邹一桂还批评西洋人用"勾股法"写实之作是"笔法全无，虽工亦匠"，"不入画品"。"俯仰终宇宙，不乐复何如！"（陶渊明）"乾坤万里眼，时序百年心"（杜甫）的视点也正是"游目""以大观小"。五代荆浩关仝的山水画，宋代张择端的《清明上河图》、僧巨然的《秋山问道图》，夏圭的《长江万里图》，范宽的《溪山行旅图》都是运用散点透视的典范作品。近世张大千所作《长江万里图》长卷也仍然沿用了这一传统的透视法。

4. 遗貌取神

意大利的著名画家达·芬奇不仅是伟大的艺术家，而且是伟大的数学家和解剖学家。为了准确无误地把握人体结构的细节、比例，他曾亲自解剖过30多具男女尸体。透视学与解剖学是西洋画家的基本功。科学与艺术的结合，这是西洋绘画的本质特征。模特儿是西洋人物画家的范本和朋友，是形影不离的伴侣。对景写生更是西洋画家重要的创作源泉。而中国画家则更重视"神"的传递。在人物画中，"中国人物画则一方着重眸子的传神，另一方则在衣褶的飘洒流动中，以各式线纹的描法表现各种性格与生命姿态。"[甲]唐代张萱的《虢国夫人游春图》，唐章怀太子墓壁画中的《观鸟捕蝉图》，南宋梁楷减笔泼墨大写意的《李太白像》，就是这样的传神之作。即使是山水画，中国画家追求的是"得山水清气，极天地大观"，是"登山则情满于山，观海则意溢于海"，是"外师造化，中得心源"之后寄意笔墨丹青。这时画家所着眼的不是自然实景，而是胸中之景，是神与物化的"迁想妙得"的笔底烟雾。石涛所谓"搜尽奇峰打草稿"，不是整理写生稿，而是重铸胸中丘豁，是为山川传神，是通过整体的画境，画面整体的节奏与韵律去为山川传神。马远的"一角"与夏圭的长卷都是为山川传神之佳作。花鸟画更是这样。近代齐白石的牡丹，用洋红作花，用浓淡墨作叶，离牡丹的真实形象相距甚远，但我们仍然觉得他是活的牡丹。他笔下的虾更是龙虾、草虾的综合体，是白石心中、笔下的活脱脱的虾。"论画以形似，见与儿童邻。"苏东坡的观点就是遗貌取神。齐白石曾说作画"妙在似与不似之间。不似为欺世，太似为媚俗。"不似之似就是意象，就是遗貌取神。"妙在似与不似之间"，这是遗貌取神的精意所在。

5. 意境与气韵

与模仿自然、再现自然的西洋传统绘画相比，中国画则更着重于画家灵魂的抒写。中国画所描绘的"境"，不是自然主义的实境，而是画家心中的"意境"，是意象的化境，是画家诗心的外化。为此，中国画对一个画家的要求不是做自然科学家，不是做数学家和解剖学家，而是先做文化修养丰富的诗人、哲人。

唐代的王维其所以能"诗中有画，画中有诗"，首要条件是他是才气横溢的诗人。宋代苏东坡首先是了不起的大文学家、大诗人，其次才是大画家；宋代米芾是饱学之士，文物考古、诗词、文章都是一流水平，书法更得魏晋书家之真谛，在这样敦厚的文化基石上，悟出雨中山水的特质，创造"米点山水"，创造雨中山水的佳境，就是十分自然的事了；清代郑板桥举凡诗、文、词、赋、道、情无一不精，书法更创"六分半"体，

[甲] 宗白华. 论中西画法的渊源与基础//宗白华. 美学与意境[M]. 北京：人民出版社，1987：152.

那么他创作出境界极高的"我自不开花，免撩蜂与蝶"的墨竹就是必然的了；再如明末清初的八大山人朱耷，他学识浩富，诗文书法都有奇崛的特点，作为明末遗民，清人入主中原，这位年轻贵族子弟心中始终愤愤不平，这种郁积之气，在他的笔下化作了残山剩水，"是真零碎山河颠倒树，不成图画更伤心"，化作了"白眼看青天"的单腿、方眼的怪鸟，他的心声铸成他别具一格的画境。意境是中国画的生命与灵魂，也是中国画的特质。意境是中国画家禀赋、修养、悟性、诗心的自然流露；也是我们研究、欣赏中国画透过笔墨物象所要寻觅的生命的灵与性之所在。意境的创造必须与气韵的表达同步。这就要求画家把由物象得来之骨气、神气、虚实流动之气与自己的豪气、雅气、逸气、静气、喜气、怒气、闷气、愤愤不平之气、瞬间波变之气，自然地合而为一，化作画中的笔情、墨趣，化作笔墨虚实变化的节奏与韵律。使作品始终有一股可以感知的骨肉筋血气息流淌的韵律，有一股往复回环的气，一个浑然一体的多层面、虚实相辅的气场。这虚实相生的气场就是中国画的意境赖以表达的基础和归宿。

东方神秘文化之一的中国画难以被汉字文化圈外的文化人所理解，也使许多中国文化人困惑不解的原因就在于他有着深邃的中华文化内涵和独特的审美观念，独具的艺术特性。中国画的神秘和魅力也正在这里。

三、中国雕塑及其艺术特征

（一）历史回顾

中国雕塑以社会功能划分可分为宗教雕塑、明器雕塑、陵墓雕塑、纪念性雕塑、建筑装饰雕塑、工艺性雕塑六个大类。中国雕塑从甘肃礼县出土的新石器时代陶人头算起已有五六千年的历史。在这漫长的历史长河中，我们的先民以自己独特的审美观念、造型规律创造出了让世人瞠目的艺术形象和艺术业绩。商、周人在青铜器物上创作了威严狞厉的兽文浮雕、线刻，创作了神秘奇妙的人面、鸟文浮雕、线刻，在玉器中创作了玉虎、玉蚕、玉人、玉鸱等精妙的艺术作品，创作了铜驹尊、铜女象、铜犀尊、铜羊头觥、铜虎、铜牛等青铜艺术精粹。秦人创作了世界第八大奇迹的秦俑军阵、铜车马。其数量之多，形象之生动，解剖结构之准确、造型手法之独特，塑造、烧制工艺之精良，整体设计思想之精密，动用雕塑家和工匠之众多,总体工程之浩大,都是同时期世界一流的艺术创造。秦汉雕塑家群体的出现更是中国文化史上的奇迹。

汉代茂陵霍去病墓石雕群的出现,更表现出西汉雕刻家精湛的技艺和捕捉物象本质特征以极简省的刀法给予意象刻画的审美意识。其中"马踏匈奴"所表现的英雄气概令人振奋。马的刚毅自若,匈奴的惊恐、挣扎,令人叫绝。卧牛、卧虎、人与兽等用几根极简要的线勾画物象轮廓、动态、神情,以少胜多,造就了中国雕刻史上意象雕刻的奇葩,也成了世界文化宝藏中的瑰宝。

图11-3 马踏匈奴

陕西咸阳底张湾汉墓出土现存咸阳博物馆的三千彩绘兵马俑更是中国雕塑史上的奇观。四川成都出土东汉"击鼓说唱陶俑"、四川彭山出土东汉陶马、甘肃武威出土"青铜奔马"(亦称"天马","马踏飞燕")、陕西茂陵出土"镏金铜马"等都以光彩照人的生动形象为中国雕塑史谱写了光辉的篇章。魏晋南北朝在佛教兴盛之际,宗教雕塑有了极大的发展。山西大同云冈北魏石窟造佛像,甘肃天水麦积山石窟北魏、西魏彩绘坐佛、菩萨及倩女像,甘肃敦煌北凉、北周彩绘菩萨像,河南洛阳龙门北魏石雕菩萨、飞天像等带有从印度传入时的造型因素来到中原,有着中外同化的痕迹。

隋唐时代佛教雕塑有了更大的发展。甘肃敦煌莫高窟的唐代彩塑菩萨,河南洛阳龙门奉先寺唐代石雕大佛,陕西西安唐代石雕坐佛、石雕菩萨残躯等蔚成唐代佛教雕塑之大观。以世俗人的形象为楷模去塑造神佛,使神佛形象有了更多的世俗成分是唐代宗教雕塑的一大进步。其中现存西安碑林石刻馆的"菩萨残躯"更被誉为东方的维纳斯。至于唐墓殉葬品中大量明器雕塑中之三彩俑、粉彩俑,无论人物、动物都塑造得栩栩如生。其中有许多外国人和我国少数民族形象,更有国内外多种多样的服饰在雕塑中得以展现,这些都是唐代雕塑胜于前代之处。陵墓雕刻中墓前大石雕的雕刻更令人叹为观止。乾陵的鸵鸟，顺陵的石雕走狮、石马，桥陵的侍臣、石狮、华表，屹立于渭北原野之上，雄奇壮伟，这正是唐王朝气势恢宏的主体精神在艺术上的表现。大型浮雕"昭陵六骏"无论是造型上解剖结构的准确，还是对六骏神韵的传递，都表现出雕刻家极高的造型能力和深深的伯乐般的情怀。

宋代雕塑更靠近世俗。山东长清灵岩寺的彩塑罗汉，就是一位沉思的北方大汉。四川大足宝顶的石雕"养鸡女"，就是一位慈祥善良勤劳质朴的农妇。山西晋祠彩塑"宫女"群像，是典型的中国美女形象，其表情、仪态服饰的细节都刻画得生动异常。

此后元、明、清中国雕塑逐渐失去了秦汉隋唐的雄风和宋代的精妙传神，而走向衰落。元代的粗糙，明清的渐趋烦冗，都是中国雕塑的悲哀。相对而言，工艺雕塑中却也出现了一些玉雕、牙雕、翡翠雕的国宝级精品。但大型雕塑就很难找到几件可与前贤佳作比美的作品了。

（二）中国雕塑的艺术特性

宗白华在对比中西雕刻时曾说："埃及、希腊的建筑、雕刻是一种团块的造型。米开朗基罗说过：一个好的雕刻作品，就是从山上滚下来也滚不坏的，因为他们的雕刻是团块。中国就很不同。中国古代艺术家要打破这团块，使它有虚有实，使它疏通。"中国的雕塑更多的是与建筑物（包括陵墓、石窟、寺庙）处于同一设计空间而与之统一和谐。中国雕塑的艺术特性也因此而形成。

1. 线条美——强调线条的表现

中国古代雕塑造型的表现语言是线条，是多样的流动的自由之美。中国的绘画艺术尤其强调用线造型，传统人物画的衣纹有十八描之分；中国书法艺术更是特有的线的艺术形式，书法经历了从象形到抽象的演变，成为纯粹的线性结构的艺术。同样呈现在中国古代雕塑中常有一种行云流水、骨力追风的线条之美，有如音乐的旋律。

在中国古代雕塑艺术中，曲线造型和多用线刻表现成为其一大特色。自周及其以后的春秋战国时期是中国传统文化形成的重要时期。"诸子百家，百家争鸣"带来中国历史上第一次思想文化的繁荣，各家各派思想的激烈交锋深远地影响了中国社会，以孔子孟子为代表的道家思想，以及墨子爱人、非攻思想都强调了个体的自我尊严和价值。雕塑受各种思想文化的影响,形态表现出来柔和、灵动和优美,最明显的例子是很多雕塑都倾向于一种流线造型。

线条美的另一方面还表现在雕塑强调和突出线条,在中国很多雕塑中我们可以发现他们综合了线刻与圆雕结合的手法,这种手法甚至出现在大型石窟佛像中。从中可以看出中国传统造型思想对于线条美的重视。即使到了明清时期雕塑已开始用体的观念造型,但创作者还是刻意地突出了流畅的线条,这一点最为显著地反映在如行云流水般令人赏心悦目的人像衣纹上,应该说这和中国特有的那种追求自由境界的审美观有关。

2. 气韵生动——强调内在精神的表现

中国古代雕塑虽多出自匠人之手,不像绘画多由社会上层有较高文化修养的文人士大夫所创作,但它所表现出的内在特质却与绘画同出一辙,强调灵性、意趣,创作手法不拘泥于事物原来的面目,有适当的夸张变形,但又不完全脱离现实,是一种情与理的结合,重写意与传神、突出内在精神。这与西方雕塑中的理性精神形成鲜明对照。西方传统雕塑强调真实再现自然,直到近代随着东西方文化的交流,西方雕塑才逐渐突破了写实的传统,出现一系列具有革命意义的艺术思潮与流派,雕塑也相应出现了像亨利·摩尔这样的现代雕塑大师。在中国人看来,"论画以形似,见于儿童邻",这样的审美观显然渗透到雕塑领域,不少古代雕塑作品多反映出这样的艺术特色。在成都附近出土的东汉《击鼓说唱俑》是其中较有代表的一件,陶俑动作夸张,塑造手法质朴、概括,俑的每个部位都以夸张的手法来表现,那手舞足蹈的动作和兴奋激动的表情,让人似乎看到当时的热烈场面。

图11-4 击鼓说唱俑

更有突出代表意义的是汉代的茂陵石刻,这是为表彰霍去病的卓著功勋而建的典型的纪念性雕塑,形体朴拙粗犷、雄健豪迈，特别是《马踏匈奴》中的马昂首挺胸，将匈奴兵踏于蹄下，那气宇轩昂、豪迈勇武的神韵让人不由地联想到年轻有为的青年将领霍去病的英武形象。

3. 绘塑结合——多种艺术手法的综合运用

中国的艺术形态从原始社会的混生到各种艺术门类的独立经历了很长时间，然而这种独立也只是相对的，中国传统艺术中很多依旧保持了这种混生的特征。比如中国画，不但有画家签名，钤有自刻印章，还有画题，有的还有诗。融汇绘画、书法、诗歌、篆刻为一体，让人品味到诗情画意、图文并茂的精妙。而中国建筑也多是综合了雕刻、绘画、书法、园林等多种造型形式。至于雕塑，作为一门造型艺术，也融合了多种表现形式。这当然包括前面提到的中国雕塑上用到的线刻手法，更为明显的是中国古代雕塑的形体上很多都直接上色或彩绘。无论是具有典型楚文化特质的漆器，还是气势恢宏、威武雄壮的秦始皇兵马俑，还是精巧别致的唐三彩，更不必说气象万千的六朝佛像，无一不是雕塑与彩绘的结合。事实上，将平面造型融入立体造型，这是中国传统造型的一个显著特色。

4. 天人合———亲近自然的特质

中国古代雕塑作品较注重作品的自然天成和材质美感，商周的青铜、战国的玉器、大唐的唐三彩，都不同程度地反映出作品的材质自然之美。

从中国雕塑的内容来看，中国的人体雕塑艺术远不如西方那样蔚为大观，备受推崇。至于石窟佛像雕塑，只是作为一种释家思想的符号和载体，虽然它依然保留了作为自然的特点，但雕塑的主体已经不是真正意义上的"人"，历朝的佛像雕塑都表现出很强的程式化特色，显然其雕塑的基本用意不是彰显作为自然主体的人。除佛像外，历代的人像雕塑也大都是一种意向符号，要么有特异功能（如秦始皇兵马俑）、要么表现自然情趣（如清张长林的《渔樵互答》，南宋大足的《养鸡女》），而突出让你作为自然主体特色或人性这一主题的作品却很少见。相反，以动物为主体的雕塑在中国雕塑史上却成为一个显著特色，纪念性雕塑如历代帝陵石刻，都是以各种石兽作为题材，唐代的唐三彩，明清时期的玉器、陶瓷等多以动物为题材，马、龙、凤、象、狮、鹤等都是中国古代工匠常常表现的对象。这些现象的背后，是中国历代美学家所推崇的美学法则——天人合一。在中国人的意识里，作为宇宙整体一部分的人，不可能超越自然而自成其主宰，故选择适宜方式并协调与自然关系。雕塑彰显人体意义的重要性对中国人来讲引起不代表宇宙本身的精神的实质而被漠然处置，生命的意义来自宇宙本体永恒而无限的生机，这既体现了宇宙的精神，亦是对生命的最好阐释。而作为自然一部分的动物在中国人亲近崇拜自然的心理意识指导下，动物常常成为自然甚至是主宰的化身。

5. 材美工巧——注重工艺美

正如前面提到的《考工记》所载："天有时，地有气，材有美，工有巧，合此四者，然后可以为良。"这是中国古代一个极为深刻的造物原则和价值标准，这是中国形而上之文化精神之"道"对形而下之"器"的规约，也是中国传统造物思想之精华的扼要表述。"天时、地气"是来自主体方面的主观因素的作用。所谓"材美"是肯定人对材料、质地、品性的选择性，要求人们按照自身的需要和旨趣去体认材料对象的美质，"工巧"则要求造物主体对于"美材"予以巧治，就古人常谓"因材施艺""适材加工"，中国这种造物观在中国造型文化中有生动反映，那些驰名中外、令人长久追慕的古代精美作品，如商周玉器、战国漆器、汉代织锦、宋代陶瓷、明代家具等都出于古代工匠对中国古典造物原则的深刻认识和把握。中国古代工匠对中国古代雕塑用材丰富多彩，青铜、玉、陶、石、木、铁等等，这在世界范围内是不多见的，不同的材质有不同的质感、纹理，从而呈现出不同的艺术效果。青铜的光泽、玉的玲珑剔透、陶土的朴实无华、石材的厚实雄伟。材质之美在中国古代工匠手中表现得淋漓尽致。

从上面的特点，不难看出中国的雕塑艺术与其他造型艺术形式的一致性、相关性。对于传统造型，我们只有在深入领悟传统的艺术精神、充分认识来自现代西方的各种设计思潮的基础上，兼收并蓄，融会贯通，寻找传统与现代的契合点，才能打造出符合新时代的民族形式，才能找到真正属于我们本民族的同时又能为国际社会的所认同的现代雕塑造型。

第十二章
中国书法艺术

一、中国书法艺术的发展历程

中国书法艺术以其独具的美的素质成了中华民族文化宝库中一颗灿烂的明珠，也是世界文化宝库中的奇葩。

几千年前，我们中华民族的老祖先创造了汉语的书面化工具——汉字。几千年来，这种表意文字又为我们中华民族保存了无比丰富的文化遗产。作为交流思想、社会交际的工具，它广泛应用于我国各民族之间。我们的汉字，从图画、符号到创造、定型，由古文大篆到小篆，由篆到隶、楷、行、草各种书体逐渐形成。在书写应用汉字的过程中，逐渐产生了世界各民族文字中唯一的、可以独立门类的书法艺术，于是书法就具有了实用功能和观赏价值双重品格。如果说汉字书法是一种特殊的意象艺术，那么，由点线搭配、变化所构成的表意的汉字本身就是这种艺术的造型基础和基本要素。脱离开汉字的基本形态、构字要求，也就不成其为汉字书法艺术了。在漫长的历史岁月中，在人们书写、应用的过程中，汉字书法也产生了自己一整套艺术规律。它起于点画用笔，基于单字结构，成于章法布白，美于风神气韵；既要"求工于一笔之内"，又要寄情于点画之间；法度森严而又变化无穷。

它所体现的中华文化思想、审美意识更是那样神奇、丰富,令人神往,令人陶醉。它既抽象又具体,它是意象艺术的代表。

它是那样质朴,质朴得和普通中国人的性格一样;它是那样深奥,深奥得和哲学家的玄谈妙理一样。它有时像依偎着山花芳草的清清小溪静静流淌;有时像奔腾的黄河、长江一泻千里;有时像狂风暴雨,有时像清风明月;有时像龙腾虎跃气象万千,有时像幽林鸟鸣荡入尘俗;有时像泱茫无垠的北国大地;有时像细雨飘洒的江南村舍;有时像清新明快的田园小诗,有时像震撼人心的历史丰碑。它是无声的音乐,静态定格的舞蹈,抽象的绘画,大自然风云变化的旋律,书法家心潮起伏的波澜。它就是它,中华民族值得骄傲的艺术——书法。

中国书法艺术是基于中华文化背景之上,以应用文字的书写作为独立观赏艺术的特殊的艺术门类。在世界各民族中只有中华民族神秘独特的审美观才熔铸了这一艺术奇葩。

中国书法艺术的发展历程是:

第一时期,汉字在寻找自我的时期,书法也在汉字的大纛下悄悄地寻找自己。这时期在中国历史上跨越了漫长的新石器时代、夏世系时代、商世系时代、周世系时代、春秋时期、战国时期、秦代、汉代,经历了4200多年的历史岁月。这一时期的总的特点是:作为记录语言的符号、交流思想的工具的汉字,首先从实用出发,不断寻找自己完善的面目,终于找到了方块汉字这一最终的归宿,造就了至今我们仍在使用的神奇奥秘的汉字。爱美是人类的天性,追求和谐、稳定、平衡是自然美、人体美给人类的启迪。在汉字寻找自我的过程中自始至终受我们先民审美意识、审美习惯、模糊的审美标准的制约。所以我们至今从现代人的审美观去审视我们古人们留下的古代汉字遗作时仍然会感到它是美的,是书法艺术品。它的"丽质"不是"天生"的,是我们先民的创造。它的点线,从一开始起就是有意蕴的,是我们的先民有意识乃至无意识、潜意识支配下创造出的心线。它蕴含着、反映着我们先民美的追求、美的理想、美的理念和法度。

这一时期对中国书法的产生与发展是第一位重要的。有了汉字这个载体,有了方块汉字这个基点,中国书法艺术才有了向纵横发展的根据地,才有了流派纷呈、姹紫嫣红的百花园,才有了神奇而博大、生机勃勃的昨天、今天和明天。

这一时期，汉字寻找自我的过程是这样的：

萌芽期。从旧石器时代到新石器时代，特别是新石器时代，我们的先民用刻画符号、图画、图腾去表达自己的思想，记录自己的语言，这就是汉字的萌芽。汉字的创造和书法的萌芽是同步的。直拙、尖利、朴实、神秘是其特色。"意象"从一开始就进入汉字与书法的肌体，成了汉字书法灵魂。这一过程大约经历了2000年的岁月。在

图12-1　半坡陶文拓片

20个世纪中，我们的先民在苦苦地求索、追寻，在完善作为人类的自我的同时，也在艰难地创造着人类文明，创造着作为人类文明标志的文字，创造着尖底瓶、人面鱼纹陶盆一类的生活用品和伟大的艺术品。

少年期。从殷商、西周、春秋、战国至秦代。其间跨越了奴隶社会、封建社会两个时期，大约1500年的历史。在15个世纪的岁月中，我们的先民将原始的符号、图画逐渐发展成为更复杂的文字。殷商的甲骨文，在构造上以象形为基础，已有了指事、会意、假借、形声等被后人总结为"六书"的规律；在形式美上既保留了原始符号自然、烂漫的因子，也有了对后人总结的所谓书法三要素中笔法（包括刀法）、结字、章法的有意无意的追求。商、周的金文，则较甲骨文更进了一步，字形更趋稳定，形式美的追求更明晰。唐兰曾认为长篇金文中讲究"分行布白"，"笔画肥瘦"。"结构的疏密，转折的方圆，位置的高下，处处受了拘

图12-2　王宾仲丁、王往逐兕涂朱甲骨刻辞

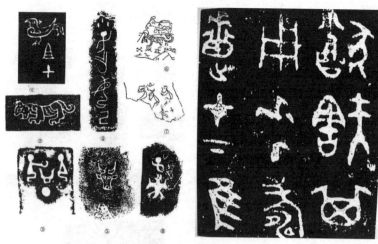

图12-3 金文拓片

束,但都自然而然地产生出一种和谐的美,这就是书法。"[甲]和青铜器一样狞厉、威严、凝重、神秘,是西周金文书法的总风格。到了春秋、战国时代,由于社会的动荡与分裂,汉字与汉字书法也发生了一次大的裂变。汉字在西周金文中相对稳定的构造型态受到冲击,文字异形现象更为严重;汉字书法也出现了地域性的特点,荆楚一代、东方诸国与秦陇中原体系的书法其差异是十分清楚的。鸟虫篆、蝌扁书、狭长的装饰美术字等都出现了。活泼、夸张、变形、多姿的风格特点无疑是我们先民在使用汉字上的新的探索,也是在美化汉字上的新的探索。这一时期虽然庄严场合大宗应用的仍然是西周以来的大篆(或称古文、籀文、古籀),但草篆、篆体美术字(越王勾践剑铭之类)已广泛应用,古隶已经萌生,与诸侯割据百家争鸣思想解放的总的社会政治变革文化思潮相一致,呈现出"放"的景象。

汉字首要的职能是语言的书面化的工具。在这个时期,汉字在构形上闯了一阵,在形式美上也闯了一阵,终于在秦统一之后又向继承西周传统的秦系文字回归。"书同文字"正是适应了社会各阶层对应用文字的要求。应当说秦小篆的定型化是汉字发展史上的一大进步、一大改革,是汉字在寻找自我的第一个胜利,第一个里程碑。小篆是对几千年来汉字的大整理,在汉字实用性的完善上是功德无量的。秦小篆所呈现的圆融、整肃、均衡、对称的特点至今仍然是人们习篆的第一步功夫,第一种楷模。还应看到,前代和同时代所产生各种汉字构造现象,汉字书法面目,都为后来汉字书法艺术的发展打下了良好的基础,积淀了书法艺术百花齐放流派纷呈的沃土。

[甲] 唐兰. 中国文字学[M]. 上海:上海世纪出版集团, 2005.

图12-4 传李斯《峄山碑》

图12-5 秦诏版小篆

此时期的汉字在寻找自我的历程中艰难地迈着迟缓的步子，还没有脱开随体诘诎的象形的基本形态。像一个眉清目秀的少年，仍然带着几分稚气和天真。

青年期。汉代426年间，是汉字发展史上的转捩点。这四个多世纪中，篆书虽然仍被使用着，但它逐渐失去了统治地位。从战国时代就已萌生的隶书，经过秦代到了汉代，因为它有构形简明、化圆为方、笔画方折、易识、易写等特点，迅速地由民间而官方，成了通用的文字形体。

汉代完成了汉字的"隶变""隶定"过程，因而人们把我们中华民族的通用文字叫汉字。方块汉字将汉字在小篆中残存的一点象形遗意也泯灭了，汉字成了"不象形的象形字"。这一过程的完成大约在西汉中晚期。有居延汉简和河北定县出土的西汉简书为证。

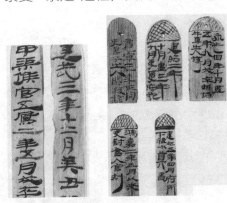
图12-6 居延汉简

这种简书，结体扁方，左右分别，若相背然。基本笔画中波挑、波磔大量使用，点如木楔，竖如柱，横折笔画如摧锋折剑，有了一整套程式。

隶变的发生不仅受人们对通用文字要求简易的制约，同时也受人们审美心理上精神逆反，哲学思想上阴阳对立统一观的影响。圆多了求方，这是汉字发展史上最伟大的变革。从此汉字开了新生面，成了纯粹的符号，成了标音又表意的神秘的由点画组成的符号。从此汉字书法艺术的发展也进入到了以有意蕴的、净化了的点线寄兴达情的新的历史时期。汉字找到了自我：符号化的标音表意的方块汉字。书法也找到了自我：寄情点画之间。

汉代是中国书法史上充满活力的一代，也是书法艺术清晰地、自觉地由实用文字的书写走向独立观赏艺术的大跃进的一步。

有这样两个事实可以证明：

汉代初年，主持营建汉长安城的丞相萧何为了给"壮丽"以"重威"的宫殿写"榜书"，"覃思三月以题其额，观者如流水"。此其一。

西汉哀帝时杜陵人陈遵为河南太守，"性善书，与人尺牍，主皆藏弃以为荣"。此其二。

这是有籍可寻的两件事实。从这样的事实可以看出：书法的实用功能和观赏价值始终是统一的；书法作为独立观赏艺术在西汉时已十分流行，它的产生应当更早一些。

在此时期"以书取仕"，字写得好可以做史官。所以隶书又被叫作"史书""佐书"。汉代大量简牍帛书、石刻文字、瓦当文字、金文等无疑在实用中推动了书法艺术的发展，简牍帛书可以说是群众书法最有活力的部分，呈现出

图12-7 汉《莱子候刻石》

百花齐放的热闹局面。今日研习书法创新者，大可以从中受到启迪和教益。东汉桓灵之世树碑立传之风大盛，无疑又给书法家展示自己才华提供了广阔沃野和世界上最大的书法作品展览场。隶书大家们挥毫书丹，造就了面目各异的隶书佳作。

图12-8 汉《开通褒斜道摩崖刻石》

图12-9 汉《石门颂》

　　西汉刻石的浑厚、质朴、博大、雄壮，东汉刻石的茂密雄强、方整劲挺、法度森严、烂漫多姿，简牍帛书、瓦当文字的多姿多态，织成了400多年汉代书法灿烂的一段锦绣。汉代书法如果以东汉大量隶书碑版为主去分析，可以看出："此类受'礼''乐''刑''政''中和'为美的兼容的美学思想、书法心理支配而产生的经过雕饰规范过的隶书不是以韵胜而是以法胜。它的点线是净化的、情理化的。""既讲究舒放自然，点画传情，又讲究笔法、结字、章法的程式，把'放'纳入一定的范围法度之中，这就是贯穿于书法审美兴趣、审美习惯、审美心理的中华文化思想对书法艺术的要求。"[甲]东汉大量碑版的书法艺术风格，是汉代隶书、汉代书法的主流、代表。但汉代毕竟是隶法初建的一代，所遗碑版、简牍帛书、金文、陶文的风格仍然是丰富多彩的。"汉兴有草书"。汉赵壹《非草书》一文更透出汉代草书盛行的信息。大风格之下的变化多彩正是事物多元化规律在艺术上的体现。对汉代书法艺术也必须作如是观。

甲 钟明善. 中国书法史[M]. 西安：陕西旅游出版社，2001.

图12-10　汉《曹全碑》　　图12-11　汉《张迁碑》

汉代是汉字找到了自我的时代，是汉字书法充满活力的青年期。汉字书法艺术的活力还表现在，这一时期篆书逐渐失去统治地位而隶书、行书、楷书、草书四个孪生姊妹应运而生。只是隶书完善于汉代而楷书、行书、草书的完善推迟到了下一个时期。

第二时期，汉字书法艺术找到自我、完善自我的时期。这就是中国书法史上出现书圣王羲之的时期——魏晋。历时200年。人们在讲到此时期书法时往往沿用"晋人尚韵"四字来概括。事实上这四个字并不是魏晋书法的总体风格的准确判断句。这一时期，从汉字发展看，是最终完成汉字的楷书、行书、草书形体演变的一代，也是完成汉字五种书体演变的一代。也正是这一时期，钟繇等人从隶书和萌芽状态的楷书中，从前代人的真书中总结出了一套新体书法——楷书的规矩和程式，完成了楷书的定型化过程。这是与隶书的定型化一样伟大的工程。钟繇建立的楷书的标准化程式至今仍被我们一代一代的人们使用着。也正是这一时期，书圣王羲之与其子王献之以及同时代的许多书法家完成了行书、草书（包括章草、今草、狂草）的定型化过程，创作出"天下第一行书"《兰亭序》《丧乱帖》《姨母帖》《初月帖》等堪称楷模的行书作品和《十七帖》《十二月帖》等草书作品。"钟王"等一大批书法家在追求汉字实用性的同时，求速度，求简易实用，求形式美。他们不

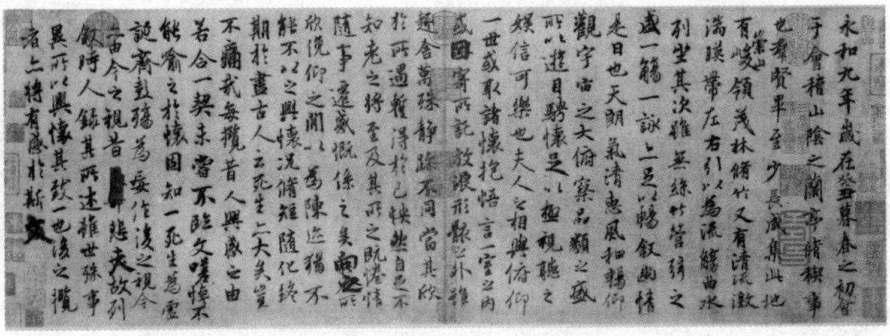

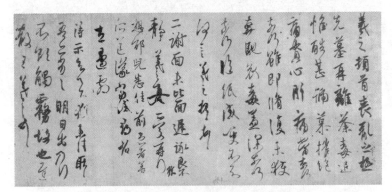

图12-12　王羲之《兰亭序》

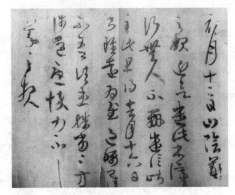

图12-13　王羲之《丧乱、二谢、得示帖》

图12-14　王羲之《初月帖》

但相继完善了楷书、行书、草书三种书体，确立了笔法、结字、章法上的艺术技巧，而且总结了书法美的艺术规律，为建立中国书法理论体系做出了重大的贡献。卫恒、王羲之的书学理论成了中国书法美学理论的基石。从这样的事实去看，不能简单地说"晋人尚韵"，而应当说晋人集前人和同时代人书法艺术之大成，为书法艺术创立了美的典范，美的法则，美的规矩，美的技法。虽然魏晋时士大夫们受"玄谈""通脱""无为而治"等道家思想观念的影响，在艺术上表现出一种自然直率的气息，但仔细分析，意中有法，为意立法，建立法度才是这一时代书法艺术的总特点。后世"才知书法独推晋，换骨先由汉转丹"（王世镗论书诗）就说明了这一事实。否则"书宗魏晋"，"宗"什么呢？在无法可依中去"宗"韵吗？那不成了天大的笑话了吗！

魏晋是中国书法史上承前启后，对前代艺术成就集大成、大发展的时期。把汉字书写一下子从实用升华为独立观赏艺术。艺术家借实用文字的美化去寻找、去发挥自己，去表露自己的性灵，这一切又都在法度之中，就是这一时代书法的特点。

有了魏晋书法的法度，有了魏晋人总结的书法艺术美的理论，中国书法艺术这条大河才能够沿着自己的航道顺流而下。

第三时期，中国书法艺术的高峰期。个人风格争奇斗艳，个性特点强烈的书家群体涌现的新时期。从南北朝至唐末，期间495年，又分两个阶段：一是从南北朝至隋，是高峰的前奏与酝酿阶段；二是唐代，高峰期。

由南北朝至隋末，在200多年中我们的国家经历了南北分裂的169年和统一的隋朝57年。经过了魏晋人对行书、楷书、草书的完善和对书法艺术理论的总结，到了南北朝时期书法艺术发生了有趣的变化：一是篆、隶的低潮；二是行草书沿着"二王"的路子继续前进；三是楷书的大发展；四是民间书家大量涌现。楷书以其较隶书更为简易迅速赢得了广大的群众。那些书写、刊刻墓志、碑版、造像记的大量无名书家，那些抄写佛经的虔诚的经生，他们所创的楷书作品是如此之丰富多彩。北魏《张猛龙碑》《太妃李氏墓志》《元简墓志》《长乐王丘穆陵亮夫人造像记》《始平公造像记》等给后世留下大量结体扁方、方笔棱铮的"魏碑"典范。《蒙文庆造像记》《姚伯多造像记》《毛遐造像碑》《谷朗碑》等却给后人留下了大量稚拙生辣粗犷蛮荒得令人瞠目的书法作品。《张玄墓志》《郑文公碑》《文殊般若经碑》《高归彦造像记》《吕望碑》《朱昙思一百人造塔记》等作品，倘置之唐人楷书之中也无从辨其时代。其中《高归彦造像记》简直

图12-7　北魏《张猛龙碑》

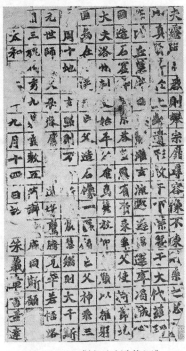

图12-16 《始平公造像记》

图12-17 《张玄墓志》

与元代赵孟頫楷书相类,《朱昙思一百人造塔记》甚至像宋代苏东坡的楷书。就是在民间书家大显身手的南北朝,楷书才有了长足的发展与进步,为唐代楷书的发展与著名书家对楷书个性化的自觉追求作了酝酿和准备,提供了可资借鉴的大量楷书艺术技法和美的规律。经过隋37年的过渡,促成了唐代书法高峰期的到来。

有人把楷书的定型推至唐代。如果我们将魏晋南北朝的古

图12-18 《文殊般若经碑》

人书法遗迹罗列出来与唐楷加以对比分析,这里就不必多费笔墨去讨论了,因为南北朝人的楷书已经写得十分漂亮了。楷书百花齐放,行草书沿着王羲之体系缓慢行进,篆隶书渐入低潮,这就是南北朝至隋的书法的总特点。

唐代历时289年。在近三个世纪的岁月中,由于开国君主重视书学,喜欢王羲之书法,又有了教育、取仕方面的政策,更有由魏晋以来的中国书法艺术已完善自我的基础,在唐代

经济、文化发展的社会条件下，中国书法艺术高峰期的到来就成了历史的必然。前人有所谓"唐人尚法"的论断，事实上不尽如此，作为中国书法艺术高峰期的唐代最有活力的是所有立志于书的知识分子、书法家都努力寻找自己的书法语言，寻找书法艺术中的自我。这样就造就了唐代个性特点极为突出的书家群体。南唐李煜在评论唐人书法时有这样一些论断：

"虞世南得右军之美韵而失其俊迈"；

"欧阳询得右军之力而失其温秀"；

"褚遂良得右军之意而失其变化"；

"薛稷得右军之清而失于拘窘"；

"李邕得右军之气而失于体格"；

"张旭得右军之法而失于狂"；

"真卿得右军之筋而失于粗"；

"颜书有楷法而无佳处，正如叉手并脚田舍汉"；

"柳公权得右军之骨而失于生犷"。

他是以右军书法作为规范去要求唐人的。比来比去唐人书法都不全是右军，都有一个顽固的自我在。这一点正好从另一面说明了唐代这些大书法家艺术中有了明显的个人风格，有了自己面目。正因为这些书家失去王右军的"温秀"，而有了"粗""狂""生犷"的"体格"，才造就他们成了中国书法史上高峰期的佼佼者，一代书风的代表者。特别是张旭，正由于他书法"狂"，才成全他成了一代草圣，才受到杜工部赋诗称赞："张旭三杯草圣传，脱帽露顶王公前，挥毫落纸如云烟。"还有颜真卿，李煜那样贬他，宋代米芾也贬他，说他和柳公权"大抵颜柳挑踢，为后世丑怪恶札之祖，从此古法荡无遗矣"。他们二位所指责的正是颜真卿破古法求自我的创新之处。如果说"唐人尚法"，李、米二人也不会有那么多的话好讲了。正因为唐代大书家在书法中借助点线努力表现自己的个性、情绪、风格，自己的"意"，所以才招来坚守并推崇王右军之"法"的批评家的非议。

其实唐代大书家都在追求"意"。就拿褚遂良来说吧，他对王右军书法有极精到的研究，但在他临写王右军书法时就不那么死板。米芾说他："虽临王帖，全是褚法。"有强烈的自我，这才是唐代大书家的气魄和风度。不是简单的"尚法",而是追求自己之法,追求法外之意,追求个性化,才是唐代书家的群体风格。正是因为在法与意的对立统一中唐人更注重意,更注重自己个性的表现,所以魏晋以来完善了的楷书在唐代有了长足的发展,出现了至今仍为楷模的大量书家;行书、草书这两种自由奔放的书体也有了很大的解放,两位草圣"癫张醉素"的出现就是历史的必然。由远古而来的篆书,唐代李阳冰等人也只在小篆内兜圈子。隶书至唐,程式化几乎要把隶书的生命窒息了。如果说在篆、隶书方面"唐人尚法"那还有点道理。如果说唐代的楷、行、草书"尚法"就不符合实际了。那么多书家搞艺术的个性解放,那么创新求意,还要用"尚法"的帽子去套人家的脑袋,未免太不公平了,颜、柳、旭、素九泉有知也会提出抗议的。

  第四时期,高峰后的自省。从唐末五代开始,经宋、元、明三个朝代,历时700多年。在这七个世纪中,中国书法艺术在唐代的书法大潮之后,进入了徘徊四顾的自省期。在此期间,篆书、隶书仍然呈现出衰微的休眠状态。也出现过不多的几位书家,他们的作品也没有超出唐人的水平。楷书由于从魏晋南北朝至隋唐创造的典范太多了,要想出新实在太难了。所以虽善书者甚多,但也都未能越过唐代名家楷书的森严壁垒。对北魏无名氏的大量楷书人们好像一下子都忘到脑后了。这也许是讲"名人字画"的劣根性的罪过吧!总之,楷书也不怎么样。也就是在这漫长的七个世纪中具有丰富的点线波变的行、草书却成了书家们情感驰骋的理想园地。五代的杨凝式、僧彦修,宋的"苏、黄、米、蔡"四大家,元的赵孟頫、鲜于枢、吴镇,明的"邢(侗)、张(瑞图)、董(其昌)、米(万钟)""三宋(宋琏、宋广、宋克)""文(徵明)、祝(允明)""倪(元璐)、黄(道周)"等都是以个性特点极强的行、草书名震当朝影响后世的。他们的大量行草书作品在形式美的追求上都进入了新的境界。对传统技法综合研究、选摘运用、努力出新是他们在自省中法古开新的一种创作意识。杨凝式的斜风细雨式的笔意与章法,米芾冲破"二王"藩篱的"刷字",鲜于枢的强调"胆!胆!胆!",张瑞图的三角形转折,宋克的熔章今狂草为一炉,文徵明的硬毫运用,倪、黄一泻直下滚动的笔势等都是极可贵的。而在技法的背后看得很清晰的就是书家们寄情点线的意。前人曾说"宋人尚意,明人尚姿",其实五代、宋、元、明历代书家无不"尚姿",也无不"尚意"。无姿不能以表意,无意也就没有了由有意蕴的变化着的线所形成的有生命的姿。

第五时期,法古开新,创造书法新世纪的时期。可分三段：

准备期。清代269年多。经过700年的自省,到了清代,帝王的喜好,科举制度所推行的"馆阁体"楷书的影响的确成了书法艺术大踏步发展的缠脚布。但清代金石文字出土、发现日渐增多,文人学士留心斯道者亦不少。特别是雍正、乾隆之世,大兴文字狱,把一大批学人从过问国家政治的沙龙赶进了故纸堆,在金石文物出土日多的时期,许多人转而致力于金石考据之学,这一学科正好是研究中国文化的基础学科,也是研究中国书法的基础学科,许多学者由金石学入手,自然地转入研究书学、书法。这就促成了嘉庆、道光之世的碑学入继大统,促成了清代书法发展的大变革。"碑学之兴""篆隶之盛"是清代有别于中国书法自省期的最显著的特点。"碑学入继大统,成了书学嬗递中之转捩点,由此书法开了新生面。西周金文、秦汉刻石、六朝墓志、唐人碑版,大至摩崖刻石,小至造像、残砖残瓦、片石只字,皆为世重"。再加上两位书论家包世臣、康有为"著书立说,尊碑抑帖,推波助澜,影响所及清代后期以至今日研究书法者多喜北碑"。清代在奇特的政治背景下为中国书法艺术的振兴做出了巨大的贡献,为书法艺术发展新高潮的到来做了铺垫,做了基础工程建设。清代是中国书道中兴的一代,就是从这个意义上讲的。大量书学论著、金石著录、文物考据著作的产生,大量篆书、隶书书家的出现,篆刻家群体的形成,行草书家个人面目的追求,书坛许多怪杰的出现,都说明了这一点。

沉思期。从清末至1980年。中国人经历了内忧外患军阀混战的清末民初,经过了艰苦卓绝的八年抗战,经过了缔造新中国的浴血奋战,经过了在废墟中建设国家的艰苦岁月,经过了令人痛心的十年内乱。在这一连串动荡不安的岁月,清代做了准备的急待中兴的书法也只能让位于国计民生的大事而沉寂下来。80年的沉寂,80年的徘徊,80年的挣扎,缓步行进,就是这一时期的特点。此时期虽然也产生过一批著名书家,也有堪称大师的国手,但总的趋势是沿清代之余绪稍有进步而已。

复苏期。20世纪70年代末在中国大地上奇迹般出现了中国书法热的大潮。政治上摆脱了"四人帮"桎梏的中国文化人突然呼叫着一下子涌向书法殿堂。是民族文化意识的觉醒吗？是寻求精神寄托于点画之间吗？是想在书法创作中自我陶醉吗？是受日本和欧洲书法艺术的冲击吗？是对西方文化思想东渐的排它守成的反映吗？是对毁灭中华文化的十年"文化大革命"的反动吗？总之，全国书法热形成了。书法学习班，业余书法院校，书法展览、竞赛，国内的、国际性的，多得令人眼花缭乱。真是多层次、全方位、立体交叉，热闹极了。努力研习传统，努力求新、求变、求自己个性的最佳物化形态，寻表现自己复杂性格的多重心线，寻振兴中华书学的途径，急迫感、使命感使中国书学的研究者、关心者、实践者心里怎么也静不下来。他们默默地献身书学研究的基础工程，挣扎着呼号着在创作领域争奇斗艳。书论家群体起来了，书法家群体出现了，书法家的后备军涌现了，大量书法著录、论著、辞书、报刊出版了，海峡两岸的炎黄子孙在中华书法艺术的发展中携起手来了，全世界的炎黄子孙在书法的纽带上找到了民族共同语言。中国书法在沉寂之后苏醒了，带着深厚的民族文化积淀，带着几千年优秀的艺术传统，以新的面目出现了。它既古老而又年轻，它在奋力走出低谷，它在全世界中国书法热的大潮中，努力走自己的路。这就是当代书法的时代风貌、时代特点。

二、中国书法艺术的本质特征——意象

要弄清这个问题，必须从中国书法史上存在过的这样一些事实出发：

千百年来被大多数学人公认的优秀的书法艺术作品；

历代逐步形成的书法艺术美的技法、规律；

古代大量而未形成严密体系的书学理论；

作为书法艺术文化背景的中华文化思想；

作为中华文化思想出发点的中华民族传统的宇宙观和方法论——思维方式。

"圣人作易，立象以尽意。意，先天，书之本也；象，后天，书之用也。"清人刘熙载《艺概》中的这段话言简意赅的点破了书法艺术的本质特征——意象。我们研究也由此开始，去寻找书法研究与欣赏的共同语言。

（一）意象思维论的提出

意象思维是亘古以来就存在于我们先民的思想、意识、潜意识之中的明亮耀眼的文明之光。

六经之首的《易经》早就提出了立象尽意的观点。立象，包括诉诸人体感官的视觉、听觉、触觉、感觉形象，都是为了表达立象者之意，表达立象者的愿望、追求、理想、情趣、瞬间感想、思绪波变、有意识、无意识、潜意识，等等。

《易经》所表达的理论，所揭示的规律，是人类精神文明的精华，也是中华民族认识世界、改造世界的宇宙观、方法论。在世界进入电子时代的今天，《易经》更成了世界各国有识之士顶礼膜拜的圣典。现代局限性非常之大的科学技术的新发现，如关于遗传密码的认识，是否可以感觉到我们的先民早在人类处于蛮荒时期就已经揭开了生命的奥秘？

在艺术领域，中国这一古老的学说至今仍有着超时间、超空间、超地域、超国度、超民族、超阶层、超越一切层次间隔的奇妙的统摄作用。中国画讲究"形神兼备"，中国诗讲究"情景交融"，中国音乐讲究"情动于中，故形于声"，中国书法讲究"书者抒也"。中国人在艺术领域内的思维方式有人称之为"形象思维"，其实在艺术领域内，在艺术创作与艺术欣赏范围内，人们的思维方式既有形象思维，又有逻辑思维。有人将这二者"两次以上的重叠交织、相互渗透"，"反复重叠"，认为是"超越三维空间，多维的、多层次的思维形式"，是"卦象思维"。我以为将艺术领域内中国人的思维方式，称为"意象思维"更为确切。因为在艺术领域内，无象不含意，无意不借象。在汉字创造的过程中，在书法艺术的萌芽、成长、成熟的全过程中，在书法艺术发展的历史中，在书法研究的多层次领域内，意象始终起着灵魂、统帅、总摄的微妙作用。这也就是我们讨论书法意象这一论题的出发点。

（二）中国书法的载体——汉字

我们的汉字，其创造途径有二：一是描写形象；二是符号抽象。东汉许慎总结提出汉字的构造、创造的六种方式：指事、象形、形声、会意、转注、假借，称之为"六书"。其中象形、指事正是画图、符号两个方面。

《周易·系辞·下》说："上古结绳而治，后世圣人易之以书契。"契，是用刀在木条上刻画符号。成语中"锲而不舍，金石可镂"，就是由锲刻符号衍化而来。《周易·系辞·下》又说："古者包牺氏之王天下也，仰则观象于天，俯则观法于地，观鸟兽之文与地之宜，近取诸身，远取诸物，于是始作八卦，以通神明之德，以类万物之情。"这段话揭示了汉字创造的全过程与汉字本身的意蕴。创造过程是：仰观俯察（天、地、身、物、文与地之宜）→作八卦（符号、图形）→通德、类情（成为人们能够彼此了解和认识的感情、思维信息的物化形式）。

山东大汶口仰韶文化遗址出土的陶文中就有"太阳晒着，山上起了火"的意象文（见图12–19），古文字学家唐兰先生释为"热"。

西安半坡村出土新石器时代刻锲在陶器上的符号据古文字学家于省吾先生释正好有两类（见图12–20）：

图画文字：↑，即矢；Y，即YY；T，即上天垂象之示；ǂ，即玉。

图12–19　山东大汶口文化陶文

抽象符号：╳，即五；十，即七；丨，即十；‖，即二十。

这两类符号中，符号本身就是概括、抽象一类事物、各类事物的集合形态所创造的。它不像任何具体事物，但它存在于一切事物之中，不像之象，就是意象。图画文字，它不是事物客观形象的具体描绘，而是捕捉其最有特点的部分特征加以简笔勾画而已。抛开细节去进行概括、抽象、夸张，这样的思维过程就是意象思维，就是取本而舍末，取要旨舍细微的意象思维。

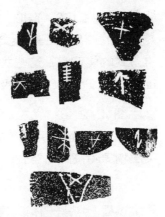

图12–20　半坡符号

至于甲骨文、金文中大量应用的，图画意味极浓的文字更是意象思维的物化形式（见图12–21）。

图12–21①　金文中的鸟形。取侧面，线条勾勒，洗练而准确，下有"且（祖）甲"二字。

图12-21②　金文中的虎形。侧势,以凝重的线条准确、概括地按结构画出虎的全形。后来大、小篆书的"虎"字就是甲文、金文中虎形的写意简化式。

图12-21③　金文中的"卿"字。像二人拥鼎共餐,取侧影示象。

图12-21④　商《小子母已卣》铭文。文字为"小子作母已",其中"小"字是用三

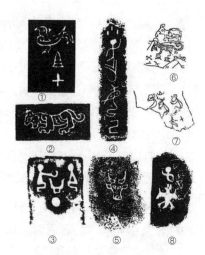

图12-21　甲骨文、金文

个小点表示,属于符号范围;"子"是象形,小孩侧、背影;"母"字是"女"字加两点,表示哺育孩子的女子的乳房。三个字都是简存象形意义的图形,虽名曰象形字,其实都是意象字。

图12-21⑤　金文中的牛形。用正面牛头表示牛,以部分代全体。后来大、小篆书中的牛字就是它的再简化。

图12-21⑥　甲骨文中的龙形、象形、马形。很像我们现在的儿童画。更有趣的是大象腹还有一小象,组成怀孕的子母象形。

图12-21⑦　猴形、虎形。夹杂在甲骨文中。这些类似于儿童画的形象不正是人类创造应用汉字的初级阶段的意象思维方式的体现吗?这些龙、虎、马、猴简存轮廓,突出种类特征,不做细节描绘,是极美妙的写意画。

图12-21⑧　金文。上为子形,也就是"子"字,像小孩嬉戏;下为蝙蝠形。用剪影方式表现,与线条勾勒不同,但都是突出物象特征的写意式的。

汉字的创造,是一个令人遐思不尽的伟大的先民的意象思维过程,也是一个创造意象艺术作品的过程,一个创造意象文字的过程。

人们说隶变以后的汉字是"不象形的象形字"。是的,隶变以后沿用至今的方块汉字已经是纯符号化的文字。汉字在篆书中有过的象形因素已经消失的难见踪影了。我们仔细去分析从原始符号以后的甲骨文、金文、大篆、小篆中的象形字,

实际上也不是具体的象形，更不是绘画六法论中的"应物象形"。既不是照相术所产生的形象，也不是工笔画中的形象，而是写意画中选取最突出特征，最简化、最洗练、最概括的一种，是意象而不是具象。由此，我们可以更准确地判断：中国汉字的象形字的创造实际上也只是在意象思维过程中进行的。严格地讲，象形字实际上也只是意象字。

中国汉字是以象形为基础创造的，有符号和象形两个途径产生、繁衍出六万多个供人们使用的汉字。象形字本身就是意象字，那么隶定以后的汉字就更是意象文字了。人们说"不象形的象形字"，不像之象，意象是也。

汉字是中国书法的载体，也是我们讨论中国书法艺术的出发点。抛开了汉字形体这个中国书法的造型基础，就远离了中国书法艺术而成了另外的东西。关于汉字的意象意蕴，法国人勒内·艾蒂安布尔说："无论是中国书法或阿拉伯书法，甚至最抽象的书法都有其意义，一个字若不是表示某种宗教或道德观念，就是显示一种诗的意象。"聪明的欧洲人，在研究中国书法与西方书画的大相径庭时，一开始就抓住了汉字本身的意象特征，这无疑是极有见地的卓越的认识。

汉字本身的意象特征，在其篆书阶段仍然是有象可寻的。在隶变以后的方块汉字中，这种意象就更加具有抽象的品格。但不管如何抽象乃至于不可思议，我们至今在汉字教学中仍然讲象形字，如：日、月、山、水、火、木、鱼、鸟、虫、壶、虎……；仍然讲形声字，如泾、渭、松、柏、稼、种、氢、氧……；仍然讲象形基础上加添符号创造新字的指事字，如上、下、本、末、刃、母、旦……；仍然讲两个以上象形字组合而成的会意字，如信、伐、牢、明、祝、受、见、莫、从……；转注与形声属一类。假借，以不造字为造字，用同音假借表示新意。"六书"之说，至今仍然沿用于汉字教学、汉字研究、汉字学习。实际上我们是在利用汉字的意象品格作为我们探讨问题的出发点，这也是我们研究汉字书法首先应当明确的最基本的观念。

当我们把眼光从古代中国汉字移向古代埃及文字、古代巴比伦文字时，我们会自然发现，他们之间不谋而合地使用了象形的手法，而且也都是意象的。即使是比较精确地描绘事物的一些埃及古文字，实际也不是"照相式"的具象，仍然具有意象品格。更有趣的是有些象形字如"草""目""水""山""日""月"

等字，古埃及人与古中国人所画的形态十分近似。

我常想，现在人们造出一种标音的世界语，企图在全世界各民族中推行，但从心理上、事实上怎么也推广不开。如果按"意象思维"的路子造出以象形字为基础的世界表形表意字，作为书面语言在全世界推广，必能为全世界人民所接受。在受语言障碍的国际文化交流中，人们常用简单的图画交流思想，这是已经存在的事实。中国南方与北方，方音差别之大，令人惊异。北方人听广东话，广东人听北方话，简直就像听外国语。然而只要一写汉字，彼此思想都相通了。试想，表形表意的世界语一旦产生、推广，它也必然起着超越各民族语音的作用，成为世界人民最理想的交流思想、进行社会交际的工具。音乐不也就是人类共同的语言吗？东西方的音乐大师们的作品感染着、启迪着不同肤色、不同民族、不同国度的千千万万听众。在音乐的世界里，在音乐的意象里，人们陶醉着、向往着、共鸣着。在同一个音乐旋律里，人们既做着不同的梦，又做着相近的梦。这音乐的节奏与韵律不也像图画文字世界语一样诱人吗！

（三）中国书法是中华民族传统文化思想最凝练的物化形态

1. 对中华民族传统文化思想宏观把握的两个主要观念

"文化"二字在古文字中的文化内涵值得注意。甲骨文中"文"字作"✦"，或写作"✦"，赵诚先生认为"象分理交错之形，即后世纹理、花纹之'文'的本字"。金文中有写作"✦"。按："文"有天文、地文、人文。文之本字依形会意似为站立之人形。中间花纹或为纹身之标志。金文中有取"心"形者更有意蕴。"化"字甲骨文作"✦""✦"，从人。一正一倒。依形会意，似为辗转反侧之人。可引申表示变化之"化"。据此，文化二字本身就是以人为主体创造的。文化思想的要害就是"以人为本"。

我们一般讲中华民族传统文化思想的时候，总喜欢用两个说法：第一个是一提到中华民族传统文化思想，马上就会想起三个字"儒""释""道"。当然，"儒""释""道"是中华民族传统文化思想的三大支柱，但是，三个方面是不是就这样简单的并列呢？在三家之前，中华民族传统文化思想又是什么呢？第二个讲到中华民族传统文化思想，有的朋友还会讲四个字"儒道互补"。现在国内外一些有影响的哲学家、美学家也都在讲

"儒道互补"。"儒""道"也是简单并列、互补的吗？在"道""儒"产生之前中华民族传统文化思想是一片空白吗？这就是我们要思索的问题。大家知道，道家、儒家形成于百家争鸣的春秋战国时期，那么在儒家、道家形成之前，中华民族传统文化思想又是什么呢？

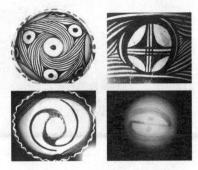

图12-22　彩陶纹饰中的太极图形

经过对历史碎片的考察，我们能看到一些很有趣的实证资料：如新石器时代的彩陶纹饰（见图12-22），这个距今6000年的纹饰非常像太极图。5800多年前，我们的祖先就画出了这样神秘的图画。为此，笔者请教了一些道教界的朋友，太极图最早是什么时候开始使用的，大家都说不清楚，大多数朋友说是从五代开始明确使用太极八卦图。一种思想，一种意象图形的发展总有它的来龙去脉，那么新石器时代此类图形是否是太极图的远祖呢？笔者认为我们不能排斥这种可能。

如果说新石器时代彩陶上这个图案具有太极的性质，那么，可以说中国人早在5800年前就有了太极和阴阳的意识。现代学者认为"二分制"是中华先民认识事物、表述事物的重要思想。简言之，"二分制"思想就是"一分为二"，对立统一就是"合二为一"，就是"易有太极，是生两仪。两仪生四象，四象生八卦"。一言以蔽之，就是"阴阳对立统一"。另一个是中国传统的汉代画像石，上面有一个伏羲和女娲的象，两条交尾的蛇化生两个人，一个是伏羲，一个是女娲。他们一个拿规，一个拿矩，也是一阴一阳。

西周铜器上的铭文（见图12-23），按照卦象说，应是震卦符号。无独有偶，陕西周原出土的大量西周铭文中也有许多卦象符号（见图12-24）。用"一"代表阳爻，用"∧"代表阴爻，与青铜器铭文的卦象符号完全一致。大量卦象符号陶片的出土，说明远在西周时期，我们的先民已广泛应用八卦来定吉凶、断事理、决行为。有人称这种思维方

图12-23　西周青铜器铭文上的震卦符号

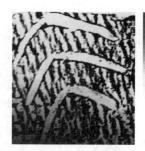

图2-24　西周陶文上的坤卦、乾卦

式为"卦象思维"，笔者以为十分正确。由此我们至少可以说，史载文王困羑里而演八卦就不是无稽之谈。我们也可以说，阴阳的观念、易变的观念早在春秋战国之前就有了。这就是实证。我们讨论问题，不是从抽象的定义出发，而是一定要从客观存在的事实出发，卦象符号就是实证。后来经过孔子整理的《易经》和老子李耳的《道德经》里所表述出来的思想观念，应该是对前代中华民族传统文化思想的系统阐述与精粹小结，而这种思想的核心是"道"与"易"的观念。

"道"的观念在老子的《道德经》里表述的清晰而丰富，而易和变的观念在《易经》里得到了充分的解读与表述。这些理论经典都产生在儒家代表人物孔子之前。孔子整理过《诗经》，也整理过《易经》。他在读易经之后，不无感慨地说："假我十年，五十以学易，可以无大过矣！"就是说《易经》的出现在孔子之前。有记载说，孔子还向老子请教过关于道的学问。近人詹剑锋老教授在他的大作《老子其人其书》中把道家老子与儒家孔子的关系讲的很清楚。因此，如果我们简单地判定中华文化思想是"儒道互补"，恐怕不尽合适。至于以释迦牟尼为精神始祖的佛家，是汉代才传入中国的。中华民族是个非常开放的民族，佛教传入中国后，很快地与本土的道、儒思想融合在一起。至此，以道、易思想为核心、吸收了儒家、法家、墨家、道家、名家、阴阳家等诸子百家思想精髓，同时融合外来文化思想精髓的中华民族传统文化思想才真正形成。

中华民族传统文化思想有两个主要观念。

第一，阴阳对立统一观，即"一阴一阳之谓道"。也就是大家所熟悉的"易有太极，是生两仪。两仪生四象，四象生八卦，八卦定吉凶，吉凶生大业"。阴阳对立统一观体现在中国大文化的方方面面。治理国家，中国古人讲究"文武之道，一张一弛"，文武之道就是一阴一阳。我们现在治理国家，强调两个口号，一方面强调"以德治国"，一方面强调"依法治国"，这也是一阴一阳对立统一的观念。中国人在审美观念上，讲究"中和为美"，"中和"这个观念很清楚。"喜怒哀乐之未发谓之中，发而皆中节谓之和"。中国人过去大臣给皇帝递折子，皇帝如批"留中不发"，就是放在那儿不发。发出去的要符合分寸、符合规律，"中节"。中国人为人处世讲"中庸之道"，"中庸"是什么？不偏之谓"中"，不倚之谓"庸"。中庸之道是很有道理的，谁不遵循"中庸"谁倒霉。火气太盛的，把身边的人得罪光了，你还怎么在那地方生活下去。

我们讲修身，修身讲究文质彬彬，讲仁义礼智信。文质彬彬是什么？就是要求你讲中庸之道。修身其实就是修心。修身要有一个信念，就是做到不激不厉，有一颗平静心，一颗与客观世界相应的平静心。中医治病讲阴阳、"五行""四诊""八纲"，讲阴、阳、表、里、虚、实、寒、热，讲"实则泄之"，"虚则补之"。这里最讲"天人合一"、阴阳平衡的原理。中国古代诗词中的宋词分为两大派，豪放派和婉约派。这两派一个突出阴柔之美，一个突出阳刚之美。豪放派代表人物苏东坡的词："大江东去，浪淘尽、千古风流人物。故垒西边，人道是、三国周郎赤壁。乱石穿空，惊涛拍岸，卷起千堆雪。江山如画，一时多少豪杰！遥想公瑾当年，小乔初嫁了，雄姿英发。羽扇纶巾，谈笑间，樯橹灰飞烟灭。故国神游，多情应笑我，早生华发。人生如梦，一樽还酹江月。"抒发的是阳刚之气。婉约派代表人物李清照的词："寻寻觅觅，冷冷清清，凄凄惨惨戚戚。乍暖还寒时候，最难将息。三杯两盏淡酒，怎敌他、晚来风急！雁过也，正伤心，却是旧时相识。满地黄花堆积，憔悴损，如今有谁堪摘！守着窗儿，独自怎生得黑？梧桐更兼细雨，到黄昏、点点滴滴。这次第，怎一个愁字了得？"表现的是阴柔之美。应当留意的是以豪放著称的《赤壁怀古》写到最后还是有"人生如梦，一樽还酹江月"这样具有阴柔之气的句子；而婉约派的李清照也有"生当作人杰，死亦为鬼雄"这样的豪迈诗句。这就体现了诗词中的阴阳对立统一。因此我们要用"一分为二""合二为一"的认识论去理解，分清主次、分清阴阳。

第二，易和变的观念。易、变的观念体现在《易经》、老子《道德经》所表述的几句话里：一句是"穷则变，变则通，通则久"。事物发展到定点就要向相反的方向转化，就是"物极必反""否极泰来"。一句是"天行健，君子以自强不息；地势坤，君子以厚德载物"。事物都是在发展变化的，我们现在提倡的

"与时俱进"也是这个理。再从中华文化来看,中华文化有这么几个板块:黄土文化、草原文化和湖海文化。在中原地区,以黄土文化为核心。我们的始祖轩辕,就是农耕文化的领军人物。五行、五方中地处中央戊己土,所以称"黄帝"。以中原文化为核心,不断吸取草原文化、湖海文化、外域文化的精华。我们中华民族历代如此。所以我们要融入世界潮流就要不断创新求变,也只有创新求变才能前进、发展、永葆青春,这正是我们的民族精神。

总的来说,中华民族传统文化思想包括两个方面:一个是阴阳对立统一观,一个是易、变的观念。我们讲中华民族的宇宙观、世界观和方法论,最重要的就是这两点。如果把道家、儒家、法家、墨家、佛家、阴阳家、名家、兵家等思想综合分析,其核心最重要的也就是这两点。这是具有中华民族传统文化思想根性的理念,它超越时空地存在于历代中国人的遗传因子之中,存在于散落在全世界的炎黄子孙的理念之中。

2. 中华民族传统文化思想与书法艺术在意象层面的契合

(1) 五种书体形成过程中的意象思维。

汉字创造的过程是意象思维的物化过程。汉字五种书体的定型化过程也是意象思维的物化过程。

篆书定型。汉字在原始的图画、符号以至甲骨文、殷商早期金文阶段,时而蝌蚪,时而鸟迹兽痕,大小参差错落,尖利直拙,活泼多姿。这主要是由于此时期的汉字书体也同汉字创造一致,"肇于自然",因而有着原始、粗犷的美。但到长篇甲骨文出现,很明显已渗透了理性精神,在阴阳调和、刚柔相济的意识支配下,笔画上纵收得体,结字上斜正疏密匀停,章法上渐趋整齐。这种精神意识、理念发展到西周早期就升华为大篆定型的意象思维,也就是秦统一文字后小篆的意象思维。晋卫恒《四体书势》"篆势"中所讲篆书特点就是对篆书这一意象思维物化形式的生动描述。他说:这种始于鸟迹的篆字是仓颉按照圣人所立的法则制造的,它"或龟文针裂,栉比龙鳞,纾体放尾,长翅短身。颓若黍、稷之垂颖,蕴若虫蛇之梦蕴。扬波振撇,鹰跱鸟震,延颈胁翼,势欲凌云。或轻笔内投,微本浓末,若绝若连,似水露缘丝,凝垂下端。纵者如悬,衡者如编,杳杪斜趋,不方不圆,若行若飞,跂跂翾翾。远而望之,若鸿鹄群游。骆驿迁延;近而视之,端际不可得见;指撝不可胜原"。这就是西周金文成熟定型以后的意象特征，也是在西周秦系文字基础上加以省改，"罢其不与秦文合者"统一文字后的秦代小篆的意象特征。这一描述并没有直接去解剖篆书结字的笔画写法的粗细长短斜曲变化的比例，也没有解剖篆书结字的黄金律，也没有分析篆书章法的格式要领，只是运用大量比喻讲篆书的笔势、字势、章法意蕴。像什么？什么都像又什么都不像。不像之象，意象是也（见图12-25）。

图12-25 㝬簋铭文

还有一个值得注意的现象，汉字篆书中曾经在局部范围使用的鸟虫书和字体狭长装饰性极强的中山王墓出土的铜器铭文一类花体字逐步被淘汰了。西周曾有过的草篆一类草体篆字也逐步被淘汰了。充满着理性精神，具有严密的"法"的书体定型化了。西周金文大篆、秦小篆成了今天我们学习篆书的两大类楷模。大篆体系的战国秦石鼓文更被誉为"书家第一法则"。秦小篆促长引短，务取其称，笔画圆融流动，结字严密整肃。中国人把汉字创造与书写看作是极神圣极严肃的大事。据说秦始皇出巡时刻石以颂秦德，都让大书法家、大丞相、法家代表人物李斯书写。李斯政治上主张实行"法治"统一全国，其学术思想、审美观念与政治主张恰相一致。所以，秦代小篆之中体现了更多的理性的法则。而这法则也有孔子所谓的"中庸"，汉代董仲舒提出来的"中和"。从大篆到小篆，剔除了矫揉造作装饰性的篆书花体字，抛却了形态活泼的草篆，形成了法度森严的篆书标准体，而在严密的为后世所遵循的"法"中又处处体现着"意"。

隶书定型。"隶出自古，非始于秦。"战国，当篆书占着统治地位的时候，作为篆书的一种草率形式，方折直截的具有隶书笔势、体势的书体已经出现。这种书体的出现，从追求书写的速度、简易来说是必然的，从形态基因来讲也许是偶然的。圆多了求方，方多了求圆。篆书笔道始则方折，继则圆融，最后大篆、小篆笔法定于圆融。阴极阳生，圆融多了求方折变化,这是人们审美心态变化的必然之理。由阴柔之美渐求阳刚之美,篆书中含有隶书的因素。古隶就是在这种规律支配下产生的。古隶产生在学术思想百花齐放百家争鸣的春秋战国时代,首先在民间使用。至秦统一文字时始大量使用于官方文书。云梦睡虎地秦墓出土的大量记载秦律的竹简就是明证。这种"以赴急速"介乎篆隶之间的书体应用到了汉代中期受"理性精神""中和为美"的思想支配,放而后收,纵而后敛,散漫而后求规矩,逐步形成了规范化、程式化的新书体。笔画带波挑、波磔,结体呈横势扁方,后世人们称之为今隶。这也就是东汉广泛应用的、今日作为隶书楷模的汉隶。东汉蔡文姬说他父亲蔡邕的隶书(又称"八分")是取了篆书的"八分"。是哪"八分"?不好明指,只能意取。人们又说隶书的体势是左右分别开张像相背的样子,仍然是臆断。晋卫恒《四体书势》讲隶势犹如描述篆势一样仍然运用大量比喻。"或穹窿恢廓,或栉比钑裂,或砥平绳直,或蜿蜒缪戾,或长邪角趣;或规旋矩折。修短相副,异体同势,奋笔轻举,离而不绝。纤波浓点,错落其间……"

其中也没有一句具体地分析隶书笔法、结字,只作意象描述。模糊、印象、类比,让我们只能用意象思维去追寻它的外象所包含的理、法、意蕴(见图12-26)。

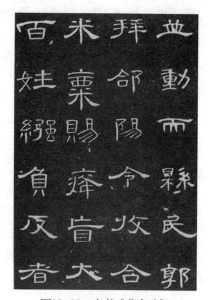

图12-26 隶书《曹全碑》

隶书程式化的出现我们也只能做如此理解。即使在政治上、经济上充满活力的西汉,在书法文化思想上人们却在追求平衡、宁静、法度、规矩。这种心态不仅书写《居延汉简》的黄河上游西汉西部无名书家有,在黄河、太行山以东河北定县书写简书的西汉无名书家也有。他们所书作品风格十分相近。隶书定型化标志着西汉人意象思维过程在隶书上的相对完善和终结。透过后来人们分析的隶书种种规矩,我们看到了"中和"。透过大量风格迥异的隶书作品，我们又看到了"中和"大原则下的变化，也就是看到了静中之动，共性中之个性。透过这些我们更可以体味到大一统天下中人们审美心理上的不平衡、不满足、不守成。阴阳调和中仍然存在着阴阳相推，既统一又矛盾。"天行健，君子以自强不息"。革新，变化，进取，这是天理、事理也是书理之极则。

楷书、行书、草书的定型化过程也同于此理。这三种书体的定型在于魏晋之际。除了人们追求简易、适用的因素之外，我们必须注意这样一个事实，即魏晋时代的学术思想，是在"中和为美"的审美观念支配下，又具有了当时所崇尚的"通脱""舒散""玄谈"的意识，既讲"法"，又讲"意"。后人称"晋人尚韵"，就是从这一层意义上讲的。这些观念意识是对西汉以来占统治地位的儒家礼教的冲破和对以老子为代表的道家哲理的追求。这种观念意象的物化过程完成了汉字书体演变的三个重要内容：打破了隶书的"中和"，建立新的"中和"，集秦汉以来的楷书因素之大成，以钟繇作品为代表的楷书出现了（见图12-27）。崇尚"通脱""舒散"，追求"龙跳天门，虎卧凤阁"的气势，"清风出袖，明月入怀"的韵致，以王羲之父子的作品为代表的行书出现了（见图12-28）。

图12-27　钟繇《贺捷表》

图12-28　王献之《鹅群帖》

剔除西汉以来章草的隶书笔意，字字独立、简易方便的今草和尽兴挥洒一笔终行连绵的狂草书出现了。三种书体美的典范作品也出现了。三种书体形式美的典范的出现既是秦汉魏晋社会文化人对汉字书法多样性追求的必然产物，也是汉字书体本身多元因素的发挥与表象。

"真如立，行如行，草如走"，也是用意象思维去解说这三种书体的特征。

过去我们对书体演变的理解往往只从表面、形式上去分析，从方便应用的角度去找演变的原因和脉络，而恰恰忽略了中华文化思想这个根，忽略了意象思维这个至关重要的艺术思维方式。所以只找到形而忘记了质，只找到了表而没有入里，只进入了三维空间而没有进入多维空间。这样，就难免有许多说不清，不可说。

(2) 书法三要素的意象特征。

书法有三个基本要素：用笔、结字、章法。书法有一个灵魂：抒情性。我曾总结书法是："起于用笔，基于结字，成于章法，美于气韵。"书法三要素形式美的基本法则无一不受意象特征的支配。

笔势上，古人提出"一"如千里阵云，隐隐然其实有形；"、"如高峰坠石，磕磕然实如崩也；"丨"如万岁枯藤。（传卫铄《笔阵图》）用比喻讲了几种点画笔势，是抓住意象特征的一种形象表述。我们对它的理解也只能用意象思维。中国书法贵在自然。矫揉造作，装腔作势，实所忌讳。不知意象之理而以具象手法作书，终不能入书法大雅之堂。

怎样才好呢？自然，作书如做人，贵在自然。

笔法上，前人讲求"藏头护尾，力在字中""中锋用笔，侧锋取势""沉着痛快""如锥画沙""如印印泥""力透纸背""入木三分""藏露互见，方圆兼备"……

我常想，为什么一定要用中锋？为什么一定要用藏锋？为什么要"藏露互见""方圆兼备"呢？后来，渐渐悟了。中国书法的任何一种成熟的、优美的"法"的背后，都包含着深沉的带着中华民族文化思想历史积淀的"意"，也可以说带着中华民族几千年来承传下来的文化思想的遗传因子。1985年有位日本朋友和我谈到中国书法时说："我们学中国书法学不像，是没有理解中国书法的法。"我说："中国书法的'法'是建立在'意'的基础之上的。是法中有意，意中有法。单纯求法是不会真正理解法的。"为什么藏锋？藏锋的字有含蓄蕴藉的美。它正体现了"中和为美"的审美观，与孔子所主张的"文质彬彬"，与我们中国人谦逊的美德，内向的性格完合契合、相通。藏锋正是这些品格的物化形态。为什么要运用中锋？中锋用笔可以做到"沉着痛快""入木三分""力透纸背""如锥画沙""如印印泥"，一句话，能充分表达笔势的力感、量感。这不也正是中国人主张做人做事要脚踏实地，一步一个脚印的精神气质的体现吗？至于"方圆兼备""藏露互见""中锋用笔，侧锋取势"，很清楚，就是平衡阴阳，以期达到刚柔相济、气血调和、形神俱佳。一根有意蕴的静中寓动的线成了中国书法的起点与归宿。

　　字势上，中国书法要求"初学分布，但求平正；既知平正，务追险绝；既能险绝，复归平正"，要求密处不犯，疏处不离；计白当黑，调匀点画；点画呼应，顾盼有情。其中"计白当黑"，就是老子"有无相生，难易相成，长短相较，高下相倾，音声相和，前后相随"，"知其白，守其黑，为天下式"的思想在书法结字上的具体化。紧守中宫，重心平稳的基础上极力追求斜侧变化，静中求动，动中求静，阴阳相混，水火既济，这里结字字势美的法则、规律和天地万物之理都相通了。结字字势美的规律我们在《易经》的哲理里，在阴阳相推、八卦卦象里也能找到它的奥旨。我们应用于书法的九宫格，就是应用了九宫八卦的象，我们所讲的"中宫"就是太极图的中心部位。在一个字的结体中，只有守紧中宫，重心偏下、偏上、偏左、偏右都不离中宫，然后将在卦象部位的笔画按己意作伸展、紧缩、斜出、俯仰、偏正变化，才能使整个字主笔、副笔安排得错落有致而不会歪斜倾倒。蔡邕《笔论》说："为书之体，须入其形，若坐若行，若飞若动，若往若来，若卧若起，若愁若喜，若虫食木叶，若利剑长戈，若强弓硬矢，若水火，若云雾，若日月，纵横有可象者，方得谓之书矣。"书法结字与天地身物之神韵通过意象思维的思路飘浮完完全全相通了。这种相通也只是意象相通。不能简单地用书之象去模拟物之象，低层次地用书之象去追物之神。

　　章法上，中国书法要求阴阳调和，气血畅达，以"字里金生，行间玉润"为美的典范。这里"气"是至关重要的。气息流淌，就是《易经》所揭示的宇宙观："变则通，通则久。""久"即是"恒"。章法的要害就是"活"，就是静中之动。气活则韵胜，韵胜则有神。这样的书法章法就历久而仍有魅力。

结字、章法上都讲求计白当黑，就是要求书家要有意识地留心空白，精心留白。书法不是再现什么物象，而是创造一个新的世界层面、空间，创造新的形象，成为整个新世界的一部分。而空白正是这有意识的组合形式的一部分。书法以及中国绘画的空白部分所表现的空间意象不只是为了烘托黑墨所表现的主体，而是书画家伸向宇宙空间的无尽的遐想。"空即是色"。在意象思维里，"寂然凝虑，思接千载"，空白里有着多层的丰富幻象。这就是中国书画家的空间意识，画家画虚处，以不画为画；书家计白当黑，以不写为写。这是意象思维所造的禅境、道境。在传统中国戏曲舞台上我们也能看到这一点。

(3) 书法学习、创作、欣赏中的意象思维。

如果我们弄清了五种书体形成过程中的意象思维作用，弄清了书法艺术三要素中的意象特征，那么在书法学习、书法创作、书法欣赏中就找到了启开鸿蒙的大钥匙。有了这把钥匙，我们对古代大量书学理论就会举一反三，见一而知十。

书法学习的主要内容是研究把握书法三要素的理和法。如果弄清了三要素中的意象特征，理解了法中之意，意中之法，那么这种学习就是活的、有灵魂的意象思维过程。摆脱了机械模仿的没有生气的书法学习与研究，就会进入书法学习的高层境界，迅速步入书法艺术之宫。

在真正称得上书法创作的艺术劳动中，意象思维往往体现在人们通常所说的"悟"。悟，就是基于对天地身物的体验在书家灵魂深处所撞击出的艺术火花。也就是孙过庭在《书谱》中所讲的"五合"（神怡务闲、感惠徇知、时和气润、纸墨相发、偶然欲书），主客观条件十分和谐一致，这时才能进入创作的最佳状态，才能"悟"得创作之灵感。这时的"悟"也就是佛家的"禅定"，道家的"抱一"，用意念使自己进入最佳的心态，进入无始无终的艺术层次。古代大书家王羲之、张旭、怀素、颜真卿、黄庭坚、苏东坡、米芾等都是善于将自己对天地万物之感受"一寓于书"而体现于笔势、字势、章法之中的。羲之爱鹅，张旭从公孙大娘舞西河剑器，怀素从夏云奇峰，颜真卿从屋漏痕，黄庭坚从长年荡桨中悟笔势，就是运用意象思维由物象联想到书法的。要进入书法创作，除了技法诸方面的基本训练基础之外，就要从学书第一天起注意悟性的唤醒与培养，就要发挥意象思维的统摄作用，在意与象的多层空间里游弋。悟，冲动，甚至是潜意识的瞬间感受，往往都是极可宝贵的，都是进入书法创作的契机。

王国维在《人间词话》里讲到做学问的三境界，我以为我们进行书法创作也是这样。

第一阶段。寻寻觅觅，寻求表现自己意象性情的书法语言。寻找自己的"心线"，寻找表现自己丰富感情的多重心线。

第二阶段。冲破传统，不断否定自我，又不断完善自我，不断进入新的艺术创作境界。"衣带渐宽终不悔，为伊消得人憔悴"，就是这一境界中痴迷的艺术家的神情状态。

第三阶段。情之所至，物我皆忘。在这一境界中，书家完全进入心忘手、手忘法，纯是天真自然的佳境。"书为心画"在这里得到最完美的体现。"张旭三杯草圣传，脱帽露顶王公前，挥毫落纸如云烟"，所成之作"变动犹鬼神，不可端倪"。怀素"醉来信手两三行，醒后却书书不得"，"人人欲问此中妙，怀素自言初不知"，进入如醉如痴的忘我境界。在这种心态下，"书家的下意识、潜意识、梦、联想、幻觉、示现……各种在冷静状态下不会出现的美的意念都出现了，书家简直有点轻躁狂、神经质了。这时所产生的书法作品已不是初级的意象所能解说，它已是'不可说'的心象、心画了"。"不可说"的"心象""心画"，如果从道家所谓的"道之为物，唯恍唯惚。惚兮恍，其中有象；恍兮惚，其中有物；杳兮冥，其中有精。其精甚真，其中有信"去理解，这时的线仍然是有意蕴的线。所谓"情与景会，意与象通"就是这个道理。不可说又可说，书法创作之理也在无极有极之间徘徊四顾了。

书法欣赏的过程，实质上是运用意象思维联想而游于艺的过程。

书法欣赏也有三个阶段。第一阶段，人们凭自己的直觉乃至第一印象去判定书法作品。认为面前的书法作品有的狂放，有的清秀，有的含蓄，有的稚拙，有的婀娜，有的粗犷，有的俏丽，有的纤弱，有的野怪，有的粗疏，有的火气，有的甜媚……这一阶段是一般人都办得到的，是书法欣赏的初级阶段。这时欣赏者的着眼点是整幅书法作品所给予他的总感觉，涉及书法作品外露的气势韵味。这从许多人对书法作品的称赞或贬斥的评论中可以找到例证。

第二阶段，即由感性认识进入理性认识的阶段。它要求欣赏者要懂得书法美的艺术规律，懂得书法美所由产生的根植于中华文化思想之中的书法审美意识，熟悉中国书法美的典范。这时的书法欣赏就是有具体分析的、有血有肉的，而不是颠来倒去地用几组形容词去套书法作品，给他们分别戴上"遒劲""含蓄""奔放""婉约"之类的桂冠，或者指斥他们为"轻滑""佻俏""巧媚""粗野"等等。这就要求欣赏者要学点书法基础知识，研究点书法美学，多观摩历代书法艺术珍品，由外行变成内行。

第三阶段，即追寻优秀书法作品的内在精神因素的阶段。书法像一只出林的鸟儿，当它摆脱了实用功能的羁绊，就尽情地翱翔在精神、感情的万里晴空。这时，理性的、纯技法的分析就退居其次了。古人所谓"字外求字"，就是要求我们在品评书法作品时，必须考虑到书法作品所产生的诸种因素，透过点线变化的形式美，追寻书家的阅历、见识、学问、气质、感情波动等内在因素。同时运用意象思维、联想、形象思维，把欣赏者自己面对书作所引起的共鸣、感受也注入欣赏对象。"仁者见仁，智者见智"，欣赏者学问、修养、识见、美学理想的高低直接决定着欣赏水平的高低。

进入书法欣赏的第三阶段是困难的，但也是其乐无穷的。

古代书家张旭从公孙大娘舞剑器中悟书法，今日舞蹈家从书法作品中悟出舞蹈，音乐家根据书法作品谱曲，就是运用意象思维、联想、想象，将这几种艺术门类之中内在的体现意的节奏、韵律、情趣的基因捕捉起来用自己的艺术语言去表现。这种触类旁通式的再现是妙不可言的化境。是现代人们所谓的"信息"相通，"气场"同一的必然产物。游离于不同艺术门类之间而使之相通的就是意象。

总之，书法作品的审美观念所体现的文化思想，是中华传统文化思想的重要组成部分，它超越阶级、超越时空，存在于中华民族的遗传因子中。中华民族书法文化思想在魏晋时候渐趋成熟，在唐代达到高峰以后，深深地扎根在炎黄子孙的意识里，扎根在每一个中国人的遗传基因里。海峡两岸同胞分离50多年了，但是大家对书法美的认同还是一样的。今天海峡两岸、海内外炎黄子孙频繁地进行文化交流、研讨书学、切磋书艺就是认同书法文化这个根性。否则，没有认同，大家也坐不到一起。值得一提的是，有些年轻朋友大胆探索，搞一些新名堂，也无可厚非，更不用大惊小怪。因为没有探索，创新就是一句空话。探索是可贵的，但要把握住度：一不要甩掉汉字这个载体；二不要忘记中国书法的传统艺术规律和审美观念；三不要忘记书法创新的要义是个性化的彰显。"险绝"一阵子，还是要"复归平正"，在探索、创新的历程中还要不断向传统回归。

几千年来，在中国人的意识中，诸子百家的思想体系合流了。从宇宙观到世界观、方法论，从一般的哲学观念到美学观念，兼容的美学思想浸透了中国人的每一个细胞，存入了中国人子子孙孙的遗传因子。她像无所不在的幽灵、幻影超时空地在中华大地漫游，在中华儿女生存的世界各个角落漫游，在中国人的一切创造、创作的灵魂中飘浮着。"易"与"道"的观念是她的灵魂，在文化思想领域尤其如此。意象思维、卦象思维、形象思维、逻辑思维就是她彩色的翅膀。

(4) 书法艺术的灵魂——抒情性。

抒情性是书法的灵魂。书法作品的"内容"包含两个层面：一是书作的文学性、文字内容；一是书家所运用的有个性、有意蕴的线条本身。

大家都熟悉王羲之的《兰亭序》，被誉为天下第一行书。《兰亭序》从用笔、结字、章法看，都有一股"中和"之气、"静"气，这就是他的审美观念的体现。王羲之处于魏晋时期，这个时期由于社会的不安定，文人士大夫崇尚道家的某些人性自由的意识。许多文化人尚通脱、喜玄谈、饮酒、吃药、游戏于山水之间，追求个性解放与自由，在烦躁中追求静气。这种意识也自然影响到了王羲之。他的书法所追求的静气、中和、潇洒风韵的抒情性很自然就表现出来了。这里所体现的"中和"美，也正是历来文化人所追求的"书卷气"。

近代书法大师、"旷代草圣"于右任先生书法的抒情性也十分清晰。于先生是民主革命的先驱，词锋犀利的记者，激情奔放的诗仙，热爱祖国人民的关中农民的儿子，是一位了不起的文化巨人。他的行书，笔法、笔势、字势、章法所体现的那种大气磅礴的气势，无人可与比肩。当年他追随孙中山先生搞民主革命，在担任靖国军领导人的时期，战事失利，他避难到耀县药王山，还能兴致勃勃地"洗涤摩崖上，徘徊造像间"研究书法；还有一次，战事不利，在由陕西往甘肃天水逃亡的路上，他还采集植物标本。这种百折不挠的英雄气概和为国为民的治学、治艺精神的确不是一般人可以比拟的。于先生有一首诗："朝临石门铭，暮写二十品，辛苦集为联，夜夜泪湿枕。"有的人说，书法不就是写个字吗？还夜夜泪湿枕，犯得着吗？如果简单地这样理解就把于先生曲解了。据和他共事的老人讲孙中山先生主张写魏碑，于先生也主张写魏碑。于先生认为，自宋以后，中国人缺乏尚武精神，所以，徽、钦二帝才窝囊到被敌人抓去扔进土牢。他认为北碑有尚武精神，所以提倡人们学习。北朝时候社会动乱，弱者拜佛，寻求解脱和帮助，强者去拼杀，用武力打出自己的天地，尚武精神自然就被调动起来了。这种尚武精神也体现在北朝碑刻书法的点线之中。把书法学习和民族精神的复兴结合起来思考、认识、身体力行，这一切也正体现在于先生自己独有的笔势、字势之中。尚武、阳刚成了于先生书法特别是他的行书的主流意识。为书法而激动、流泪对这位伟大的爱国者就是自然之事了。于右任的书法（见图12-29）是这样，毛泽东的书法也是这样。

图12-29 于右任行楷书对联

毛泽东青年时代即胸怀大志，他曾说：世界是我们的，做事要大家来。他于1925年所写的词《沁园春·长沙》："独立寒秋，湘江北去，橘子洲头。看万山红遍，层林尽染；漫江碧透，百舸争流。鹰击长空，鱼翔浅底，万类霜天竞自由。怅寥廓，问苍茫大地，谁主沉浮？携来百侣曾游。忆往昔峥嵘岁月稠。恰同学少年，风华正茂；书生意气，挥斥方遒。指点江山，激扬文字，粪土当年万户侯。曾记否，到中流击水，浪遏飞舟？"向宇宙空间发问：苍茫大地，谁是她的主宰？何等激昂，何等豪迈！1946年在重庆谈判时他写的《沁园春·雪》就更了不起了。"北国风光，千里冰封，万里雪飘。望长城内外，惟余莽莽；大河上下，顿失滔滔。山舞银蛇，原驰蜡象，欲与天公试比高。须晴日，看红装素裹，分外妖娆。江山如此多娇，引无数英雄竞折腰。惜秦皇汉武，略输文采；唐宗宋祖，稍逊风骚。一代天骄，成吉思汗，只识弯弓射大雕。俱往矣，数风流人物，还看今朝。"前半阕，站在宇宙空间看地球，把静态的雪原写得既"舞"且"驰"，赋予了北国风光以博大的动势。后半阕批评历代帝王，用"略输文采""稍逊风骚""只识弯弓射大雕"几句带过。末句"俱往矣，数风流人物，还看今朝"是对5000年中华英才的祭送，也是对真正有雄才大略的"今朝""风流人物"的歌颂与自豪。其词发表之后，国内诗坛无人能和，被称为古今词中第一等襟怀，第一等豪放。对毛泽东以天下为己任的高远志向和博大胸襟、豪迈精神、磅礴气势理解之后，再去看他的书法作品，特别是《清平乐·六盘山》和《满江红·和郭沫若同志》（见图12-30），书法作品的文学性和点画用笔、结字、章法的形式美达到了高度的统一。那种刚健凌厉、汪洋恣肆的气势，炽热、强烈的抒情性，开张的笔势，露锋以纵其神的笔法，力感特盛的强劲有力的线条使人

图12-30 毛泽东《满江红·和郭沫若同志》（局部）

一目了然。我们再看周恩来的作品（见图12-31）。他是学颜体的，从颜真卿、翁同龢流派走来，他的笔下几乎很少有露锋的笔画，绵里裹铁，外柔内刚。不露锋芒的点线不正是他个性情感的体现吗！

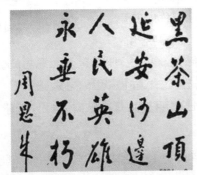

图12-31 周恩来为黑茶山英雄纪念碑题词

三、在东西方文化交会中保持中国书法文化的根性

基于中华民族传统文化思想的中国书法文化的审美理念,是中国书法文化的根性所在。它贯穿于汉字的起源与演变和中国书法的诸多要素之中,体现在书法的学习、欣赏、创作之中。在东西方文化撞击与交融的今天,中国书法已冲破汉字文化圈而走向世界。保持中国书法文化的根性对弘扬中华民族传统文化艺术至关重要。

欧洲、美洲、大洋洲现在都有热爱中国书法的人们,试着用握惯了刀叉的手来拿中国的毛笔学习中国书法。但由于文字的障碍,由于民族意识的不同,他们大都对中国书法的点线所蕴含的中华文化思想,对中国书法的意象特征无法理解或理解肤浅。他们不少人把中国书法看成像克利、康定斯基的某些绘画一样,只是关注于点线面运动的形式美。在这些朋友的眼中,中国书法更像静态舞蹈、无声音乐、抽象绘画。追求线的韵律、墨的韵律、黑白变化,追求下意识、无意识、潜意识中的自我陶醉是这些朋友的大体共同的特点和风格。即使有了汉字基础的一些朋友,他们的书法作品也摆脱不了这一风格的影响。比如法国朋友柯乃柏先生的《白》字(见图12-32),作者追求的只是略具汉字形态,然后自己去想象这个字的造型可以是什么就画什么。这个"白"字像一颗果子。但墨的变化、线的力感却是有的。可以说是借题发挥、借形寓兴吧。这是欧洲人心目中的中国书法,和我们的审美观念差别是十分显著的。

图12-32 法国 柯乃柏《白》

他把自己的作品叫作"书法画"倒是有点意思的。此类有一定视觉冲击力,有一定形式美的东西称之为"墨艺",我以为是最恰当的。"墨象派"日本朋友就有冲破文字载体追求黑白构成形式美的不少作品。

东西方文化差异首先是东西方人文化心理上的遗传因子的差异。西方人将略有东方书法技巧或元素的黑白堆积图形往往举之以书法,这实在是一种文化心理差异引起的误会。一

些东方汉字文化圈内的人也步西方人后尘，在书画混同，彩色涂染，工具变化上寻找书法的"新路"。法国人勒内·艾蒂安布尔在《东方书法与西方书法画》一文中就非常直率地指出过这种现象的幼稚性，他说："当我审视这些毫无意义的或者说不想具有任何意义的颤颤抖抖的条条杠杠、儿戏似的圆圈、不定的图迹，这些在20世纪的今天，西方人认为是书法画的东西，我怎能不体会到这种人在两种不可调和的艺术中所造成的混乱，这不正表现出我们这个时代的混乱一团吗？"他大声疾呼："我们认为在一个什么都渐趋于平庸的国家里，首要的任务就是还一切词语以本来涵义。"以汉字书写作为载体的中国书法，已经走向世界的中国书法，所面临的正是这样一个世界，一个东西方文化思想撞击裂变的新时代。书法面临着被冲击、被动摇、被撕裂的血与火的考验。

西方人欣赏东方书法大都不是从书法本身的意义出发，而是作为现代派绘画去感觉的。为了迎合西方人的胃口，一些东方书家、画家极力用西方现代绘画的种种手段去打扮古老而年轻的书法艺术，给它涂上、堆上西方的油彩，扭曲着、肢解着它，去"创新"，去兜售，去招摇，就像给唐代古塔上涂油漆，把商周青铜器擦亮再去镀金一样可笑。

中国人的思维方式，简明到将一切事物都可以用阴阳囊括尽净。这就是太极图。但并不等于说要将红、黄、蓝、白、黑五种色彩的界线消失。任何一种色彩的个性还在强烈地表现着。一生二，二生三，三生万物。既称万物，就有万种品格。这种思辨方式，是最清晰的，也是最概括和最丰富的。对书法与绘画的认识也是这样。中国人对书画结合方式的处理也是东方式的。清静、明晰、气息相通、神韵相通，而不是表面的、浅层次的重叠堆垒，是在保持各自个性中携手并进的。我们在理解书法与音乐、书法与舞蹈、书法与建筑、书法与雕刻、书法与武术、书法与文学……的关系时都是注意于神与意的相通，而不是消失它们各自的特点。"异床同梦"，从抒情写意的本质上讲，从意象统一上讲，它们是一致的。但形式上仍然是异床，各有各的一套艺术规律、艺术特性。

西方人要理解中国书法，首先要理解东方文化思想的精髓——"道"。理解了东方神秘文化的阴阳相生相克对立统一的观念，理解了最能体现这一观念的中国书法，对中国文化艺术各个门类也就触类旁通了。中国书法的神秘与明晰，难与易正在这里。西方人要真正懂中国书法的全部美学含义难就难在这里。好在东西方文化的深层交流已经开始。上路了，目标就在脚下。

书法艺术源自有着古老文明的中国，今日已走出汉字文化圈而成为世界性的艺术。从同一源头出发，世界各国书法家、艺术家完全可以自由地选择自己的艺术道路，创造表现自己民族性格，民族审美心理、审美意识、审美习惯的崭新的书法艺术作品。汉代杨雄曾说："书，心画也。"事实证明，中外书法的确是同源异流。但最终书法艺术还是殊途同归，回归到"意象"艺术的大纛之下，"立象以尽意"；回归到运用律动的点线，借助文字载体，表现书法家所处的时代风貌，书家的民族意识，书家的个性、情操、禀赋、修养、学问甚至瞬间感情波变、下意识、潜意识的最简明而又最神秘的抒情艺术中去。

中外书法，同源异流，殊途同归。这就是我们的结论。

第十三章
中国古代科学技术

中国是发明火药、指南针、造纸术和印刷术的文明国度，这四大发明曾有力地改变了世界历史的进程。正如李约瑟说："从公元前200年到大约公元1400年至1450年这一段时间内，中国比欧洲总要进步得多。"[甲] 出现四大发明决非偶然现象，中国科技文明，离不开一度相对领先的科学技术思想和方法，离不开一度相对领先的科学技术学科群。明代中叶以后，中国科学技术逐渐滞后，亦有一定的原因。了解中国古代科学技术发展概况，目的是鉴古知今，继往开来。

甲 [英]李约瑟. 四海之内[M]. 劳陇, 译. 北京: 三联书店, 1987: 81.

一、中国古代科学技术思想和方法

中国古代主要科学技术思想和方法，基本奠定形成于春秋战国时期，此时诸子百家争鸣，学术空前繁荣，涌现出众多思想家和学派，如儒家、墨家、名家、法家、阴阳家及兵家、农家、杂家等。司马迁在《史记》中谈"六家之要旨"时分别指出各家理论的长处和不足，并认为各家的长处"弗能废也""不可不察也""不可失也"，说明诸子百家思想必然要对中国千百年来的科技发展产生深远的影响，这里仅对积极方面，提要总结。

（一）古代主要科学思想与方法

不信鬼神是自然科学发展的前提。这是李约瑟通过中西文化对比提出来的。儒家思想自西汉以来作为中国占统治地位的思想，基本观点是不信鬼怪神仙。鬼神是生产力水平相对低下情况下，人类受自然力的支配且能动力有限时，对自然力杜撰出种种人格化的、主宰人类的精灵形象。科学技术的发展，有赖于进步的世界观，有赖于理性的思维，排除各种迷信和神秘主义。《论语》中多处谈到孔子对鬼神的态度，《雍也》中孔子说："务民之义，敬鬼神而远之，可谓知（智）矣。"《先进》："季路问事鬼神。子曰：'未能事人，焉能事鬼？'"《述而》："子不语怪、力、乱、神。"孔子反对谈自然界中根本不存在的鬼神，所谓"敬鬼神"，实为表达对自然生产力某种崇敬感恩之情，表达人与自然和谐相处的愿望，并不认为世上存在什么有意志的鬼神实物。

人和自然的关系，我国古代称之天人关系，诸子思想不乏对天人关系的科学认识。一是把自然界明确作为人类观察研究的对象。科学的发生和发展，离不开热衷观察和研究自然界，人类只有对自然现象保持浓厚的兴趣，自然科学才有孕育的土壤。《吕氏春秋》说："天生阴阳寒暑燥湿，四时之化，万物之变，莫不为利，莫不为害。圣人察阴阳之宜，辨万物之利以便生。"（《尽数》）辨别自然之"利害"，有赖科学观察，要善于捕捉和发现问题、客观事实及规律，"听于无声，视于无形"（《重言》）。所以"天斟万物，圣人览焉，以观其类。解在乎天地之所以形，雷电之所以生，阴阳材物之精，人民禽兽之所以安平"（《有始》）。二是人可以胜天。《荀子·天论》说："天行有常，不为尧存，不为桀亡。应之以治则吉，应之以乱则凶。强本而节用，则天不能贫；养备而动时，则天不能病；修道而不贰，则天不能祸。故水旱不能使之饥，寒暑不能使之疾，祆怪不能使之凶。本荒（农业）而用侈，则天不能使之富；养略而动罕，则天不能使之全；背道而妄行，则天不能使之吉。故水旱未至而饥，寒暑未薄而疾，祆怪未至而凶——受时与治世同，而殃祸与治世异，不可以怨天，其道然也。"人的主观能动性可以选择吉凶、贫福，"不可以怨天"。三是主张能动性必须和受动性统一。先哲认为，人虽然有认识和改造世界的能动性，但是人的实践活动要受客观规律制约。《史记》说帝喾是黄帝节用思想的重要继承人，"取地之材而节用之，抚教万民而利诲之"。人的实践活动应遵循客观规律即"其动也时"，"动"指实践活动，"时"指时机或机会，"动"要合"时"，实质是讲要兼顾能动性和受动性。司马迁继承这一思想，评价阴阳家学说时，一方面反对把阴阳家神秘的理性成分视为真理，"使人拘而多畏"，实际"未必然也"；另一方面又肯定阴阳家四时、二十四节气中符合天地自然规律的内容，强调人类不能滥用主观能动性，应顺"天道之大经"而"不可失也"，这是"其动也时"思想的具体事例和态度。

强调人的后天学习作用，尊师重教，注重科学技术知识的教授与传播。人的知识要靠学而知之，不能靠先天来遗传。孔子说："学而不思则罔，思而不学则殆"，"学而时习之"，"温故而知新"等。人类进步有赖于科技进步，人类产生新的科技知识和增强群体的科学文化素质是相互制约、相互促进的。提高人的素质，教育是关键。孔子说："学而不厌，诲人不倦。"《吕氏春秋·尊师》明确指出："治唐圃，疾灌寖，务种树；织葩屦，结置网，捆蒲苇；之田野，力耕耘，事五谷；如山林，入川泽，取鱼鳖，求鸟兽；此所以尊师也。"并说："义之大者，莫大于利人，利人莫大于教。知之盛者，莫大于成身，成身莫大于学。"神农、黄帝、颛顼、帝喾、尧、舜、禹等就是榜样，他们"学而受益，未有不尊师者也"。

演绎推理的思维方法。战国中后期墨家在《墨辨》逻辑理论中，提出演绎推理的方法，"辨"的目的和作用包括明是非、审治乱、明同异、察名实、处利害、决嫌疑等六个方面。演绎推理包括："或""假""效""侔""止"五种，分别相当形式逻辑演绎推理中的选言推理、假言推理、直言推理、复杂概念推理和直接推理。《吕氏春秋》提供了演绎推理的丰富多彩的实例，每篇开头先提出一个全称判断性命题，由此展开说理证明，同时归纳和类比推理穿插迭起，推理成果及推理方法对后人学习思维规律有美不胜收的示范作用。

归纳综合的思维方法。《吕氏春秋·用众》指出："物固莫不有长，莫不有短，人亦然。故善学者，假人之长以补其短。"又说："天下无粹白之狐，而有粹白之裘，取之众白也。夫取于众，此三皇、五帝之所以大立功名也。凡君之所以立，出乎众也。"取众之长补其短或曰集腋成裘，从方法论看属由个别到一般推理，包括不完全枚举和完全枚举。从认识论看，一方面可防止闭关自守、故步自封、夜郎自大、骄傲自满；另一方面又不盲从、不人云亦云，而是解放思想，开动机器，去伪存真，博采众长，"裘"只能来自对"腋"的辨别、采集、深加工和创造发明。

法天则地的类比思维方法。法天则地的类比思维方法始于黄帝，其法本意是用人类社会的事物与天地类比，取法则于天地自然精华。《史记》说："维昔黄帝，法天则地，四圣遵序，各成法度。"老子也说："人法地，地法天，天法道，道法自然。"也就是说人类所追求的"道"，实为自然之道。法天则地思想是丰富人类理性认识的源泉，要取法天地自然，就得认识自然、观察自然，有利于推动自然科学的发展。司马迁说："自初生民以来，世主曷尝不历日月星辰？及至五家三代，绍而明之，内冠带，外夷狄，分中国为十有二州，仰则观象于天，俯则法类于地……圣人统理之。""仰则观象于天，俯则法类于地"，直接肇始了我国的天文学、气象学、区域地理学等学科，并推动了相关学科的发展。法天则地的另一个作用是人类社会应从天垂象、地载物中得到启迪和理性升华，用类比得出的以德配天地为宗旨的整套理论，来指导运行人类社会。

由已知到未知、由近及远的推理方法。《论语·述而》中，孔子提出"举一反三"的类推方法，即知道一间房子有四个角，了解其中一角，可推知其他三个角。《吕氏春秋》指出，认识事物要抓事物的本质而不是现象，否则会枉费精力，"力求之其本，经旬必得；求之其末，劳而无功"。抓事物之"本"，其法是"审近以知远""以今知古"，由此及彼、由表及里（《察今》）。并说："有道之士，贵以近知远，以今知古，以益所见知所不见。故审堂下之阴，而知日月之行，阴阳之变；见瓶水之冰，而知天下之寒，鱼鳖之藏也；尝一脔肉，而知一镬之味，一鼎之调。"譬如"以今知古"之法，至今仍是现代地质科学的常用方法，即用当今天体地球演化规律与现象，来探索和解释史前自然宇宙的演化规律与现象。

构思两个有意义的相反概念即两面神思维的方法。孔子说他的思维方法是"叩其两端而竭焉。"主张认识问题要从正反两方面仔细推敲，穷追不舍，尽量思辨地搞清道理。从两个甚至多个不同的角度去观察、思考事物，科学上常获得惊人的发现和创造，对立思辨和发散式思维的结果有助于突破思维定式，提出新问题。《吕氏春秋·别类》就有生动范例："相剑者曰：'白所以为坚也，黄所以为牣也，黄白杂则坚且牣，良剑也。'难者曰：'白所以为不牣也，黄所以不为坚也，黄白杂则不坚不牣也。又柔则卷，坚则斩。剑折且卷，焉得为利剑？'剑之情未革，而或以为良，或以为恶，说使之也。"青铜合金要用锡和铜，锡色白、质坚而不韧；铜色黄、质韧而不坚。青铜合金到底是结合了两者的优点还是缺点？或者说结合了优点也结合了缺点？两者的比例如何？人们通过构思两个相反并存的矛盾，不断提出问题，依靠实践来不断证实或证伪问题，这就推动了科技进步。

辩证思维的方法。诸子百家均闪烁着辩证思维的光彩，仅以《吕氏春秋》为例。首先认识事物主张两点论，分清主次矛盾。《举难》说："尺之木必有节目，寸之玉必有瑕滴。先王知物之不可全也，故择物而贵取一也。""取一"，就是讲事物存在多个矛盾时，应对利弊进行充分分析，以优选方案为决策，抓住矛盾的主要方面。二是认为主次矛盾可在一定条件下相互转化。《似顺》说："事多似倒而顺，多似顺而倒。有知顺之为倒、倒之为顺者，则可以言化矣。至长反短，至短反长，天之道也。"三是懂得控制事物动态平衡的方法是防止主次矛盾性质发生变化。《博志》说："冬与夏不能两刑，草与稼不能两成，新谷熟而陈谷亏……故天子不处全，不处极，不处盈。全则必缺，极则必反，盈则必亏。先王知物之不可两大，故择务，当而处之"。认识到事物内部矛盾对立双方"不可两大"，对此务必分清主次，"择务，当而处之。"这一思想，能够指导人们科学地考察事物内部矛盾运动和控制矛盾的转化发展，辩证地观察研究各种自然现象，根据需要把握量变，防止向对立面转化，能动地防止或诱导质变。

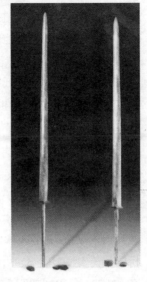

图13-1　青铜剑^甲

甲 出土于秦始皇兵马俑一号坑，左剑通长93.8厘米，身长72.2厘米，最宽处3.2厘米。右剑通长92.8厘米，身长71厘米，最宽处3.2厘米。两剑的形制相同，剑体长而窄薄，中部起纵脊，近锋处束腰。出土时，首、格、鞘附件齐全。

（二）古代主要技术思想和方法

技术总是作为科学在生产中的具体应用，纳入社会建制之中。技术是联系科学和生产的中介，科学只有应用于生产中才能成为直接生产力。我国很早就开始建立相应的官吏制度和职能部门，将科技渗透于生产之中。《史记》说帝尧时期，设羲、和二人为天官，履行"敬顺昊天，数法日月星辰，敬授民时"，"岁三百六十六日，以闰月正四时"的职责。帝舜建立百官体制，垂善"驯予工"，益善"驯予上下草木鸟兽"、弃（后稷）善"播时百谷"，分别任垂为工师、益为虞师、弃为农师，"垂主工师，百工致功；益主虞，山泽辟；弃主稷，百谷时茂"。工师、虞师、农师成为我国古代手工业、矿冶、农业等技术群的化身。如工师演绎为"百工"之长，百工极言种类繁多。周代，百工成为国家的重要职能部门。《考工记》说："国有六职，百工与居一焉……审曲面势，以饬五材，以辨民器，谓之百工。"百工所辖的手工业部门包括土木工、金工、皮工、设色工、刮摩工、抟埴工等六大类，每类又分许多工种，流水作业，如攻金之工就包括筑、冶、凫、栗、段、桃等六个加工程序。孔子说："百工居肆，以成其事。""百工居肆"就是把百工集中在一起从事生产，形成技术群产业，实现手工业作坊化、部门专业管理化，从而获得规模效益，百工相互配合协作，产品批量化、标准化、组装化，便利生产分工与衔接、技术渗透与嫁接，只有这样才能"以成其事"。

　　重要技术的发明者、传授者、推广者，被视为圣人。《考工记》说："有虞氏上陶，夏后氏上匠，殷人上梓，周人上舆。"又说："知（智）者创物，巧者述之，守之世，谓之工。百工之事，皆圣人之作也。烁金以为刃，凝土以为器，作车以行陆，作舟以行水，此皆圣人之行作也。"先哲认为凡造福人类的首创性发明，并非一件容易的事，故"舟车之始见也，三世然后安之。夫开善岂易哉？"（《吕氏春秋·乐成》）因此，凡"尽其巧、毕其能"的技术发明者，理应视为对人类文明做出贡献的圣人。《吕氏春秋·勿躬》说："大桡作甲子，黔如作虏首，容成作历，羲和作占日，尚仪作占月，后益作占岁，胡曹作衣，夷羿作弓，祝融作市，仪狄作酒，高元作室，虞姁（xū）作舟，伯益作井，赤冀作臼，乘雅作驾，寒哀作御，王冰作服牛，史皇作图，巫彭作医，巫咸作筮，此二十官者，圣人之所以治天下也……使二十官尽其能，毕其巧，圣王在上故也。"道出了推动科技进步的能者，与社会建制、执政者相互制约的辩证关系。

　　主张打破身份地位，选拔科技人才。对有科学技术才能的人，尽管他们出身低微，也要敢于打破常规把他们提拔到地位较高的岗位上来，使他们有优厚的经济收入，有职有权。在职位、待遇、政事上器重有科学技术才能的人，目的就是让他们充分发挥聪明才智，事业取得成功。《墨子·尚贤》说："故古者圣王之为政，列德而尚贤，虽有农与工肆之人，有能则举之，高予之爵，重予之禄，任之以事，断予之令。曰：'爵位不高，则民弗敬；蓄禄不厚，则民不信；政令不断，则民不畏。'举三者授之贤者，非为贤赐也，欲其事之成。"孟子提出要"尊贤使能"，他举的实例也多是在科学技术上有过贡献的人，发现这些人之前或出身很低微或处境极差，如《告子下》说："舜发于畎亩之中，傅说举于版筑之间，胶鬲举于鱼盐之中，管夷吾举于士，孙叔敖举于海，百里奚举于市。"其中舜耕于历山，擅长种庄稼；傅说在武丁时代，因版筑（两版相夹，填土板中，筑墙）有实绩而被发现；胶鬲擅鱼盐之利；管仲善于经济；孙叔敖曾帮楚庄王排除积水，兴办水利灌溉等。

技术发明的核心是要善于假物因物、因时循势，发明创造出利用自然又能事半功倍的技巧、工具和器械。因物假物要求尊重和谙熟自然规律和特点，"毕其能"即充分发挥主观能动性，"尽其巧"指要精妙地创造出人工自然物。孟子说："为高必因丘陵，为下必因川泽。""离娄之明、公输子之巧，不以规矩，不能成方圆。"（《离娄上》）《管子》说："不务天时，则财不生；不务地利，则仓廪不盈。"（《牧民》）《夏本纪》云：大禹"陆行乘车，水行乘船，泥行乘橇，山行乘檋。"《吕氏春秋》说："水用舟，陆用车，涂用輴，沙用鸠，山用欙（léi），因其势也。"（《慎势》）又说："禹通三江、五湖，决伊阙，沟回陆，注东海，因水力也。……如秦者立而至，有车也；适越者坐而至，有舟也。秦、越，远途也，静立安坐而至者，因其械也。"人类改造自然需不断创造闪烁智慧的生产工具和生产方法，从事技术发明的关键是将已有的科学知识转化为可供生产运用的技术诀窍，不能因物假物，就难以发明新的人工自然物；不因天时地利，便会违背客观规律。故《荀子·劝学》强调："假舆马者，非利足也，而致千里；假舟楫者，非能水也，而绝江河。君子生非异也，善假于物也。"

技术发明将不断扩大人类利用自然物的领域，技术进步必须处理好开源与节流、资源再生与资源消耗的关系，也就是说要处理好人与自然协调发展的关系。荀子认为，利用科技知识合理开发自然资源，就不必"忧天下之不足"。他说："圣王之制也：草木荣华滋硕之时，则斧斤不入山林，不夭其生，不绝其长也；鼋、鼍、鱼、鳖、鳅、鳝孕别之时，罔罟毒药不入泽，不夭其生，不绝其长也；春耕、夏耘、秋收、冬藏，四者不失时，故五谷不绝，而百姓有余食也；污池渊沼川泽，谨其时禁，故鱼鳖优多，而百姓有余用也；斩伐养长不失其时，故山林不童，而百姓有余材也。"（《王制》）主张人类只要"善治"可再生的资源，便能一岁数获，"今是土之生五谷也，人善治之，则亩数盆，一岁而再获之"。同样，瓜桃枣李、百蔬六畜禽兽、鼋鼍、鱼鳖、鳅鳝、昆虫万物，只要"善治之"，就能"不可胜数"、不可胜用（《富国》）。先哲采取的技术价值取向，鲜明地注重人类的长远生存与发展问题，认识到处理眼前利益与长远利益、局部利益和整体利益的意义。《吕氏春秋·义赏》云："竭泽而渔，岂不获得？而明年无鱼。焚薮而田，岂不获得？而明年无兽。诈伪之道，虽今偷可，后将无复，非长术也。……焉有一时之务先百世之利者乎？"

"工欲善其事，必先利其器"的"利器"思想，不断寻求高效的劳动工具，是促进技术不断发展的动力。孔子说："工欲善其事，必先利其器。"（《论语·卫灵公》）人类只要期望生产得到进一步发展，提高工作效率，那么社会必然呼唤技术为生产提供日益进步的生产工具和工艺。《庄子·天地》说：子贡曾游于汉阴，见一位老人抱瓮灌溉圃畦，便主动向老人介绍一种先进的"机械"——"桔槔"，"凿木为机，后重前轻，挈水若抽，数如泆（yì，同溢）汤"，"一日浸百畦，用力甚寡而见功多"。庄子借老人之口，拒绝使用桔槔，并奚落儒家"有机械者必有机事，有机事者必有机心，机心存于胸中，则纯白不备"。对此，子贡向随行弟子谈了孔子的思想："吾闻之夫子，事求可，功求成。用力少，见功多者，圣人之道。"也就是说，对于桔槔这类技术发明，儒家认为是圣人之作。在生产实践中，办事要寻求可行，功业要寻求成就，那么就应该发明各种机械，用的力气越省越好，获得的功效越多越好，这是《庄子》对"工欲善其事，必先利其器"提供的最好解释。儒家崇尚技术发明，生产实践中追求有机械、有机事、有机心，将创造并推广可提高生产力水平的生产工具，视为"圣人之道"，有利于推动技术不断向前发展。

通过合理开发和支配劳动对象，加强产业管理，追求质量优良、工艺精巧的良器（名牌产品）思想。《考工记》说："天有时，地有气，材有美，工有巧。合此四者，然后可以为良。"制造良器由四因素构成，除原材料美与做工巧外，还要具备天时与地气因素。所谓地气，就是说每一个地区都会有本地独特的地理特点和手工业制成品，要注意发挥地方特色和优势，扬长避短；所谓天时，就是指某些手工业生产会受到一年四季自然变化等因素的影响，如弓矢生产，造箭使用的丝、胶、漆等原料就需要考虑四季（温度湿度）的变化，生产良器要掌握天时。《吕氏春秋》指出，为了保证器物精良，官营手工业务必重视经营管理，工师要做到百工配合的井井有条，各工种的监工要负起责任，生产要不误时机，原材料要保证质量，原材料消耗要准确计量，"命工师，令百工，审五库之量，金铁、皮革筋、角齿、羽箭干、脂胶丹漆，无或不良。百工咸理，监工日号，无悖于时"（《季春纪》）。同时，实行产品质量监督考核制度，每件产品都要刻上制造者的姓名，依据产品好坏，进行奖惩。"陶器必良，火齐必得，兼用六物，大酋监之，无有差忒"（《仲冬纪》）。"物勒工名，以考其诚；工有不当，必行其罪，以穷其情"（《孟冬纪》）。

崇尚简朴实用和追求纹彩刻镂的技术思想并存。所谓简朴实用是指技术发明或产品应考虑百姓民众的利益，既讲究实用便利，又讲究节约简朴；所谓纹彩刻镂，是指封建王者贵族，生活用品和器物追求奢侈享乐。这两种并存的技术思想，《墨子·辞过》中便有所反映：

如建筑思想，一方面墨子认为："为宫室之法，曰：室高足以辟润湿，边足以圉风寒，上足以待雪霜雨露，宫墙之高足以别男女之礼。谨此则止。凡费财费劳力不加利者，不为也。"另一方面王者贵族追求"宫室台榭曲直之望、青黄刻镂之饰"。

如制衣思想，一方面墨子认为："为衣服之法：冬则练帛之中，足以为轻且暖；夏则絺綌（chī xì）之中，足以为轻且清。谨此则止。故圣人之为衣服，适身体，和肌肤而足矣。"另一方面，王者贵族，则追求"锦绣文采靡曼之衣，铸金以为钩，珠玉以为佩，女工作文采，男工作刻镂，以为身服"。

如舟车思想，一方面墨子认为："故圣王作为舟车，以便民之事。其为舟车也，全固轻利，可以任重致远；其为用财少而为利多，是以民乐而利之。"另一方面，王者贵族除舟车要完整、坚固、轻巧、便利外，还要求"饰车以文采，饰舟以刻镂"等。

一般情形是，讲究简朴实用，从降低成本出发，技术导向是以改造现有技术产品为主；追求纹彩刻镂，奢侈享乐而不满足实用节简，技术导向易促进产品不断创新。墨子还把器物对人是否有用作为"巧"与"拙"的标准。《墨子·鲁问》记载：公输盘削竹子制成竹鹊,制成后让它飞可三天不落下来。公输盘自认为极巧妙。墨子对公输盘说:"你制成竹鹊,还不如木匠做车辖,一会儿砍成三寸大的木块,能载起五十石的重量。""故所为功,利于人谓之巧,不利于人谓之拙。"可以说,以上两种技术思想在我国古代生产实践中,都得到了充分的体现。

运用归纳枚举法总结成熟的生产经验或技术。成书于战国晚期的《吕氏春秋》《礼记·月令》便是运用这种方法的典型范例,它们将长期以来中国人民在生产实践中形成的彼此联系制约的经验和技术思想结晶,按月份进行归纳枚举,成为易于普及、掌握、传授的系统知识。首先,根据日月活动的周期,将一年分为四季十二个月,即春季:孟春、仲春、季春;夏季:孟夏、仲夏、季夏;秋季:孟秋、仲秋、季秋;冬季:孟冬、仲冬、季冬。然后,精选列举每月应该注意的彼此相关的生产经验及技术。主要内容包括:

(1) 天文知识。以二十八宿为参照物,给出本月初黄昏与黎明时中星(即南方天空所见的恒星)的位置及太阳的位置。

(2) 气象知识。代表本月天气特征的气象谚语。

(3) 本月动植物生长的规律。

(4) 本月主要政事、农事、工事和虞事,突出政事为农事服务。

(5) 本月人与自然协调发展应注意的事项。

(6) 天气正常时,本月的天气情况,以及天气异常时本月可能发生的自然灾害,注意防患于未然。

《吕氏春秋·序意》指出《十二纪》的目的是为了"上揆之天,下验之地,中审之人"。努力研究、检验、考察天地人(生)三者之间的联系,以及这种总结经验知识的方式与方法,本身对古人从事社会实践,便具有重要的指导和借鉴意义。

针对具体的自然对象,分门别类整理成熟的生产经验和技术。成书于春秋至西汉初期的《管子》,书中研究我国土壤便是运用这种方法的典型范例。

首先,《地员》将农业生产中长期形成的有关土壤的知识及经验结晶,按土壤的差异(特殊性)分为五大类,即良田沃土（五施之土）、紫色硬土（四施之土）、黄色湿土（三施之土）、盐碱黏土（二施之土）和黑色黏土（一施之土）等五类，然后对每种土壤进行具体分析研究，内容包括：①土壤的性质、肥沃程度及灌溉条件；②适宜本土壤生长的粮食作物、经济作物、树木及花草种类；③地下水的一般深度、颜色、水质及人饮用后对身体的利弊。

其次，《地员》按土壤出露情况及地下水的特点，划分出水边的土地、峡谷的土地、山陵地带的土地、山岗地带的土地、青山土硬泥地、多小石的红土山、山脉白土带等多种地质环境，指出这些环境下地下水的一般深度，可供找水的植物标志及难以找水的地质环境。

第三，《地员》进一步将我国（九州）土壤分为3大类90种，即上等土壤30种，可种植12类植物，包括5种粟土、5种沃土、5种位土、5种隐土、5种壤土、5种浮土；中等土壤30种，可种植12类植物，包括5种怸土、5种纑土、5种壏土、5种㶟土、5种沙土、5种塥土；下等土壤30种，可种植12类植物，包括5种犹土、5种壮土、5种殖土、5种觳土、5种舄土、5种桀土。区别了各种土壤的特征，如土壤的颜色、湿度、硬度、孔隙度、肥沃程度等。列举适应本土壤的各种物产，涉及农作物、林果、花草、药材、鱼类、畜牧类。指出泉水特点及水土环境对人类的影响。

总而言之，中国古代早期形成的科学技术思想与方法，从人类科技发展的一定历史阶段看，基本上是比较先进的，在中国封建社会明代中叶以前曾产生了长期的积极影响。若考察逻辑思维能力，中国古代尤为擅长类比思维和归纳思维，演绎思维虽略显不足，但决非不懂演绎推理。综合运用理论思维方法时，尤其擅长辩证思维。恩格斯认为：科学技术的发生和发展一开始就是由生产决定的。中国古代重视农业、重视官营工矿业及手工业，故有比较发达的货币体系和商品经济便是有力的例证。中国古代相对发达的农业、官营工矿业及手工业，作为中国古代物质资料生产和生活资料生产的主要内容，为科学技术发展提供了前提。中国古代早期形成的科学技术思想与方法，虽然不能同文艺复兴以来西方逐渐形成的科学技术思想与方法相比较，但比欧洲封建的中世纪要先进得多。这是中国古代科学技术一度取得辉煌成就的根本原因。

二、中国古代科学技术主要成就

中国古代科学技术在数、理、化、天、地、生、农、医等自然科学领域，以及纺织、建筑、机械、冶金、兵器、船舶、车辆、陶瓷、造纸、印刷等技术部门，都取得了十分辉煌的成就，这里仅介绍天文学、农学、数学、地质冶金和医学等5个方面。

（一）天文学

早期天文学是为农业服务而发展起来的学科，传说黄帝研究日月星辰的主要目的是为了"敬授民时""顺天地阴阳四时之记""时播百谷草木，淳化鸟兽虫蛾"。公元前14世纪，中国殷墟甲骨文中已有日食和月食的常规记录。公元前12世纪，殷末周初采用二十八宿划分天区。公元前11世纪，传说周朝建立测景台，最早测定黄赤交角。1978年湖北随县曾侯乙墓（公元前433年）出土的漆盖上，绘有二十八宿星图，说明春秋战国时，我国天文学在曾侯这样的小诸侯国也得到普及。先民把天体黄道、赤道附近的恒星分为28个星区，每星区有一主星，称28宿。大约春秋之后，这种星区划分方法，经中亚传入印度、波斯、阿拉伯等地。

我国最早的史书《尚书》《竹书纪年》《春秋》中已开始记录天象的重要发现。关于日食，公元前2137—前476年，我国文字记录37次，希腊记录始见于公元前585年；太阳黑子，公元前43—公元1638年，我国文字记录达106条，欧洲最早记录始见于公元807年；彗星，公元前1034年至清末，我国文字记录超过500次，其中哈雷彗星31次，欧洲最早记录始见于公元前11年；新星与超新星，公元前1400—公元1700年，我国记录新星达90颗，超新星10颗，欧洲最早记录始见于公元前134年。《二十四史》从第一部《史记》始创《天官书》《历书》起，历代正史继承传统，并演变为《天文志》和《律历志》。战国时，齐人甘德作《天文星占》，魏人石申作《天文》，二书虽佚，从后人著作中引录文字看，甘、石二人区划天穹、编制星表，构思了宇宙图景。

汉代，《史记》在历术甲子篇中记载了珍贵的四分历历谱，岁实为365.25日，朔策为295.306日，闰周为"十九年七闰"，发现五大行星逆行现象（观察者所见行星自西往东走称顺行，反之称逆行）和135个朔望月发生的月食周期，编制了包含522颗恒星的星表，积累了许多准确的观察记录。汉代天文仪器有测日影以定冬至的"圭表"，水运浑天仪（附窥管和照准器）；计时工具有"漏壶"；宇宙模型有盖天说、浑天说、宣夜说。东汉张衡是浑天说的代表人物，提出月球不发光仅反射太阳光，正确解释了月食的成因，观察记录了2500余颗恒星。

三国时，东吴陈卓绘制星图，有283星官1463星。东晋时，天文学家虞喜发现岁差规律，提出每50年向西移动一度的岁差值。南北朝时，刘宋的何承天将虞喜岁差值修正为100年为一度，使之更为准确，自此回归年和恒星年两个概念为人们所接受。公元5世纪南齐时，祖冲之编制了《大明历》，首次把岁差计算在内，并精确测定了交点月和木星一周天的时间。

唐代，僧人一行领导司天机构制造黄道游仪、水运浑象仪（自动天文钟的始祖）、覆矩等，组织大规模大地测量。开元十五年（公元727年）完成新历《大衍历》，对日彗、月离、日食、月食和五星运动计算的精度都有较大提高，获得了北极出地高度、日夜长度和昼夜漏刻等大量数据。在世界上首次测得子午线1°长315里80步（131.11公里）的数值，仅比现代测量结果偏大约20.17公里。宋代，沈括、苏颂创制与革新天文仪器，将铜浑仪与水运浑天仪合二为一，成为水运仪象台（发明锚状擒纵器部件，成为世界机械钟表的始祖）。沈括还著有《浑仪议》《景表仪》《浮漏仪》等著作。今存苏州南宋绍熙元年（1190年）石刻天文图，刻绘元丰年间（1078—1085）观察的恒星1434颗，比欧洲文艺复兴之前观测的恒星数多412颗。

元代，郭守敬主持制定了《授时历》（1280年），岁实为365.2425日，比地球绕太阳公转一周的实际时差只差26秒。制成简化浑仪——简仪，并在"东至高丽，西至滇池，南逾朱子崖，北尽铁勒"的辽阔地区建立26个观察站。明代，徐光启领衔主编了《崇祯历书》137卷，将一周天分为360度，一昼夜分96刻24小时，度、时以下采用60进位制度，标志欧洲天文学被吸收到我国天文学发展中。

为了纪念古代中国天文学家做出的杰出贡献，经国际天文学联合会批准，用张衡、祖冲之、一行、郭守敬、沈括等名字，命名了小行星；用石申、张衡、祖冲之、郭守敬、万户等名字，命名了月球上的环形山。

（二）农学

《史记》记载，早在黄帝时期，黄帝"迎日推策""顺天地之纪""治五气，蓺五种"，教导先民栽培黍（黄米）、稷（小米）、稻、麦、菽（豆）等五种谷物，告别原始采集、渔猎生产方式，从原始森林下到水草丰美、相对平坦的河谷地带，开始了以农为主、亦牧亦渔的生活。考古证实，长江流域发现的水稻稻种距今已有9000余年，不仅实际早于黄帝种水稻的时代，而且远远早于印度植稻的历史。距今6000年左右的仰韶文化半坡村遗址，生产以农业为主，生产工具有用来开垦耕地、砍劈用的石斧、石锛、石铲，有收割用的石刀、陶刀；有用来加工谷物的石碾、石磨盘、石磨棒；有用来渔猎的石网坠、石矛、石（骨）镞；陶罐中存有芥菜或白菜一类种子；家畜已驯养有猪、狗、鸡和黄牛等。蚕绢曾在河南安阳殷墓出土，表明公元前13世纪，中国劳动人民已经驯养家蚕，利用蚕丝织成丝绢。《诗经》上记有植物名称100余种，动物名称200余种。《史记》说秦始皇未焚农书和医书，说明春秋战国时期，科技文化经长期积累，出现了空前繁荣。《尚书》《周礼》将全国土壤分为三类九等，提出了"土宜"之学，记载了各地代表性的农作物和经济作物。《吕氏春秋》有比较系统的古农书内容，包括《十二纪月》《上农》《任地》《辨土》《审时》等篇，理论阐述"候应"之学和"土宜"之学，包括四时之禁、山野之禁、耕作（五耕五耨）、施肥、合理密植、保墒、改良土壤、选种等，除五谷种植法外，还介绍了经济作物麻的种植方法。

汉代，《史记·货殖列传》提出了农林牧副渔规模经营、专业化经营的思想，提出只要尊重客观规律，种植养殖户可以富比王者诸侯。生产实践中先后出现了两种提高土地利用率的先进耕作制度，即代田法用来提高大面积土地的耕作效益，区种法用来提高单位土地的产量；水利有明渠引水灌溉法、井渠法；农书有《氾胜之书》，崔寔（shí）《四时月令》，前者包括12种作物栽培技术，粮食有黍、谷、宿麦（冬小麦）、旋麦（春小麦）、水稻、小豆、大豆，油料有苴（jū）麻和荏（rěn，油苏子），纤维有枲（xǐ）麻及桑树（供养蚕用），蔬菜有瓜、瓠（hù）、芋等。据《汉书·艺文志》记载，农书有9家总共114卷。

晋代，戴凯之的《竹谱》是我国最早的植物专谱，嵇含的《南方草木状》分草、木、果、竹四章，列举华南植物79种，是我国最早的地方植物志。北魏时，诞生了贾思勰的重要著作《齐民要术》，全书共10卷92篇，专讲生产技术，包括农作物的耕种、粮食作物栽培、纤维作物、油料作物、蔬菜、木本作物、植物、果木、林木、染料作物、畜牧、养鱼、食品加工保存与烹调方法、淀粉加工与制胶、制笔等农业手工业等。

《农桑辑要》与《王桢农书》是元代成书的经典农学著作。前者系国家司农机构组织集体力量编写，初具农业百科全书格局，分典训、耕垦、播种、栽桑、养蚕、瓜菜、果实、竹木、药草、孳畜等10目，所论以耕种栽培为主，兼及禽畜、蜂、鱼饲养，倡导棉花、苴麻的栽培；后者系王桢任县尹时，提倡种桑、棉、麻等经济作物和改良农具而著，"农器图谱"部分，共附图306幅，展示了我国古代丰富的农业生产工具。"谷谱"叙述了农作物，兼及竹木、瓜果、蔬菜的栽植、收获、贮藏、加工技术和方法。

明清时期，宋应星《天工开物》是一部综合性科技著作，与农业及其手工业相关的内容包括谷类和棉麻栽培、养蚕、缫（sāo）丝、染料、食品加工、制糖、榨油、制烛、造纸等。明末徐光启的《农政全书》和乾隆年间朝廷组织人力编写的《授时通考》，均随科技发展而扩充新的内容，具有农业百科全书性质，成为我国古代"五大农书"中的最后两部力作。

（三）数学

成书于战国时代的《尸子》记载："古者，倕（chuí，传说为黄帝或尧时人）为规、矩、准、绳，使天下仿焉。"这相当在4500前，我国已有圆、方、平、直等测绘工具。我国新石器时代的玉玦、玉璧加工可达到正圆形，表明已会用测绘工具检验、控制加工物的几何形状。我国是世界上最早采用最先进的十进制法及计算工具的国家之一。《史记·周本纪》云："若国亡不过十年，数之纪也。"这里，"纪"便指以十为计数的进制。《史记·五帝本纪》说，尧舜时代我国"肇十有二州"，表明行政区划当时就用十进制。商代甲骨文中有一、二、三、四、五、六、七、八、九、十、百、千、万等13个记数符号，除与现行阿拉伯数字符号书写表达不同外，计数和运算原理完全相同。这种进制方法欧洲直到12世纪才开始学习使用。计算工具——算筹（筭）大约始用于公元前7世纪，《文·竹部》：算筹"长六寸，计历数者。从竹从弄，言常弄不误也"。算筹以271

枚为1握。算盘至晚在元代已广泛使用，陶宗仪《辍耕录》有"走盘珠"、算盘珠"不拨不动"等语。

《周髀算经》与《九章算术》是成书于公元前100年前后即西汉时期的两部重要数学著作。前者为天文数学，指导思想是用数学方法设想宇宙模式，数学知识有勾股定律、相似三角形对应边关系及分数乘除法、等差数列、圆周长求法、任意正数开平方、一次内差法等。后者是对春秋战国至西汉中期数学成果的总结与概括，全书9章246个数学问题，包括分数四则运算、比例运算、面积体积运算、开平方、开立方、一元二次方程、联立一次方程、正负数加减运算等。

魏晋南北朝时期，数学是通过对前人论著作注释发展的。三国时吴人赵爽完成《周髀算经注》，除对经文逐段解释外，探讨了勾股定理的各种变形公式。刘徽完成《九章算术注》，主要对《九章》中的算题算法进行推理论证，采用了演绎、归纳等逻辑思维形成的推类法，对幂、齐、率、方程、正负、勾、股、弦等20多个概念以明确定义，创新了"割圆法"，提出了极限思想，即圆的内接正多边形的边数无限增加，其周长就愈接近圆的实际周长。同期还产生了《孙子算经》《五曹算经》《张邱建算经》《夏侯阳算经》《缀术》《五经算术》等数学著作，唐代将它们汇入《算经十书》中，作为算学馆的教学内容。南北朝刘宋时期，祖冲之创造性地编制了当时最好的历书——大明历，并将圆周率的有效数字在世界上首次精确到小数点后第7位（3.1415926～3.1415927），比西方早了一千年。

唐代，李淳风等人对《算经十书》深入作了汇注工作，编制了麟德历，对数学和天文学发展起了重大促进作用。宋代，秦九韶著《数书九章》18卷，主要数学成就是"大衍求一术"（一次同余组问题解法）和"正负开方法"（数字高次方程求正根法），具有世界意义。元代，李冶著《测圆海镜》12卷，收入170个问题，探讨了内切圆、旁切圆的求径问题，是最早阐述天元术之作；朱世杰著《四元玉鉴》3卷，分22门288问，计有二元、三元、四元高次联立方程53题，还有高阶等差级数有限项求和问题、高次差的招差法等重要成就，欧洲直到18世纪法国数学家别朱，才系统叙述此法，晚了400多年。王洵和郭守敬等人在《授时历》中，提出了"招差法"（即三次内插公式）和"弦矢割圆术"（即球面直角三角形解法），学术上具有领先性。

（四）地学冶金

《史记·五帝本纪》说：上古时，黄帝"旁罗"（即广泛调查）"水波土石金玉"。尧舜时，先民学会凿井取水，初晓了地下水知识，为告别山区、远离河流、进军平原腹地而从事农耕，解决了赖以生存的取水问题，变傍山水渔猎为耕作定居。

《周礼》记载，周代矿产开发和冶金已开始设立职能部门。如"矿人：掌金玉锡石之地，而为之厉禁以守之。若以时取之，则物其地，图而授之"；"盐人：掌盐之政令，以共百事之盐"；"职方氏：掌天下之图，以掌天下之地……乃辨九州之图，使同贯利"。《考工记》在世界上最早提出冶金（合金）理论，总结了青铜（铜与锡）的六种（六齐）合金比例。《管子·地数》较早记载了不同矿产的共生组合关系和找矿标志，即："上有丹沙者下有黄金，上有慈石者下有铜金，上有陵石者下有铅锡赤铜，上有赭者下有铁，此山之见荣者也。"以及"上有铅者其下有银"。并指出："地之东西二万八千里，南北二万六千里……出铜之山四百六十七山，出铁之山三千六百九山。"《山海经》对战国时期我国铜、铁之山总数有与《管子》相似的记述，并以南山经、西山经、北山经、东山经、中山经、海外经为地理区划，分别记述了各区（山经）产金玉、产金、产银、产铜、产铁、产锡之山的名称、彼此间的距离和方位、矿山上部与下部或者南坡与北坡（阳坡、阴坡）的矿产共生关系。《史记·货殖列传》在总结"中国人民所喜好"的各种物产时，其中涉及与矿冶有关的物产有玉石、盐、金、锡、连、丹砂，而"铜、铁则千里往往山出棋置"。这表明自西汉前溯，我国在数百万平方公里的范围内，开发金、银、铜、铁、锡、铅、玉石、丹砂、食盐等矿产及其冶金业，取得了举世惊叹的成就。

《史记》说："黄帝采首山之铜，铸鼎荆山之下。""禹收九牧之金，铸九鼎。"考古证实，我国在新石器时代已开始使用金属铜工具。商周时期出现灿烂青铜文化，商代中晚期批量铸造无文青铜贝，重3～7克，青铜作为货币充当一般等价物说明冶炼铜数量增长，改变了以往大型铜器只能被少数贵族占有的局面，民间可拥有一定数量的铜币。春秋战国时期，各国纷纷发行铜币，黄金也开始充当货币，昭示商品经济空前繁荣。迄今出土文物可见楚国制造的金爰和银布贝。一些铜器，装饰采用鎏金、鎏银技术。铁的始用在《禹贡》中便有记载，指出梁州贡铁和刚铁。战国时楚、燕、齐、韩、赵等国的铁矿冶都比较发达，长沙曾出土春秋晚期楚国的钢剑。诸侯国多设有矿冶管理部门，司马昌曾任秦国的铁官，睡虎地秦墓竹简考证表明，秦铁矿冶管理机构有"左采铁"和"右采铁"之分。

汉代在盐铁官营政策宏观调控下，以盐铁、铸币为标志的矿冶开发成为国家经济的

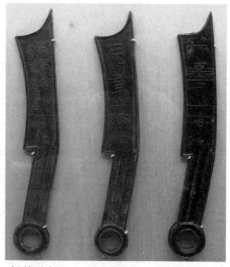

齐返邦㤿大刀　安阳之大刀　即墨之大刀

图13-2　战国时期发行的刀币

重要支柱。《汉书》说，自孝武元狩五年（公元前118年）至平帝元始（公元1—5年）中，"成钱二百八十亿万余"，即平均每年铸造五铢钱2.333亿万枚，郑玄笺："十万曰亿。"折合铜材8167吨（每枚五铢钱重3.5～4克）。东汉时，南阳太守杜诗，发明了水力鼓风炉，用水力转动机械，为冶铁炉送空气，提高了炼铁效率。迄今已发现西汉冶铁遗址数十处，名气与规模较大的有河南南阳、巩义铁生沟及郑州西北古荥镇冶铁遗址，拥有球墨铸铁、生铁铸造、生铁柔化和贴钢技术，出土铁器金相研究证实有白口铁、灰口铁、脱碳钢、展性铸铁和球墨展性铸铁等品种，炼炉高为6米，容积达50立方米，冶铁燃料已开始用煤和煤饼，解决了用煤炼铁技术。冶铁使用煤饼，说明煤矿开采已具有一定的规模，居民燃料亦可能用煤，而且煤的始用时间应早于煤饼。

晋代，发明了生铁和熟铁混合冶炼成钢即"灌钢"技术。陶弘景云："钢铁是炼生（生铁）、鍒（熟铁）作刀镰者。"表明灌钢术得到普及，可大量生产价格较低的刀、镰一类农具。唐代，"吹灰法"炼银技术非常成熟，其发明时代应能上溯久远。按元和、开成年间（806—840年）国家对银的课税率换算，开成时白银（金属）年产量可达14.868吨。

宋代，国家金属产量开始有详细"岁课"记录。皇祐至元丰元年（1049—1078年），每年课金603.8～428.4公斤，银8796～8614公斤，铜3228.83～9277.23吨，铁4583.33～

图13-3 熔焦结银与铅图（参见《天工开物》）

3482.19吨，铅62.13～5821.91吨，锡209.33～1469.76吨，水银1396.6～2124.35公斤。（《宋史·食货志》）令世界瞩目的是，我国率先建立水法冶金产业，年胆铜课额可达200万斤（1266吨），主要产地有韶州（广东曲江）岑水场、潭州（湖南浏阳）永兴场、信州（江西铅山）铅山场、饶州（江西德兴）兴利场，其法是将铁片放入含硫酸铜的水溶液（即含矿水）中，"浸渍数日，铁片为胆水所薄，上生赤煤，取出刮洗，钱煤入炉烹炼，凡三炼方成铜。其未化铁，却添新铁片，再下槽排浸"。同时，发行的铜币中出现白铜（铜镍合金）、黄铜（即鍮石，铜锌合金）铸造的新合金品种。陕西延长石油，沈括时用来燃灯、制蜡、制墨和治疗牛羊癣疥。煤矿产业形成较大规模，北宋朱翌《猗觉寮杂记》说：产地有河北、山西、山东、陕西等地。"河东（泛指山西）民烧石炭，家有橐冶之具"（《文献通考·钱币》）。"汴都（开封）数百万家，尽仰石炭，无一家燃薪者"（庄季裕《鸡肋编》）。说明普通百姓人家不仅用煤来做饭，而且家庭作坊亦能大量用煤来从事冶炼，京城居民燃料几乎全部用煤，意味形成了煤炭开采—销售产业。药学著作《证类本草》全面介绍了金属、非金属、化石矿产的产地、岩石矿物及矿床知识、找矿开采理论及物理、化学、冶金成果，成为中世纪汇集人类科学技术思想和实践经验的一个里程碑。

元代，陕西延安县、延川县永平村、宜君县采铜川等地，人工凿井开采石油。凿井技术采用四川开凿盐井法，即小口径卓筒深井成型技术。比美国宾夕法尼亚州第一口22米深油井（1895年）早了500多年。这一时期，煤炭可作为优质燃料的知识，被意大利旅行家马可波罗介绍到欧洲。

明代标志世界冶金领先技术水平的成就是开始较大批量生产黄铜和白铜，前者是铜锌合金，后者是铜镍合金。在世界上率先掌握了密闭加热冶炼锌矿技术，使黄铜合金有了锌锭原料保证。钢铁史上，率先发明高炉与炒钢炉串联炼钢法，节省了热能，加快了脱碳过程，提高了炼钢炉效率。宋应星《天工开物》对矿冶技术总结颇详，内容包括作咸（采盐）、陶瓷、冶铸、锤锻、燔石、五金、佳兵、丹青、珠玉等门类，先后有日、法、英等译本。

图13-4　东汉盐井画像砖甲

甲 四川邛崃花牌坊出土，长36.5 cm、宽46.8 cm。采用了滑车，将采卤、输卤、煎烧、运盐整个完整的井盐生产过程表现出来。后来发展为小口径卓筒深井成型技术，用来开采盐、天然气与石油。

（五）医学

中医中药学是中国传统文化对人类做出的独特贡献之一，它将人体视为有机的整体，利用各种天然的物质（药物）、辨证施治，形成博大精深的理论体系，至今仍占据西医西药难以替代的重要医学地位。传说"神农尝百草"，遥远的古代中华民族在采集和辨别各种植物对人类的用处时，肇始了中医中药学，并形成砭石、艾灸等简单疗法。春秋战国时期，有许多公开或密（祖）传的中医中药著作。生活于公元前5世纪的扁鹊，年少时跟长桑君学习，便得到一些"禁方书"。此时成书的《黄帝内经》，分为《素问》和《灵枢》两部分，对人体病理、病因、病状以及诊断、治则、药物性味功效、配伍制方、针灸、养生之道等论证尤详，为我国古代生理学、病因病机学、诊断学、治则学及针灸学、方剂学、药理学及临床各科辨证施治奠定了学科基础。

春秋时期，《神农本草经》总结了秦以前药物学成就，包括药物理，配伍规律，载药365种，其中植物药252种、动物药67种、矿物药46种。《史记》记载汉武帝时名医公乘阳庆有许多中医著作，已知书名有《脉书》《上经》《下经》《五色诊》《奇咳术》《揆度阴阳外变》《药论》《石神》《接阴阳》等秘藏书。东汉名医华佗发明全身麻醉剂——"麻沸散"。张仲景著《伤寒杂病论》，经后人整理成《伤寒论》和《金匮要略》二书，成为医家经典。《汉书艺文志》记载汉成帝时（公元前26年）有医经7家共216卷，经方11家共27卷。当代在长沙马王堆西汉轪夫人墓出土医书多达十种，弥补了秦汉时期古医学著作大多亡佚之憾，这些医书有《五十二病方》《足臂十一脉灸经》《阴阳十一脉灸经》《群经见智录》《养生方》等，足见中医药学之繁荣。

魏晋南北朝时期，代表著作有皇甫谧的《针灸甲乙经》、东晋葛洪的《肘后卒急方》，刘宋雷敩《炮炙论》等。梁陶弘景《神农本草经集注》是对《本经》的较早注本，由《本草》和《名医别录》两书合编而成，内容包括序录、玉石部、草部、木部、虫兽部、果菜米食及其他诸药，载药730种，涉及药物性味、产地、采集、形态、鉴别、炮制等。陶弘景还是著名的炼丹家，他将炼丹术与中医中药学相结合，在《别录》中还总结了水银制氧化汞、水银鎏金鎏银、金属铅制氧化铅、雄黄点铜为砷黄铜、水法炼铜（铁置换硫酸铜）及灌钢等方法，这些均处世界领先水平。

隋唐五代时期，医学基本理论有隋代巢方的《诸病源候论》50卷、凡67门，包括1720论。论述了内、外、妇、儿、五官各科疾病病因、病理和症状。临床医学方面，有孙思邈的《千金方》和王焘的《外台秘要》；药物学方面有我国第一部也是世界上最早的国家药典《新修本草》。《千金方》由《千金要方》（载方5300首）和《千金翼方》（载方论、法2900首）组成，集唐以前医学之大成，其意义正如孙思邈所言："人命至贵，有贵千金，一方济之，德逾于此。"《新修本草》简称《唐本草》由苏敬等人撰成，全书54卷，分本草、药图、图经三部分，载药840种，图经占25卷，图文并茂，包含众多学科，如动植物形态学知识在生物学史上有着重要意义。晚唐《海药本草》记述了海外引进的各种药物，作者李珣祖上原是波斯人，体现了中西文化积极交流的气象。

宋代的医学著作颇多，以《经史证类备急本草》最有名，简称《证类本草》，北宋唐慎微撰，大观二年（1108年）修订，政和元年（1116年）又经官修。全书31卷60余万字，引用历代"经史方书"270多种，载药1746种，药物多附有图谱，新增药物628种。明代李时珍撰《本草纲目》就是选此书为底本。

明代，朱橚《救荒本草》（1406年）对许多植物作了简要说明，并画出414种植物的图形。李时珍《本草纲目》（1596年）是一部举世闻名的科技巨著。全书52卷，约190万字，参阅古代文献800余种，历时27年，三易其稿，载药1910种，其中新增374种，插图1126幅，附方10000余首。全面总结了我国16世纪前药学理论，对研究生物、化学、天文、地理、地质、采矿等方面均有重要价值。国外有多种文字译本、誉为"东方医学巨典""中国动植物志"。从治学上看，《本草纲目》还具有重要的方法论意义：一是善于批判继承前人研究的成果；二是坚持实践的观点，辨疑证伪；三是在归纳综合的基础上建立科学的分类体系，纲与目纵横分明，构成有机的统一体；四是注意药物宏观形态及物理、化学性质的分析和研究；五是理论体系立足于方便实践操作，易于学习运用。

（六）中国古代科学技术发明对欧洲的影响

李约瑟研究认为，从公元1—18世纪期间至少有26项重要发明先后由中国传到了欧洲和其他地区，有助于认识古代中国科学技术在世界科技史上的地位，它们是：（1）龙骨车，西方落后中国约15个世纪；（2）石碾及水力石碾，西方分别落后13和9个世纪；（3）水排，西方落后11个世纪；（4）风扇和簸扬机，西方落后14个世纪；（5）活塞风箱，西方落后约14个世纪；（6）平放织布机和提花机，西方落后约4个世纪；（7）缫丝、纺丝和调丝机，西方分别落后3—13个世纪；（8）独轮车，西方落后9—10个世纪；（9）加帆手推车，西方落后11个世纪；（10）磨车，西方落后12个世纪；（11）牲口拖重用的高效马具即胸带和套包子，西方分别落后8和6个世纪；（12）弓弩，西方落后12个世纪；（13）风筝，西方落后约14个世纪；（14）竹蜻蜓和走马灯，西方分别落后10和11个世纪；（15）深钻技术，西方落后11个世纪；（16）铸铁技术，西方落后10—12个世纪；（17）游动常平悬吊器（陀螺），西方落后8—9个世纪；（18）弧形拱桥，西方落后7个世纪；(19) 铁索吊桥，西方落后10—13个世纪；(20) 河渠闸门，西方落后7—17个世纪；(21) 造船和航运方面的无数发明，包括防水隔舱、高效率空气动力帆和前后索具，西方落后多于10个世纪；(22) 火药以及相关的一些技术，西方落后约5—6个世纪；(23) 船尾的方向舵，西方落后约4个世纪；(24) 罗盘（磁匙）、罗盘针、航海罗盘针，西方分别落后11、4和2个世纪；(25) 纸、雕版印刷术、活字印刷术和金属活字印刷术，西方分别落后10、6、4和1个世纪；(26) 瓷器，西方落后11—13个世纪。李约瑟认为，这一时期西方比中国先进的发明仅有三项，即螺丝钉、双压水泵和曲轴，中国落后西方分别为14、18和3个世纪。

三、明清之际中国科技发展及逐渐滞后的原因

（一）明清之际中国科技发展的文化和经济背景

恩格斯说："科学的发生和发展一开始就是由生产决定的。"物质资料的生产要不断发展，就要求科学技术不断进步，明清之际科技发展的趋势，离不开所处的文化和经济提供的背景，因为它们是物质资料生产的土壤和环境。

中国古代广义的生产包括农、工、商、虞四业，其中农、工、虞都属直接物质资料的生产；"商"比较复杂，从业者可以亦工亦商，物质生产和交换领域的劳动兼而有之。司马迁《货殖列传》分析中国人民所喜爱的种种物质资料后，得出四业的关系是："待农而食之，虞而出之，工而成之，商而通之。"并转引《周书》发挥说："《周书》云：'农不出则乏其食，工不出则乏其事，商不出则三宝绝，虞不出则财匮少。'财匮少而山泽不辟矣。此四者，民所衣食之原也。原（源）大则饶，原小则鲜，上则富国，下则富民。"农、工、商、虞四业是人民的衣食之源，四业兴旺发达，富国富民，这一经济思想在中国古代无疑是非常杰出的。

农业在中国古代称"本业"，与"本业"相对，工商虞视为"末业"。子贡问政，孔子说："足食，足兵，民信之矣。"（《颜渊》）又说对民应"富之""教之"（《子路》）。所谓"足食富民"思想，就是以农业为本业。"足兵"要求军备精良充足，必须发展末业。视农业为国家的根本，也就是把农业作为国民经济的基础来认识，成为中国传统文化的一种主流思想，实践证明符合我国

国情。孟子说:"五亩之宅,树之以桑,五十者可以衣帛矣。鸡豚狗彘之畜,无失其时,七十者可以食肉矣。百亩之田,勿夺其时,八口之家可以无饥矣。"(《梁惠王上》)司马迁构想"原(源)大则饶",提出商品农业及专业户思想,他主张住户应因地制宜,如陆地牧马50匹、养牛167头、养羊250头,草泽养猪250头,水塘中养鱼1000石,住在山区有大树千棵、枣树千棵、栗树千棵、橘树千棵、楸树千棵,平原种千亩漆树、千亩桑麻、千亩竹子,城郊种千亩良田(亩产一钟)、千亩栀子或茜草、千畦生姜或韭菜等,凡能成为以上种养专业户者,收入都可与千户侯相等。著名的《齐民要术》的书名便受《史记》"齐民无盖藏"之语启迪,即"齐,无贵贱,故谓之齐民者,若今言平民也"。书中原序称赞李衡植桔千株作为遗产并使子孙受益后说:"恒称太史公所谓'江陵千树橘,与千户侯等'者也。"可惜,明清之际虽一再强调发展本业,农村生产力实际未达到司马迁所希望的水平。

末业并不是说这种行业不重要。农末俱利思想,是我国古代治国之道的主要内容。司马迁说:"农末俱利,平粜齐物,关市不乏,治国之道也。""平粜齐物",要求发展以粮食为代表的农业经济,稳定物价;"关市不乏",需要发展工虞商业,繁荣市场供应。孟子曾就社会分工谈发展手工业的重要性,在和白圭的一次辩论中明确指出:万室之国,若只有一人制造陶器,则"器不足用也"。孟子看来,一个拥有万户的小国,要满足社会对陶器的需要,就应有一定规模的制陶业(《告子下》)。因此,孟子主张:"市,廛而不征,法而不廛,则天下之商皆悦,而愿藏于其市矣;关,讥(即稽者)而不征,则天下之旅皆悦,而愿出于其路矣。"(《公孙丑上》)也就是说,儒家思想是国家可以利用税收为杠杆,甚至通关免税,为发展商品经济提供适当的优惠政策。司马迁进一步提出商品经营的规模问题,他以当时的消费情况为依据,认为在发达的城镇,从业者每年经营其中一项:千瓮酒、千缸醋酱、千詹页饮酱、剥牛羊猪皮千张、千钟谷物、千车柴草、总长千丈的船运量、千根大树、百乘轺车、千辆牛车、千只漆器、千钧铜器、千石铁器及栀子或茜草、200匹马、250头牛、2000只羊猪、千斤丹砂或筋角、千钧棉絮或细布、千匹彩色图案的丝织布、千斤鲐鱼或鲨鱼、千石小杂鱼、千钧腌咸鱼、三千石枣栗、千件狐貂皮衣、千石羔羊皮衣、千条毛毡毯、千钟水果蔬菜,等等。总之,凡经营规模达到上述水平的商人,经济收入可比得上千乘之家。司马迁提出财富论，认为商品需求和种类总是不断变化的，所以"富无经业"，致富的方法、途径多得很，"布衣匹夫之人，不害于政，不妨百姓，取与以时而息（增殖）财富，智者有采焉"。

明清之际的中国商业，大体上讲，有了很大的发展，出现了资本主义的萌芽，但是和欧洲资本主义不断发展的商业相比较，逐渐呈现差距。明清商品经济发展的规模，可从对外贸易略加窥测。《明史·外国传》记载，明朝与亚洲、非洲等90余个国家有外事往来。外国赴京的使者络绎不绝，名为"入贡"，实为贸易。进京使团入中国境内后，沿途驿站奉为上宾，往返食宿免费并提供保护。结果外国使团人数越来越大，"入贡"次数越来越多。正统八年（1443年）后，明廷不得不多次规定赴京使团入贡的年限及人数，避免"入贡既频，劳费太甚"（《明史·外国传》）。《明会典·外夷下》还载有外国使团到达京城后每人准允购买的商品数量和品种，可以看出外国对中国商品的需求与偏爱。明廷规定："使臣进贡到京者，每人许买茶50斤，青花瓷器50副，铜锡汤瓶5个，各色纱罗绫段各15匹，绢30匹，三梭棉布、夏布各30匹，棉花30斤，花毯2条，纸马200张，颜料5斤，果品、砂糖、干姜各30斤，药饵30斤，乌梅30斤，皂白矾10斤，不许过多。就馆中开市五日，除违禁之物并鞍辔刀箭外，……许官民各色铺行人等，持货入馆，两平交易。"无疑，民间中外贸易的种类及数量，应比官方限制要丰富得多。嘉靖进士霍与瑕在《上潘大巡广州事宜》中谈到当时海上贸易走私情况："广东隔海不五里而近，乡名游鱼洲，其民专驾多橹船只，接济番货，每番船一到，则通同濠畔街外省富商搬动瓷器、丝绵、私钱、火药违禁等物，满载而去，满载而还，追星趁月，习以为常，官兵无敢谁何。"

中国的茶叶、丝绸、瓷器、火药、钱币等是西方十分受欢迎的商品，而西方并没有带来中国人喜欢的商品。显然，足不出户，长期处于贸易顺差地位的中国，是没有理由轻易闭关的。那么，什么样的"商品"能够改变洋人对华贸易的不利地位呢？这是非常值得深思的问题。乾隆时举人程含章《论洋害》反映了外贸形势的变化，他说：以往中外贸易，每年获益可"值千万金"，以货换货，对中国无多大害处，唯鸦片一物，"沿海数千万里，处处皆可登岸，虽十万兵不能守也"，造成了严重危害。"天下之大利在洋，而大害亦在洋，诸番所产之货皆非中国所必需，若大呢、毛哔叽、铜锡、棉花、苏木、药材等类，每岁约值千万金，犹是以货换货，不必以实银交易，于中国尚无所妨。唯鸦片一物，彼以至毒之药，并不自食，而乃卖与中国，伤官民，耗吾财源……一岁破耗数百万，十岁破耗数千万，不过二三十年，中国之白金竭矣。"可见，鸦片可以改变洋人贸易的逆差地位。中国的商品经济及商品生产，因鸦片走私掠夺了中国大量的白银，必将引起经济形势逐渐步入恶性循环。

明清之际的工矿业主要包括棉纺业、丝织业、采矿冶金业、制瓷业、舟车业等，生产方式仍以传统手工操作为主，属劳动密集型，佣工人数可观，但设备、工艺、商品的科技含量较低，与西方早期资本主义工矿业比较，生产力水平出现落后趋势。道光年间，南京"缎机以三万计，纱、绸、绒、绫，不在此数"。苏州的踹坊，"在阊门外一带，充包头者共三百四十余人，设立踹坊四百五十余处，每坊客匠各数十人不等"。雍正时期，"查粤省铁炉不下五六十座，煤山木山，开挖亦多，佣工者不下数万人，俱各相安无事"（鄂弥达，《清开矿采铸疏》）。屈大均则说：广东铁厂，"凡一炉场，环而居者三百家，司炉者二百余人，掘铁者三百余，汲者、烧炭者三百余人，驮者牛二百头，载者舟五十艘"，"故一铁炉可养活千人"（《广东新语·货语》）。包世臣说：湖北汉口，"有铁行十三家，铁匠五千余名……派买铁行之铁，督各匠昼夜赶造农器数十万事，约工价五万"。铜矿以边远的云南省最有名，乾隆以来，年产精铜数百万斤至上千万斤不等，"大厂动辄十数万人，小厂亦不下数万"（岑毓英，《奏陈整顿滇省铜政事宜疏》）。北京西山及宛平、房山两县的煤矿也很有名，乾隆二十七年（1762年）工部衙门报告说：共有旧煤窑750座，在采的煤窑有273座，"京师百万户，皆仰给于西山之煤数百年于兹，未尝有匮乏之虞"。景德镇的瓷器是传统的出口商品，"景德镇陶器，行于九域，施及外洋，于是豪商大贾，咸聚于斯"，所以有"工匠来八方，器成天下走"之誉（蓝浦，《景德镇陶录》）。

（二）明清之际西方科技发展的趋势

明清之际西方科技是逐渐呈加速发展的。1543年，哥白尼的不朽著作《天体运行论》出版，标志自然科学开始冲破欧洲封建神学和经院哲学的篱笼，走上独立发展的道路。

16世纪中晚期，近代自然科学门类萌芽产生。天文学，1584年意大利布鲁诺发表一系列有关宇宙的论著；1596年德国开普勒发表《神秘的宇宙结构》；日心说彻底动摇了地心说，爆发了人们的思想革命。数学，意大利出版了《几何学原理》《代数学》《数学集成》；荷兰和法国分别出版了《数论》《解析法序说》。化学，德国出版了最早的化学教科书《炼金术》。物理学，意大利出版蒙特的《机械学》和伽利略的《运动论》。生物学，意大利出版《观察解剖学》《植物学》《鸟类志》等；荷兰发明复式显微镜技术。德国出版《矿山学》，荷兰出版世界地图，葡萄牙人获得潜水船专利。

17世纪，西方国家把观察、实验方法和数学方法结合起来，自然科学大踏步前进。英国、法国、德国先后成立皇家科学学（协）会和学院，开始出版科学期刊。天文学，开普勒提出行星运动定律，牛顿制作反射式望远镜，意大利人计算了日地距离，巴黎建立天文台；化学，法国出版《化学教程》等著作，德国介绍了王水、硫酸、盐酸制作方法，英国研究了燃烧问题，成为燃素说的先驱；数学，内容包括平面与立体几何、代数几何、对数算法、无限数论等，尤其是牛顿发表《自然哲学的数学原理》和莱布尼兹创立了微积分符号、微积分算法；物理学，研究了自由落体、抛物线、气体压力和弹性、光线折射、材料的弹性等物理规律，牛顿用万有引力说明行星运动；生物学，英国和德国先后建立皇家植物园，发展了人和动物的解剖学，陆续出版了各种昆虫志、动物志、植物志，发现植物细胞、动物精子和发明鉴别植物雌雄的方法；技术，先后发明和问世有望远镜、玻璃制造技术、用煤炼铁技术、蒸汽抽水机、火药发动机、水车织布机等。

18世纪，天文、生物、力学、电学、化学取得很多重要成就，技术加速进入生产，变为直接生产力。1760年前后，英国肇始了改变世界的产业革命。天文学，康德和拉普拉斯先后提出宇宙成因假说，哈雷发现恒星运动规律；生物学，对人体的解剖学及动物、植物、昆虫的研究进一步深入，开始研究古生物化石，林奈发表《植物的种》，英国提出光合作用概念；化学，发明二氧化碳及电解水实验，重要专著有《化学原理》《化学辞典》《化学命名法》《化学量基础》等，拉瓦锡提出最早的化学元素表；物理学，发展了光学、电磁学、热力学、固体力学、流体力学、声学等；数学，研究了求极大与极小法、球面三角原理、级数及解析力学等；技术，发明纽可门实用蒸汽机、蒸汽船专利、大型发动机、燃气轮机与压缩机专利、带滑台刀架的车床、镗床、石版印刷术、硫酸工厂化生产、内燃机与蒸汽车专利等。

（三）明清之际中国对西方科技的态度

明清之际，耶稣会士一度成为沟通中西交流的媒介。耶稣会是西方基督教的主要修会之一。明清之际，耶稣会不断向我国派传教士，目的是在中国建立基督教教区，实现西方殖民政策支配下的宗教文化渗透。为了皈化东方信徒，他们不得不借助西方科技以证明其宗教的"优越性"。因而形成了一股不小的中西文化交流，据统计1580—1760年间，西方派往中国的传教士达920多人。一方面西学东渐，耶稣会士办学堂、开医院，进行天文观察、地理测绘，制造科学仪器，传播西方的天文、历算、火器、医学、机械、铸造、美术、建筑知识，输入西方书籍、器物，诸如望远镜、钟表、日晷、棱镜、地图、地球仪等，大开了中国士人的眼界，激励了中国某些"最有学识的人"开始追踪世界科学；另一方面，东学西渐，耶稣会士将中国的历史、文化、地理、儒教、道教、园林、艺术、器物、书籍、植物种子传入西方，向西方提供了认识中国的窗口。这些无疑是宗教副作用之外为中西文化交流带来的积极成果。

明清之际中国封建皇帝对西方传教附属的舶来品——西方科技，出于巩固封建统治的目的出发，大多顺应社会发展，较为重视，不足之处是这种热情主要倾注于天文、历算和火器，而对其他科技领域的发展缺乏警觉。如明代意大利传教士庞迪我在1618年给明神宗奏章中承认："臣与先臣利玛窦等十余人，涉海九万里，观光上国，叨食大官，十有七年。"说明得到朝廷的重用。清初，顺治命汤若望掌钦天监（国家天文台），后来又升为正一品官员。康熙聘耶稣会士张诚、李明、白晋为师，学习欧几里得几何。又在畅春园蒙养斋，建立算学馆，聘白晋、张诚等讲授天文、数学、测量、解剖等自然科学。雍正时，仍委耶稣会士主持司天监，提任正副监官。乾隆时，对有科技专长的耶稣会士赐进士出身，有的聘为算学馆教师。当时算学馆编制正规班学员36名、肄业班学员24人。

明清之际中国知识分子中的有识之士对西学东渐极为关注。明末最有名的是徐光启，他"从西洋人利玛窦学天文、历算、火器，尽其术。遂遍习兵机、屯田、盐筴、水利诸书"。

为了编制崇祯历法，领导一批人翻译西方天文、数学著作45种共135卷，他的主要著作有《崇祯历书》《农政全书》《种棉花法》《甘薯疏》等。乾隆时期，算学馆毕业生梅文鼎，学贯中西，致力于天文、数学，一生著书70余种。算学馆毕业生明安图，费时30年写成《割圆密率捷法》，成果包括1676年牛顿发现的公式和格列高里1667年发现的公式，并有所创新。

明清之际我国对耶稣会士的作用，评价是客观的、实事求是的。一是肯定某些掌握科学技术知识的传教士是有真才实学之人，如《明史·意大里亚》指出："其国（意大利）人东来者，大都聪明特达之士……其所著书多华人所未道。"钦定《四库全书总目提要》对傅讯际《寰有诠》提要说："欧罗巴人天文推算之密，工匠制作之巧，实逾前古。"二是认识到西方科学技术的重要性，科技书可供我国"采择"学习，应该"节取其技能"。三是对基督教持批判或否定态度。钦定《四库全书总目提要》对阳玛诺《天问略》提要说：用科学知识"推测之有验，以证天堂之不诬，用意极诡谲"，实"谎廖售欺之说"，故一方面应"取精密有据之术"为中国所用，另一方面"辟其邪说"。

（四）近代科技在中国传播受到制约及逐渐滞后的原因

中央帝国与蕃夷臣属思想。明清两代都以华夏是中央帝国、"上国"自居，认为中国地大物博，人才济济，可以自给自足，无求他人，视外国为蕃夷，外国使者来中国是一种臣属行为，或谓"朝贡""入贡"，优越感和骄傲感甚强。明末地图学家王泮要求利玛窦翻译世界地图，指令："把北京作为中心子午线"，放在世界地图的中心。封建朝廷自明代中叶以后，从未想过应派人出去看一看外国的实情，违背了《礼记·曲礼》"礼尚往来：往而不来，非礼也；来而不往，亦非礼也"的古训。中国先进的知识分子虽然也能虚心学习西方科学知识，毕竟是一种被动情形下的主动，缺乏走出国门的勇气。乾隆嘉庆时期，英国多次派使节来北京，企图增设通商口岸、减免关税，甚至用兵舰炫耀武力，清廷仍虚荣地称英国"入贡"，奉行"来而不往"的政策，其深层背景是惧怕由此造成鸦片登陆点的增多。

担心基督教文化入侵和影响社会安定。明清朝廷长期对西方宗教文化持有戒心，一是担心文化侵略，基督教所谓"皈化"常常有强迫性。西班牙神父阿科基塔在其著作中披露，西班牙人曾试图动用菲利普二世国王的军队依仗武力把基督教强加给中国。二是害怕传教活动影响统治阶级的地位，造成政局不稳。《明史·意大利亚》认为，明末的白莲教起义便与传教士王丰肃、阳玛诺有关；乾隆嘉庆之交，四川、陕西、湖南、河南23州县发生教民起义，直到嘉庆十年（1805年）才基本"削平"，同年上谕"禁西洋人刻书传教"、严格"管理西洋（教）堂"。雍正、嘉庆时，清廷惧怕西洋教成为人民起义的借用之物，最终导致严厉禁教。

耶稣教在中国长期处于宗教与科学矛盾的两难境地，造成对西方科技的怀疑。一是传教士假借科技外衣皈化中国人放弃固有的宗教遇到了很大的阻力。中国儒教是无神论的，只祭奠孔子。儒教认为天、地、万物三位一体，"天人合一"，基督教让人与天分离，鼓吹上帝创世、主宰世界，与中国传统文化相悖。中国知识分子认为基督教与佛教相似，总把神父称为和尚。耶稣会为了在中国站住脚，只好采取改变基督教"原味"的中国化形式，如允许祭孔、供灵牌，允许把怀抱耶稣的圣母玛利亚称为送子娘娘观世音等。罗马教皇认为耶稣会不按"正宗"方式传教是一种离经叛道的行为，多次发出通谕给以警告，最终导致1773年教皇克莱瓦十四世下令解散耶稣会。二是中国一些知识分子对西方宗教的怀疑，导致对西方科学的可信度发生怀疑，认为基督教以科学"天外造天"。杨光先指出宇宙由"无知之物"构成，不存在天主的意识。陆世仪认为天地和宇宙是在不断演化的，宇宙不是造物主一劳永逸制造的、不再运动变化的一件物品，基督教神学把创世的时间确定为基督降临数千年之前，中国文字记载的历史近5000年，杨光先讽刺说，耶稣生于汉哀帝元寿（公元1年），"则汉哀以前则是无天之世界"。

传教士掌握的有限科技知识逐渐失去吸引力，同时也造成中国知识分子对西方科技发展全貌认识失误。基督教在欧洲中世纪一直扮演阻碍科学进步的角色，他们来到中国传教，目的不是传播科学技术。耶稣会士向中国介绍西方天文学时，始终鼓吹地球中心和地球静止论，对哥伯尼、布鲁诺等人的学说讳莫如深。传教士不可能冲破经院哲学和封建神学的束缚，把中国学人带到世界科学发展的前沿。耶稣会士是职业传教士而不是职业科学家，中国像徐光启那样对待西方科技有志"尽其术"的人是很多的，当传教士有限知识为中国知识分子了解时，随之也失去了对传教士的兴趣。传教士介绍的知识领域，一定程度造成中国知识分子错误的感觉，以为这便是西方科技的发展全貌。如张载为安利思、南怀仁《西方要纪》作序指出："其（西方）学则星、历、医、算。"传教士对西方飞速发展的化学（如化学元素与化学反应）、物理学（如固体、流体力学、电磁学、热力学、光学、声学、气象学）、生物学（如解剖学、动物学、植物学），尤其是转变为生产力的应用技术（如蒸汽机、发动机、纺织机、机床）基本未向中国介绍，导致中国知识分子追赶西方也只侧重于星、历、算，把西方当时部分科学门类作为全部门类，对生产技术发展几乎是孤陋寡闻，中国传统产业长期安于现状，生产力水平差距越拉越大。

　　对比明清之际中西文化交流，中国知识分子由于受"中央帝国"意识的影响，学习西方的虚心程度明显地不如传教士学习东方。传教士为了在中国传教，首先要虚心学习中国语言，在此基础上使东学西渐，一是整理出版西文与汉文双解辞书及语法书，为西方人学习汉语提供工具，代表著作有利玛窦《葡汉辞典》，南怀仁《鞑靼语要素》（学满语工具书），马若瑟《汉语语法要素》，傅尔蒙《双解语法书》等；二是向西方大量介绍中国国情，特别是中国历代历史、地图、诸子百家原著、政治、风俗、科技等。中国知识分子面对西学东渐，首先未能虚心学习外国语言，翻译通常依靠传教士口述，也没有编写学习西语一类工具书的想法，因而对西方各种文化无法直接了解和做出选择，翻译外国科技著作，仅侧重天文、数学、地图类，未能主动了解欧洲各国国情、历史、政治、经济、思想、风俗、技术等情况，所以大大局限了认识世界的视野。

　　为了限制鸦片输入，最终导致闭关自守、中国与外界信息基本隔绝，沦为完全丧失生气的死系统。明清之际，中西贸易相当长的一段时间里中国处于顺差地位，加之中国本身国力尚强，没有理由情愿选择闭关。中国警惕西方宗教文化侵略的背后，隐藏着西方国家走私鸦片的海盗行径长期以来形成心头之患，毒品鸦片造成中国白银外流，贸易逐渐出现巨额逆差。雍正七年（1729年）清政府便禁止吸食鸦片。乾隆时期限制外国增加通商口岸，主要原因也是防止鸦片以通商名义扩大登陆点。嘉庆元年（1796年），诏严禁鸦片输入；嘉庆十五年（1810年），"诏以鸦片烟戕生，通饬督抚断其来源"（《清史稿》）。禁毒历史证明，鸦片的巨额利润可使见利忘义之徒铤而走险，仅防范一般性黑社会走私其难度就很大，如美国是当代超级大国，各种检测手段十分先进，面对毒品走私也防不胜防。何况中国近代鸦片问题，绝不是一般走私问题，而是面对帝国主义列强的武装走私，是受西方政府支持和法律保护的，甚至由于西方武装干涉，最终使鸦片变为合法出口。由此可见，中国从贸易顺差变为逆差，实行闭关政策完全是在特殊的历史环境下不得已而为之。闭关锁国本意是防止鸦片流毒中国，结果也使自身完全与世隔绝，失去了学习外界的机会，同时也未能实现杜绝鸦片登陆的天真愿望。封建中国逐渐成为缺乏与外界进行物质、能量、信息交流的封闭系统之后，等待它的只能是无可奈何的衰落乃至灭亡。

（五）中美同期科学技术发展的反思

清代乾隆中期以后，地处太平洋另一岸的美国通过独立战争（1775—1783年），取得英国的承认，在北美尚待开发的土地上，迅速走上国家富强、科技振兴的道路，成为清代中叶以后，中西发展的可供对比的参照系。

独立战争期间，美国开始在全国范围修筑可供有篷马车通行的土路或木排路。1811年（嘉庆十六年），始建杰弗逊总统提出的国家公路——坎伯兰公路；1817年修建伊利运河（全长363英里）。1827年（道光七年）修建巴尔的摩到俄亥俄的铁路，到了1860年（咸丰十年），全国共有铁路30000英里。与此同时，美国致力发展海洋运输，1812年，美国以与英国抗衡的武装民用帆船（飞剪快船）为不断改进的主要船型，开始走向渔场和公海。1858年，美国纽约到达香港的先进海轮"东方号"仍是木壳帆船，最快纪录是80天10小时。1862年以后，海军逐渐用装甲船代替木壳船。1819年，发明用蒸汽机作为远洋轮船的动力，30年以后建立起蒸汽船航线。美国独立前夕，大学生不足300人。1802年，耶鲁学院决定设立化学和博物学教授席位，19世纪90年代，研究生院仍是新东西，全美大学里只有26名研究生位置（按：1895年和1896年，清廷先后批准建立北洋大学和南洋公学）。独立后美国致力发展农业和工业经济，1814年建成第一座把梳棉、纺纱、织布统在一起的工厂，1860年工业产值美国已居世界第四位。1846年建立史密森氏学会，南北战争（1861—1865）使科技在美国的作用迅速升级，改进了电报，制造新炸药，促进了医学、外科手术和卫生事业，完成大西洋沿岸的大地测量图。

1862年建立农业局和农业学院，1870年建立国家气象局。

不难看出，19世纪美国起飞初期经济基础并不比中国好。中国和美国都有得天独厚的地理之利、丰富的自然资源，美国发展却呈现加速度。反思中美同期发展史，可得出以下几点启示：

(1) 美国独立战争后，生产力获得解放，资本主义生产方式推动农业、工业、交通、邮电等迅猛发展。中国仍处于封建制度束缚下，农业维持千百年来旧的经营方式，新兴工业几乎没有起步，公路交通网质量未曾提高，信息传递闭塞。

(2) 中美都有漫长的海岸线，鸦片走私可谓有孔可钻。美国摆脱英国控制，陆海战场上屡屡打败英国。独立不仅使美国免于沦为英国鸦片输入的对象，而且使美国在世界鸦片贸易中抢得份额，积累了资本。而满清政府愈来愈腐败、虚弱、无能，鸦片无孔不入，殖民化危机日益加深。中国要独立自强、摆脱列强的恶虎吞食，必须走类似美国独立的道路，变革社会制度。

(3) 美国是一个以欧洲移民为主的国家，移民不仅带来开阔的视野和开放的思想，而且直接输入了许多现成的专家教授。美国在20世纪初期以前，科学落后于欧洲，但美国人崇尚实用主义，约从1807年（嘉庆十二年）起，广泛引进利用欧洲的先进技术和设备，如纺织机、蒸汽机、内燃机、发电机、汽车和新的炼钢方法都是从欧洲引进的。引进速度之快令人吃惊，美国建成第一条商用铁路比英国晚5年，生产奥托内燃机比德国晚1年。清政府靠欧洲传教士了解欧洲，传播宗教是传教士的职业，封建传教士仅能使中国人以管窥豹。清政府惧怕思想解放，略知西方科技及西方科技之影响的人，两者在中国均极为有限。

(4) 美国民族富有创业精神。资产阶级上升阶段的冒险精神体现于向西部的拓荒运动中。创业崇尚创造性思维和首创精神，竞争思想成为人的基本的生存意识。从技术发明看，1790年（乾隆五十五年）美国建立国家专利局，1836年专利局已有记录168卷，近9000张图纸和17000个模型。电话、电报、打字机、电灯泡、留声机等都来自美国人的发明。明清之际，中国视"为科技有贡献的人是圣人"的思想已大大淡化，一方面重政轻技、重学轻用、满足现状，另一方面，人们越来越被封建思想束缚，扼杀了国人思维的创造性的思想的开放性。加之清政府为了维持现有的经济、政治利益格局，保持清朝的统治地位，也不会鼓励汉族和其他民族实现创业精神。

综上所述，明清之际中国科技逐渐滞后受着错综复杂的内因和外因制约。从外因看，信奉弱肉强食的西方列强绝不会轻易放弃对中国的掠夺，仁慈地坐视中国自立自强；从内因看，中国封建社会已病入膏肓，朝廷以中央帝国自居，安于现状，夜郎自大，没有抓住康乾时期的历史机遇，更主动、更虚心地学习西方的科学技术，解放思想，致力引进西方的生产技术与设备，发展生产力。长期为鸦片问题所困扰，投鼠忌器，实行完全闭关不足半个世纪，一方面，西方科技呈加速发展，并迅速转化为生产力，中西差距越拉越大；另一方面，科技落后加剧了国力衰落，落后挨打已成定局，封建帝国腐败、虚弱、无能的弊病愈演愈烈，巨额白银滚滚外流，得到的不是中国急需的技术装备及人民生活的改善，而是祸国殃民的鸦片毒品。试图根除鸦片为人权而战，也只能以惨败而告终。挽救中国、振兴科技已非封建国家所能胜任。

历史经验表明，中国古代有连接东西文明长达数千年历史的丝绸之路，通过平等、互利、友好交往，对发展中西文明都带来好处。开放往往利弊共存，历史对当代中国的启示是：要抓住机遇，不能因噎废食，关键要"两手都要硬"，撷取消化积极的东西手段要硬，防范打击有害的东西手段也要硬。要跟踪或处于世界科技的先进水平，中国要坚持科教兴国，调动科技人员的积极性，鼓励科技人员发挥聪明才智和首创精神，注重科技转化为生产力。要永远谦虚谨慎，积极吸收全人类的一切精神文明的成果，大胆引进消化外国的先进技术与设备，坚持国门开放，防止系统封闭与僵化，不断增强国力，中国对人类就能做出较大贡献。

第十四章
中国传统史学文化

中国传统史学文化成就辉煌，举世无双，是中国乃至世界人类文化宝库中一颗璀璨的明珠。传统中国史学发达，史学名家众多，史学名著恢弘多彩璨若星河，创建了完备的修史制度，形成了多样的史学体裁，构成了传统史学的壮丽画卷。梁启超在《中国历史研究法》中称："中国于各种学问中，惟史学最发达；史学在世界各国中，惟中国为最发达。"[甲] 中国传统史学是中华民族留给后人的宝贵精神财富。

> 甲 梁启超. 中国历史研究法[M]. 上海：上海古籍出版社，1998: 10.

一、传统史学在中国传统文化中的地位

中国传统史学是中国传统文化的主要载体和主体部分，从先秦至清末，传统史学占据了中国传统文化中非常重要的地位。

第一，中国传统史学是中国传统文化的主要载体，为中国传统文化提供了史料支撑。

中国传统文化离不开中国史学的支撑，缺乏足够史料及历史著作支撑的传统文化是很难被今人理解和接受的，更遑论对传统文化有较深的理解了。因此，理解中国传统文化首先要对中国传统史学有所了解，也只有将中国传统文化置于中国历史的背景下体悟，才能真正把握中国传统文化的精髓，否则极易流于空疏浅薄。

举例而言,"孝"是中华民族的传统美德,也是儒家文化历来所倡导的理念,堪称中华民族的精神内核。在传统典籍中,对孝道阐释最为全面的自然是《孝经》,它也是儒家十三经之一。但《孝经》全文仅2300余字,且多为理论叙述而较少事例论证,因此仅凭此书很难理解孝在中国传统文化中的地位,也很难想象在中国传统社会是如何尊崇孝道的。这就需要后人从中国传统史籍之中寻觅材料以印证《孝经》所记所言。

翻阅史籍,中国历代对于传统孝道宣扬及提倡的记载比比皆是。汉以孝治天下,曾大力推行"举孝廉"制度,孝行卓异者可出任官员。据黄留珠先生统计,西汉自元光元年(公元前134年)以后(包括新莽),共举孝廉约3.2万人,东汉共举孝廉约4.2万人,整个汉代举孝廉人数总计约7.4万人。[甲]故史家认为:汉代"得人之盛,则莫如孝廉,斯为后世所不能及。"[乙]由此可见两汉时期中国社会对于孝的尊崇。此后,各朝各代对于孝道都不遗余力地提倡,并形成诸多制度。如政治制度方面有"丁忧"制度,即在职官员遭遇父母去世,必须去职守孝。明武宗时期,大学士杨廷和是一代名辅,收到父亲的讣告即回家守制。万历五年,内阁首辅张居正之父去世,就因张托词"夺情"不愿去职而被御史和六部官员上疏弹劾,引发了一场政治风波。在司法制度方面则有由"百善孝为先"理念引申出来的"存留养亲"制度,即犯人直系尊亲属年老需人侍奉而家无成丁,所犯之罪不属十恶之罪,允许上请减刑,流刑可免发遣,徒刑可缓期,将犯人留下照顾老人,待老人去世后再实际执行。若祖父母、父母七十以上,无成人子孙,旁无期亲者,具状上请,流者鞭笞,留养其亲,终则从流,不在宽赦之例。用法律制度来保障孝行,可见中国传统社会对孝道的尊崇。

借助上述史料,今人才得以全面理解中国传统的孝道。这些史料的保存,恰仰仗中国传统史学的发达。由此扩展开来,举凡传统政治、经济、伦理、军事等各个方面的知识,皆赖传统史学才得以存留至今。

中国传统史学发达,为今人保留了数量可观的史籍。据统计:"《隋书·经籍志》史部著录史书874部,16558卷,占著录图书总卷数的34%左右。《四库全书总目》和《清史稿·艺文志》著录的史部图书,据粗略统计,更多达3900部左右,80000多卷。再加上大量未被著录的史书,其数量就更大了。"[甲]汗牛充栋的史籍所记的内容包罗万象,涉及中国传统社会的方方

[甲] 黄留珠. 秦汉仕进制度[M]. 西安: 西北大学出版社, 1985: 106.
[乙] [宋]徐天麟. 东汉会要·选举上[M]. 上海: 上海古籍出版社, 2006.

[甲] 商聚德, 等. 中国传统文化导论[M]. 保定: 河北大学出版社, 1996: 304.

面面，堪称传统文化和学术的百科全书。一部"二十四史"堪称中国传统文化的百科全书，从《史记》到《明史》，涵盖上起黄帝时代（约前2550年），止于明朝崇祯十七年（1644年），再加上《清史稿》，其内容涉及传统中国的经济、政治、文教、天文历法、军事、户口物产等等各个方面。如在《旧唐书》中就如实记载了均田制、两税法、租庸调等经济资料；其中的"历书"和"天文志"中还记载了李淳风和僧一行制定的《麟德历》和《大衍历》，保存了珍贵的科技史资料。正史之外，尚有其他私修史书、地方志、典志体史书、学案体及地方志。借助这浩如烟海的史籍，我们可以了解中国的传统文化。故中国传统史学堪称承载中国传统文化这棵参天大树的深厚土壤，从传统史学入手是了解传统文化的捷径。

第二，中国传统史学是中国传统文化之主干。

中国传统文化博大精深，涵盖传统中国社会的各个层面，以今人目光观之，基本属于史学范畴。

从古代目录学上看，西汉刘歆所撰《七略》和东汉班固所撰《汉书·艺文志》之中虽无专门之"史部"，但他们均将史学著作附录于"六艺略"的"春秋类"。以史附经，可见史学在当时社会地位的重要。至唐初确立了经、史、子、集四部分类法，史著独列专部，位列经部之后居第二，史著在中华传统文化中之地位仅次于经部。延至后世，更有"六经皆史也"的说法，进一步凸显史学的地位。

清代杰出史学家和思想家章学诚认为："六经皆史也。古人不著书，古人未尝离事而言理，六经皆先王之政典也。"甲"六经皆史"之说由来已久，最早应渊源于刘向、刘歆父子的"七略"和"别录"，其后隋人王通、唐人刘知几、陆龟蒙、宋人刘恕、王应麟以及元人郝经、刘因等都曾有"经史不分"，"经即史""五经皆史"等类似的观点，被社会接受并迅速传播。乙举例而言，元代刘因已有"古无经史之分，诗、书、春秋，皆史也。"丙明代王世贞曾言："盈天地间无非史也。……六经，史之言理也。"丁李贽曾说："经史一也。史而不经，则为秽史矣，何以垂借鉴乎？经而不史，则为说白话矣，何以彰事实乎？故《春秋》一经，春秋一时之史也。诗经、书经二帝三王以来之史也。而易经则又示人以经之所自出，史之所从来，为道屡迁，变易匪常，不可以一定执也。故谓六经皆史也。"戊可见，章学诚"六经皆史"之论是中国传统史学的一次"层累"的学术构成己，但也

甲 [清]章学诚. 文史通义·内篇·易教上[M]. 上海：上海古籍出版社，2015.
乙 赵彦昌. "六经皆史"源流考论[J]. 社会科学战线，2004（3）.
丙 [元]刘因. 静修先生文集（卷一）[M]. 北京：国家图书馆出版社，2006.
丁 [明]王世贞. 艺苑卮言（卷一）[M]. 上海：上海出版社，1925.
戊 [明]李贽. 焚书·卷五·经史相为表里[M]. 北京：中华书局，1975.
己 谢贵安. 中国史学史[M]. 武汉：武汉大学出版社，2012.

表明中国传统史学涵盖内容之广,涉及传统文化的各个方面。

特别值得注意的是,传统史学还塑造了中国人的思维方式。早在春秋"百家争鸣"之时,各派思想家多"借史言事"以论证自己的观点,依据历史建立学说。儒、墨、法、道各家思想家,均对历史极尊重。从《尚书》《诗经》开始,儒家对问题的论证就是以历史为论证手段的。对此,明人王阳明就说:"六经皆只是史,史所以明善恶、示训诫。""以事言谓之史,以道言谓之经,事即道,道即事,《春秋》亦经,五经亦史,《易》是包羲氏之史;《书》是尧舜以下史;《礼》《乐》是三代史。其事同,其道同,安有所谓异?"^甲不仅儒家,先秦诸子也几乎无一不以历史为主要论证手段,先秦诸子"皆据历史以建立其学说","一般士大夫据历史发挥其言论"。即便是道家经典《老子》在书中对历史资料使用得极少,但它的历史倒退观念却来自于作者对历史的观察与反思。^乙

从中华民族的演进历程来看,"黄炎族掌文化的人叫作史,苗黎族掌文化的人叫作巫。黄炎族与一部分苗黎族混合成华夏族,巫史两种文化并存,互相影响也斗争。""史重人事,长于征实;巫事鬼神,富于想象。……战国时期北方史官文化、南方巫官文化都达到成熟期。"因此,著名史学家范文澜称史官文化为中国传统文化的主干。^丙

综上所述,中国传统史学从保存至今的典籍、记载的内容及塑造中国人思维方式等方面,堪称中国传统文化的主干,故了解中国传统史学文化是学习和掌握中国传统文化的前提。

二、中国传统史学的成就在世界文明史上具有独特地位

中国传统史学著作连绵不断、浩博精详、记载准确,为世界各国所少有。即便是将传统史学文化置于人类文明的范围内来考察,所取得的成就也是颇为引人瞩目的。黑格尔曾言:"中国历史学家的层出不穷、继续不断,实在是任何民族所比不上的。"又说:"尤其使人惊叹的,便是他们历史著作的精细正确。"^丁《中国科学技术史》的作者李约瑟也对中国传统史学赞誉有加:"也许不用多说,中国所能提供的古代原始资料比任何其他东方国家,也确比大多数西方国家都要丰富。譬如印度便不同,它的年表至今还是很不确切的。中国则是全世界伟大的有编纂历史传统的国家之一。"^戊

甲 [明]王阳明. 传习录注疏[M]. 邓艾民, 注疏. 上海: 上海古籍出版社, 2012.

乙 杜维运. 中国史学史[M]. 北京: 商务印书馆, 2010.

丙 范文澜. 正史考略绪言[M]. 上海: 上海书店, 1931.

丁 [德]黑格尔. 历史哲学[M]. 王造时, 译. 北京: 三联书店, 1956: 161, 163.

戊 [英]李约瑟. 中国科学技术史(第一卷)[M]. 北京: 科学出版社, 1990: 78.

中国传统史学的影响跨越地域辐射周边，在东亚文化圈中具有示范及引领作用，直接带动了日本、韩国和越南等国家史学的创立和发展。朝鲜传统史学乃是"中国传统史学的一个分支"，"史书体裁和史学思想都是效仿中国史学的。"^甲"受中国传统史学沾溉之同时亦演化出其自身特色。"^乙日本史书《古事记》明显受到了中国史学上"正统论"观念的影响，其目的在于构建从神代到推古天皇的皇位继承体系，将天皇的血统直接描述为神的后裔，"其目的不在于记述历史事迹，而是一部自觉体现正统论中血统观念的史书"。^丙日本史籍《日本书纪》在史料上直接或间接地参考了中国多部史籍，如《汉书》《后汉书》《三国志》《梁书》《隋书》等。"随后《续日本纪》《日本后纪》《续日本后纪》《日本文德天皇实录》《日本三代实录》五部史书，继续弘扬《日本书纪》的特点，吸收和继承中国纪传体史书的某些特点。""越南古代史书体裁也是在中国史书的影响下而生成的，主要采用纪传体、编年体与纪事本末体。"^甲越南阮朝曾仿效中国明代撰修实录的制度，编撰了编年体实录《大南实录》，是研究越南阮氏王朝历代皇帝资料的重要来源。《大越史记全书》被视为研究越南历史最重要的编年体史书，从书名即可见深受中国《史记》的影响。

中国传统史学典籍在东亚文化圈中也颇受欢迎，"几乎每一部重要的中国史书在周边各国都有程度不同的影响，也正是在中国史籍的影响下，周边各国传统史学才渐渐发展起来。"^甲其中，尤以《史记》在东亚地区的传播具有代表性。

《史记》是"朝鲜儒士喜读的史著，也是其科举的重要内容和国王经筵日讲的重要史书，在朝鲜王朝政治与日常生活中具有重要地位。""朝鲜两大正史《三国史记》与《高丽史》是效法《史记》之作，编纂意图和体例上依从以《史记》为准的中国纪传体史书。即便在编年体等其他史书中，也能见到《史记》的影响，或补《史记》之阙，或与其论难，或效仿《史记》中的某种体裁。可见，《史记》对朝鲜史学的影响是全面而深入的。"^丁高丽时代，朝鲜史学家金富轼编纂的史书《三国史记》，"代表了东亚汉文化圈各国接受中国文学和史学的一种典型。"^戊《史记》传入日本，大概是于公元600年由圣德太子派出的第一批遣隋使带回日本的，"《史记》始传日本乃是中国史学始传日本的重要标志"。^己《史记》在日本颇受重视，并催生了日本的天皇制度。"推古天皇时期圣德太子据《史记》

甲 孙卫国. 中国史学对东亚史学的影响与交流[J]. 历史教学问题, 2014, 4.

乙 孙卫国, 郭江龙. 《朝鲜王朝世宗实录》的编纂与中国实录传统的影响. 史学理论研究, 2015, 3.

丙 孙卫国. 中国史学对东亚史学的影响与交流[J]. 历史教学问题, 2014, 4.
乔治忠. 论中日两国传统史学之"正统论"观念的异同. 求是学刊, 2005, 2.

丁 孙卫国. 《史记》对朝鲜半岛史学的影响. 社会科学辑刊, 2010, 6.

戊 胡家骥. 东亚纪传体史书的叙事模式：以《史记》《汉书》《三国史记》为中心[D]. 上海：复旦大学, 2009.

己 覃启勋. 《史记》与日本文化. 武汉：武汉大学出版社, 1989: 40.

·秦始皇本纪》，将'天皇'一词移植出来，不再使用'大王'，此后，'天皇'成为日本民族的象征。"[甲]

中国传统史学的影响力并不局限于东亚文化圈内，即便是与同样具有两千年以上发展史的欧洲史学相比也毫无逊色之处。早在商周时代，中国就出现了最早的记事历史，如《尚书》。至春秋时期，各国均有记载本国历史的典籍。《孟子》一书曾言："晋之乘、楚之梼杌、鲁之春秋，一也。"（《孟子·离娄下》）到《左传》对历史的记载则更加生动翔实。至两汉时期，《史记》《汉书》等一批"其文直，其事核，不虚美，不隐恶"，"不激诡，不抑抗，赡而不秽，详而有体"史书的出现，更为中国传统史学树立了记事的典范。

同时期，在古希腊罗马史学上则出现了希罗多德（《历史》）、修昔底德（《伯罗奔尼撒战争史》）、李维（《罗马史》）、塔西佗（《罗马编年史》）等史学家和史学著作，但他们"几乎皆与小说家、剧作家接近，而非纪实的史学家"。[乙]他们的作品流传至今，文学上的价值远超过史学上的价值，故有学者称：

"（希腊人）对本民族的起源很不感兴趣。他们的好奇心只追溯到前几个世纪为止，他们相信自己的祖先是神。柏拉图在《泰米阿斯篇》一书中所说梭伦的一件轶事可以说明这点，他说，梭伦在埃及祭司们提问时，才发现他自己或任何其他希腊人谁也不知道他们自己的古代史。埃及祭司说：'你们希腊人仍处在幼年时期，你们没有从你们祖先那里得到任何古老的教诲，也没有得到任何一门古老的学问。'和埃及人想象所及的漫长的远古回忆比较起来，希腊人所能回顾到的景象就有如小巫见大巫。希腊人的头脑中追溯到的，一点都没有超过特洛伊战争以及在那次战争中那些天生的英雄们"。[丙]也有学者认为："希腊哲学家都不关心历史，没有人精研历史，历史在教育中也没有确定的地位。仅有的一位希罗多德(Herodotus，前484—前425)，虽创造了公元前5世纪的希腊史学，但是公元前4世纪的时候，其所创的史学便中断了。当时之史学更是不能取代哲学或宗教，在希腊人的心目中，史学也从无地位。"[丁]比较起来，中国先秦两汉的史学可以说遥遥领先于同时期的古希腊罗马的史学。

魏晋、南北朝至隋唐时期，是中国史学的大发展时期。不但汉族修史，周边游牧民族建立的政权也纷起效仿撰修史书

[甲] 孙卫国. 中国史学对东亚史学的影响与交流[J]. 历史教学问题, 2014, 4.

[乙] 杜维运. 中国史学与西方史学之分歧[J]. 学术月刊, 2008 (1).

[丙] [美]J W 汤普森. 历史著作史[M]. 北京: 商务印书馆, 1988: 31-32.

[丁] 龚鹏程. 中国传统文化十五讲[M]. 北京: 北京大学出版社, 2006: 141.

记载本民族的历史。在这一时期出现了独立的史学学科，设立了史馆制度，由宰相兼修国史，甚至皇帝参与到史书的修撰之中，即所谓的"御撰"。唐杜佑撰修《通典》，创立了典志体这一专记典章制度的新史学体裁，"这是一部贯穿上下古今数千年的典章制度通史，中国史学史上甚至世界史学史上第一部出现的此类历史，开创之作，当之无愧。"[甲]史学理论方面则有被称之为"里程碑式"著作的刘知几所写的《史通》问世（公元710年），"（《史通》）提出了系统的史学批评的理论和方法论，标志着古代史学理论的形成，是中国古代史学发展的里程碑。"[乙]

同时期的西方世界，正经历着被称之为"黑暗时代"的中世纪，整个欧洲社会笼罩于宗教的迷雾之中。该时期的史学完全被神学笼罩，为神学服务，写史者的目的在于论证上帝的存在，热衷于从圣经中寻找历史的解释，神话、奇迹、传说等等，皆被作为信史载入史籍。他们虔诚地相信，人类历史操于上帝不可思议之手，历史上人世间所发生的一切皆是上帝的安排。对此，十九世纪德国史学家西贝尔批评说："那个时代，没有历史判断的观念，缺乏历史真实的意识，毫无精密省察的倾向。宗教的权威主义，至高无上，维护传统，包庇教条。"杜维运先生则称该时期的欧洲史学处于"黑暗时代"，自希腊、罗马灿烂的史学已退至"洪荒时代"，无法与同时期中国史学取得的成就相提并论，这种状况持续千余年，大致到中国元朝时期才告结束。[丙]

杜维运先生在《中国史学史》中对于中国传统史学在世界上的地位和意义言之甚详，其观点大致如下：[丁]

其一，中国传统史学的纪实性远逾西方古代史学。中国史学以如实记载史事，即"纪实"为基本原则，古希腊史学则多类文学创作。"希腊、罗马史学家写史，大都用修辞学的方法，一位将军在战幕揭开前向军队的激昂演说，一位政客在议会上的慷慨陈词，实际上并没有文献的根据，而多出于史学家的想象。"[戊]"罗马史学家的文章风格与治史方法，显示出历史与修辞学之间的密切关联。有文学上的惯例，史学家将演词托诸其人物之口……习俗准许不必斤斤计较于正确，时日可以不用，文献不被搜求。"[戊]在希腊史学家修昔底德所著《伯罗奔尼撒战争史》一书中，即便是没有文献根据史家也可写入很多自己的想象，导致虚构演说词成为罗马史学的一种传统。

[甲] 杜维运. 中国史学史[M]. 北京：商务印书馆，2010：531.

[乙] 宗敏. 发掘中国古代史学的理论遗产：访北京师范大学资深教授瞿林东[EB/OL]. [2015-06-27]. http://www.cssn.cn/zf/zf_dh/201506/t20150626_2050150.shtml.

[丙] 杜维运. 中国史学史[M]. 北京：商务印书馆，2010：544.

[丁] 杜维运. 中国史学史[M]. 北京：商务印书馆，2010.

[戊] 杜维运. 中国史学史[M]. 北京：商务印书馆，2010：52.

其二，中国史官记事的传统为西方古代史学所欠缺。中国最迟从夏代起，就设有负责记载天下之事的专职人员，凡是重要的政治活动，如天子之侧、诸侯之旁、盟会之时、谶私之际，皆及时予以记载。史籍之中所谓的"君举必书"，"史不绝书"，"诸侯之会，其德刑礼义，无国不记"，便是对当时史官记事盛况的描述。"而且中国史官是一群有学养有风节的人，他们博学多识，而又神圣独立，正直不屈，以至能奋笔直书，真历史赖以保存。""无数人及时直书当代发生的事件，数千年如一日，是唯一在中国历史上有过的盛事。"[甲]正因如此，中国史学著作皆依据坚实而丰富的史料文献撰著而成。反观西方史学，其撰述则"主要援用口头传说资料以完成其著述"。被视为西方史学创造者的希腊人却无专职记录史事的人员，"他们所注重的历史，还只是史诗所提供的历史"。于是希腊和罗马史学家只能依靠口头传统和亲身游历体验来进行史学撰述。罗马时代的史学家依然沿袭希腊传统，主要采用口头传说写成其历史。

其三，中国传统史学撰述的范围要广于西方史学。就内容而言，西方古代史学专注于记载军事史和政治史，描写战争的史书占据了希腊史学著作总量的五分之四。中国史学则包罗万象。例如，《史记》所记除帝王将相等政治人物之外，还记载了社会上形形色色的人物，如儒林、循吏、游侠、佞幸等等。"货殖列传""平准书"等等又涉及国家的经济政策和状况。就时间跨度而言，中国传统史学著述的时间范围往往跨越两三百年，甚至贯穿数千年。如《春秋》所记涉及242年的历史，《汉书》记述了230年西汉的历史，《史记》"是世界有史以来第一部贯穿数千年的通史。"直至19世纪中叶以后西方史学家才提倡写贯通古今的通史。就空间范围而言，中国传统史学所记多为著者所知的整个世界。"孔子所写《春秋》，是一部世界史，而不是一部鲁国史。"《春秋》一书所载为孔子所知的世界上所发生的大事，而不局限于鲁国。司马迁著《史记》"于中国外，写他所能知的整个世界，匈奴、朝鲜、南越、东越、西南夷、大宛，一一列传，人迹所至，日月所临，全写到《史记》里面去了。"[乙]

由上可见，直至十九世纪之前，中国传统史学一直遥遥领先于西方史学，所取得的成就为欧洲史学界所望尘莫及。即便是近代之后，中国传统史学虽然式微，但学术生命并未断绝，在经过艰难的转型后，中国史学完全可以与西方史学一较高

[甲] 杜维运. 中国史学史[M]. 北京：商务印书馆，2010.

[乙] 杜维运. 中国史学史[M]. 北京：商务印书馆，2010: 261.

下，这实是中国传统文化中颇为引人瞩目的地方。

三、中国传统史学之特点

1. 体例多样，内容丰富

中国传统史学在长期的发展演进中，形成了多样的体例，承载了丰富的内容：

（1）按时间跨度可分为断代史和通史。断代史指以朝代为断限的史书，主要特点是只记录某一时期或某一朝代的历史。始创于东汉班固所著的《汉书》。"二十四史"中除《史记》外均属断代史体例。又如《建炎以来系年要录》，专记宋高宗赵构一朝共三十六年的史事。

与断代史限于某个时代不同，通史是跨时代的研究，不间断地记叙自古及今的历史事件。以现代史学观之，通史体现的是一种"大历史观"。《史记》开中国纪传体通史修撰之先河，全书记载了上自传说中的黄帝，下至汉武帝时代，历时三千多年的史实。又如中国第一部编年体通史《资治通鉴》，该书起自周威烈王二十三年（公元前403年）写起，直至五代后周世宗显德六年（公元959年）征淮南止笔，全书涵盖了16朝共1362年的历史。

（2）从内容编排方式上可分为编年体、纪传体、纲目体、纪事本末体。编年以《春秋》《汉纪》《资治通鉴》《建炎以来系年要录》为代表。其记事方式是：以事系日、以日系月、以月系时、以时系年。按照年、时、月、日的顺序来记叙当时所发生的事件，是以时间为核心。因编年体是孔子删订《春秋》时所创，所以该体例被宋代史家认为最能体现圣人之教和微言大义，加之《春秋》的宗旨是"尊王攘夷"和名分等级，所以在内忧外患的宋代社会深受理学家的重视，造成宋代编年体史书盛行。史家称："宋人认为，编年体以帝王为中心，而国之治乱尽系于帝王之心，故编年体易于认清历史盛衰与帝王之心的关系。"甲

纪传体是以本纪、列传人物为纲，时间为纬，记载历史事件的一种史书编纂体例。纪传体史书的突出特点是以大量人物传记为中心内容，是记言、记事的进一步结合。"二十四史"的体裁均为纪传体。以《史记》为例，全书约五十二万六千五百字，分为"本纪"十二篇以历代帝王政绩为核心，"世家"三十

甲 谢贵安. 中国史学史[M]. 武汉：武汉大学出版社，2012：215.

篇载诸侯,"列传"七十篇写人臣,"表"十篇为大事年表,"书"八篇记典志、礼乐、天文、历法、封禅、水利、财用,共一百三十篇,以人物传记为全书主体部分。

编年体与纪传体各有所长,编年体易于表达"微言大义",纪传体则可以"论""赞"的方式表达史家对于历史的批判。两种体例结合,就出现了纲目体。纲目体是宋代史学家在编年体的基础上为便于"笔削褒贬"和"驰骋议论"而创设。[甲]纲目体的篇目结构是先设总纲,或称大类,各纲之下再设细目,目以纲聚,以纲统目,纲举目张。南宋朱熹对于纲目体的创设居功至伟,他从《资治通鉴》中节取事实,纲仿《春秋》,目仿《左传》,撰成《资治通鉴纲目》。该书专重书法,意在褒贬,具有极强的正统观念。[乙]明代何乔称"朱子之作《纲目》也,岁年有远近,详书甲子以纪之,则岁周于上而天道明矣;国统有离合,特书正统以别之,则统正于下而人道定矣。有始终兴废灾祥沿革之正例者,有善可为法恶可为戒之变例者,皆大书以提要,则大纲概举,而鉴戒昭矣。有追原其始遂及其终者,有详陈其事备载其言者,皆分注以备述,则众目毕张,而几微著矣。"[丙]纲目体将历史叙述与历史评论结合了起来,对后人影响极大,"质诸人心而无疑,参诸众论而无愧,信夫可以接《春秋》之坠绪也!"[丙]《续资治通鉴纲目》《通鉴续编》皆采用此体例。

无论是编年体还是纪传体,在记事方面都存在着明显的不足。南宋时出现了以事件为中心的著史体裁纪事本末体。纪事本末体以事件为主线,将有关专题材料集中在一起,是以时间为中心进行编撰的著史体裁。《资治通鉴》成书后,颇受重视,但编年体史书的体例虽然突出了时间为中心的历史发展顺序,却不可避免地割裂了完整的历史事件。为弥补此缺陷,南宋袁枢撰成《通鉴纪事本末》一书,首创纪事本末体。该书选取《资治通鉴》中的文字,以事为中心,每事定一个专题,将分散的材料抄录在一起,形成一个完整的故事。该书所用的体例既不同于编年体以纪年为主,也不同于纪传体以传人为主,而是以记事为主,把历史上的大事,详其首尾,集中表述其过程。"自汉以来,不过纪传、编年两法,乘除互用。然纪传之法,或一事而复见数篇,宾主莫辨;编年之法,或一事而隔越数卷,首尾难稽。(袁)枢乃自出新意,因司马光《资治通鉴》区别门目,以类排纂,每事各详起讫,自为标题。每篇各编年月,自为首尾。始于三家分晋,终于周世宗之征淮南,

---

[甲] 谢贵安. 中国史学史[M]. 武汉: 武汉大学出版社, 2012: 215.

[乙] 陈廷亮. 中国古代史学史概要[M]. 西宁: 青海人民出版社, 2006: 81.

[丙] [明]何乔新. 椒邱文集(卷二). 策府十科摘要·史科.

包括数千年事迹。经纬明晰，节目详具，前后始末，一览了然。遂使纪传、编年贯通为一，实前古之所未见也。"(《四库全书总目·卷四十九》)

以史籍所记载的内容类型不同，可分为典章制度体、会要体、学案体。

"典章制度体"：首创于唐代杜佑所著的《通典》，是以记录历代制度为核心的政书类史书。此类史书最具代表性的是被概称为"十通"的十部政书，即《通典》《通志》《文献通考》《续通典》《续通志》《续文献通考》《清通典》《清通志》《清文献通考》《清朝续文献通考》。

从学术渊源上来讲，典志体来源于纪传体史书中的"书"和"志"，它的出现是史学发展到一定阶段的产物，"就史学进路而言，典志体史著无论在内容还是方向上，均与历代正史显有区别。"[甲]杜佑所撰《通典》一书，分为食货、选举、职官、礼、乐、兵、刑、州郡、边防9门，其下再分若干子目。每一子目对每一制度按朝代顺序考镜源流，详述优劣，便于读者对某项制度沿革的了解。杜佑在《通典序》中指出："夫理道之先，在乎行教化，教化之本，在乎足衣食。……夫行教化在乎设职官，设职官在乎审官才，审官才在乎精选举，制礼以端其俗，立乐以和其心，此先哲王致治之大方也。故职官设然后兴礼乐焉，教化隳然后用刑罚焉，列州郡俾分领焉，置边防遏戎敌焉。是以食货为之首，选举次之，职官又次之，礼又次之，乐又次之，刑又次之，州郡又次之，边防末之。或览之者庶知篇第之旨也。"

梁启超曾高度评价杜佑在体例上的创造："纪传体中有志书一门，盖导源于《尚书》，而旨趣在专纪文物制度，此又与吾侪所要求之新史较为接近者也。然兹事所贵在会通古今，观其沿革。各史既断代为书，仍发生两种困难：苟不追叙前代，则原委不明；追叙太多，则繁复取厌。况各史非皆有志，有志之史，其篇目亦互相出入，遇所缺遗，见斯滞矣。于是乎统括史志之必要。其卓然成一创作以应此要求者，则唐杜佑之《通典》也。"[乙]

"会要体"属于断代的典章制度体，与典志体最大的不同是单写某一朝代的国家制度、历史地理、风俗民情等内容的一种史书。该体例由唐朝苏冕苏弁兄弟在撰写《唐会要》时首创，

[甲] 邹国义. 典章制度史：探讨"变通张弛之故"[J]. 历史教学问题, 2005, 2.

[乙] 梁启超. 中国历史研究法[M]. 北京：东方出版社, 1996：25.

"会要者，志之所祖也。所以原典故之本末，志书之所未尽者，莫不悉其源而书之。"[甲]除《唐会要》外，还有《宋会要辑稿》《明会要》等。

"学案体"是专门记述学术源流的史书体裁，类似于今天的学术思想史，始创于明末清初黄宗羲的《明儒学案》。该书综述明代二百七十六年的学术发展史，梳理各家学术观点，按师承关系和学术宗旨将儒学名流分为若干派系，称为"学案"。《明儒学案》的编排体例是每个学案前有小序，之后为每人的小传，涵盖学人的生平经历、著作、思想及学术源流传授，后载语录以为补充。清人莫晋评价《明儒学案》一书说："（此书）言行并载，支派各分，择精语详，钩元（玄）提要。一代学术源流，了如指掌。"[乙]近代梁启超评论说："著学术史有四个必要的条件，第一，叙述一个时代的学术，须把那个时代重要的各学派全数网络，不可以爱憎为取；第二，叙述某家学说，须将其特点提挈出来，令读者有明晰的观念；第三，要忠实传写各家真相，勿以主观上下其手。第四，要把各个人的时代和他一生的经历大概叙述，看出那人的全人格。梨洲的《明儒学案》总算具备这四个条件。"梁启超盛赞《明儒学案》是极有价值的创作，"将来做哲学史、科技史、文学史的人，对于他的组织虽有许多改良之处，对于他的方法和精神是永远应采用的。"[丙]学案体的代表作除黄宗羲所著《明儒学案》外，还有全祖望著《宋元学案》、江藩著《汉学师承记》、徐世昌著《清儒学案》等。

此外还有"国别体"，即以国家为单位，分别记叙历史事件。如，《战国策》《国语》《三国志》，等等。

在中国传统史学绵延不绝的发展长河之中，史家针对不同的内容，创造了丰富多样的体裁，涵盖了当时人类生活的各个方面。史学体例多样，不但说明中国传统史学之发达，亦可知中国传统史学与传统文化关系之密切。

2. 史官地位崇高，悠久的官修史书传统

在中国传统社会中，对于史事的记载是非常重视的。自远古时代起，最迟在商代或夏代，就设立了一种及时记载天下事的史官，这是破世界纪录的。而且中国古代设立史官，在地域上，从中央到地方，普遍设立，数目相当可观。以周代而言，见于文献及金文中的史官，据近人统计多达129人。在现存为

[甲] 群书会元截江网（卷30）. 国史·事实源流.

[乙] [清]莫晋. 重刻明儒学案序[M]//明儒学案·上. 北京：中华书局，1985.

[丙] 梁启超. 中国近三百年学术史[M]. 夏晓虹，陆胤，译. 北京：商务印书馆，2011.

数不多的文献中的偶然披露下，尚可见多达百人之上的史官，实际史官的数量必人数众多，而被视为"人类学术文化史上的盛事"。[甲]

中国史官的职务，最初职责近乎卜祝之间，故有学者认为"史官是在原始社会末期出现的，是由'巫'发展而来的。"[乙]在《国语》中记载：少暤之世，"家为巫史（韦昭注：巫主接神，史次位序）"。[丙]《吕氏春秋》记载："夏太史令终古出其图法，执而泣之。夏桀迷惑，暴乱愈甚。太史令终古乃出奔如商。汤喜而告诸侯曰：'夏王无道，暴虐百姓，穷其父兄，耻其功臣，轻其贤良，弃义听谗，众庶咸怨，守法之臣，自归于商。'"[丁]

此外，史官还掌管天人之间的各种事务。如祭祀、卜筮、记事、观测天象解说灾异、典藏图书等。史载："大史掌建邦之六典""小史掌邦国之志""内史掌王之八枋之法，以昭王治""外史掌书外令，掌四方之志，掌三皇五帝之书"。[戊]随着时间的演进，史官职务愈来愈以记事为主。史书所载，天子之侧，诸侯之旁，皆有史官，以便及时记载重要政治人物的言行。所谓"君举必书""左史记言、右史记事""动则左史书之，言则右史书之""天子无戏言，言则史书之"。《史记》中所载战国时代秦赵两国的渑池之会，就描述了御史记事的场景。

不过需要注意的是，早期史官尚非专职的史学工作者，"观象制历"是他们的主要职掌。[己]司马迁父为太史令，其本职是观测天象并如实记载下来，为制定历法及提供现实决策的依据提供资料。东汉时政府设官修撰《东观汉记》，但修史地点变动，并非专门的修史机构，也无专责修史之官员。班固是以兰台令史的身份撰成《汉书》。真正出现专职史官和修史机构，是在三国魏晋时期，"设官修史始三国，设置机构始西晋"。[庚]

三国时，魏明帝太和年间（公元227-233年），"诏置著作郎"（《晋书·职官志》），于此始有专职史官。晋元康初年（公园291年），置大著作一人，掌修国史。此后历代政府均设专职人员负责历史编撰，中国史官记事数千年如一日，"举目世界，未有其比"[辛]，为后人留下了大量的历史文献，成为保存民族记忆的宝贵财富。

北魏时代，朝廷设立著作局，此为国家设史馆之滥觞。北齐正式设置史馆，开后世史馆修史之先河。学者称"中国古代

[甲] 杜维运. 中国史学史[M]. 北京：商务印书馆，2010：41.

[乙] 傅玉璋. 中国古代史学史[M]. 合肥：安徽大学出版社，2008：8.

[丙] 左丘明. 国语·卷十八·楚语下[M]. 北京：中华书局，2013.

[丁] [秦]吕不韦. 吕氏春秋·卷十六·先识.

[戊] 李学勤. 周礼注疏[M]. 北京：北京大学出版社，1999：813，821，833，835.

[己] 许兆昌. 史官源流考[J]. 吉林大学社会科学学报，1997（1）.

[庚] 谢保成. 中国史学史[M]. 北京：商务印书馆，2006：331.

[辛] 杜维运. 中国史学史[M]. 北京：商务印书馆，2010：42.

史馆始于北齐","史馆"一词也出现于此时。[甲]隋唐时期,则进一步将史馆制度规范法、制度化,被此后历朝历代所沿袭,成千年不废之定制。唐太宗贞观三年(629年)设史馆,隶属于门下省或中书省。唐制例由宰相"兼修国史",故唐朝所修正史多由宰相领衔署名,参与者多为朝廷重臣,如房玄龄、令狐德棻、魏征、褚遂良、长孙无忌等。由此可见,当时政府对史书撰修工作是十分重视的。

宰相兼修国史是中国传统政治文化中颇为引人瞩目的现象,突显了史学在传统中国社会的崇高地位。历代统治者对于史官也高度重视。如南北朝时,东魏权臣和北齐的奠基者高欢,曾对史官魏收说:"卿勿见元康等在吾目下趋走,谓吾以为勤劳。我后世功名在卿手,勿谓吾不知。"(《北史·魏收传》)明代甚至有人曾言:"天下不可一日无史,亦不可一日无史官也。百官所任者,一时之事;史官所任者,万世之事",强调史官"是职也,是非之权衡,公议之所系也"。[乙]

史官待遇之高也颇受时人羡慕。唐代史馆华丽,修史其中,酒馔丰厚,史书修成后,朝廷赏赐优厚,所以唐代读书人多喜居史职。薛元超晚年曾自述平生有三大憾事,一是没能参加科举以进士及第,二是未能娶山东五姓的女郎为妻,三是不能参与编修国史。此事载于《隋唐嘉话》,薛中书元超谓所亲曰:"吾不才,富贵过分,然平生有三恨:始不以进士擢第,不得娶五姓女,不得修国史。"[丙]此事是否属实以难以考证,但从中亦可见当时对史官的尊重。

孔子所编《春秋》、司马迁父子所撰修《史记》,皆是私人著作。从唐朝开始,私人修史的传统摇身一变为国家修史,正史的撰修成为国家行为。从唐朝开始直至清末,正史大多为官修史书。史馆的设立和官修史书制度的确立,对中国传统史学产生了积极与消极两方面的影响。积极的一面是史学借助国家之力,在史料征集、人员备置等方面具有巨大优势,保证了史书撰写的效率。消极的一面是朝廷加强了对史学的控制,垄断了国史和正史的修撰,史学成为政治的附庸,成为仅仅服务现实政治提供治乱兴替借鉴的工具。而且众手杂成,缺乏像司马迁那样个人修史所表现出来的思想性和独立性。清人皮锡瑞指出:"官修之书不满人意,以其杂出众手,未能自成一家。"[丁]但毕竟官修史书代表了修史之时社会主流价值观,避免了私修史书中个人私意的过多掺杂,撰成

甲 谢保成. 中国史学史[M]. 北京: 商务印书馆, 2006: 125.

乙 [明]陆深. 史通会要·卷下·丛篇.

丙 [唐]刘𫗧. 隋唐嘉话·卷二[M]. 北京: 中华书局, 1979.

丁 [清]皮锡瑞. 经学历史[M]. 北京: 中华书局, 1959: 201.

之史更符合时代特征。

官修史书利弊皆有，但倾全国之力撰修当代史及前代史，使得大量的基本史实得以保留。"二十四史"就是在这种修史制度下产生的，被认为是中国传统史学的突出成就。《资治通鉴》更是集体撰写历史的典范。存留至今的，卷帙浩繁的《明实录》《清实录》《起居注》等研究明清帝王治国施政全貌的史籍，更是全凭政府经年累月的推动，及专职人员日积月累的记载才得以成书。很难想象，在农耕时代不依靠国家力量而单凭史家一己之力能取得今日所见之史学成就。

3. 强烈的道德教化意识

中国传统史学出现之初，就带有强烈的道德教化意识。重视史学的教化功能以孔子编《春秋》最为典型。孔子做《春秋》的目的是"正天下之位，一天下之心"，带有鲜明的"尊周攘夷"之意。左丘明曾称赞《春秋》一书具有道德教化的意义："《春秋》之称微而显，志而晦，婉而成章，尽而不污，惩恶而劝善。""（《春秋》）上之人能使昭明，善人劝焉，淫人惧焉，是以君子贵之。"甲 孟子论述《春秋》时说："世衰道微，邪说暴行有作，臣弑其君者有之，子弑其父者有之。孔子惧，作《春秋》。《春秋》，天子之事也。是故孔子曰：知我者其惟《春秋》乎！罪我者其惟《春秋》乎！""昔者禹抑洪水而天下平，周公兼夷狄，驱猛兽而百姓宁，孔子成《春秋》而乱臣贼子惧。"乙 汉司马迁在"太史公自序"中亦曾言："夫《春秋》者，上明三王之道，下辨人才之纪，别嫌疑，明是非，定犹豫，善善恶恶，贤贤贱不肖。存亡国，继绝世，补敝起废，王道之大者也。""有国者不可以不知《春秋》，前有谗而弗见，后有贼而不知。为人臣者不可以不知《春秋》，守经事而不知其宜，遭变事而不知其权。为人君父而不通于《春秋》之义者，必蒙首恶之名。为人臣子而不通于《春秋》之义者，必陷篡弑之诛，死罪之名。"

《春秋》以史明德的教化功能被后世历代正统史家所继承和发扬，至魏晋南北朝时期，中国传统史学中"正统观普遍涌现并熟练地应用到史书中。"丙 东晋习凿齿为防范权臣桓温篡位撰写《汉晋春秋》一书"以裁正之"。习凿齿强调曹魏乃是篡逆，"皇晋宜越魏继汉，不应以魏为三恪"，"以晋承汉，正名当事"为正统王朝，不可以强力代之。（《晋书·习凿齿传》）陈寿撰《三国志》以魏为正统，于"魏书"立本纪，"蜀书""吴书"仅立列传。南北朝时，各割据政权的史书都声称自己是受天命

甲 [战国]左丘明. 左传·成公十四年，昭公三十一年.

乙 [战国]孟子. 孟子·滕文公下.

丙 谢保成. 中国史学史[M]. 北京：商务印书馆，2006：116.

的正统王朝,其他政权是"僭伪","南书谓北为'索虏',北书指南为'岛夷'"。(《北史·序传》)《魏书》所载慕容绍宗讨伐萧衍的《檄梁文》中称:萧梁"伪主昏悖,不惟善邻,贼忍之心,老而弥笃。纳逋叛之诡谲,蔑信义以猖狂,天丧其神,人重其怨",自己将"师行以礼,兵动以义,吊民伐罪,理有存焉"。(《魏书·岛夷萧衍列传》)通篇充满了浓郁的道德批判意味。

这种道德评价在欧阳修撰《新五代史》中表现得尤为典型。欧阳修认为五代十国时期是一乱世,于是便效法孔子,借修史以施行褒贬,以期重树社会道德和秩序。因此在《新五代史》中,欧阳修屡次感慨在五代时期君臣父子失序,社会动荡不安,华夏沦为夷狄,"干戈贼乱之世","君君臣臣父父子子之道乖,而宗庙、朝廷、人鬼皆失其序"。五代时期,"父子骨肉之恩,几何其不绝矣!""夫妇之义几何其不乖而不至于禽兽矣!""礼乐行政几何其不坏矣!""中国几何其不夷狄矣!""礼崩乐坏,三纲五常之道绝,而先王之制度文章扫地而尽于是!""臣弑其君,子弑其父,而缙绅之士安其禄而立其朝,充然无复廉耻之色者皆是也。"在篇目设计上,《新五代史》也打上了鲜明的道德烙印:全书列传采用类传形式,设《家人传》《臣传》《死节传》《死事传》《一行传》《唐六臣传》《义儿传》《伶官传》《杂传》等,凡专事一朝者列入《臣传》,历仕多朝者气节有亏列入《杂传》;根据死者尽忠的程度,头等者进入《死节传》,次者进入《死事传》。

正因史学具有如此强烈的道德评判功能,故当权者不得不对自己的言行有所约束,以防不当言行被载入史籍。唐朝宰相韦安石阅毕史官朱敬则写成的史稿后,不禁感叹道:"世人不知史官权重宰相,宰相但能制生人,史官兼制生死,古之圣君贤臣所以畏惧者也。(《新唐书·朱敬则传》)"宋太祖赵匡胤"太祖弹雀"一事也是明证。史载:

"(宋)太祖尝弹雀于后园,有群臣称有急事请见,太祖亟见之,其所奏乃常事耳。上怒,诘其故,对曰:'臣以为尚急于弹雀。'上愈怒,举柱斧柄撞其口,堕两齿,其人徐俯拾齿置怀中。上骂曰:'汝怀齿欲讼我邪?'对曰:'臣不能讼陛下,自当有史官书之。'上悦,赐金帛慰劳之。"甲

虽然在史书之中进行这样的道德评价颇受批评,但在中国传统史学中却不绝于缕,不因政权更迭变动消逝而具备某种超时代的意义。明清鼎革之后,忠明抗清而死者众多,是新

甲 [宋]司马光. 涑水记闻·卷一·太祖弹雀[M]. 北京:中华书局,1989:7.

政权的反对者。但清乾隆年间，清廷超越政权的忠贰观念，从儒家忠义观念出发重新裁定评判历史人物的行为，并撰成《钦定胜朝殉节诸臣录》一书。全书表彰忠明抗清者，称他们为"疾风劲草，百折不移""死不忘君，无惭臣节"的忠贞不二之臣，应"用加赠典，以励纲常"。《钦定胜朝殉节诸臣录》共收录抗清死难者2249人，认为这些人"各为其主，义烈可嘉"，"胜国殉节之臣，各能忠于所事，不可令其湮没。"（《钦定胜朝殉节诸臣录·卷首·谕制序》）乾隆帝还特地指出："至若史可法之支撑残局，力矢孤忠，终蹈一死以殉；又如刘宗周、黄道周等之立朝謇谔，抵触余壬，及遭际时艰，临危受命，均足称一代完人，为褒扬所当及。其他或死守城池，或身殒行阵，与夫俘擒骈僇，视死如归者"，均应"稽考史书，一体旌谥"。（《钦定胜朝殉节诸臣录·卷首·乾隆四十年十一月初十日乾隆皇帝上谕》）清国史馆编修《国史》时，乾隆帝特别敕令国史馆要专设"贰臣传"，将投降清廷的明代官员归为不忠不义之人收录其中。后又依据降臣对清廷的附顺态度和贡献大小进行区分，分列甲乙两编。洪承畴列为甲编，钱谦益"行素不端"，"进退无据"，"非复人类"，列为乙编。至于吴三桂和耿精忠这些降而复叛者，连"贰臣"都算不上，只能列为"逆臣传"，以示贬抑。（《清高宗实录·卷1051·乾隆四十三年二月乙卯》）

中国传统史学文化中，史官修史注重道德评判，后人读史亦常从道德层面审视历史人物。正是这种强烈的道德教化意识，强化了国人的是非观念，塑造了国人的精神气质，对民族心理产生了广泛而持久的影响。

4. 重视史家个人修养

中国传统文化重视史学著作的撰修，尊崇史官，故对史家的个人素养提出了极高的要求。尤其是在史学成为一门独立的学科之后，对于史家所必须兼备才、学、识、德等素养等要求也逐渐明晰。

在知识广博方面，《隋书》对史官提出的要求非常之高，"夫史官者，必求博闻强识，疏通知远之士，使居其位，百官众职，咸所贰焉。是故前言往行，无不识也。天文地理，无不察也。人事之纪，无不达也。内掌八柄，以诏王治，外执六典，以逆官政。书美以彰善，记恶以垂戒，范围神化，昭明令德，穷圣人之至赜，详一代之亹亹。"（《隋书·经籍志·史部序》）

唐时著名史家刘知几从才、学、识三方面提出了"史学三长"的理论。据《旧唐书·刘子玄传》记载，礼部尚书郑惟忠问刘知几："自古以来，文士多而史才少，何也？"刘知几对曰："史才须有三长，世无其人，故史才少也。三长谓才也，学也，识也。夫有学而无才，亦犹有良田百顷，黄金满籯，而使愚者营生，终不能致于货殖者矣。如有才而无学，亦犹思兼匠石，巧若公输，而家无梗柟斧斤，终不果成其宫室者矣。犹须好是正直，善恶必书，使骄主贼臣，所以知惧。此则为虎傅翼，善无可加，所向无敌者矣。脱苟非其才，不可叨居史任。自古以来，能应斯目者，罕见其人。"史家的基本素养被刘知几概括为才、学、识三个方面，可谓真知灼见。才，指史家撰写史学作品的表达能力；学，指史家掌握渊博的历史知识和丰富的历史资料；识，指史家明是非、别善恶、观成败的能力。在刘知几看来，才与学固然不可缺少，但识尤为重要。他说："假有学究千载，书富五车，见良直而不觉其善，虽多亦安用为？"（《旧唐书·刘子玄传》）

清代史家章学诚认同刘知几的观点，并指出："才、学、识三者得一不易，而兼三尤难。千古多文人而少良史，职是故也。"并进一步提出："史所贵者义也，而所具者事也，所凭者文也。……非识无以断其义，非才无以善其文，非学无以练其事。"在此基础上，章学诚提出"史德"是史家应具备的另一素质。所谓"史德"就是"著述者之心术"，"善恶褒贬，务求公正"，"不益以人也"。而且章氏将"史德"提到了圣人的高度，认为"有君子之心而所养未粹，大贤以下所不能免也，此而犹患于心术，自非夫子之《春秋》不足以当也"。甲史家只有能做到孔子这样的圣人，才能真正具备"史德"。

"史德"的理论，对后世影响极大，龚自珍在《尊史》中也曾说过："史之尊，非其职语言、司谤誉之谓，尊其心也。"乙而且还特别论述了史才与史德之关系，"史之材，识其大掌故，主其记载，不吝其情，上不欺其所委贽，下不鄙夷其贵游，不自卑所闻，不自易所守，不自反所学。上以荣其国家，以华其祖宗，以教训其王公大人，下亦以崇高其身，真宾之所处矣。"丙

史家若德行有亏，其史著常会被视为"秽史"。陈寿所撰《三国志》一书被认为是接续《史记》《汉书》之作，唐代房玄龄在在承认其"善叙事，有良史职才"的同时，认为陈寿有因私仇

甲
[清]章学诚. 文史通义·史德.

乙
[清]龚自珍. 龚自珍全集[M]. 上海：上海人民出版社，1975: 81.

丙
[清]龚自珍. 龚自珍全集[M]. 上海：上海人民出版社，1975: 28.

而致书中多有不实记载。"丁仪、丁廙有盛名于魏,寿谓其子曰:可觅千斛米见与,当为尊公作佳传。丁不与之,竟不为立传。""寿父为马谡参军,谡为诸葛亮所诛,寿父亦坐被髡,诸葛瞻又轻寿。寿为亮立传,谓亮将略非长,无应敌之才;言瞻惟工书,名过其实。议者以此少之。"[甲]"陈寿索米"之事是否属实,及房玄龄对陈寿的评价是否公允尚存争论[乙],但从中可见传统中国对"史德"有非常高的要求。

北齐史家魏收,因其为人轻浮,有"惊蛱蝶"之称。他在撰修《魏书》时曾声称:"何物小子,敢共魏收作色,举之则使上天,按之则使入地。"书成之后,引发众怒,有人指摘"遗其家世职位",有人控诉"其家不见记载",有人批其记事"妄有非毁""好诋阴私",不一而论。(《北史·魏收传》)虽然,魏收之才颇为令人称道,但因"史德"有愧,致《魏书》"存在着某种撰述不足的问题"[丙],影响了全书的质量。

中国古代的史学家,不仅从理论上解决了史家自身修养的问题,而且身体力行,付诸实践。正由于此,才出现了众多的史学名家和大量的优秀史著,使中国传统史学不论在数量上,还是在质量上都走在世界史学的前列,形成了独特的史学文化,使传统史学的文化内涵得以留存至今。

四、中国传统史学之文化内涵

1. 秉笔直书的高贵精神

历史作为一门求真、求善的学问,基本原则就是如实客观地记载历史事实,不隐恶,不溢美,只有如此才能有效地发挥史学的社会功能。但是要真正做到此点并非易事,有时甚至要付出生命的代价。在历史上,多有史家因秉笔直书触犯帝王权贵而身罹斧钺。故刘知几感叹:"险世途之多隘,知实录之难遇。"[丁]尽管如此,还是有许多正直的史家,把史学作为一项事关民族、国家前途命运的神圣事业,以崇高的社会责任感和献身精神,不畏强暴,不避权贵,刚直不阿,孕育了秉笔直书的高贵精神。

早在中国先秦时期,中国人就形成了据实直书的精神。《左传》曾言:"君举必书,书而不法,后嗣何观。"[戊]据实直书即为"书法"之一。据《左传》襄公二十五年载:齐国权贵崔杼杀了齐庄公,立景公。齐太史不畏权贵,直书道"崔杼弑其

[甲] [唐]房玄龄. 晋书·陈寿传.

[乙] 详参:谢贵安. 中国史学史[M]. 武汉:武汉大学出版社, 2012: 129.

[丙] 谢贵安. 中国史学史[M]. 武汉:武汉大学出版社, 2012: 140.

[丁] [唐]刘知几. 史通·卷七·直书[M]. 南京:凤凰出版社, 2013.

[戊] [战国]左丘明. 左传·壮工二十三年.

君",结果惨遭杀害。齐太史的两个弟弟继续这样写,也被杀害。齐太史的第三个弟弟依然这样写,崔杼一看没办法了,只好做罢。南史氏闻太史尽死,便冒死带着简册前往,准备继续写。中途得知已写入史册,才返回。直书典范还有晋国太史董狐。《左传》曾载太史董狐不畏权贵,如实记录晋国权臣赵盾应为晋灵公被弑之事负有不可推卸的责任。孔子对此大加赞赏"董狐,古之良史焉,书法不隐。"南史和董狐为后世史家树立了直书的典范,"南史抗节,表崔杼之罪;董狐书法,明赵盾之愆。是知直笔于朝,其来久矣。"(《周书·柳虬传》)

司马迁也是一个秉笔直书的典范。在他所著《史记》一书中,不但写了当朝天子汉武帝的雄才大略,也以"敢述汉非"的浩然正气,忠实地记载了汉武帝的种种不善之事。汉武帝迷信方术的愚昧、热衷封禅的荒诞、生活上的奢靡、酷吏的残暴、权贵的骄横等丑行,无一从司马迁的笔下逃过。

三国时吴人韦曜撰修《吴书》,吴帝孙皓令他为己父孙和作本纪,韦曜以孙和未登帝位为由予以拒绝,并将孙和编入列传。孙皓大怒,将韦曜下狱杀害。(《三国志·韦曜传》)

东晋干宝在《晋书》中言揭露晋武帝司马炎说:"桓、灵卖官,钱入于官;陛下卖官,钱入私门。以此言,殆不若也。"(《文选·晋纪总论》)干宝还在书中大肆揭露本朝的腐化堕落:"朝寡纯德之士,乡乏不二之老,风俗淫僻,耻尚失所,学者以老庄为宗而黜六经,谈者以虚薄为辩而贱名俭,行身者以放浊为通而狭节信,进仕者以苟得为贵而鄙居正,当官者以望空为高而笑勤恪。"(《文选·晋纪总论》)东晋孙盛著《晋阳秋》,词直理正,记事无隐,如实地记载了权臣桓温枋头战败的史实,引起桓温的不满。桓温威胁孙盛之子说:"若成此书,自是关君门户事。"孙盛诸子"乃共号泣稽颡",请父亲为全家近百口人的生存考虑,按桓温之意进行修改。但是,孙盛愤而不改,并另行抄录一份寄给辽东以存信史。(《晋书·孙盛传》)

北魏崔浩奉诏编写魏史,撰成《国书》30卷。因书中"叙述国事,无隐恶",如实记载了魏皇族拓跋氏早期的隐秘历史,崔浩遭到一些鲜卑贵族的忌恨而下狱。后崔浩被杀,夷三族,受此事牵连而死者达128人,史称"崔浩史狱"。案发之后,世祖拓跋焘问高允"国书皆浩做否"时,高允凌然答道:"臣与浩同作,臣多于浩。"虽太子为其开脱,但高允坚称:"臣谬参著

作，今已分死，不敢虚妄。"拓跋焘赞叹道："直哉！临死不移，贞臣也。"（《魏书·高允传》）

此后历代皆有不畏权势，秉笔直书的史家，即便是在大兴文字狱的清代，也不乏其人。如清代著名史学家全祖望，生活在文字狱迭兴的雍正、乾隆年间，他不避文网，不怕灭族，著史大量表彰明季忠烈，获得"直笔昭垂，争光日月"的盛赞。

面对这些用生命和献血捍卫历史真相的正直史官，即便是专制君主也心存忌惮。如唐太宗谨言慎行，"守而勿失"就是"欲史氏不能书吾恶也。"（《新唐书·褚遂良传》）为使史官能够做到据实直书，中国古代还形成了君主不观当代国史之制。据《贞观政要》记载道：

贞观十三年（公元639年），唐太宗向谏议大夫兼知起居事褚遂良提出，想阅读史官所作的起居注。褚遂良说："今之起居，古之左右史，以记人君言行，善恶必书，庶几人主不为非法，不闻帝王躬身观史。"唐太宗问："朕有不善，卿必记耶？"褚遂良答："臣闻守道不如守官，臣职当载笔，何不书之。"黄门侍郎刘洎进言道："设令遂良不记，天下亦记之矣。"坚持没有让唐太宗看起居注。一年后唐太宗又对房玄龄说："朕每观前代史书，彰善瘅恶，足为将来规诫。不知自古当代国史，何因不令帝王亲见之？"房玄龄对曰："国史既善恶必书，庶几人主不为非法。止应畏有忤旨，故不得见也。"唐太宗说："朕意殊不同古人。今欲自看国史，盖有善事，固不必论；若有不善，亦欲以为鉴诫，使得自修改耳，卿可撰录进来。"房玄龄遂撰高祖、太宗实录各二十卷，表上之。甲

甲 [唐]吴兢. 贞观政要·卷七·文史[M]. 长沙：岳麓书社，1991.

由这段记载可知：其一，君主不观当代国史之制古已有之，其目的是为了保证史官能够据实直书。尽管唐太宗寻找各种理由借口，最后看到的也只是《实录》，而非更原始的《起居注》。即便如此，唐太宗仍受到后人的非议。其二，据实直书，善恶无隐的治史传统已深入人心，并成为史家修史所必须遵循的原则。

整个中国传统社会中，那些仗义直书、书法不隐的史家，备受人们尊敬，而那些趋炎附势、曲笔媚主者则遭到世人鄙弃。刘知几在《史通》中，专写《直书》篇，期中写道："盖烈士殉名，壮夫重气，宁为兰摧玉折，不作瓦砾长存。若南、董仗义直书，不避强御；韦、崔之肆情奋笔，无所阿容，虽周

身之防有所不足，而遗芳余烈，人到于今称之。夫王沈《魏书》，假回邪以窃位，董统《燕史》，持谄媚以偷荣，贯三光而洞九泉，曾未足喻其高下也。"[甲]正是这些正直的史学家，捍卫了史学的纯洁性和神圣性，代表着中国传统士大夫的不屈气节，堪称中华民族的脊梁。他们不仅为我们留下了大量的"信史""实录"，更为我们留下了秉笔直书高贵精神。

2. 殷鉴通变的历史意识

"殷鉴"一词出自《诗经》"殷鉴不远，在夏后之世""宜鉴于殷，骏命不易"（《诗经·大雅·荡，大雅·文王》），说明早在先秦时期，中华民族的先民就形成了以史为鉴的观念。留存至今的先秦典籍之中记载的各类古代圣王先贤的事迹，虽内容互有抵牾，但借鉴历史以指导现实的功用则是确凿无疑的。[乙]故有学者称："周初统治者为了周朝的政治前途对历史所作的思考和总结，特别是对历史经验教训的认识和应用，是先秦最为突出的历史意识。""对历史经验和教训的思考，主要凝结成以史为鉴的意识。"[丙]

先秦时期的"殷鉴"意识经过历史的发展与沉淀，已经成为历代修史者自觉的追求。司马迁《史记》撰写于西汉武帝时期，恰逢汉王朝发展的繁盛时期。但在《史记》之中，司马迁着力将秦始皇和汉武帝加以比较，对两人好大喜功、大兴土木、浪费民力国帑、寻访仙道长寿、封禅巡游等等事迹皆加以对比，其目的就在于警戒西汉统治者，不要忽略繁荣背后隐藏的危机，避免重蹈秦二世而亡之覆辙。

魏晋南北朝时，历史借鉴功能较为偏重为对治国措施的探讨，"与儒学、玄学的说教和缥缈相比，史学具有具体生动的特点。"[丁]裴松之在《上三国志表》中就建议宋文帝要多读史书，从中汲取治国经验，"虽一贯坟典，怡心玄赜，犹复降怀近代，博观兴废。将以总括前踪，贻诲来世。"这样才能"智周则万理自宾，鉴远则物无遗照。"[戊]

北宋司马光编撰《资治通鉴》更是着眼于史学的"殷鉴"功能。司马光撰修此书因他认为"纪传之体，文字繁多，虽以衡门专学之士，往往读之不能周浃"，更何况帝王"日有万机，必欲遍知前世得失，诚为未易"，因此他计划"上自战国，下至五代，正史之外，旁采他书，凡关国家之盛衰，系生民之休戚，善为可法，恶为可戒，帝王所宜知者"编为一书，"庶几听览不

[甲] [唐]刘知几. 史通·卷七·直书.

[乙] 杜维运. 中国史学史（一）[M]. 北京：商务印书馆，2010：35.

[丙] 谢贵安. 中国史学史[M]. 武汉：武汉大学出版社，2012：56.

[丁] 谢贵安. 中国史学史[M]. 武汉：武汉大学出版社，2012：118.

[戊] [晋]陈寿. 三国志注·上三国志表. [南朝宋]裴松之，注.

劳，而闻见甚博。"[甲]宋神宗认为该书"尽古今之统一，博而得其要，简而周其事，是亦典刑之总汇，册牍之渊林矣"，从鉴前世之兴衰考当今得失的角度赐书名为《资治通鉴》，强调的正是史学鉴古知今的功用。至于唐太宗李世民说的"夫以铜为镜，可以正衣冠；以古为镜，可以知兴替；以人为镜，可以明得失。朕常保此三镜，以防己过"，更是成为中国人耳熟能详的典故。这种重视对历史经验的总结和借鉴的历史意识绵延千载而不绝。

中国传统史学思想的一个文化内涵是"通变"思想，"通"即会通，"变"即演变。中国史学家将"通"与"变"结合起来，作为一个完整的概念以表明社会和自然事物一样，都是在不断运动中的，如同日月盈虚变动一般呈现出盛衰的变动。此即《周易·系辞》所言："形而上者，谓之道；形而下者，谓之器；化而载之，谓之变；推而行之，谓之通。举而错之天下之民，谓之事业。"

中国传统史学中强调"通变"的意义在于意识到历史是一个不断变化的过程，古今不能割裂，亦不可泥古不化。在史学方法上，强调"会"，就是会聚文献，综括史事，包容各种事理，从横的方面把各种书籍和学术内容汇集于一书；在史学思维上，强调"通"，就是要贯通古今，穷原竟委，从纵的方面把整个历史连贯成一个整体，使古今连接，时代相继，分析前因后果，考究普遍法则。可见，"会通"的理念就是强调古今贯通，把历史作为包罗万象的整体和前后相续的过程考察，探究其结构层次和演变轨迹，说明其具体动因和终极缘由。

举例而言，西汉司马迁在《史记·货殖列传》曾说："故物贱之征贵，贵之征贱，各劝其业，乐其事，若水之趋下，日夜无休时，不召而自来，不求而民出之。岂非道之所符，而自然之验邪？"可见，司马迁已经意识到历史的兴衰起落，社会经济的演进变化，是不言自明的自然之事。南宋郑樵也强调"通变"，说："天下之理，不可以不会，古今之道，不可以不通。""百川异趋，必会于海，然后九州无浸淫之患；万国殊途，必通诸夏，然后八荒无壅滞之忧。会通之义大矣哉！"[乙]只有"会通"才能"极古今之变"，并依此原则而撰成《通志》。

总之，中国传统史学所说之"通变"就是强调"把历史的变与不变联系起来，是把论历史大势走向与说历史兴亡联系起来，是在一定条件下论说社会变革与对历史的借鉴意义。"[丙]这

甲 [宋]司马光. 司马温公集编年笺注·乞差刘恕赵君锡同修书奏[M]. 成都：巴蜀书社，2009：127.

乙 [南宋]郑樵. 通志·总序[M]. 北京：中华书局，1987.

丙 吴怀祺. 中国史学思想通论. 总论卷·历史思维论卷[M]. 福州：福建人民出版社，2011：214.

种文化内涵塑造了中国人与西方人的历史理性：在古代中国人看来，知识或真理必须从永恒的运动变化中去把握，在希腊人看来，知识或真理只能从永恒的常在中去把握。古代中国人不认为天或天命是一种不变之常，而是一种变化中的常。所以，对于这样变化中的常，不能用抽象的思辨去理解，而只能置于历史的运动过程中去把握。[甲]

> [甲] 刘家和. 论历史理性在古代中国的发生[J]. 史学理论研究, 2002 (2).

3. "国亡史存"的文化理念

中国传统史学中蕴含着一种超越政权更迭强调文化传承的观念，即"国亡史存"的文化理念。当然，古时之"国"并非近代意义上的国家，更接近于古人所谓的"天下"或人文群体的全部（民族）。在古人看来，亡国与亡天下有着区别：国家兴亡，肉食者谋之；天下兴亡，匹夫有责。因此朝代更迭、王朝解体并不意味着民族的绝灭。只有国史散佚，文化消亡，才标志着民族的沦亡。正是在这种意义上古人高呼，"史也者，天下之公器也"，"国"可亡而史不可亡。

在中华民族数千年的发展历程中，朝代更迭频繁，中原板荡之际，史官时有弃"国"出奔，"抱史"而行之举。早在夏代就有夏太史令终古抱史出走之事。史载："夏太史令终古出其图法，执而泣之。夏桀迷惑，暴乱愈甚，太史令终古乃出奔如商。"[乙]

> [乙] [秦]吕不韦. 吕氏春秋·先识览第四.

"国亡史存"在中国传统的政治文化心理中具有双重内涵，在征服者与代兴者的眼中是指亡人之国而不要亡人之史，在被取代者的心中则是国可亡但与之相关的记载则不可亡。简言之，有可亡之国，无可亡之史，文化传承高于政权更迭。于是，存故国之史以报故国成为中国传统士大夫在朝代鼎革之际的一种自觉行为。唐安史之乱后，为了《国史》的保存和流传，韦述"抱《国史》藏于南山，经籍资产，焚爇殆尽"，还曾被迫一度担任"伪职"。乱平后，韦述被流放至渝州，因受刺史薛舒困辱，绝食而死。后其外甥萧直上疏说韦述"于苍黄之际，能存《国史》，致圣朝大典，得无遗逸，以功补过，合沾恩宥"，于是朝廷追赠韦述右散骑常侍。（《旧唐书·卷102·韦述传》）元灭金之后，元好问认为金朝虽亡，但"不可令一代之迹泯而不传"，主动承担起为金修史的责任，"凡金源君臣遗言往行，采摭所闻，有所得辄以寸纸细字为记录，至百余万言。""晚年尤以著作自任，以金源氏有天下，典章法度几及汉、唐，国亡史作，己所当任"。（《金史·卷84·元好问传》）

元攻破南宋都城临安，董文炳告诫手下曰："国可灭，史不可灭。宋十六主，有天下三百余年，其太史所记具在史馆，宜悉收以备典礼。"（《元史·卷156·董文炳传》）在元亡之际，史官危素趋报恩寺，欲投井自尽以尽忠报国。僧大梓曰："国史非公莫属，公死，是死国史也！"素以此不死。^甲

明亡之后，明遗民以撰修明代史书来寄托故国之思，竭力收集整理明代史事，出现了被史家称之为"明遗民史学"的现象。^乙陈鼎"惧史之失传也，乃囊笔奔走海内，舟车所遇，足迹皆至，计二十余年，兼访死难死事忠臣义士，得四千六百余人，节妇烈女在外，择其事实，作《忠烈传》六十余卷。"^丙吴邦策在北京沦陷之后，"恐变生仓促，若使一时铁笔无传，必致千秋信史失实，苦心搜访，并吏部告示、名字私记，藏之发中。"^丁除了收集和整理明代史料之外，还有很多史家专注于撰写明代历史，张岱和谈迁便是其中翘楚。两人的史学成就获誉甚高，清代著名历史学家邵廷采在《明遗民所知传》中曾说："明季稗史虽多，而心思漏脱，体裁未备，不过偶记闻见，罕有全书。惟谈迁编年，张岱列传，两家俱有本末。"^戊

张岱，撰有《石匮书》和《石匮书后集》。他认为"有明一代，国史失诬，家史失谀，野史失臆，故以二百八十年总成一诬妄之世"，故决心撰修一部公正记载明代历史的史书。张岱从崇祯元年（1628年）开始编撰当代史著，明清鼎革之际，张岱投身于鲁王监国政权的抗清斗争中，失败后，失去了家中的土地、房屋、财产和奴仆，"国破家亡，无所归止，披发入山，駴駴为野人"，几次准备自杀。但因撰修明史的心愿未了，故暂苟活于世，过着"瓶粟屡罄，不能举火"，"布衣蔬食，常至断炊"的贫穷和颠沛流离的生活。至顺治十一年（1654）经过五易其稿，九正其讹，前后共耗时27年时间终于纂成了《石匮书》。但因缺乏崇祯一朝的史料，故全书对崇祯史事阙而不撰。直至康熙初年，谷应泰提督浙江学政时，收集到崇祯一朝十七年的邸报等资料，特邀张岱参与修撰《明史纪事本末》，张岱得以补写崇祯朝纪传及南明史事，纂成《石匮书后集》。张岱取得的史学成就，被时人所看重，获誉"当代史家，无逾陶庵"。^己

谈迁，明末清初著名史学家，撰有编年体史著作《国榷》。谈迁自幼刻苦读书，发现《明实录》的部分内容存有问题，故决心编撰一部精审可靠的明代编年体通史。为此，他"汰十五

甲 [清]黄宗羲. 黄宗羲全集[M]. 杭州：浙江古籍出版社, 1993: 78.

乙 阚红柳. 清初私家修史状况研究：以维护明王朝的史家群体为中心[J]. 辽宁大学学报, 2005（4）.
姜胜利. 明遗民与清初明史家[J]. 安徽大学学报, 2003（1）.

丙 [清]陈鼎. 东林列传·自序.

丁 [清]吴邦策. 国变录·自序.

戊 [清]邵廷采. 思复唐文集·卷三[M]. 杭州：浙江古籍出版社, 1987.

己 [清]张岱. 张岱诗文集[M]. 上海：上海古籍出版社, 1991: 23.

朝之实录，正其是非；访崇祯十七年之邸报，补其阙文"，前后共六易其稿终成《国榷》一书。但顺治四年（1647年）八月书稿被窃，多年心血毁于一旦，是年53岁的谈迁决心重头再写："吾手尚在，宁遂已乎！"又经过4年的努力，终于再次修完初稿。直至顺治十四年冬，病逝于平阳之前，谈迁生前一直随身携带，随时修订。（《清史稿·卷501·谈迁传》）从28岁开始，到67岁谢世，前后历时三十余年。全书取材精审，史事可靠，敢于直书。对明太祖杀戮功臣、建文朝史实和建州女真真相等，均能做到如实直书。

明遗民还逐渐将史笔从私修转向官修上面，参与了清廷官修《明史》的活动。清廷于顺治二年宣布编修明史，有为前朝盖棺定论之意。但当时的明遗民对清廷缺乏认同，并对"复明"仍抱希望，故对官修明史不予理睬。康熙十八年（1683年），政治形势已经发展变化，此时清廷大举博学鸿儒科，招募学行兼优，文辞卓绝的明遗民入明史馆修史。一部分明遗民出仕清廷，成为明史修撰官，如潘耒、汪琬、朱彝尊等；一部分遗民则仍拒绝出仕，如黄宗羲、顾炎武、梅文鼎、万斯同、刘献廷等，但他们同意以民间身份协助纂修《明史》。万斯同寄寓在京，协助清廷修纂明史，"布衣修史"前后达二十余年，目的只在于"以任故国之史报故国"，"吾所以辞史局而就馆总裁者，惟恐众人分割操裂，使一代治乱贤奸之迹，暗寐而不明耳。"甲故万斯同被认为是《明史》撰修工作的实际主持者。黄宗羲虽依然坚持不与清廷合作，但却愿意为史馆提供史料和审定史稿。顾炎武曾向其外甥史馆总裁徐元文提出修史的建议，并声称"此虽万世公论，却是家庭私语"乙，表明参与修史与其政治立场无关。从以上数例，彰显了传统史家不阿附权贵的气节和以保存民族文化为己任的历史担当，堪称中国传统知识分子之楷模。

结语

中国传统史学在中国传统文化中居于重要地位，取得了令后人瞩目的成就，远逾古代欧洲史学的成就，在世界文明史中占据一席之地。源远流长的中国传统史学，成果丰富，特点鲜明，其所蕴含的独特文化内涵彰显了中国传统知识精英的精神风貌和文化气质。

甲 钱大昕. 万斯同传//钱大昕. 潜研堂文集·卷三八[M]. 北京：商务印书馆，1935.

乙 [清]顾炎武. 亭林诗文集·卷三·文集·与公肃甥书.

第十五章
走向世界的中国文化

"中国传统文化向何处去?"一百多年来,这个问题始终困扰着我们这个古老的民族。每当中华民族处于历史的十字路口时,思想界便会出现一轮反省与讨论传统文化的热潮。今天,当整个人类面对21世纪带来的新的机遇和挑战时,当中华民族能够自主、自觉并自信地走向世界、走向新世纪、走向全球性的现代化时,我们得以再次以一种新的眼光和视角重新审视和思索这一问题。

一、世界格局中的中国文化

15、16世纪以后,人类航海技术的进步促成了新航路的开辟和地理大发现,使人类文明的通道从陆路与近海转向大洋。同时,由地理大发现引起的商业大革命,通过以西欧为中心的世界贸易网把原先封闭半封闭的地区经济联系起来,形成资本主义的世界市场。这样,就根本改变了东西两半球相对隔绝发展的格局。在人类历史上第一次出现了东西两半球的汇合与全球一体化的新进程,人类的历史从此在"愈来愈大的程度上成为全世界的历史"[甲]。正如马克思、恩格斯在150年前所指出的,由于世界市场的开拓,一切国家的生产和消费都成为世界性的;物质的生产是如此,精神的生产也是如此,各民族的精神产品成了公共的财产;民族的片面性和局限性日益

[甲] 中共中央马克思恩格斯列宁斯大林著作编译局. 马克思恩格斯选集: 第1卷[M]. 北京: 人民出版社, 1972: 51.

成为不可能。于是，由许多种民族和地方的文学形成了一种世界的文学。（此处的"文学Literature"一词，是指科学、艺术、哲学等方面的著作）^甲。特别是20世纪以来，随着科学技术的发展，现代交通技术、航空航天技术、信息技术使人们在地理空间上的距离越来越小，人类正在形成一个朝夕相处，休戚相关并且相互感应的整体。因此，从这个意义上讲，一部人类近现代史，就是人们打开眼界，走向世界的历史。所以，我们今天讨论中国文化的走向和发展，也必须从近现代人类发展的整体观念出发，在多元性世界中寻找和把握中国文化走向世界的独特方式和历史进程。

（一）传统中国的"世界"观念

中华民族是世界上最古老的文明民族之一，它曾以自己的勤劳和智慧创造了灿烂的文化，并对世界文明发展的进程做出了重要贡献。

但我们必须清醒地看到，我们祖先创造的华夏文化，是在与古希腊文化、埃及文化和巴比伦文化相对隔离的情况下发展起来的。事实上，中国和西方在远古和中世纪很少有直接交往，彼此也没有什么很多的直接知识。在近代以前，东西两半球的不同文化圈是处在彼此隔绝、相对独立的状态中的。像我们熟悉的玛雅文明、古希腊文明、古印度文明、巴比伦文明和中国文明，都是在互不相知的情况下独立发展起来的。所以，古人总以为自己的居住地就是世界的中心。在这一点上，古希腊、罗马、阿拉伯人如此，我们的先人也未能免俗。

中国人在很长历史时期，曾把自己居住的地方视为世界的中心，同时把自己的华夏文化以及这种文化包含的价值规范，视为普天之下文明存在的唯一形态。在古代中国人的观念中，"天下"是由"九州分野"以内的华夏人与这一分野之外的"夷狄"共同构成的。正如宋人石介所著《中国论》中所述："天处乎上，地处乎下，居天地之中者曰中国，居天地之偏者曰四夷。四夷外也，中国内也。天地为之乎内外，所以限也。"在这个"世界"体系中，华夏人独得"奉天承运"的"礼乐教化"，自然处于天下的中心，而"化外之民"的"夷狄"，如众星拱月，只能四方来朝。他们不是以平等角色参与这个世界的，只能作为附庸，臣服、侧身于这个体系中。并且，依其与"中国"

甲 中共中央马克思恩格斯列宁斯大林著作编译局. 马克思恩格斯选集：第1卷[M]. 北京：人民出版社，1972：254–255.

的方位关系，他们被称为"北狄""东夷""南蛮""西戎"。所以，历代中国统治者都把自己的朝廷称为"天朝"，皇帝不仅是"中国"的君主，而且是"天子"。"君天下者曰天子"。"惟秦皇兼有天下，立名为皇帝。"所以，皇帝不仅要"莅中国"，而且要"抚四夷"，使之"遐迩一体""兼容并包"。而向"四夷藩邦"传播华夏文化，则是"天朝""加惠四海、视民同仁"的道义上的责任与使命。正所谓"吾闻用夏变夷者，未闻变于夷者也"（《孟子·滕文公上》），因此，从"严夷夏之大防"到"用夏变夷"构成了传统中国面对"世界"格局的基本信念和思路。也正是在这个意义上，可以说，传统的中国人只有"天下"的观念，没有"世界"的观念。

这种观念形成的原因是多方面的：

（1）东亚大陆得天独厚的自然条件和地理生态环境孕育了华夏民族以农耕经济为主体的经济生产形态。稳定的农业社会和少有变化的经济结构，使中国古代的帝王陶醉于万物皆备，"惠此中国，以绥四方"（《诗·大雅·民劳》）的理念中。他们把"皇天眷命，奄有四海""无怠无荒，四夷来王"（《尚书·大禹谟》）视为治道的理想境界；而农耕经济的自给自足性，也使安土重迁的华夏民族往往不像古老的商业航海民族与游牧民族那样，把走向遥远的外部世界视为谋生的必由之路。所以，尽管"丝绸之路"在公元前就已开辟，但来往于路上的多是中亚和阿拉伯商人，而似张骞、玄奘般的中原人却少得可怜，以至令人肃然起敬，难以望其项背。所以，尽管中华民族较早就具备了出色的航海能力，到唐宋时期又开辟了"海上丝绸之路"，甚至出现了郑和下西洋的历史壮举。但这些壮举，往往服从于中国统治者夸示海外，"远抚蕃夷"的目的，始终未能形成与外部世界的双向交流与开放。

（2）华夏民族是在与其他古代文明相对隔绝的特殊条件下创造和发展了自己的文化的。华夏文明孕育于亚洲东部的黄河、长江流域，这个区域远离地中海和印度河。它东南面临大海，北面是浩瀚的戈壁沙漠、干旱草原和人类难以生存的西伯利亚森林与寒原；南面则是热带丛林和被称为世界屋脊的青藏高原，只有河西走廊连接着一条漫长又充满险阻的"丝绸之路"，使古代中国与中亚文明之间保持着时断时续的联系。这种特殊的地理环境，对以陆路交通为主的古代中国而言，限制了它与其他古代文明的双向交流。所以，古代华夏先民在主观上,从未曾意识到希腊、罗马、埃及这些古代文明作为与华夏文明不同的异源文化的存在。他们只能把自己的华夏文化以及这种文化包含的价值规范作为普天之下文明存在的唯一形态。

(3) 华夏文化与周边其他文化相比,曾在相当长一段时间内作为主导型的文化存在,并在它的周边形成了一个"儒教化的经济文化圈",而且从来没遇到过真正意义的外来挑战。在近代西方文明侵入之前,古代中国周围的朝鲜半岛、日本列岛、印度支那半岛和北面的游牧民族虽然具有相当强大的军事实力,并多次以武力入侵中原,但在文化上却是弱者,最终总是被中原的华夏文化所同化。于是,人们就开始陶醉于这种对于惩服者的文化同化的"胜利"之中,越发深信天下没有比华夏文化更伟大、更辉煌、更尊崇和更值得自豪的文化,因此,便对世界关起了大门,把自己同外界隔绝开来,对一切外来文化统统不屑一顾。环境越封闭,眼界越狭小;眼界越狭小,心理便越自大。当我们回首历史的时候,呈现在我们眼前的正是这样一个自我设计的怪圈。古代中国就是在这个怪圈中做着华夏中心主义的梦。

总之,这种特殊的地理环境和生产生活方式,唯我独尊的国际环境和文化优势地位,强化了中国历史发展的单元化格局。同时,也构成了传统中国以自我为中心的"世界帝国"——"天下国家"的观念。这种观念极大地阻碍了中国向西方学习和借鉴。这可以从东西交往中的人员来往情况看出。自张骞出使西域后,中国同中亚、西亚建立起了联系。但是,在相当长时期内,中国和欧洲并没有建立起直接的联系。东汉甘英最远所至也只是古罗马帝国所辖西亚属地叙利亚。自公元166年大秦王遣使来中国后,欧洲常有使节来中国,但中国却没有人去欧洲。史籍也载大食使者来唐36次,但中国却没有人到过大食。13世纪,蒙古人征服了欧亚大陆,中西交通较之过去要便利得多,但是中国人到欧洲的寥寥无几。直至19世纪之前,总共只有3个人因偶然机遇到过欧洲并留下了记述:1287年奉伊尔汗之命出使欧洲的维吾尔景教徒巴琐马,1707年随耶稣会士艾约瑟去罗马教廷的樊守义,1782年被外国船救起并因而遍历海中诸国的谢清高[甲]。由此可见中国人"足己自封,于外事不屑措意"的程度了。

世界文明的历史和人类学家的研究都已证明,在没有文

甲 钟叔河. 走向世界[M]. 北京: 商务印书馆, 2000: 35.

化冲突与交流的封闭状态中，一种文化的发展和嬗变的进程总是迟缓的。中国社会在长达两千多年的历史过程中，只有积累性的渐变，没有飞跃性的突变。中国的独特文化传统就是在这种历史环境中塑造出来的，它又反过来加固了这一渐变的发展格局。在公元1600年以前，中国的文化在许多方面都优于欧洲。经过传教士介绍过去的中国古代哲学思想对莱布尼茨、伏尔泰、魁奈等人产生了深刻的影响。莱布尼茨就曾经说过："我几乎相信，中国应派教士来教我们自然哲学的宗旨与实行，好像我们派教士教他们由神启示的哲学。"伏尔泰也说："欧洲的王室与商人仅知在东方寻找财富，而哲学家则于此发现一新的道德与物质的世界。"[甲]也就是说，在公元1600年以前，我们尚且有借口不学习西方，看不起西方。但在公元1600年以后，西方蓬勃发展并很快超过了中国，到这时仍抱着残缺的中国中心观，拒不学习西方先进的文化，就没有任何理由了。

甲 钟叔河. 走向世界[M]. 北京：商务印书馆，2000：32-33.

华夏中心主义极大地妨碍了上至中国统治者，下至普通百姓对西方的正确认识。鸦片战争时，英国的兵舰驶进了广州内河，而此时的道光皇帝竟不知英国在什么地方，有无陆路与中国相通。就连头脑清醒的林则徐、魏源等人，在开始时也曾以为英国兵的腿足不能屈伸，上了岸就不能打仗。所以，中国在鸦片战争中一败涂地就是必然的了。

（二）传统西方对中国的认识

古人对远方世界的认识之缺乏，不只中国而然。如果说，在传统中国的意识中，只有"天下"观念而没有"世界"观念的话，那么，在传统西方的观念中，"中国"也是一个难解的甚至是一个充满传奇色彩的谜。在近代以前，西方人对中国的认识也经历了一个漫长而曲折的历史过程。大致有如下特点：

1. 由茫然无知到逐步系统地研究，经历了一段漫长的过程

西方关于中国知识的最初来源之一是中国的丝绸。当中国丝绸经中东传入罗马时，穿中国丝绸一度成为贵族的时尚。于是当时的罗马人便称中国人为赛里斯人（Seres），即"丝绸国之人"。尽管从公元前4世纪的克泰西亚斯（古希腊著名学者）起，中国之名就已出现在西方的著作中，但事实上，居住在欧亚大陆西头的欧洲人对东方的中国人还是相当陌生的。以对中国的称谓而言，就有"赛里斯"(Seres)、"秦"(Thinae)、

"契丹"(Cathay)等多种方式。在古希腊、罗马时代关于中国的记载,往往荒诞不经。如克泰西亚斯就曾记载:赛里斯人身高逾十三肘尺,寿逾二百岁。生活在公元2世纪的波桑尼亚,则在其所著《希腊游记》中,把"赛里斯"当作厄里特里亚海中的一个岛屿,并说:赛里斯人用小米和青芦喂一种类似蜘蛛的昆虫,喂到第五年时,虫肚子胀裂开,便可从中取出丝来。虽然在公元前2世纪"丝绸之路"就开始形成,但中国与欧洲之间并无直接联系,其贸易活动一直是通过控制了"丝绸之路"的中亚诸国和阿拉伯人作为中间人来进行的。中亚诸国和阿拉伯人为了自身的利益,又极力阻碍中国与欧洲之间建立直接的关系。正如《后汉书》中记载:大秦(指罗马帝国)"王常欲通使于汉,而安息欲以缯丝与之交市,故遮阂不得自达。"由于缺乏直接交往,加之"丝绸之路"的时断时续,在马可·波罗之前,欧洲关于中国的知识范围十分狭小,对中国的地域概念尚未能从一个整体的地理概念上把握,有些记载还有明显的道听途说的成分。即便是"惠泽四方"的盛唐文化,其对外影响也主要在东亚、南亚和西亚,在当时的欧洲很难找到明确的记载。

尽管公元166年(后汉桓帝延熹九年)就发生了大秦王安敦遣使自海路到达中国,大秦与中国"始乃一通焉"的事件,但欧洲人得以比较频繁地到中国来,则是13世纪以后。这主要归功于蒙古人的统一欧亚。13世纪蒙古的征服,使东亚、中亚、西亚、东欧广大的土地和人民都在蒙古大汗统治之下。只要持有汗八里发出的金牌,人们便可以在欧亚大陆上通行无阻,极大地方便了东西之间的交通。欧洲人开始比较多地来到中国,这其中就有大名鼎鼎的马可·波罗。13世纪末问世的《马可·波罗游记》具有划时代的意义。由于马可·波罗在中国前后生活了20多年,书中关于中国的记载多达82章,分量最重,记载了当时中国的区域、民族、政治、经济、军事、风俗等内容;描绘了元大都、杭州等一批历史名城;介绍了中国当时的多方面的成就,其中大多数内容真实可靠,并能与中国的史料相印证。正如后世一些学者所言,"他用一种似乎令人更为难以置信的神奇的真实故事取代了由于无知和感情而使直到那时仍占突出地位的神奇传说"[甲]所以,有人说马可·波罗在欧洲人心目中创造了亚洲。马可·波罗关于"契丹"(中国)的描述给欧洲的影响是巨大而深远的。事实上,15世纪哥伦布发现新大陆完全是在无意中实现的,这个热那亚人原本的目的地正是

[甲] [法]雅克·布洛斯. 发现中国//国际汉学会. 国际汉学·第一辑[M]. 北京:商务印书馆,1995.

马可·波罗描述过的"契丹",寻找"契丹"是哥伦布终生的梦想。

15、16世纪新航路的发现,使欧洲人的视野更加扩大,大批传教士经海路来到中国,形成了继唐朝的景教和元朝的也温教之后第三次大规模的传教活动。这次传教活动从16世纪40年代到18世纪后期,持续了两个世纪。它的成就得益于以利玛窦等为代表的传教士的努力。他们在中西方之间充当了重要的桥梁——他们在向中国传授欧洲的科学和技术的同时,开始研究中国的宗教和文化,并向西方介绍中国的情况。这促使西欧的一些学者开始研究中国的文化和历史,形成了一系列关于中国的著作,如利玛窦于1559年至1594年先后完成了《中文字典》《四书译本》等著作;葡萄牙人克鲁兹1570年出版了《中华博物风志》;西班牙人门多萨1585出版了《中华帝国史》;奥地利人卫匡国1658年出版了《中国史初稿》;法国传教士冯秉正于1777至1785年编译出版了13卷本的《中国历史》……这些译著的出版事实上标志着西方"中国学"的创立。

当然,就总体而言,17、18世纪的"中国学"研究大多还具有非职业化的特点,一般以传教士为主,还包括一部分外交官、旅行家、商人。到19世纪初,西欧国家的学者开始进入中国内地,对中国进行考察。同时在其国内也设立了专门的教学学术机构。法国从1814年起在法兰西学院开设了《汉族、鞑靼和满族语言与文学》讲座,由欧洲中国学的先驱雷慕沙(Abel Remus at)和著名汉学家儒莲(Stanislas Julien)主持,1813年又在东方现代语言学院创设了"通俗汉语"讲座;英国1815年创建了马六甲英中学院(后迁至香港),由英国著名的汉学家理雅各(James Legga)主持,同时,又分别于1828年在牛津大学,1877年在伦敦大学、1888年在剑桥大学相继开设了中国历史、文化和语言课程。这表明,到19世纪西方的"中国学"已形成了专门的研究队伍、机构和方法,成为一门公认的学科。到19世纪后半叶,"Sinology"(中国学,或汉学)一词正式出现。

2. 西方对中国的认识在相当程度上存在着误解和偏见

从西方发现中国的历史过程来看,中国对西方人而言在相当程度上是一个充满传奇色彩的梦境。尤其是在马可·波罗之后,西方人从文艺复兴至18世纪启蒙时代以来关于中国的知识大部分是旅行家、探险家、传教士们怀着赞美、夸大及一厢情愿的心情描述着遥远的中华帝国的富庶、华贵、秩序、道德及伦理、智慧上的优越。被誉为"西方中国学之父"的普鲁士学者贝耶就曾在他的巨著《汉学博览》绪论中说："中国第一次活脱脱地给我们展现了一个全新的世界。它的人民受过那么良好的教化，遵循着他们祖上先贤的礼乐诗书的陶冶，他们礼貌、优雅、品性高贵。他们的这些光荣足以胜过我们这些欧洲国家。"甲

值得指出的是，当时的西方思想界、学术界盛赞中国是有着深刻的社会历史背景，并且带有明显的功利性的。有的学者并非真正了解中国，而只是把它作为一种理想的参照系来批判当时欧洲中世纪以来封建制度、宗教神权制度的沉滞和黑暗。启蒙运动的几乎所有杰出人物都写过中国的赞美诗，如莱布尼茨研究《易经》及中国秩序、伦理制度；伏尔泰写《中国孤儿》并盛赞中国文明的感化力；孟德斯鸠和卢梭在其著作中把中国当作圣地和理想国；甚至连美国的杰弗逊也曾称誉中国人是"天生的贵族"甲；尤其是中国的科举制度更为不少西方人所称道并直接启发了西方文官制度的产生。从这里我们可以看到，西方对中国文化的肯定，决非出于盲目的新奇，而是有着很强的功利目的的。

西方人对中国的认识除了带有明显的功利目的外，同时这种认识也是根植于西方文化传统和氛围中的。而且，包括传教士在内的早期汉学家，认识和研究中国文化的目的，在很大程度上是为其在中国布道传教服务的，是从西方的价值观出发的。因而就不可避免地带有明显的文化成见和偏见。比如有人认为中国的文字过于艰深难学，妨碍了中国人对其他知识的追求；中国人缺乏逻辑思维能力等。以写富于进取性和冒险精神的小说《鲁滨逊飘流记》而著名的笛福，就在他的小说里对中国充满鄙视和敌意；另一位英国船长乔治·安森也在1745年因他写了诬蔑中国的航海回忆录而一举成为"作家"，名噪一时。到19世纪，哲学家黑格尔则把中国说成是游离于世界历史发展之外的一个异数，它超越了现代西方文化所评判的自由和成长的主题之外，永远地封冻在人类精神发展的早期阶段；而美国作家爱默生说得更露骨，他认为，中国要想进入当代世界，必须为西方重新塑造。中国曾是"世界童年阶段的游戏场，但是现在它则必须被逼着来长大。"

19世纪随着工业革命西方各国逐渐强大，诸列强开始对

甲 王海. 对汉学流变的回顾与思考[J]. 上海师范大学学报（哲学社会科学版），1996：(2).

外殖民化，强占了亚非美澳的许多土地；而这时的中国由于清王朝的腐败统治，恰恰处于日渐衰弱的处境，科技与国势已经落后。西方对中国的态度也由赞美而觊觎，直到想要占有。必须指出的是，19世纪西方关于中国的舆论的误导也与当时的所谓"汉学家"的推波助澜的污蔑有直接关系。随着中国的衰弱和西方列强觊觎中国的野心日渐显露，清政府为了自保，开始排外并闭关自守，杜绝西方商人和传教士入境。于是这些被拒的传教士和商人恼羞成怒，为了争取其国内的支持和声援，他们办杂志、出书报，大造丑化中国的舆论。带着这种目的的研究，当然不可能公正评价和介绍中国。其中的偏见、误导甚至于谩骂是明显的。正是在这个过程中，到19世纪中叶时，在西方人眼中，"中国具有了一个既落后又无法发展、拥有巨大待夺取市场和待使用的劳动力资源之形象，总而言之是一种殖民地的形象开始取代由圣贤似的治理的帝国之理想化的形象"[甲]。

甲 [法]雅克·布洛斯. 发现中国//国际汉学会. 国际汉学·第一辑[M]. 北京：商务印书馆，1995.

值得注意的是，中国与西方的真正相遇，正是在这种舆论环境中发生的，并由此开始了两个世界、两种文化的悲剧性的冲突。

（三）两个世界、两种文化的冲撞

中国文化与外来文化在历史上曾有过几次较大的接触与冲突。一是佛教东来。东汉以后，印度佛教传入中国，和中国以儒家思想为主体的文化发生冲突，中国文化通过吸收印度文化丰富和发展了自己，形成了中国化的佛教（禅宗）和宗教化的儒学（理学）；二是基督教东渐。明清之际，以利马窦为代表的一批欧洲传教士以学证教、借学布道，在传布天主教的同时，给中国带来了西方的近代科技与文化（主要是天文历算、舆地、数学、物理学、兵器制造以及某些科学实验等）。在一定程度上打开了中国人的眼界，促进了当时经济与科学的发展；第三次中外文化的接触，发生于中英鸦片战争以后的近代。这次文化接触不是以正常的文化交流形态出现，而是与外来侵略、民族压迫同时出现于中国社会。它的性质、规模和对中国社会的巨大影响，都远远超过了前两次。正是通过这次全方面的冲突，使中西两个世界真正地相遇，并且在冲突中交融。

近代社会在世界史的意义上，是由传统的农业社会向工业社会过渡。中西文化的冲突是全方位的，它绝不是所谓东方精神文明与西方物质文明之间的冲突，而是古老的东方与近代崛起的西方在物质文明与精神文明两个方面的全面冲突。因此，近代以来关于中西文化的论争与思辨的本质，是在近代社会历史环境中，在近代工业文明与传统的农业文明发生必然撞击的时代中，中华民族关于自身生存方式的思考与选择。"呜呼！世变至此极矣！中国三千年以来所守之典章法度，至此而几将播荡澌灭，可不惧哉？"[甲]中国人，从至尊天子到庶民百姓，不管他愿意不愿意，都不得不面对他们不熟悉又不得不打交道的一个新的世界、新的时代和新的文化。于是，中西两个世界、两种文化便在这个意义上开始了悲剧性的冲突。

中西文化的冲突是全方位的。西方近代文化是伴随着侵略进入中国的，它在政治上、经济上危及中华民族的生存。但另一方面，它是新鲜的、进步的、诱人的，中华民族要想避免灭亡，就必须引进和接受这种文明的洗礼。这是一个二律背反。

从传统文化看，面对西方的侵略和挑战，要维护民族的生存与独立，必须确立民族文化的自尊心与自信心，确立自己民族文化的心理认同；但另一方面，严酷的历史和现实又反复提醒人们，为了民族的生存与发展，迎接新时代的挑战，又必须反省和批判传统文化。这又是一个二律背反。

一部中国近代史，充满了我们民族的屈辱和血泪。反复弹奏着这样一部悲怆的交响曲：掌握着近代文明的西方国家总是欺负我们，要强迫我们接受新的生产方式的洗礼；处于相对落后状态的中国，为了民族的生存又顽强地抵抗着这种冲击。文化的冲突又与侵略和反侵略的冲突纠缠在一起。这样，保守与改革、开放与封闭、西法与国粹之间产生了纷繁驳杂的冲突；而中国人的自尊心、自信心和自豪感又常与狭隘的民族主义、文化上的排外主义、复古主义形成错综复杂的历史纽结。挽救民族危机往往成为人们否定传统文化的出发点；而对民族传统文化的依恋和尊崇却又往往恰好窒息了民族生存和发展的生机。因此，中国近代以来的文化讨论，充满了悖论，也充满了智慧。

二、近代以来的文化论争

近代社会在世界史的意义上是由传统的农业社会向工业社会的过渡。然而西方和中国却经历了两条不同的道路。如果说，西方的工业化生产方式是脱胎于传统农业生产方式的母

甲 [清]王韬. 弢园文录外编 [M]. 北京：中华书局，1959：200.

体之中，通过对自身社会结构的调整和改组（包括和平的和暴力的）实现的。那么，在中国，向工业社会的过渡则伴随着痛苦、血腥的半殖民地化的过程。中国是在外力胁迫下进入近代的，一方面，必须跟上时代潮流，接受先进的生产方式的洗礼，另一方面，外族的入侵又必须引起反抗，反侵略战争又必然引起国内的民主革命。历史给近代中国提出的课题尖锐而复杂：要彻底地反对帝国主义，又必须学习西方的先进文化；要不妥协地反对封建主义，又必须沿着中国固有的历史传统前进；要实现工业化，又要避免资本主义带来的新的分化和新的痛苦。当我们把注意的目光着眼于整个历史过程，着眼于世界历史发展的高度，就可以清晰地看出，思想家设计的种种方案，构想的种种学说，都是对徘徊于半殖民地半封建的中国，如何走向工业化的社会，即走向现代化的探求和思索。中国历史文化的特殊性和中国走向近代世界的特有方式决定了中国实现工业化和现代化的道路不可能重复西方的老路，而必然通过一种新的社会形态和新的过渡方式。这也就决定了近代以来有关中国文化走向的讨论必然呈现出丰富性、多样性、复杂性和矛盾性的特点。

（一）中国文化从传统向近代转变的主要阶段

中国文化从传统走向近代大体上经历了三个阶段，即物质层面的文化变革、制度层面的文化变革和观念层面的文化变革。这三个阶段既反映了中国人对西方文化的认识水平的发展变化，也与中国探寻现代化的进程紧密相关。

第一阶段大体以鸦片战争引起的民族危机为起点。这个阶段的文化变革主要体现在物质层面上。

1840年的鸦片战争使中国开始步入近代社会。偌大的"天朝上国"面对西方的"坚船利炮"和"奇技淫巧"唯有迷惘和震惊。在西方近代文化的挑战面前，中国思想界"忌嫉之无益，文饰之不能，勉强之无庸……"[甲]只能面对现实，重新调整自己的思维。这一时期，无论是地主阶级的开明人士，还是农民阶级中的先进人物，都将思考的重心自觉或不自觉地转向对西方物质文明的认识上，认为只要学到西方的"船坚炮利""声光化电"，国家便可昌盛富强。地主阶级改革派探夷情、译西书，"创榛辟莽、前驱先路"[乙]，明确提出了"以夷攻夷""以夷款夷""师夷之长技以制夷"[丙]的著名口号，主张将"量天尺、千里镜、龙尾车、风锯、水锯、火轮机、自来火、自转磨、千斤顶之属

[甲] 冯桂芬. 校邠庐抗议.

[乙] 魏源. 海国图志叙.

[丙] 魏源. 海国图志叙·筹海篇.

等"利器"引入中国,"皆可于此造之"^甲。有意思的是,尽管农民领袖洪秀全看中的,首先不是中国人闻所未闻的"船坚炮利",而是农民阶级闻所未闻的"耶稣上帝",并以此寄托和满足小农的幻想和需求,然而,既然太平天国不是"更法"而是"造反",那么现实的斗争就必然迫使其不得不以钦慕的目光,关注围困天京的洋船,转而向"西洋番弟"求助"小洋炮"和"洋炮火嘴"了^乙;并以此去巩固那个"五母鸡二母猪","无处不均匀、无处不饱暖"的人间天国。

> 甲
> 魏源. 海国图志·筹海篇.

> 乙
> [英]哈利. 太平天国革命亲历记[M]. 王维周, 等, 译. 上海: 上海古籍出版社, 1997: 142–143.

19世纪五六十年代之交,这两股置于不同阶级载体的思潮,在某种意义上显示了一种共同的趋向——以"革故鼎新"为主旨《资政新篇》和以"采西学、置洋器"为要旨的《校邠庐抗议》,无论在内容上,还是在方法上都把各自阶级的思考向前推进了一步。冯桂芬的《校邠庐抗议》指出中国在"人无弃材""地无遗利""君民不隔""名实不符"方面"不如夷",主张"以中国伦常名教为原本,辅之以诸国富强之术"。洪仁玕则倡导"因时制宜、度势行法",用新闻纸、意见箱等西方片断的民主措施来充实按照封建政权模式所建立的农民王朝,双方的济世措施都是改革弊政、奖励工矿、购置洋器、发展农桑。正是在超越小农经济,发展近代工业的意向上,二者显得如此地类似,确有异曲同工之妙。

本来,这种指向大工业生产的思想萌芽应该直接由资产阶级来光大和发扬,然而中国民族资产阶级却如此地难产,以至于不得不由身为重柄权臣的洋务派来付诸实行。为了给封建国家奠定"千古不拔之基",他们向西方"觅制器之器",主持建立了我国第一批军事工业并兼及民用工业;设译馆、办书局、引进西方的自然科学;"选聪颖幼童,送赴泰西各国书院学习军政、船政、计算、制造诸学",开始了近代中国留学史……^丙。以"剿发逆"与"勤远略"为基础,"求强""求富"的洋务新政,实际上是在西方近代生产方式的挑战面前,封建国家的"自救"措施,这既是中西两种文化、两种不同生产方式相互作用的必然产物,也是中国文化走向近代的一个必经的阶梯。

> 丙
> [清]宝鋆, 等. 筹办夷务始末(同治朝)[M]. 北京: 中华书局, 2014, 卷25: 10, 卷82: 46.

第二阶段,以甲午战争失败引起的社会变革为起点,这个阶段的文化变革主要体现在制度层面上。

1894年的中日甲午战争和次年签订的《马关条约》,是中国近代史上一个重要的转折点。堂堂华夏帝国,虽经"洋务中兴",仍未能摆脱惨败于"蕞尔岛夷"的结局。封建国家几十年惨淡经营的"精良"水师，竟然会毁于一旦，紧接着的又是丧权辱国的割地、赔款……外力打击的巨大刺激，在人们的感情、理智上都留下了至深的重创。一时间"天下震动，举国廷诤，都人惶骇"[甲]。

> 甲 康有为. 公车上书.

历史现实迫使人们的政治意识再次发生转变。"甲午以前，我国士大夫言西法者，以为西人之长不过在船坚炮利，机器精良，……乙未和议成，士大夫渐知泰西之强由于学术"[乙]。此后，人们思考的重心，不再是西方物质文明的"形下之粗迹"了，而普遍地认为西方社会的政治制度、经济结构和文教设施等一整套的国家体制，才是优越于中国的"命脉之所在"[丙]，才是救国兴邦的关键。于是革新政治、变革"国体"，成为这一阶段文化变革的中心。

> 乙 梁启超. 戊戌政变记.
>
> 丙 严复. 论世变之亟.

以康有为、梁启超、严复为代表的改良派，从西方文化中搬来了进化论、民权论，强调"物竞天择，适者生存"；认为"东西各国之强，皆以立宪法开国会之故。国会者，君与国民共议一国之政法也，盖自三权鼎立之说出，以国会立法，以法官司法，以政府行政，而人主总之，立定宪法，同受治焉"[丁]。主张仿效日本明治维新和俄国彼得改革，"以俄大彼得之心为心法，以日本明治之政为政法"，在中国建立资产阶级君主立宪国家。从"公车上书"到"戊戌变法"，集中体现了这种主张。

> 丁 康有为. 请定立宪法开国会折.

以孙中山、黄兴为代表的革命党人，则举起了革命民主主义的旗帜，从西方文化中进一步搬来了天赋人权论和民主共和国的方案，提出了"驱逐鞑虏、恢复中华、建立民国、平均地权"的纲领，以美国独立战争和法国大革命为榜样，为建立民主共和国而奔走呼号，浴血奋战。

甚至连一贯坚持封建专制主义和文化保守主义的清政府也不得不派遣几个"考洋大臣"，摆一摆实行"新政"，"变通政治"的空架势，喊几句"法久则专，法弊则更"，"法令不更，锢习不破，欲求振作，须议更张"[戊]的高调子，并且相继推出了"新政"和"立宪"的骗局，以挽救处于穷途末路的专制统治。

> 戊 [清]朱寿朋. 光绪朝东华录[M]，北京：中华书局，1958：4655.

第三阶段，是以五四新文化运动为起点。这个阶段的文化变革主要体现在观念层面上。

辛亥革命建立的中华民国是中国近代政治制度上的重大变革。但国家体制的变化并未使中华民族走向民主、独立和进步。相反，在军阀政客的操纵下，中国再次陷入专制、混乱和黑暗之中。尤其是屈辱的"二十一条"和袁世凯的复辟更使人们放弃了对"共和国"招牌的幻想，从而把思考的眼光从变革国家体制转到对观念、文化和社会结构的变革上，开始用近代的观念和方法对中国的历史和现实进行深刻的反思。正如当时人们所总结的"社会文化是整套的，要拿旧的心理运用新制度，决计不可以，渐渐要求全人格的觉悟"[甲]。于是，以1915年《新青年》的创办为契机，新文化运动的狂飙猛然而起。陈独秀、李大钊、鲁迅、胡适等人，看到了文化背景、文化机制同社会改革不可分割的内在联系。他们举起科学与民主的旗帜，掀起了波澜壮阔的启蒙运动，努力用西方资产阶级的新文化、新道德、新思想、新观念，来彻底批判中国封建主义的旧文化、旧道德、旧思想、旧观念，以期唤起多数国民的"伦理的觉悟"，进行"国民性改造"。中国文化的变革进入了新时期。

与以前相比，这个阶段的思想更富于理性思辨的色彩。人们不再沉湎于制度的设计与规划，而是将思想深入到更深层的文化结构。思想家不再是简单直接地提出变革方案，而是将自己的主张融于某种观念、主义或文化背景之中。启蒙思想家以"科学"和"民主"为宗旨，试图彻底清除传统的封建文化，将西方近代的民主政治真正植根于中国的土壤之中；而传统的中国文化也从东西文化的比较中寻找自己的生存地位。

理性的升华使人们对东西方文化的感知达到了更高的层次。通过对东西方文化多方面的探讨，人们已开始逐渐扬弃对西方学说囫囵吞枣的学习方法，由学习"船坚炮利"、国家体制，进而深入到学习西方的"民主"精神和"科学"态度。学什么和怎样学成为这一时期中国思想界在学习西方问题上的主要课题。各种思想流派都依据自己的理解去选择、取舍。五四新文化运动后，中国思想界在东西文化问题上主要有三派："东方文化派"已不再死守"国粹"，而是力求在东西文化的融合中寻求自己的生存价值。他们在强调中国文化的"特殊性"时，也看到了文化"一定的时代性"[乙]；"科学方法派"主张"全盘西化"，但也不得不正视中国的传统文化，着手用近代的"科学"方法去"整理国故"；"唯物史观派"则开始探索在马克思主义指导下创立一种民族的、科学的"第三种文明"[丙]。如果说中国共产党的建立是"五四运动"后马克思主义与中国工人运动相结合的结果，那么这个结果则意味着马克思主义中国化的开始。中国共产党把来自西方的马克思主义创造性地运用于中国社会的

[甲] 梁启超. 梁启超选集[M]. 北京：人民文学出版社，2004：834.

[乙] 王新命，何炳松，武堉干，等. 中国本位的文化建设宣言[J]. 文化建设，1935，1（4）.

[丙] 李大钊. 东西文明根本之异点[J]. 言治，1918，7（3）.

变革事业，形成了既渗透着近代西方辩证唯物论的精神，又洋溢着中国气派和中国风格的毛泽东思想，并且把创造一种"民族的、科学的、大众的"新文化与现实的政治斗争相联系，积极探索有中国特色的现代化道路。当然，这是一个异常曲折、复杂、艰苦的动态过程。

（二）近代以来文化论争中的主要观点

近代以来，围绕着中西文化的关系以及中国文化的出路与前途等问题发生过多次文化论争。思想家们提出了不少观点和理论，其中影响较大的主要有以下几种观点：

1. "中体西用"说

"中体西用"是"中学为体，西学为用"的简称。这是鸦片战争后出现的一种观点，是广泛流行于19世纪60—90年代的一种社会思潮。这种理论一方面主张引进西方的物质文化，一方面又要捍卫中国传统的精神文化。这一思想最初的表述见于早期改良派冯桂芬的《校邠庐抗议》，即"以中国伦常名教为原本，辅之以诸国富强之术"。以后郑观应也提出"中学其本也，西学其末也；主以中学，辅以西学"[甲]。1896年，沈寿康在《万国公报》上发表了《匡时策》一文，明确提出："中西学问本自互有得失，宜以中学为体，西学为用"。赋予"中体西用"说以理论形态，并系统地加以阐述和发挥的是张之洞1898年问世的《劝学篇》。《劝学篇》全书以"旧学为体，新学为用"作主线，强调以"中学治身心，西学应世事"；主张以孔孟之道、纲常名教来"务本""正人心"，以办"洋务"、设"五学"（矿学、化学、电学、植物学、公法学）来"务通""开风气"，宣扬折衷新旧、汇合本末，使中学西学各得其所，中西文化各司其职。但实质上，它的根本主张是以西方器物技艺之用，维护中国纲常名教之体。这就是张之洞所说的："夫不可变者，伦纪也，非法制也；圣道也，非器械也；心术也，非工艺也。"[乙]

"中体西用"在洋务运动时期曾起过积极的作用，它在中国传统文化神圣不可侵犯的世袭领地上，为西方近代文化争得了一席合法的活动地盘，促进和加快了近代中国人向西方学习和中国近代化的进程。洋务运动就是在这个旗号下进行的。从这个意义上讲，它是中国文化走向近代的一个承上启下的重要环节。当然，"中体西用"的进步性是有限的，它企图使"体用"分离，将西学明确限于"用"的范围内，而维护封建制度

[甲] 郑观应. 盛世危言·西学.

[乙] 中国史学会. 中国近代史资料丛刊：戊戌变法（三）[M]. 上海：上海人民出版社，1957: 219-230.

之体，实现双重价值的互容性。这当然是行不通的，也就必然成为中国文化走向近代的严重阻力。到戊戌维新时，"中体西用"说就开始成为进步思想家批判的观点。

2. "东方文化"论

"东方文化"派的主要代表人物是辜鸿铭、杜亚泉、梁启超、梁漱溟、张君劢、章士钊等人。"东方文化"派一致认为，第一次世界大战标志着西方文化的破产，并认为东文文化是拯救西洋文化的良方。正如梁启超所言：西方文化在进化论和个人本位主义的推动下，崇拜势力、崇拜黄金成了天经地义，军国主义帝国主义，成了最时髦的政治方针，结果酿成世界大战的惨祸，并且认为"大海对岸那边有好几万万人愁着物质文明破产，哀哀欲绝的喊救命"，等着中国人去"超拔他"[甲]。但是在如何用东方文化拯救西方文化以及在中国如何吸取西方前车之鉴的问题上，东方文化派的观点是不尽相同的。杜亚泉主张东西文明的"调和"；章士钊提倡以农立国，主张一种叫作"贵平均之传统社会主义"；梁启超和张君劢则希望把中国传统的尽性赞化、天人合一、人己合一等人生理想、价值观念、道德准则与西方民主、科学、资本主义制度融合在一起，形成了一个"新文化系统"；梁漱溟反对中西融合，因为在他看来，中西意欲之所向不同，路向不同，他断言在不远的将来将是中国文化的世界性复兴。"东方文化"派在揭示中国文化的特点方面进行了有益的探索，提出了一些很有见地的观点，同时敏锐地看到资本主义文明的危机，并对资本主义的固有矛盾作了相当深刻的分析，有一定的理论价值。但"东方文化"派的文化主张是错误的，他们把资本主义制度的危机扩大为西方文化的破产，对新文化运动倡导的科学与民主表示怀疑，甚至企图以"东方文化"拯救世界，显然是行不通的。

3. "中国本位文化"论

1935年1月，由王新命、何炳松、陶希圣、萨孟武等十教授在上海《文化建设》月刊上联名发表了《中国本位的文化建设宣言》，正式提出了这个理论。"本位文化"论的核心观点是："此时此地的需要，就是中国本位的基础"，并且也就是建设新文化的依据，也是处理中西文化关系的准则。在对待中西文化的关系上，他们宣扬："把过去的一切，加以检讨，存其所当存，去其所当去"；"吸收欧、美的文化是必要而应该的，但当吸收其所当吸收，……吸收的标准，当决定于现代中国的需要！"[乙]

[甲] 梁启超. 欧游心影录//蔡尚思. 中国现代思想史资料简编·第一卷[M]. 杭州：浙江人民出版社, 1982: 237.

[乙] 王新命，何炳松，陶希圣，等. 中国本位的文化建设宣言//蔡尚思. 中国现代思想史资料简编·第三卷[M]. 杭州：浙江人民出版社, 1982: 766.

从抽象的原则上说，"中国本位文化"的提法并不错，它主张以中国现实需要为标准来取舍中西文化，在理论上批评了"全盘西化"论和"国粹派"的主张。但关键不在于这些理论和原则的抽象阐述，而在于如何具体判定"此时此地的需要"，因为它关系到实际上要建设什么样的文化的问题。对于这个关键的问题，本位文化派是这样回答的：现在西方世界有三套文化，即英美的资本主义、意德的国家主义和苏俄的共产主义，但这三者都不合于中国国情，中国需要的是"第四套文化"[甲]。什么是"第四套文化"呢？《宣言》的后台人物陈立夫说："'将我固有之道性智能从根救起，对西方发明之物质科学迎头赶上'二语，实足为中国本位文化建设之方针也。"[乙]由此可见，所谓"中国本位的文化建设"，不过是"中体西用"的翻版而已！所谓"此时此地的需要"，更是当年蒋介石的文化统治政策的一种障眼法罢了。连胡适也看出了其中的把戏，称它是"中体西用"论"最新式的化装"[丙]。因此，这个观点在当时就为进步的思想界所唾弃。

4. "全盘西化"论

这个理论的正式提出是1929年，其代表人物是胡适和陈序经等。胡适在此年为英文版《中国基督教年鉴》写过一篇题为《今日中国的文化冲突》的文章，在文中，胡适同时用了两个词来表达他的文化主张，一个词是Wholesale Westernization（全盘西化），一个词是Whole-hearted Modernization（充分现代化）。从此，"全盘西化"一词才流传开来。"全盘西化"本是胡适作为一个与"充分现代化"或"充分世界化"[丁]的同义口号提出的。陈序经接过这个口号，做了极端的解释，主张"百分之一百的全盘西化"，反过来批评胡适不够"全盘西化派，而乃折衷派中之一流"[戊]。对这一指责，胡适不以为然，公开声明"我是完全赞成陈序经先生的全盘西化论的"，因为"现在的人说'折衷'、说'中国本位'，都是空谈。此时没有别的路可走，只有努力全盘接受这个新世界的新文明"。"全盘西化"论主要是针对20世纪20—30年代以"东方文化"派和"中国本位文化"派为代表的文化保守主义而提出的，在当时具有反对封建复古主义、反对国民党文化专制主义的积极意义。而且，在理论上主张文化的整合性和时代性，强调了物质文明精神文明的统一性。"全盘西化"论的错误是在强调文化的整体性时，把它看成了机械的统一；在强调文化的时代性时又忽略了文化的民族性和阶级性。更重要的是，"全盘西化"论对中国文化采取了民族虚无主义的态度，这在现实中是有害的。

甲 陶希圣. 对中国本位文化建设宣言的几点补充意见//马芳若. 中国文化建设讨论集[M]. 上海：经纬书局, 1935.

乙 陈立夫. 文化与中国文化的建设//钟离蒙, 杨凤麟. 中国现代哲学史资料汇编续集（第六册）[M]. 沈阳：辽宁大学哲学系, 1983.

丙 胡适. 试评所谓中国本位的文化建设//蔡尚思. 中国现代思想史资料简编·第三卷[M]. 杭州：浙江人民出版社, 1982: 194.

丁 胡适. 充分世界化与全盘西化//蔡尚思. 中国现代思想史资料简编·第三卷[M]. 杭州：浙江人民出版社, 1982: 198.

戊 陈序经. 全盘西化的辩护//蔡尚思. 中国现代思想史资料简编·第三卷[M]. 杭州：浙江人民出版社, 1982: 643.

5. 民族的科学的大众的文化

中国的新文化应该是"民族的科学的大众的文化",这个论断是毛泽东在1940年提出来的,是以毛泽东为代表的中国共产党人在总结了近代以来,尤其是五四以来的文化论争;继承了以鲁迅为代表的五四新文化运动的科学和民主传统;批判和否定了"全盘西化"论和"中国本位文化"论的过程中提出的主张。历史已经证明,它代表了中国新文化的正确方向。

1940年,毛泽东发表了《新民主主义论》,对新民主主义的政治、经济和文化做了经典性的阐述。关于新民主主义的文化,毛泽东是从狭义的即观念形态的文化角度进行论说的,他运用马克思主义的方法,准确地概括了新文化的性质,指出鸦片战争以后产生的新文化,是一种资产阶级的文化形态。在五四运动以前,它是由资产阶级领导的,是旧民主主义性质的文化;在五四运动以后,中国的新文化是由无产阶级领导的,是新民主主义性质的文化,属于世界无产阶级的社会主义文化革命的一部分。这样,毛泽东就从新文化的阶级性和时代性的统一性上,科学地解决了新文化的发展方向。

"民族的科学的大众的文化"是一个整体的科学概念。所谓"民族的",包含了两层意义:其一,"它是反对帝国主义压迫、主张中华民族的尊严和独立的,其二,它是我们这个民族的、带有我们民族的特性"。在这里,毛泽东特别强调文化的民族性,不仅包括文化的民族特征,而且也表现在文化交流中的民族主体意识;这种民族的主体意识不仅表现在吸收外来文化的主体选择性上,而且表现在消化外来的文化的能力上。也就是说,即使是外国的优秀文化,也不能完全照搬过来,而必须结合中国的实际情况,经过中国人自己的"消化",使之成为具有中国特点的文化,包括对马克思主义也同样必须采取这种态度。所谓"科学的",首先指其内容的科学性,"它是反对一切封建思想和迷信思想,主张实事求是,主张客观真理,主张理论和实践是一致的";其次是方法的科学性,即唯物辩证的方法。毛泽东在这里特别强调了对待中国传统文化应持的科学态度:一是不能割断历史,二是必须批判地继承。由此,划清了与民族虚无主义和文化保守主义的界限。所谓"大众的","即是民主的"。毛泽东特别强调新民主主义的文化"应为全民族中百分九十以上的工农劳苦民众服务,并逐渐成为他们的文化"。

《新民主主义论》提出的文化主张在中国近现代文化史上产生了巨大的影响，为中国新文化的建设指明了正确的方向。但同时，我们应清醒地看到，由于战争和政治等诸方面的复杂原因，中国文化从传统向近代的转型并未能很好地完成，从而给新中国的文化建设留下了一个重大的课题。

三、中国文化的展望

（一）20世纪80年代以来的文化讨论

近代以来，有关中国文化的讨论往往是与同时代面临的迫切问题紧密相关的。新中国的建立使这些在论争中提出的许多历史课题从实践上得到了解决，因而这方面的讨论一度渐趋沉寂。进入80年代以后，改革开放的中国开始面对一个日趋发展变化的国际环境，整个世界文化的格局也正在发生深刻的变化。中国社会本身也面临着在走向现代化的进程中，如何正确处理现代化和民族性、现代文化与传统文化等一系列关系的问题。这些问题的正确解决，对于建设中国特色的社会主义，真正实现中华民族的复兴和腾飞有着重要的理论与实践意义。事实上，80年代以来的文化讨论正是在这个背景下发生的。

如何认识中国传统文化在今天的价值和走向，80年代以来在中国学术界主要存在下面一些观点：

1. 对中国传统文化持否定或基本否定的观点

这种观点认为，中国传统文化同西方文化不但形态不一样，具体历史命运也不相同。以儒家为主体的传统文化，是一个封闭性的自足系统。它有广阔深厚的土壤，连绵悠久的历史，与宗法封建社会有着相互适应的紧密联系。正如中国封建社会的商品经济无论怎么发展，也摆脱不了自然经济的脐带，步入资本主义一样，传统文化也不可能靠自我批判达到自我更新。梁启超讲的"以复古求解放"，用来讲西方文艺复兴或许可以，用来讲中国的传统文化则行不通。因为对中国传统文化的"复古"，只能作为封建社会内部调整社会关系，进行思想批判的武器，而不可能成为人们求得从中世纪解放出来的途径。历史已经证明这条路走不通，我们无须为之惋惜。

有的学者同意人文思想在中国传统文化中占有重要位置，但同时认为：中国传统的人文思想思维方式的特点是一体化思想，它使人自然化和自然人化，结果既使人不成其为人，又使自然不成其为自然。中国古代的人文思想很发达，而同时君主专制主义也很发达。专制主义恰恰以具有浓厚人文色彩的儒家思想为统治思想。这说明中国传统文化中的人文思想只能导致专制主义。因此，从总体上看，它不能作为建设新文化的基础和旗帜。这种观点主张积极学习世界先进文化，强调文化是没有国界的，先进的文化必将超越国界和民族，被先进的人们所接受。所以，在我们建设精神文明和新文化的时候，传统的民族文化只是起点，而不是终点。

还有人专门撰文论述中国传统文化与中国现代化的"十大冲突"，如法治社会和人治传统的冲突、平等原则和贵贱等级的冲突、民主精神和忠孝观念的冲突、创造需求和保守心理的冲突，等等。结论是：中国文化传统如果不能在中国走向现代化的进程中上得到合理改造，获得新的生命形式，中国现代化大业必然会遭受历史性损失。因此，中国传统文化必须彻底改造。

2. 对中国传统文化持肯定或基本肯定的观点

这种观点认为，西方文化是向前看的，以个人为本位，追求物质利益，因此崇尚科学和民主。印度文化是向后看的，其特征为致力于解脱生活，以求得自我否定。中国文化是注重现实的，注重社会问题，注重人与人之间的关系。从历史发展来看，这种"互以对方为重"的思想是未来世界的前途，必将取代"个人本位""自我中心"的思想。西方社会是物支配人的社会，它最终将被人支配物的社会所取代。因此，未来的中国，不应效法西方，也不应效法印度，而应该致力于自身文化的复兴。因为世界的前途必然是中国文化的复兴。

还有的学者认为，过去很长一段时间内，对中国传统文化的消极面看得太多了，批判否定得太多了。因此，今天应着重看看另一面存在哪些东西。他们认为中国文化从本质上是一种"刚健有为、崇德利用"的文化，这种自强不息的精神成为中国文化发展的内在动力。我们应该排除一切浅见和偏见，正确处理继承与创新的关系，努力创造具有中国特色的社会主义新文化。

3. 对中国传统文化持分析和折衷的观点

这种观点强调：我们中国文化，同世界上任何一个大的文化体系一样，既有它开放的一面，也有它保守的一面；既有它积极进取的一面，也有它消极落后的一面。所以，在对待文化传统的问题上，我们只能吸收和继承前者，批判和扬弃后者，绝不应有盲目性。片面夸大民族文化的优秀传统会鼓动盲目排外的夸大狂；而片面夸大民族文化的消极面，则会降低民族自信心，还会不自觉地宽免了人们理应担负的历史责任。

还有学者指出：儒家学说是中国文化中起主导作用的、最重要的一部分。但是，儒家学说并不仅仅限于孔孟程朱，或者孔孟程朱陆王，它比这要广泛得多。不但荀子、程亮、叶适、顾炎武、康有为都是儒学，而且它已经在两千多年中融化在中国人民的思想意识和行为规范中，积淀为一种遗传基因，成为民族心理的一部分。从这个意义上说，儒学即使是在新中国成立后的这几十年里，也从来没有成为"绝学"，而是始终存在的。因此，我们无法抛弃传统文化，因为它已经渗透在你我的心理中。因而只能在继承传统的基础上不断吸收外来文化的优秀成分。持这类观点的学者认为：中国文化给我们民族和国家增添了光辉，也设置了障碍；它向世界传播了智慧之光，也造成了中外沟通的种种隔膜；它是一笔巨大的精神财富，也是一个不小的文化包袱。像一切事物都有自己的两重性一样，中国文化也有两重性。它的优点和缺点、正面和负面，不是分别放置而可简易取舍的，而是杂糅在一起，难解难分，它的缺点也就是它的优点。因此，想要全面否定和彻底抛弃传统文化，不但是不足取的，也是不可能的。

对于上述不同的观点，我们暂时不做判断和评价。因为，我们正处在一个文化变革的时代，急于肯定或否定哪种观点的做法是不慎重的。我们相信，随着中国社会变革的历史进程，对于上述问题的争论会有一个明确的结论的。

（二）关于中国文化走向世界的思考

人类已经进入21世纪，在新世纪的历史进程中，中国的崛起已经成为一个不争的事实。在走向现代化的过程中，如何使我们的传统文化和民族精神获得新的生命形式，是中国文化面临的新的历史性选择。毋庸置疑，中国文化的现代化将使人类文明进入一个崭新的时代。

近年来，海内外讨论中国文化的走向似乎已成为一种时尚。各种观点十分活跃。"新儒学""新道学""新墨学"等等各种学派纷纷登场;"文化中国"说、"新汉文化圈"说、"儒家文化圈"说、"太平洋时代"说等等,各种学说不一而足。有人甚至认为21世纪将是儒学的世纪,是中国文化、东方文化的世纪。这其中既有富于民族感情人士的真切愿望,也有友好人士的衷心祝愿,但也确有"中国威胁论"在其中作祟。对此,我们应当持一种积极、冷静而又慎重的态度。因此,在有关中国文化的走向问题上,我们的观点是:

(1) 21世纪将是东西方各民族、各国家竞相发展自己、激烈竞争的时代,各种文化都将理所当然地展示自己的风采。伴随着经济与社会的全球一体化进程,不同文化将在冲突中不断交融。因此,21世纪不会是东方文明的简单复归,而将是东方文明与西方文明重新整合的世纪。在这个重新整合的过程中,中国文化将为推动世界走向和谐和新秩序做出自己的贡献。21世纪将是多种文化并茂的世纪,不可能有一种主流文化主宰世界。中国文化将会与佛教文化、基督教文化、伊斯兰文化等多种文化一道在世界文化的百花园里相互辉映、争奇斗艳。中华民族也将在这个历史过程中,在充分认同与继承传统文化的基础上,积极吸收西方文化的积极成果,创造出具有民族特色和时代精神的新文化。这种新文化将是古今融通、东西互补,既保持独特的民族风格,又具有鲜明的时代风貌,并且能够大踏步地走向世界,将自己融入世界文化的整体发展之中。

(2) 在走向世界和实现现代化的过程中,传统与现代性的冲突是一个始终存在的问题。在我们这样一个传统社会结构牢固和传统文化体系根深蒂固的国家,这种冲突更为突出而持久。怎样把传统文化和现代化结合起来,从而使两者形成推动中国社会前进的合力,而不是使之对立,严格说来,这不是今天才有的问题,而是中华民族百年来面对西方的挑战,一直不得不面对的重要课题。

从中国近代以来文化变迁的历史看,文化讨论或论争一直在肯定或否定的两极震荡。各种折衷派,"中体西用"也好,中西调和也好,都一直受到责难和批判。但有意思的是,中国的现实却正是沿着折衷的道路在前进。这也说明了在走向世界的过程中,是无法摆脱传统的。适应现代世界发展趋势而不断革新,是现代化的本质,但成功的现代化不仅要善于克服传统因素的阻力,更重要的是要善于利用传统的因素作为变革的动力。因此,中国的现代化所蕴含的,不是消极地摧毁传统,而是积极地去发掘如何使传统成为获取当代中国发展的酵母,追求传统的创造性转化。即,会通中西,创新传统。

(3) 中国的现代化运动既是走向世界的过程,又是在中国本土深厚的文化土壤上进行的。中国人对现代化的认识历经了相当漫长而艰难的过程,才达到了"中国式"的或"有中国特色"的认识水平。但究竟什么是"中国特色",仍需要有一个艰苦地探索和创造的过程。

现代化事业是一种创造,文化的建设也是一种创造。如果不注意激发当代中国人的创造力,任何思想和方案都不会有成果。带着这种心态从事当代中国的文化建设,充其量只能是把昨天的陈旧惯例、沿袭的传统程式、再加上一些舶来品,硬塞到明天世界的胚胎中。汤因比有一段话引人深思:"没有好奇心的创造性的激动,历史上最熟悉和给人印象最深的纪念物纵然演出了它们感人的哑剧,也不会发生影响。因为它面对的观众的眼睛是视而不见的。没有像挑战一样的应战,就不会产生创造性的火花。"

如何才能使当代人的创造力永不枯竭呢?我们的观点是,文化的开放。因为,不同民族文化之间的相互渗透、交流和融合,不仅不会影响一种文化的独立发展,相反会给它带来新的刺激和活力。在现代历史条件下,文化的开放与交流已成为各民族向世界文化认同的大趋势。文化的开放,为我们提供了一种崭新的视野,使我们得以在"世界文化"与"民族文化"的立体坐标中,重新确立我们的价值尺度与文化取向。只有在这个基础上,我们才能够超越传统,走向世界。

综上所述,现代中国的文化创新应该立足于中国历史文化传统的基础上,中国的文化建设必须与中国的现代化要求相一致,文化开放是追求中国传统文化创造性转化的必然选择。

附录·子

道德经
王弼本

　　道可道，非常道；名可名，非常名。无名天地之始；有名万物之母。（河上公本作：无名，天地之始；有名，万物之母）故常无欲，以观其妙；常有欲，以观其徼。此两者同出而异名，同谓之玄，玄之又玄，众妙之门。

　　天下皆知美之为美，斯恶已；皆知善之为善，斯不善已。故有无相生，难易相成，长短相较，高下相倾，音声相和，前后相随。是以圣人处无为之事，行不言之教，万物作焉而不辞（河本：不知辞），生而不有，为而不恃，功成而弗居。夫唯弗居，是以不去。

　　不尚贤，使民不争；不贵难得之货，使民不为盗；不见可欲，使民心（河本：心）不乱。是以圣人之治，虚其心，实其腹；弱其志，强其骨。常使民无知无欲，使夫智者不敢为也。为无为，则无不治。

　　道冲而用之或不盈，渊乎似万物之宗。挫其锐，解其纷，和其光，同其尘。湛兮似若存，吾不知谁之子，象帝之先。

　　天地不仁，以万物为刍狗；圣人不仁，以百姓为刍狗。天地之间，其犹橐籥乎？虚而不屈，动而愈出。多言数穷，不如守中。

　　谷神不死，是谓玄牝，玄牝之门，是谓天地根。绵绵若存，用之不勤。

　　天长地久。天地所以能长且久者，以其不自生，故能长生。是以圣人后其身而身先，外其身而身存。非以其无私耶？故能成其私。

　　上善若水。水善利万物而不争，处众人之所恶，故几于道。居善地，心善渊，与善仁，言善信，正善治，事善能，动善时。夫唯不争，故无尤。

　　持而盈之，不如（河本：知）其已；揣而梲（河本：锐）之，不可长保。金玉满堂，莫之能守。富贵而骄，自遗其咎。功遂身退，（河本：功成、名遂、身退）天之道。

　　载营魄抱一，能无离乎？专气致柔，能婴儿乎？涤除玄览（河本：鉴），能无疵乎？爱民治国，能无知（河本：为）乎？天门开阖，能无雌乎？明白四达，能无为（河本：知）乎？生之、畜之，生而不有，为而不恃，长而不宰，是谓玄德。

三十辐共一毂，当其无，有车之用。埏埴以为器，当其无，有器之用。凿户牖以为室，当其无，有室之用。故有之以为利，无之以为用。

五色令人目盲，五音令人耳聋，五味令人口爽，驰骋畋猎令人心发狂，难得之货令人行妨。是以圣人为腹不为目，故去彼取此。

宠辱若惊，贵大患若身。何谓宠辱若惊？宠，为下得之若惊，失之若惊，（河本：何谓宠辱？宠为上，辱为下。得之若惊，失之若惊）是谓宠辱若惊。何谓贵大患若身？吾所以有大患者，为吾有身，及吾无身，吾有何患！故贵以身为天下，若可寄天下；爱以身为天下，若可托天下。

视之不见名曰夷，听之不闻名曰希，搏之不得名曰微。此三者不可致诘，故混而为一。其上不皦，其下不昧，绳绳不可名，复归于无物，是谓无状之状、无物之象。是谓惚恍。迎之不见其首，随之不见其后。执古之道，以御今之有。能知古始，是谓道纪。

古之善为士者，微妙玄通，深不可识。夫唯不可识，故强为之容。豫兮若冬涉川，犹兮若畏四邻，俨兮其若客，涣兮若冰之将释，敦兮其若朴，旷兮其若谷，混兮其若浊。孰能浊以止，静之徐清？孰能安以久，动之徐生？保此道者不欲盈，夫唯不盈，故能蔽不新成。

致虚极，守静笃，万物并作，吾以观复。夫物芸芸，各复归其根。归根曰静，是谓复命。复命曰常，知常曰明。不知常，妄作，凶。知常容，容乃公，公乃王，王乃天，天乃道，道乃久。没身不殆。

太上，下知有之。其次，亲而誉之。其次，畏之。其次，侮之。信不足，焉有不信焉。悠兮其贵言。功成事遂，百姓皆谓我自然。

大道废，有仁义；智慧出，有大伪；六亲不和，有孝慈；国家昏乱，有忠臣。

绝圣弃智，民利百倍；绝仁弃义，民复孝慈；绝巧弃利，盗贼无有。此三者，以为文不足，故令有所属，见素抱朴，少私寡欲。

绝学无忧。唯之与阿，相去几何？善之与恶，相去若何？人之所畏，不可不畏。荒兮其未央哉！众人熙熙，如享太牢，如春登台。我独泊兮其未兆，如婴儿之未孩。儽儽兮若无所归。众人皆有餘，而我独若遗。我愚人之心也哉！沌沌兮！俗人昭昭，我独昏昏；俗人察察，我独闷闷。淡兮其若海，儽儽兮若无止。众人皆有以，而我独顽似鄙。我独异于人，而贵食母。

孔德之容，惟道是从。道之为物，惟恍惟惚。惚兮恍兮，其中有象；恍兮惚兮，其中有物。窈兮冥兮，其中有精；其精甚真，其中有信。自古及今，其名不去，以阅众甫。吾何以知众甫之状哉？以此。

曲则全，枉则直，洼则盈，敝则新，少则得，多则惑。是以圣人抱一，为天下式。不自见故明，不自是故彰，不自伐故有功，不自矜故长。夫唯不争，故天下莫能与之争。古之所谓曲则全者，岂虚言哉！诚全而归之。

希言自然。故飘风不终朝，骤雨不终日。孰为此者？天地。天地尚不能久，而况于人乎？故从事于道者，道者同于道，德者同于德，失者同于失。同于道者，道亦乐得之；同于德者，德亦乐得之；同于失者，失亦乐得之。信不足，焉有不信焉。

企者不立，跨者不行，自见者不明，自是者不彰，自伐者无功，自矜者不长。其在道也，曰餘食赘行。物或恶之，故有道者不处。

有物混成，先天地生，寂兮寥兮，独立不改，周行而不殆，可以为天地母。吾不知其名，字之曰道，强为之名曰大。大曰逝，逝曰远，远曰反。故道大，天大，地大，王亦大。域中有四大，而王居其一焉。人法地，地法天，天法道，道法自然。

重为轻根，静为躁君。是以圣人终日行不离辎重。虽有荣观，燕处超然，奈何万乘之主，而以身轻天下？轻则失本，躁则失君。

善行无辙迹，善言无瑕谪，善数不用筹策，善闭无关楗而不可开，善结无绳约而不可解。是以圣人常善救人，故无弃人；常善救物，故无弃物，是谓袭明。故善人者，不善人之师；不善人者，善人之资。不贵其师，不爱其资，虽智大迷，是谓要妙。

知其雄，守其雌，为天下谿。为天下谿，常德不离，复归于婴儿。知其白，守其黑，为天下式。为天下式，常德不忒，复归于无极。知其荣，守其辱，为天下谷。为天下谷，常德乃足，复归于朴。朴散则为器，圣人用之则为官长。故大制不割。

将欲取天下而为之，吾见其不得已。天下神器，不可为也。为者败之，执者失之。故物或行或随，或嘘或吹，或强或羸，或挫或隳。是以圣人去甚，去奢，去泰。

以道佐人主者，不以兵强天下，其事好还。师之所处，荆棘生焉。大军之后，必有凶年。善有果而已，不敢以取强。果而勿矜，果而勿伐，果而勿骄，果而不得已，果而勿强。物壮则老，是谓不道，不道早已。

夫佳兵者，不祥之器。物或恶之，故有道者不处。君子居则贵左，用兵则贵右。兵者，不祥之器，非君子之器。不得已而用之，恬淡为上，胜而不美。而美之者，是乐杀人。夫乐杀人者，则不可以得志于天下矣。吉事尚左，凶事尚右。偏将军居左，上将军居右，言以丧礼处之。杀人之众，以哀悲泣之。战胜，以丧礼处之。

道常无名，朴虽小，天下莫能臣也。侯王若能守之，万物将自宾。天地相合以降甘露，民莫之令而自均。始制有名，名亦既有，夫亦将知止。知止所以不殆。譬道之在天下，犹川谷之于江海。

知人者智，自知者明。胜人者有力，自胜者强。知足者富，强行者有志，不失其所者久，死而不亡者寿。

大道氾兮，其可左右。万物恃之而（河本：以）生而不辞，功成不名有，衣养（河本：被）万物而不为主。常无欲，可名于小；万物归焉而不为主，可名为大。以其终不自为大，故能成其大。

执大象，天下往；往而不害，安平太（河本：泰）。乐与饵，过客止。道之出口，淡乎其无味，视之不足见，听之不足闻，用之不足（河本：可）既。

将欲歙之，必固张之；将欲弱之，必固强之；将欲废之，必固兴之；将欲夺之，必固与之，是谓微明。柔弱胜刚强。鱼不可脱于渊，国之利器不可以示人。

道常无为而无不为，侯王若能守之，万物将自化。化而欲作，吾将镇之以无名之朴（河本：镇之以无名之朴，夫将不欲）。无名之朴，夫亦将无欲。不欲以静，天下将自定（河本：正）。

上德不德，是以有德；下德不失德，是以无德。上德无为而无以为，下德为之而有以为。上仁为之而无以为，上义为之而有以为，上礼为之而莫之应，则攘臂而扔（河本：仍）之。故失道而后德，失德而后仁，失仁而后义，失义而后礼。夫礼者，忠信之薄而乱之首。前识者，道之华而愚之始。是以大丈夫处其厚，不居其薄；处其实，不居其华。故去彼取此。

昔之得一者，天得一以清，地得一以宁，神得一以灵，谷得一以盈，万物得一以生，侯王得一以为天下贞（河本：正）。其致之。天无以清将恐裂，地无以宁将恐发（河本：废），神无以灵将恐歇，谷无以盈将恐竭，万物无以生将恐灭，侯王无以贵高将恐蹶。故贵以贱为本，高以下为基。是以侯王自谓孤寡不谷。此非以贱为本邪？非乎？故致数舆无舆。不欲琭琭如玉、珞珞如石。

反者，道之动；弱者，道之用。天下万物生于有，有生于无。

上士闻道，勤而行之；中士闻道，若存若亡；下士闻道，大笑之。不笑不足以为道。故建言有之：

明道若昧，进道若退，夷道若纇。上德若谷，大白若辱，广德若不足，建德若偷，质真若渝。（河本："大白若辱"位于此）大方无隅，大器晚成，大音希声，大象无形。道隐无名，夫唯道善贷且成。

道生一，一生二，二生三，三生万物。万物负阴而抱阳，冲气以为和。人之所恶，唯孤寡不谷，而王公以为称。故物，或损之而益，或益之而损。人之所教，我亦教之。强梁者不得其死，吾将以为教父。

天下之至柔，驰骋天下之至坚，无有入无间，吾是以知无为之有益。不言之教，无为之益，天下希及之。

名与身孰亲？身与货孰多？得与亡孰病？是故甚爱必大费，多藏必厚亡。知足不辱，知止不殆，可以长久。

大成若缺，其用不弊；大盈若冲，其用不穷。大直若屈，大巧若拙，大辩若讷（河本：加"大赢若拙"）。躁胜寒，静胜热，清静为天下正。

天下有道，却走马以粪；天下无道，戎马生于郊。（河本：加"罪莫大于可欲）祸莫大于不知足，咎莫大于欲得，故知足之足，常足矣。

不出户，知天下；不窥牖，见天道。其出弥远，其知弥少。是以圣人不行而知，不见而名，不为而成。

为学日益，为道日损。损之又损，以至于无为，无为而无不为。取天下常以无事，及其有事，不足以取天下。

圣人无常心（河本：常无心），以百姓心为心。善者，吾善之；不善者，吾亦善之，德善。信者，吾信之；不信者，吾亦信之，德信。圣人在天下歙歙，为天下浑其心，（河本：加"百姓皆注其耳目）圣人皆孩之。

出生入死。生之徒十有三，死之徒十有三。人之生动之死地，亦十有三。夫何故？以其生生之厚。盖闻善摄生者，陆行不遇兕虎，入军不被甲兵，兕无所投其角，虎无所措其爪，兵无所容其刃。夫何故？以其无死地。

道生之，德畜之，物形之，势成之。是以万物莫不尊道而贵德。道之尊，德之贵，夫莫之命而常自然。故道生之，德畜之：长之、育之、亭之、毒之、（河本：成之孰之）养之、覆之。生而不有，为而不恃，长而不宰，是谓玄德。

天下有始，以为天下母。既得（河本：知）其母，以（河本：复）知其子；既知其子，复守其母，没身不殆。塞其兑，闭其门，终身不勤。开其兑，济其事，终身不救。见小曰明，守柔曰强。用其光，复归其明，无遗身殃，是为习常（河本：袭常）。

使我介然有知，行于大道，唯施是畏。大道甚夷，而民好径。朝甚除，田甚芜、仓甚虚。服文彩，带利剑，厌饮食，财货有余，是为盗夸。非道也哉！

善建者不拔，善抱者不脱，子孙以祭祀不辍。修之于身，其德乃真；修之于家，其德乃馀；修之于乡，其德乃长；修之于国（河本：邦），其德乃丰；修之于天下，其德乃普。故以身观身，以家观家，以乡观乡，以国观国（河本：邦），以天下观天下。吾何以知天下然哉？以此。

含德之厚，比于赤子。蜂虿虺蛇不螫，（河本：毒虫不螫）猛兽不据，攫鸟不搏。骨弱筋柔而握固，未知牝牡之合而全（河本：朘）作，精之至也。终日号而不嗄，和之至也。知和曰常，知常曰明，益生曰祥，心使气曰强。物壮则老，谓之不道，不道早已。

知者不言，言者不知。塞其兑，闭其门，挫其锐；解其分，和其光，同其尘，是谓玄同。故不可得而亲，不可得而疏；不可得而利，不可得而害；不可得而贵，不可得而贱，故为天下贵。

以正治国，以奇用兵，以无事取天下。吾何以知其然哉？以此。天下多忌讳，而民弥贫；民多利器，国家滋昏；人多伎巧，奇物滋起；法令（河本：物）滋彰，盗贼多有。故圣人云，我无为而民自化，我好静而民自正，我无事而民自富，我无欲而民自朴。

其政闷闷，其民淳淳；其政察察，其民缺缺。祸兮福之所倚，福兮祸之所伏。孰知其极？其无正？正复为奇，善复为妖，人之迷，其日固久。是以圣人方而不割，廉而不刿，直而不肆，光而不耀。

治人事天莫若啬。夫唯啬，是谓早服。早服谓之重积德，重积德则无不克，无不克则莫知其极，莫知其极，可以有国。有国之母，可以长久。是谓深根固柢，长生久视之道。

治大国若烹小鲜。以道莅天下，其鬼不神。非其鬼不神，其神不伤人；非其神不伤人，圣人亦不伤人。夫两不相伤，故德交归焉。

大国（河本：邦）者下流。天下之交，天下之牝。牝常以静胜牡，以静为下。故大国以下小国，则取小国；小国以下大国，则取大国。故或下以取，或下而取。大国不过欲兼畜人，小国不过欲入事人，夫两者各得其所欲，大者宜为下。

道者万物之奥，善人之宝，不善人之所保。美言可以市，尊行可以加人。（河本：美言可以市尊，美行可以加人）人之不善，何弃之有！故立天子，置三公，虽有拱璧以先驷马，不如坐进此道。古之所以贵此道者何？不曰以求得，（河本：古之所以贵此道者，何不曰以求得？）有罪以免邪？故为天下贵。

为无为，事无事，味无味。大小多少，报怨以德。图难于其易，为大于其细。天下难事必作于易，天下大事必作于细，是以圣人终不为大，故能成其大。夫轻诺必寡信，多易必多难。是以圣人犹难之。故终无难矣。

其安易持，其未兆易谋，其脆易泮，其微易散。为之于未有，治之于未乱。合抱之木，生于毫末；九层之台，起于累土；千里之行，始于足下。为者败之，执者失之。是以圣人无为，故无败；无执，故无失。民之从事，常于几成而败之。慎终如始，则无败事。是以圣人欲不欲，不贵难得之货。学不学，复众人之所过。以辅万物之自然，而不敢为。

古之善为道者，非以明民，将以愚之。民之难治，以其智多。故以智治国，国之贼；不以智治国，国之福。知此两者，亦稽式。常知稽式，是谓玄德。玄德深矣，远矣，与物反矣，然后乃至大顺。

江海所以能为百谷王者，以其善下之，故能为百谷王。是以欲上民，必以言下之；欲先民，必以身后之。是以圣人处上而民不重，处前而民不害，是以天下乐推而不厌。以其不争，故天下莫能与之争。

天下皆谓我道大，似不肖。夫唯大，故似不肖。若肖，久矣其细也夫。我有三宝，持而保之。一曰慈，二曰俭，三曰不敢为天下先。慈，故能勇；俭，故能广，不敢为天下先，故能成器长。今舍慈且勇，舍俭且广，舍后且先，死矣！夫慈，以战则胜，以守则固，天将救之，以慈卫之。

善为士者不武，善战者不怒，善胜敌者不与，善用人者为之下。是谓不争之德，是谓用人之力，是谓配天古之极。（河本：是谓配天，古之极也）

用兵有言，吾不敢为主而为客，不敢进寸而退尺。是谓行无行，攘无臂，扔无敌，执无兵。祸莫大于轻敌，轻敌几丧吾宝。故抗兵相加（河本：若），哀者胜矣。

吾言甚易知，甚易行，天下莫能知，莫能行。言有宗，事有君。夫唯无知，是以不我知。知我者希，则我者贵，是以圣人被褐怀玉。

知不知，上（河本：尚矣）；不知知，病。夫唯病病，是以不病。圣人不病，以其病病，是以不病。

民不畏威，则大威至。无狎其所居，无厌其所生。夫唯不厌，是以不厌。是以圣人自知，不自见；自爱，不自贵。故去彼取此。

勇于敢则杀，勇于不敢则活，此两者，或利或害。天之所恶，孰知其故？是以圣人犹难之。天之道，不争而善胜，不言而善应，不召而自来，繟然而善谋。天网恢恢，疏而不失。

民不畏死，奈何以死惧之！若使民常畏死，而为奇者吾得执而杀之，孰敢？常有司杀者杀，夫代司杀者杀，是谓代大匠斫。夫代大匠斫者，希有不伤其手矣。

民之饥，以其上食税之多，是以饥。民之难治，以其上之有为，是以难治。民之轻死，以其求生之厚，是以轻死。夫唯无以生为者，是贤于贵生。

人之生也柔弱，其死也坚强。万物草木之生也柔脆，其死也枯槁。故坚强者死之徒，柔弱者生之徒。是以兵强则不胜，木强则兵（河本：折）。强大处下，柔弱处上。

天之道，其犹张弓与？高者抑之，下者举之；有余者损之，不足者补（河本：益）之。天之道，损有余而补不足。人之道则不然，损不足以奉有余。孰能有余以奉天下？唯有道者。是以圣人为而不恃，功成而不处，其不欲见贤。

天下莫柔弱于水，而攻坚强者莫之能胜，以其无以易之。弱之胜强，柔之胜刚，天下莫不知，莫能行。是以圣人云，受国之垢，是谓社稷主；受国不祥，是为天下王。正言若反。

和大怨，必有余怨，安可以为善？是以圣人执左契，而不责于人。有德司契，无德司徹。天道无亲，常与善人。

小国寡民，使有什伯之器而不用，使民重死而不远徙。虽有舟舆，无所乘之；虽有甲兵，无所陈之；使人复结绳而用之。甘其食，美其服，安其居，乐其俗。邻国相望，鸡犬之声相闻，民至老死不相往来。

信言不美，美言不信；善者不辩，辩者不善；知者不博，博者不知。圣人不积，既以为人，己愈有；既以与人，己愈多。天之道，利而不害。圣人之道，（河本：利而不害圣人之道）为而不争。

附录·丑

儒家经典节选

论语·学而

子曰:"学而时习之,不亦说乎?有朋自远方来,不亦乐乎?人不知而不愠,不亦君子乎?"

有子曰:"其为人也孝弟,而好犯上者,鲜矣;不好犯上,而好作乱者,未之有也。君子务本,本立而道生。孝弟也者,其为仁之本与!"

子曰:"巧言令色,鲜矣仁!"

曾子曰:"吾日三省吾身——为人谋而不忠乎?与朋友交而不信乎?传不习乎?"

子曰:"道千乘之国,敬事而信,节用而爱人,使民以时。"

子曰:"弟子,入则孝,出则悌,谨而信,泛爱众,而亲仁。行有余力,则以学文。"

子夏曰:"贤贤易色;事父母,能竭其力;事君,能致其身;与朋友交,言而有信。虽曰未学,吾必谓之学矣。"

子曰:"君子不重,则不威;学则不固。主忠信。无友不如己者。过,则勿惮改。"

曾子曰:"慎终,追远,民德归厚矣。"

子禽问于子贡曰:"夫子至于是邦也,必闻其政,求之与?抑与之与?"子贡曰:"夫子温、良、恭、俭、让以得之。夫子之求之也,其诸异乎人之求之与?"

子曰:"父在,观其志;父没,观其行;三年无改于父之道,可谓孝矣。"

有子曰:"礼之用,和为贵。先王之道,斯为美;小大由之。有所不行,知和而和,不以礼节之,亦不可行也。"

有子曰:"信近于义,言可复也。恭近于礼,远耻辱也。因不失其亲,亦可宗也。"

子曰:"君子食无求饱,居无求安,敏于事而慎于言,就有道而正焉,可谓好学也已。"

子贡曰:"贫而无谄,富而无骄,何如?"子曰:"可也;未若贫而乐,富而好礼者也。"子贡曰:"《诗云》:'如切如磋,如琢如磨',其斯之谓与?"子曰:"赐也,始可与言《诗》已矣,告诸往而知来者。"

子曰:"不患人之不己之,患不知人也。"

大学(节选)

大学之道,在明明德,在亲民,在止于至善。知止而后有定,定而后能静,静而后能安,安而后能虑,虑而后能得。物有本末,事有终始。知所先后,则近道矣。

古之欲明明德于天下者,先治其国。欲治其国者,先齐其家。欲齐其家者,先修其身。欲修其身者,先正其心。欲正其心者,先诚其意。欲诚其意者,先致其知。致知在格物。物格而后知至,知至而后意诚,意诚而后心正,心正而后身修,身修而后家齐,家齐而后国治,国治而后天下平。

自天子以至于庶人,一是皆以修身为本。其本乱而末治者否矣。其所厚者薄,而其所薄者厚,未之有也。此谓知本,此谓知之至也。

中庸(节选)

天命之谓性,率性之谓道,修道之谓教。道也者,不可须臾离也,可离非道也。是故君子戒慎乎其所不睹,恐惧乎其所不闻。莫见乎隐,莫显乎微,故君子慎其独也。喜怒哀乐之未发,谓之中;发而皆中节,谓之和;中也者,天下之大本也;和也者,天下之达道也。致中和,天地位焉,万物育焉。

仲尼曰:"君子中庸,小人反中庸,君子之中庸也,君子而时中;小人之中庸也,小人而无忌惮也。"

子路问强,子曰:"南方之强与?北方之强与?抑而强与?宽柔以教,不报无道,南方之强也,君子居之。衽金革,死而不厌,北方之强也,而强者居之。故君子和而不流,强哉矫!中立而不倚,强哉矫!国有道,不变塞焉,强哉矫!国无道,至死不变,强哉矫!"

子曰:"好学近乎知,力行近乎仁,知耻近乎勇。知斯三者,则知所以修身;知所以修身,则知所以治人;知所以治人,则知所以治天下国家矣。

附录·寅

孙子兵法

计篇

孙子曰：兵者，国之大事也。死生之地，存亡之道，不可不察也。

故经之以五，校之以计而索其情：一曰道，二曰天，三曰地，四曰将，五曰法。道者，令民与上同意也。故可以与之死，可以与之生，而不畏诡也。天者，阴阳、寒暑、时制也。地者，高下、远近、险易、广狭、死生也。将者，智、信、仁、勇、严也。法者，曲制、官道、主用也。凡此五者，将莫不闻，知之者胜，不知者不胜。故校之以计，而索其情。曰：主孰有道？将孰有能？天地孰得？法令孰行？兵众孰强？士卒孰练？赏罚孰明？吾以此知胜负矣。

将听吾计，用之必胜，留之；将不听吾计，用之必败，去之。

计利以听，乃为之势，以佐其外。势者，因利而制权也。兵者，诡道也。故能而示之不能，用而示之不用，近而示之远，远而示之近。利而诱之，乱而取之，实而备之，强而避之，怒而挠之，卑而骄之，佚而劳之，亲而离之。攻其无备，出其不意。此兵家之胜，不可先传也。

夫未战而庙算胜者，得算多也；未战而庙算不胜者，得算少也。多算胜，少算不胜，而况于无算乎！吾以此观之，胜负见矣。

作战篇

孙子曰：凡用兵之法，驰车千驷，革车千乘，带甲十万，千里馈粮，则内外之费，宾客之用，胶漆之材，车甲之奉，日费千金，然后十万之师举矣。

其用战也，胜久则钝兵挫锐，攻城则力屈，久暴师则国用不足。夫钝兵挫锐，屈力殚货，则诸侯乘其弊而起，虽有智者，不能善其后矣。故兵闻拙速，未睹巧之久也。夫兵久而国利者，未之有也。故不尽知用兵之害者，则不能尽知用兵之利也。

善用兵者，役不再籍，粮不三载，取用于国，因粮于敌，故军食可足也。国之贫于师者：远师者远输，远输则百姓贫。近师者贵卖，贵卖则财竭，财竭则急于丘役。屈力中原，内虚于家，百姓之费，十去其七。公家之费，破军罢马，甲胄矢弓，戟盾矛橹，丘牛大车，十去其六。故智将务食于敌，食敌一钟，当吾二十钟；萁秆一石，当吾二十石。故杀敌者，怒也；取敌之利者，货也。车战得车十乘以上，赏其先得者，而更其旌旗，车杂而乘之，卒善而养之，是谓胜敌而益强。

故兵贵胜，不贵久。

故知兵之将，民之司命，国家安危之主也。

谋攻篇

孙子曰：凡用兵之法，全国为上，破国次之；全军为上，破军次之；全旅为上，破旅次之；全卒为上，破卒次之；全伍为上，破伍次之。是故百战百胜，非善之善者也；不战而屈人之兵，善之善者也。

故上兵伐谋，其次伐交，其次伐兵，其下攻城。攻城之法，为不得已。修橹轒辒，具器械，三月而后成，距堙，又三月而后已。将不胜其忿而蚁附之，杀士卒三分之一而城不拔者，此攻之灾也。

故善用兵者，屈人之兵而非战也，拔人之城而非攻也，毁人之国而非久也，必以全争于天下，故兵不顿而利可全，此谋攻之法也。

故用兵之法：十则围之，五则攻之，倍则战之，敌则能分之，少则能守之，不若则能避之。故小敌之坚，大敌之擒也。

夫将者，国之辅也，辅周则国必强，辅隙则国必弱。

故君之所以患于军者三：不知军之不可以进而谓之进，不知军之不可以退而谓之退，是谓縻军。不知三军之事，而同三军之政，则军士惑矣。不知三军之权，而同三军之任，则军士疑矣。三军既惑且疑，则诸侯之难至矣。是谓乱军引胜。

故知胜有五：知可以战与不可以战者胜，识众寡之用者胜，上下同欲者胜，以虞待不虞者胜，将能而君不御者胜。此五者，知胜之道也。

故曰：知彼知己，百战不殆；不知彼而知己，一胜一负；不知彼不知己，每战必殆。

形篇

孙子曰：昔之善战者，先为不可胜，以待敌之可胜。不可胜在己，可胜在敌。故善战者，能为不可胜，不能使敌之必可胜。故曰：胜可知，而不可为。

不可胜者，守也；可胜者，攻也。守则不足，攻则有余。善守者，藏于九地之下；善攻者，动于九天之上，故能自保而全胜也。

见胜不过众人之所知，非善之善者也；战胜而天下曰善，非善之善者也。故举秋毫不为多力，见日月不为明目，闻雷霆不为聪耳。古之所谓善战者，胜于易胜者也。故善战者之胜也，无奇胜，无智名，无勇功。故其战胜不忒；不忒者，其所措必胜，胜已败者也。故善战者，立于不败之地，而不失敌之败也。是故，胜兵先胜而后求战，败兵先战而后求胜。善用兵者，修道而保法，故能为胜败正。

兵法：一曰度，二曰量，三曰数，四曰称，五曰胜。地生度，度生量，量生数，数生称，称生胜。故胜兵若以镒称铢，败兵若以铢称镒。胜者之战民也，若决积水于千仞之溪者，形也。

势篇

孙子曰：凡治众如治寡，分数是也；斗众如斗寡，形名是也；三军之众，可使必受敌而无败者，奇正是也。兵之所加，如以碫投卵者，虚实是也。

凡战者，以正合，以奇胜。故善出奇者，无穷如天地；不竭如江海。终而复始，日月是也；死而更生，四时是也。声不过五，五声之变不可胜听也；色不过五，五色之变不可胜观也；味不过五，五味之变不可胜尝也。战势不过奇正，奇正之变不可胜穷也。奇正相生，如环之无端，孰能穷之？

激水之疾，至于漂石者，势也；鸷鸟之疾，至于毁折者，节也。故善战者，其势险，其节短。势如彍弩，节如发机。纷纷纭纭，斗乱而不可乱也；浑浑沌沌，形圆而不可败也。乱生于治，怯生于勇，弱生于强。治乱，数也；勇怯，势也；强弱，形也。

故善动敌者：形之，敌必从之；予之，敌必取之。以利动之，以卒待之。故善战者，求之于势，不责于人，故能择人而任势。任势者，其战人也，如转木石；木石之性，安则静，危则动，方则止，圆则行。

故善战人之势，如转圆石于千仞之山者，势也。

虚实篇

孙子曰：凡先处战地而待敌者佚，后处战地而趋战者劳。故善战者，致人而不致于人。能使敌人自至者，利之也；能使敌人不得至者，害之也。故敌佚能劳之、饱能饥之、安能动之者，出其所必趋也。

行千里而不劳者，行于无人之地也；攻而必取者，攻其所不守也；守而必固者，守其所不攻也。故善攻者，敌不知其所守；善守者，敌不知其所攻。微乎微乎，至于无形；神乎神乎，至于无声，故能为敌之司命。进而不可御者，冲其虚也；退而不可追者，速而不可及也。故我欲战，敌虽高垒深沟，不得不与我战者，攻其所必救也；我不欲战，画地而守之，敌不得与我战者，乖其所之也。

故形人而我无形，则我专而敌分；我专为一，敌分为十，是以十攻其一也。则我众而敌寡，能以众击寡者，则吾之所与战者约矣。吾所与战之地不可知，不可知，则敌所备者多；敌所备者多，则吾所与战者寡矣。故备前则后寡，备后则前寡；备左则右寡，备右则左寡；无所不备，则无所不寡。寡者，备人者也；众者，使人备己者也。

故知战之地，知战之日，则可千里而战。不知战地，不知战日，则左不能救右，右不能救左，前不能救后，后不能救前，而况远者数十里，近者数里乎？

以吾度之，越人之兵虽多，亦奚益于胜败哉？故曰：胜可为也。敌虽众，可使无斗。故策之而知得失之计，作之而知动静之理，形之而知死生之地，角之而知有余不足之处。故形兵之极，至于无形；无形，则深间不能窥，智者不能谋。因形而错胜于众，众不能知；人皆知我所以胜之形，而莫知吾所以制胜之形。故其战胜不复，而应形于无穷。

夫兵形象水，水之行，避高而趋下，兵之胜，避实而击虚。水因地而制形，兵因敌而制胜。故兵无成势，无恒形。能因敌变化而取胜者，谓之神。

故五行无常胜，四时无常位，日有短长，月有死生。

军争篇

孙子曰：凡用兵之法，将受命于君，合军聚众，交和而舍，莫难于军争。军争之难者，以迂为直，以患为利。

故迂其途，而诱之以利，后人发，先人至，此知迂直之计者也。军争为利，军争为危。举军而争利则不及，委军而争利则辎重捐。是故卷甲而趋，日夜不处，倍道兼行，百里而争利，则擒三将军；劲者先，疲者后，其法十一而至。五十里而争利，则蹶上将军，其法半至。三十里而争利，则三分之二至。是故军无辎重则亡，无粮食则亡，无委积则亡。故不知诸侯之谋者，不能豫交；不知山林、险阻、沮泽之形者，不能行军；不用乡导者，不能得地利。故兵以诈立，以利动，以分和为变者也。故其疾如风，其徐如林，侵掠如火，不动如山，难知如阴，动如雷震。掠乡分众，廓地分利，悬权而动。先知迂直之计者胜，此军争之法也。

《军政》曰："言不相闻，故为之金鼓；视不相见，故为之旌旗。"故夜战多金鼓，昼战多旌旗。夫金鼓旌旗者，所以一民之耳目也，民既专一，则勇者不得独进，怯者不得独退，此用众之法也。

故三军可夺气，将军可夺心。是故朝气锐，昼气惰，暮气归。善用兵者，避其锐气，击其惰归，此治气者也。以治待乱，以静待哗，此治心者也。以近待远，以佚待劳，以饱待饥，此治力者也。无邀正正之旗，无击堂堂之阵，此治变者也。

故用兵之法，高陵勿向，背丘勿逆，佯北勿从，锐卒勿攻，饵兵勿食，归师勿遏，围师必阙，穷寇勿迫，此用兵之法也。

九变篇

孙子曰：凡用兵之法：将受命于君，合军聚众，圮地无舍，衢地交合，绝地无留，围地则谋，死地则战。途有所不由，军有所不击，城有所不攻，地有所不争，君命有所不受。故将通于九变之地利者，知用兵矣。将不通于九变之利者，虽知地形，不能得地之利者矣。治兵不知九变之术，虽知五利，不能得人之用矣。

是故智者之虑，必杂于利害。杂于利，而务可信也；杂于害，而患可解也。是故，屈诸侯者以害，役诸侯者以业，趋诸侯者以利。故用兵之法：无恃其不来，恃吾有以待也；无恃其不攻，恃吾有所不可攻也。

故将有五危：必死，可杀也；必生，可虏也；忿速，可侮也；廉洁，可辱也；爱民，可烦也。凡此五者，将之过也，用兵之灾也。覆军杀将必以五危，不可不察也。

行军篇

孙子曰：凡处军、相敌：绝山依谷，视生处高，战隆无登，此处山之军也。绝水必远水；客绝水而来，勿迎之于水内，令半济而击之，利；欲战者，无附于水而迎客；视生处高，无迎水流，此处水上之军也。绝斥泽，惟亟去无留。若交军于斥泽之中，必依水草而背众树，此处斥泽之军也。平陆处易，而右背高，前死后生，此处平陆之军也。凡此四军之利，黄帝之所以胜四帝也。

凡军好高而恶下，贵阳而贱阴，养生而处实，军无百疾，是谓必胜。丘陵堤防，必处其阳，而右背之。此兵之利，地之助也。

上雨，水沫至，欲涉者，待其定也。

绝天涧、天井、天牢、天罗、天陷、天隙，必亟去之，勿近也。吾远之，敌近之；吾迎之，敌背之。

军庞有险阻、潢井、葭苇、山林、翳荟者，必谨覆索之，此伏奸之所处也。

敌近而静者，恃其险也；远而挑战者，欲人之进也。其所居易者，利也。

众树动者，来也；众草多障者，疑也。鸟起者，伏也；兽骇者，覆也。尘高而锐者，车来也；卑而广者，徒来也；散而条达者，薪来也；少而往来者，营军也。

辞卑而益备者，进也；辞强而进驱者，退也。轻车先出居其侧者，陈也；无约而请和者，谋也；奔走而陈兵车者，期也；半进半退者，诱也。

杖而立者，饥也；汲而先饮者，渴也；见利而不进者，劳也。鸟集者，虚也；夜呼者，恐也；军扰者，将不重也；旌旗动者，乱也；吏怒者，倦也。粟马肉食，军无悬瓿，不返其舍者，穷寇也。谆谆翕翕，徐与人言者，失众也；数赏者，窘也；数罚者，困也；先暴而后畏其众者，不精之至也。来委谢者，欲休息也。兵怒而相迎，久而不合，又不相去，必谨察之。

兵非益多也，惟无武进，足以并力、料敌、取人而已。夫惟无虑而易敌者，必擒于人。

卒未亲附而罚之，则不服，不服则难用也；卒已亲附而罚不行，则不可用也。故合之以文，齐之以武，是谓必取。令素行以教其民，则民服；令不素行以教其民，则民不服。令素行者，与众相得也。

地形篇

孙子曰：地形有通者，有挂者，有支者，有隘者，有险者，有远者。我可以往，彼可以来，曰通。通形者，先居高阳，利粮道，以战则利。可以往，难以返，曰挂。挂形者，敌无备，出而胜之；敌若有备，出而不胜，难以返，不利。我出而不利，彼出而不利，曰支。支形者，敌虽利我，我无出也，引而去之，令敌半出而击之，利。隘形者，我先居之，必盈之以待敌；若敌先居之，盈而勿从，不盈而从之。险形者，我先居之，必居高阳以待敌；若敌先居之，引而去之，勿从也。远形者，势均，难以挑战，战而不利。凡此六者，地之道也；将之至任，不可不察也。

故兵有走者，有弛者，有陷者，有崩者，有乱者，有北者。凡此六者，非天之灾，将之过也。夫势均，以一击十，曰走。卒强吏弱，曰弛。吏强卒弱，曰陷。大吏怒而不服，遇敌怼而自战，将不知其能，曰崩。将弱不严，教道不明，吏卒无常，陈兵纵横，曰乱。将不能料敌，以少合众，以弱击强，兵无选锋，曰北。凡此六者，败之道也；将之至任，不可不察也。

夫地形者，兵之助也。料敌制胜，计险易、远近，上将之道也。知此而用战者必胜，不知此而用战者必败。

故战道必胜，主曰无战，必战可也；战道不胜，主曰必战，无战可也。故进不求名，退不避罪，唯人是保，而利合于主，国之宝也。

视卒如婴儿，故可与之赴深溪；视卒如爱子，故可与之俱死。厚而不能使，爱而不能令，乱而不能治，譬若骄子，不可用也。

知吾卒之可以击，而不知敌之不可击，胜之半也；知敌之可击，而不知吾卒之不可以击，胜之半也；知敌之可击，知吾卒之可以击，而不知地形之不可以战，胜之半也。故知兵者，动而不迷，举而不穷。故曰：知彼知己，胜乃不殆；知天知地，胜乃不穷。

九地篇

孙子曰：用兵之法，有散地，有轻地，有争地，有交地，有衢地，有重地，有圮地，有围地，有死地。诸侯自战其地，为散地。入人之地不深者，为轻地。我得则利，彼得亦利者，为争地。我可以往，彼可以来者，为交地。诸侯之地三属，先至而得天下之众者，为衢地。入人之地深，背城邑多者，为重地。行山林、险阻、沮泽，凡难行之道者，为圮地。所由入者隘，所从归者迂，彼寡可以击吾之众者，为围地。疾战则存，不疾战则亡者，为死地。是故散地则无战，轻地则无止，争地则无攻，交地则无绝，衢地则合交，重地则掠，圮地则行，围地则谋，死地则战。

所谓古之善用兵者，能使敌人前后不相及，众寡不相恃，贵贱不相救，上下不相收，卒离而不集，兵合而不齐。合于利而动，不合于利而止。敢问：敌众整而将来，待之若何？曰：先夺其所爱，则听矣。

兵之情主速，乘人之不及，由不虞之道，攻其所不戒也。

凡为客之道：深入则专，主人不克。掠于饶野，三军足食；谨养而勿劳，并气积力；运兵计谋，为不可测。投之无所往，死且不北。死，焉不得士人尽力。兵士甚陷则不惧，无所往则固。深入则拘，不得已则斗。是故其兵不修而戒，不求而得，不约而亲，不令而信，禁祥去疑，至死无所之。吾士无余财，非恶货也；无余命，非恶寿也。令发之日，士卒坐者涕沾襟，偃卧者涕交颐。投之无所往者，诸刿之勇也。

故善用兵者，譬如率然；率然者，常山之蛇也。击其首则尾至，击其尾则首至，击其中则首尾俱至。敢问：兵可使如率然乎？曰：可。夫吴人与越人相恶也，当其同舟而济，遇风，其相救也如左右手。是故方马埋轮，未足恃也，齐勇若一，政之道也；刚柔皆得，地之理也。故善用兵者，携手若使一人，不得已也。

易其事，革其谋，使人无识；易其居，迂其途，使人不得虑。帅与之期，如登高而去其梯；帅与之深入诸侯之地，而发其机；若驱群羊，驱而往，驱而来，莫知所之。聚三军之众，投之于险，此谓将军之事也。九地之变，屈伸之利，人情之理，不可不察。

凡为客之道：深则专，浅则散。去国越境而师者，绝地也；四达者，衢地也；入深者，重地也；入浅者，轻地也；背固前隘者，围地也；无所往者，死地也。是故散地，吾将一其志；轻地，吾将使之属；争地，吾将趋其后；交地，吾将谨其守；衢地，吾将固其结；重地，吾将继其食；圮地，吾将进其涂；围地，吾将塞其阙；死地，吾将示之以不活。

故兵之情：围则御，不得已则斗，过则从。是故，不知诸侯之谋者，不能预交；不知山林、险阻、沮泽之形者，不能行军；不用乡导者，不能得地利。四五者，一不知，非霸王之兵也。夫霸王之兵，伐大国，则其众不得聚；威加于敌，则其交不得合。是故，不争天下之交，不养天下之权，信己之私，威加于敌，故其城可拔，其国可隳。施无法之赏，悬无政之令，犯三军之众，若使一人。犯之以事，勿告以言；犯之以利，勿告以害。

投之亡地然后存，陷之死地然后生。夫众陷于害，然后能为胜败。

故为兵之事，在于顺详敌之意，并敌一向，千里杀将，此谓巧能成事者也。

是故政举之日，夷关折符，无通其使；厉于廊庙之上，以诛其事。敌人开阖，必亟入之。先其所爱，微与之期。践墨随敌，以决战事。是故始如处女，敌人开户，后如脱兔，敌不及拒。

火攻篇

孙子曰：凡火攻有五：一曰火人，二曰火积，三曰火辎，四曰火库，五曰火队。行火必有因，烟火必素具。发火有时，起火有日。时者，天之燥也；日者，月在箕、壁、翼、轸也。凡此四宿者，风起之日也。

凡火攻，必因五火之变而应之。火发于内，则早应之于外。火发兵静者，待而勿攻，极其火力，可从而从之，不可从而止。火可发于外，无待于内，以时发之。火发上风，无攻下风。昼风久，夜风止。凡军必知有五火之变，以数守之。

故以火佐攻者明，以水佐攻者强。水可以绝，不可以夺。夫战胜攻取，而不修其功者凶，命曰费留。故曰：明主虑之，良将修之。非利不动，非得不用，非危不战。主不可以怒而兴师，将不可以愠而致战；合于利而动，不合于利而止。怒可以复喜，愠可以复悦；亡国不可以复存，死者不可以复生。故明君慎之，良将警之，此安国全军之道也。

用间篇

孙子曰：凡兴师十万，出征千里，百姓之费，公家之奉，日费千金，内外骚动，怠于道路，不得操事者，七十万家。相守数年，以争一日之胜，而爱爵禄百金，不知敌之情者，不仁之至也，非人之将也，非主之佐也，非胜之主也。故明君贤将，所以动而胜人，成功出于众者，先知也。先知者，不可取于鬼神，不可象于事，不可验于度，必取于人，知敌之情者也。

故用间有五：有乡间，有内间，有反间，有死间，有生间。五间俱起，莫知其道，是谓神纪，人君之宝也。乡间者，因其乡人而用之。内间者，因其官人而用之。反间者，因其敌间而用之。死间者，为诳事于外，令吾间知之，而传于敌间也。生间者，反报也。

故三军之事，莫亲于间，赏莫厚于间，事莫密于间。非圣不能用间，非仁不能使间，非微妙不能得间之实。微哉微哉，无所不用间也。间事未发，而先闻者，间与所告者皆死。凡军之所欲击，城之所欲攻，人之所欲杀，必先知其守将、左右、谒者、门者、舍人之姓名，令吾间必索知之。

必索敌人之间来间我者，因而利之，导而舍之，故反间可得而用也。因是而知之，故乡间、内间可得而使也；因是而知之，故死间为诳事，可使告敌；因是而知之，故生间可使如期。五间之事，主必知之，知之必在于反间，故反间不可不厚也。

昔殷之兴也，伊挚在夏；周之兴也，吕牙在殷。故惟明君贤将，能以上智为间者，必成大功。此兵之要，三军之所恃而动也。

附录·卯

《诗经》二篇

诗经·魏风·硕鼠

硕鼠硕鼠，无食我黍！

三岁贯女，莫我肯顾。

逝将去女，适彼乐土。

乐土乐土，爰得我所。

硕鼠硕鼠，无食我麦！

三岁贯女，莫我肯德。

逝将去女，适彼乐国。

乐国乐国，爰得我直？

硕鼠硕鼠，无食我苗！

三岁贯女，莫我肯劳。

逝将去女，适彼乐郊。

乐郊乐郊，谁之永号？

诗经·邶风·击鼓

击鼓其镗，踊跃用兵。

土国城漕，我独南行。

从孙子仲，平陈与宋。

不我以归，忧心有忡。

爰居爰处？爰丧其马？

于以求之？于林之下。

死生契阔，与子成说。

执子之手，与子偕老。

于嗟阔兮，不我活兮。

于嗟洵兮，不我信兮。

附录·辰

九歌·国殇

操吴戈兮被犀甲,车错毂兮短兵接。

旌蔽日兮敌若云,矢交坠兮士争先。

凌余阵兮躐余行,左骖殪兮右刃伤。

霾两轮兮絷四马,援玉枹兮击鸣鼓。

天时坠兮威灵怒,严杀尽兮弃原野。

出不入兮往不反,平原忽兮路超远。

带长剑兮挟秦弓,首身离兮心不惩。

诚既勇兮又以武,终刚强兮不可凌。

身既死兮神以灵,子魂魄兮为鬼雄!

附录·巳

前赤壁赋

壬戌之秋，七月既望，苏子与客泛舟游于赤壁之下。清风徐来，水波不兴。举酒属客，诵明月之诗，歌窈窕之章。少焉，月出于东山之上，徘徊于斗牛之间。白露横江，水光接天。纵一苇之所如，凌万顷之茫然。浩浩乎如冯虚御风，而不知其所止；飘飘乎如遗世独立，羽化而登仙。

于是饮酒乐甚，扣舷而歌之。歌曰："桂棹兮兰桨，击空明兮溯流光。渺渺兮予怀，望美人兮天一方。"客有吹洞箫者，倚歌而和之。其声呜呜然，如怨如慕，如泣如诉，余音袅袅，不绝如缕。舞幽壑之潜蛟，泣孤舟之嫠妇。

苏子愀然，正襟危坐，而问客曰："何为其然也？"客曰："'月明星稀，乌鹊南飞。'此非曹孟德之诗乎？西望夏口，东望武昌。山川相缪，郁乎苍苍，此非孟德之困于周郎者乎？方其破荆州，下江陵，顺流而东也，舳舻千里，旌旗蔽空，酾酒临江，横槊赋诗，固一世之雄也，而今安在哉？况吾与子渔樵于江渚之上，侣鱼虾而友麋鹿，驾一叶之扁舟，举匏樽以相属。寄蜉蝣于天地，渺沧海之一粟。哀吾生之须臾，羡长江之无穷。挟飞仙以遨游，抱明月而长终。知不可乎骤得，托遗响于悲风。"

苏子曰："客亦知夫水与月乎？逝者如斯，而未尝往也；盈虚者如彼，而卒莫消长也。盖将自其变者而观之，则天地曾不能以一瞬；自其不变者而观之，则物与我皆无尽也，而又何羡乎！且夫天地之间，物各有主，苟非吾之所有，虽一毫而莫取。惟江上之清风，与山间之明月，耳得之而为声，目遇之而成色，取之无禁，用之不竭，是造物者之无尽藏也，而吾与子之所共适。"

客喜而笑，洗盏更酌。肴核既尽，杯盘狼藉。相与枕藉乎舟中，不知东方之既白。

附录·午

牡丹亭·第十出·惊梦

绕池游

〔旦上〕梦回莺啭,乱煞年光遍。人立小庭深院。〔贴〕炷尽沉烟,抛残绣线,恁今春关情似去年?〔乌夜啼〕"〔旦〕晓来望断梅关,宿妆残。〔贴〕你侧着宜春髻子恰凭阑。〔旦〕翦不断,理还乱,闷无端。〔贴〕已分付催花莺燕借春看。"〔旦〕春香,可曾叫人扫除花径?〔贴〕分付了。〔旦〕取镜台衣服来。〔贴取镜台衣服上〕"云髻罢梳还对镜,罗衣欲换更添香。"镜台衣服在此。

步步娇

〔旦〕袅晴丝吹来闲庭院,摇漾春如线。停半晌、整花钿。没揣菱花,偷人半面,迤逗的彩云偏。〔行介〕步香闺怎便把全身现!〔贴〕今日穿插的好。

醉扶归

〔旦〕你道翠生生出落的裙衫儿茜,艳晶晶花簪八宝填,可知我常一生儿爱好是天然。恰三春好处无人见。不堤防沉鱼落雁鸟惊喧,则怕的羞花闭月花愁颤。〔贴〕早茶时了,请行。〔行介〕你看:"画廊金粉半零星,池馆苍苔一片青。踏草怕泥新绣袜,惜花疼煞小金铃。"〔旦〕不到园林,怎知春色如许!

皂罗袍

原来姹紫嫣红开遍,似这般都付与断井颓垣。良辰美景奈何天,赏心乐事谁家院！恁般景致，我老爷和奶奶再不提起。〔合〕朝飞暮卷，云霞翠轩；雨丝风片，烟波画船——锦屏人忒看的这韶光贱！〔贴〕是花都放了，那牡丹还早。

好姐姐

〔旦〕遍青山啼红了杜鹃，荼蘼外烟丝醉软。春香啊，牡丹虽好，他春归怎占的先！〔贴〕成对儿莺燕啊。〔合〕闲凝眄，生生燕语明如翦，呖呖莺歌溜的圆。〔旦〕去罢。〔贴〕这园子委是观之不足也。〔旦〕提他怎的！〔行介〕

隔尾

观之不足由他缱，便赏遍了十二亭台是枉然。到不如兴尽回家闲过遣。〔作到介〕〔贴〕"开我西阁门，展我东阁床。瓶插映山紫，炉添沉水香。"小姐，你歇息片时，俺瞧老夫人去也。〔下〕〔旦叹介〕"默地游春转，小试宜春面。"春啊，得和你两留连，春去如何遣？咳，恁般天气，好困人也。春香那里？〔作左右瞧介〕〔又低首沉吟介〕天呵，春色恼人，信有之乎！常观诗词乐府，古之女子，因春感情，遇秋成恨，诚不谬矣。吾今年已二八，未逢折桂之夫；忽慕春情，怎得蟾宫之客？昔日韩夫人得遇于郎，张生偶逢崔氏，曾有《题红记》、《崔徽传》二书。此佳人才子，前以密约偷期，后皆得成秦晋。〔长叹介〕吾生于宦族，长在名门。年已及笄，不得早成佳配，诚为虚度青春，光阴如过隙耳。〔泪介〕可惜妾身颜色如花，岂料命如一叶乎！

山坡羊

没乱里春情难遣，蓦地里怀人幽怨。则为俺生小婵娟，拣名门一例、一例里神仙眷。甚良缘，把青春抛的远！俺的睡情谁见？则索因循腼腆。想幽梦谁边，和春光暗流传？迁延，这衷怀那处言！淹煎，泼残生，除问天！身子困乏了，且自隐几而眠。〔睡介〕〔梦生介〕〔生持柳枝上〕"莺逢日暖歌声滑，人遇风情笑口开。一径落花随水入，今朝阮肇到天台。"小生顺路儿跟着杜小姐回来，怎生不见？〔回看介〕呀，小姐，小姐！〔旦作惊起介〕〔相见介〕〔生〕小生那一处不寻访小姐来，却在这里！〔旦作斜视不语介〕〔生〕恰好花园内，折取垂柳半枝。姐姐，你既淹通书史，可作诗以赏此柳枝乎？〔旦作惊喜，欲言又止介〕〔背想〕这生素昧平生，何因到此？〔生笑介〕小姐，咱爱杀你哩！

山桃红

则为你如花美眷，似水流年，是答儿闲寻遍。在幽闺自怜。小姐，和你那答儿讲话去。〔旦作含笑不行〕〔生作牵衣介〕〔旦低问〕那边去？〔生〕转过这芍药栏前，紧靠着湖山石边。〔旦低问〕秀才，去怎的？〔生低答〕和你把领扣松，衣带宽，袖梢儿揾着牙儿苫也，则待你忍耐温存一晌眠。〔旦作羞〕〔生前抱〕〔旦推介〕〔合〕是那处曾相见，相看俨然，早难道这好处相逢无一言？〔生强抱旦下〕〔末扮花神束发冠，红衣插花上〕"催花御史惜花天，检点春工又一年。蘸客伤心红雨下，勾人悬梦采云边。"吾乃掌管南安府后花园花神是也。因杜知府小姐丽娘，与柳梦梅秀才，后日有姻缘之分。杜小姐游春感伤，致使柳秀才入梦。咱花神专掌惜玉怜香，竟来保护他，要他云雨十分欢幸也。

鲍老催

〔末〕单则是混阳蒸变,看他似虫儿般蠢动把风情扇。一般儿娇凝翠绽魂儿颠。这是景上缘,想内成,因中见。呀,淫邪展污了花台殿。咱待拈片落花儿惊醒他。〔向鬼门丢花介〕他梦酣春透了怎留连?拈花闪碎的红如片。秀才才到的半梦儿;梦毕之时,好送杜小姐仍归香阁。吾神去也。〔下〕

山桃红

〔生、旦携手上〕〔生〕这一霎天留人便,草借花眠。小姐可好?〔旦低头介〕〔生〕则把云鬟点,红松翠偏。小姐休忘了啊,见了你紧相偎,慢厮连,恨不得肉儿般团成片也,逗的个日下胭脂雨上鲜。〔旦〕秀才,你可去啊?〔合〕是那处曾相见,相看俨然,早难道这好处相逢无一言?〔生〕姐姐,你身子乏了,将息,将息。〔送旦依前作睡介〕〔轻扣旦介〕姐姐,俺去了。〔作回顾介〕姐姐,你可十分将息,我再来瞧你那。"行来春色三分雨,睡去巫山一片云。"〔下〕〔旦作惊醒,低叫介〕秀才,秀才,你去了也?〔又作痴睡介〕〔老旦上〕"夫婿坐黄堂,娇娃立绣窗。怪他裙衩上,花鸟绣双双。"孩儿,孩儿,你为甚瞌睡在此?〔旦作醒,叫秀才介〕咳也。〔老旦〕孩儿怎的来?〔旦作惊起介〕奶奶到此!〔老旦〕我儿,何不做些针指,或观玩书史,舒展情怀?因何昼寝于此?〔旦〕孩儿适在花园中闲玩,忽值春暄恼人,故此回房。无可消遣,不觉困倦少息。有失迎接,望母亲恕儿之罪。〔老旦〕孩儿,这后花园中冷静,少去闲行。〔旦〕领母亲严命。〔老旦〕孩儿,学堂看书去。〔旦〕先生不在,且自消停。〔老旦叹介〕女孩儿长成,自有许多情态,且自由他。正是:"宛转随儿女,辛勤做老娘。"〔下〕〔旦长叹介〕〔看老旦下介〕哎也,天那,今日杜丽娘有些侥幸也。偶到后花园中,百花开遍,睹景伤情。没兴而回,昼眠香阁。忽见一生,年可弱冠,丰姿俊妍。于园中折得柳丝一枝,笑对奴家说:

"姐姐既淹通书史,何不将柳枝题赏一篇?"那时待要应他一声,心中自忖,素昧平生,不知名姓,何得轻与交言。正如此想间,只见那生向前说了几句伤心话儿,将奴搂抱去牡丹亭畔,芍药阑边,共成云雨之欢。两情和合,真个是千般爱惜,万种温存。欢毕之时,又送我睡眠,几声"将息"。正待自送那生出门,忽值母亲来到,唤醒将来。我一身冷汗,乃是南柯一梦。忙身参礼母亲,又被母亲絮了许多闲话。奴家口虽无言答应,心内思想梦中之事,何曾放怀。行坐不宁,自觉如有所失。娘呵,你教我学堂看书去,知他看那一种书消闷也。〔作掩泪介〕

绵搭絮

雨香云片,才到梦儿边。无奈高堂,唤醒纱窗睡不便。泼新鲜冷汗粘煎,闪的俺心悠步躭,意软鬟偏。不争多费尽神情,坐起谁忺?则待去眠。〔贴上〕"晚妆销粉印,春润费香篝。"小姐,薰了被窝睡罢。

尾声

〔旦〕困春心游赏倦,也不索香薰绣被眠。天呵,有心情那梦儿还去不远。

春望逍遥出画堂, (张说) 间梅遮柳不胜芳。(罗隐)
可知刘阮逢人处?(许浑) 回首东风一断肠。(韦庄)

附录·未一

《红楼梦》节选

第二十三回
西厢记妙词通戏语　牡丹亭艳曲警芳心

　　话说贾元春自那日幸大观园回宫去后，便命将那日所有的题咏，命探春依次抄录妥协，自己编次，叙其优劣，又命在大观园勒石，为千古风流雅事。因此，贾政命人各处选拔精工名匠，在大观园磨石镌字，贾珍率领蓉、萍等监工。因贾蔷又管理着文官等十二个女戏并行头等事，不大得便，因此贾珍又将贾菖，贾菱唤来监工。一日，汤蜡钉朱，动起手来。这也不在话下。

　　且说那个玉皇庙并达摩庵两处，一班的十二个小沙弥并十二个小道士，如今挪出大观园来，贾政正想发到各庙去分住。不想后街上住的贾芹之母周氏，正盘算着也要到贾政这边谋一个大小事务与儿子管管，也好弄些银钱使用，可巧听见这件事出来，便坐轿子来求凤姐。凤姐因见他素日不大拿班作势的，便依允了，想了几句话便回王夫人说："这些小和尚道士万不可打发到别处去，一时娘娘出来就要承应。倘或散了，若再用时，可是又费事。依我的主意，不如将他们竟送到咱们家庙里铁槛寺去，月间不过派一个人拿几两银子去买柴米就完了。说声用，走去叫来，一点儿不费事呢。"王夫人听了，便商之于贾政。贾政听了笑道："倒是提醒了我，就是这样。"即时唤贾琏来。

　　当下贾琏正同凤姐吃饭，一闻呼唤，不知何事，放下饭便走。凤姐一把拉住，笑道："你且站住，听我说话。若是别的事我不管，若是为小和尚们的事，好歹依我这么着。"如此这般教了一套话。贾琏笑道："我不知道，你有本事你说去。"凤姐听了，把头一梗，把筷子一放，腮上似笑不笑的瞅着贾琏道："你当真的，是玩话？"贾琏笑道："西廊下五嫂子的儿子芸儿来求了我两三遭，要个事情管管。我依了，叫他等着。好容易出来这件事，你又夺了去。"凤姐儿笑道："你放心。园子东北角子上，娘娘说了，还叫多多的种松柏树，楼底下还叫种些花草。等这件事出来，我管保叫芸儿管这件工程。"贾琏道："果这样也罢了。只是昨儿晚上，我不过是要改个样儿，你就扭手扭脚的。"凤姐儿听了，嗤的一声笑了，向贾琏啐了一口，低下头便吃饭。

　　贾琏已经笑着去了，到了前面见了贾政，果然是小和尚一事。贾琏便依了凤姐主意，说道："如今看来，芹儿倒大大的出息了，这件事竟交予他去管办。横竖照在里头的规例，每月叫芹儿支领就是了。"贾政原不大理论这些事，听贾琏如此说，便如此依了。贾琏回到房中告诉凤姐儿，凤姐即命人去告诉了周氏。贾芹便来见贾琏夫妻两个，感谢不尽。凤姐又作情央贾琏先支三个月的，叫他写了领字，贾琏批票画了押，登时发了对牌出去。银库上按数发出三个月的供给来，白花花二三百两。贾芹随手拈一块，撂予掌平的人，叫他们吃茶罢。于是命小厮拿回家，与母亲商议。登时雇了大叫驴，自己骑上，又雇了几辆车，至荣国府角门，唤出二十四个人来，坐上车，一径往城外铁槛寺去了。当下无话。

　　如今且说贾元春，因在宫中自编大观园题咏之后，忽想起那大观园中景致，自己幸过之后，贾政必定敬谨封锁，不敢使人进去骚扰，岂不寥落。况家中现有几个能诗会赋的姊妹，何不命他们进去居住，也不使佳人落魄，花柳无颜。却又想到宝玉自幼在姊妹丛中长大，不比别的兄弟，若不命他进去，只怕他冷清了，一时不大畅快，未免贾母王夫人愁虑，须得也命他进园居住方妙。想毕，遂命太监夏守忠到荣国府来下一道谕，命宝钗等只管在园中居住，不可禁约封锢，命宝玉仍随进去读书。

　　贾政，王夫人接了这谕，待夏守忠去后，便来回明贾母，遣人进去各处收拾打扫，安设帘幔床帐。别人听了还自犹可，惟宝玉听了这谕，喜的无可不可。正和贾母盘算，要这个，弄那个，忽见丫鬟来说："老爷叫宝玉。"宝玉听了，好似打了个焦雷，登时扫去兴头，脸上转了颜色，便拉着贾母扭的好似扭股儿糖，杀死不敢去。贾母只得安慰他道："好宝贝，你只管去，有我呢，他不敢委屈了你。况且你又作了那篇好文章。想是娘娘叫你进去住，他吩咐你几句，不过不教你在里头淘气。他说什么，你只好生答应着就是了。"一面安慰，一面唤了两个老嬷嬷来，吩咐"好生带了宝玉去，别叫他老子唬着他。"老嬷嬷答应了。

　　宝玉只得前去，一步挪不了三寸，蹭到这边来。可巧贾政在王夫人房中商议事情，金钏儿，彩云，彩霞，绣鸾，绣凤等众丫鬟都在廊檐底下站着呢，一见宝玉来，都抿着嘴笑。金钏一把拉住宝玉，悄悄的笑道："我这嘴上是才擦的香浸胭脂，你这会子可吃不吃了？"彩云一把推开金钏，笑道："人家正心里不自在，你还奚落他。趁这会子喜欢，快进去罢。"宝玉只得挨进门去。原来贾政和王夫人都在里间呢。赵姨娘打起帘子，宝玉躬身进去。只见贾政和王夫人对面坐在炕上说话，地下一溜椅子，迎春，探春，惜春，贾环四个人都坐在那里。一见他进来，惟有探春和惜春，贾环站了起来。

　　贾政一举目，见宝玉站在跟前，神彩飘逸，秀色夺人，看看贾环，人物委琐，举止荒疏，忽又想起贾珠来，再看看王夫人只有这一个亲生的儿子，素爱如珍，自己的胡须将已苍白：因这几件上，把素日嫌恶处分宝玉之心不觉减了八九。半晌说道："娘娘吩咐说，你日日外头嬉游，渐次疏懒，如今叫禁管，同你姊妹在园里读书写字。你可好生用心习学，再如不守分安常，你可仔细！"宝玉连连的答应了几个"是"。王夫人便拉他在身旁坐下。他姊弟三人依旧坐下。

　　王夫人摸挲着宝玉的脖项说道："前儿的丸药都吃完了？"宝玉答道："还有一丸。"王夫人道："明儿再取十丸来，天天临睡的时候，叫袭人伏侍你吃了再睡。"宝玉道："只从太太吩咐了，袭人天天晚上想着，打发我吃。"贾政问道："袭人是何人？"王夫人道："是个丫头。"贾政道："丫头不管叫个什么罢了,是谁这样刁钻,起这样的名字?"王夫人见贾政不自在了,便替宝玉掩饰道:"是老太太起的。"贾政道:"老太太如何知道这话,一定是宝玉。"宝玉见瞒不过,只得起身回道:"因素日读诗,曾记古人有一句诗云:'花气袭人知昼暖'。因这个丫头姓花,便随口起了这个名字。"王夫人忙又道:"宝玉,你回去改了罢。老爷也不用为这小事动气。"贾政道:"究竟也无碍,又何用改。只是可见宝玉不务正,专在这些浓词艳赋上作工夫。"说毕,断喝一声:"作业的畜生,还不出去!"王夫人也忙道:"去罢,只怕老太太等你吃饭呢。"宝玉答应了,慢慢的退出去,向金钏儿笑着伸伸舌头,带着两个嬷嬷一溜烟去了。

刚至穿堂门前,只见袭人倚门立在那里,一见宝玉平安回来,堆下笑来问道:"叫你作什么?"宝玉告诉他:"没有什么,不过怕我进园去淘气,吩咐吩咐。"一面说,一面回至贾母跟前,回明原委。只见林黛玉正在那里,宝玉便问他:"你住那一处好?"林黛玉正心里盘算这事,忽见宝玉问他,便笑道:"我心里想着潇湘馆好,爱那几竿竹子隐着一道曲栏,比别处更觉幽静。"宝玉听了拍手笑道:"正和我的主意一样,我也要叫你住这里呢。我就住怡红院,咱们两个又近,又都清幽。"

两人正计较,就有贾政遣人来回贾母说:"二月二十二日子好,哥儿姐儿们好搬进去的。这几日内遣人进去分派收拾。"薛宝钗住了蘅芜苑,林黛玉住了潇湘馆,贾迎春住了缀锦楼,探春住了秋爽斋,惜春住了蓼风轩,李氏住了稻香村,宝玉住了怡红院。每一处添两个老嬷嬷,四个丫头,除各人奶娘亲随丫鬟不算外,另有专管收拾打扫的。至二十二日,一齐进去,登时园内花招绣带,柳拂香风,不似前番那等寂寞了。

闲言少叙。且说宝玉自进花园以来,心满意足,再无别项可生贪求之心。每日只和姊妹丫头们一处,或读书,或写字,或弹琴下棋,作画吟诗,以至描鸾刺凤,斗草簪花,低吟悄唱,拆字猜枚,无所不至,倒也十分快乐。他曾有几首即事诗,虽不算好,却倒是真情真景,略记几首云:

春夜即事知
霞绡云幄任铺陈,隔巷蟆更听未真。枕上轻寒窗外雨,眼前春色梦中人。盈盈烛泪因谁泣,点点花愁为我嗔。自是小鬟娇懒惯,拥衾不耐笑言频。

夏夜即事古
倦绣佳人幽梦长,金笼鹦鹉唤茶汤。窗明麝月开宫镜,室霭檀云品御香。琥珀杯倾荷露滑,玻璃槛纳柳风凉。水亭处处齐纨动,帘卷朱楼罢晚妆。

秋夜即事斋
绛芸轩里绝喧哗,桂魄流光浸茜纱。苔锁石纹容睡鹤,井飘桐露湿栖鸦。抱衾婢至舒金凤,倚槛人归落翠花。静夜不眠因酒渴,沉烟重拨索烹茶。

冬夜即事主
梅魂竹梦已三更,锦罽鹴衾睡未成。松影一庭惟见鹤,梨花满地不闻莺。女儿翠袖诗怀冷,公子金貂酒力轻。

却喜侍儿知试茗,扫将新雪及时烹。因这几首诗,当时有一等势利人,见是荣国府十二三岁的公子作的,抄录出来各处称颂,再有一等轻浮子弟,爱上那风骚妖艳之句,也写在扇头壁上,不时吟哦赏赞。因此竟有人来寻诗觅字,倩画求题的。宝玉亦发得了意,镇日家作这些外务。

谁想静中生烦恼,忽一日不自在起来,这也不好,那也不好,出来进去只是闷闷的。园中那些人多半是女孩儿，正在混沌世界，天真烂漫之时，坐卧不避，嬉笑无心，那里知宝玉此时的心事。那宝玉心内不自在，便懒在园内，只在外头鬼混，却又痴痴的。茗烟见他这样，因想与他开心，左思右想，皆是宝玉顽烦了的，不能开心，惟有这件，宝玉不曾看见过。想毕，便走去到书坊内，把那古今小说并那飞燕，合德，武则天，杨贵妃的外传与那传奇角本买了许多来，引宝玉看。宝玉何曾见过这些书，一看见了便如得了珍宝。茗烟又嘱咐他不可拿进园去，"若叫人知道了，我就吃不了兜着走呢。"宝玉那里舍的不拿进园去，踟蹰再三，单把那文理细密的拣了几套进去，放在床顶上，无人时自己密看。那粗俗过露的，都藏在外面书房里。

那一日正当三月中浣，早饭后，宝玉携了一套《会真记》，走到沁芳闸桥边桃花底下一块石上坐着，展开《会真记》，从头细玩。正看到"落红成阵"，只见一阵风过，把树头上桃花吹下一大半来，落的满身满书满地皆是。宝玉要抖将下来，恐怕脚步践踏了，只得兜了那花瓣，来至池边，抖在池内。那花瓣浮在水面，飘飘荡荡，竟流出沁芳闸去了。

回来只见地下还有许多，宝玉正踟蹰间，只听背后有人说道："你在这里作什么？"宝玉一回头，却是林黛玉来了，肩上担着花锄，锄上挂着花囊，手内拿着花帚。宝玉笑道："好，好，来把这个花扫起来，撂在那水里。我才撂了好些在那里呢。"林黛玉道："撂在水里不好。你看这里的水干净，只一流出去，有人家的地方脏的臭的混倒，仍旧把花遭塌了。那畸角上我有一个花冢，如今把他扫了，装在这绢袋里，拿土埋上，日久不过随土化了，岂不干净。"

宝玉听了喜不自禁，笑道："待我放下书，帮你来收拾。"黛玉道："什么书？"宝玉见问，慌的藏之不迭，便说道："不过是《中庸》《大学》。"黛玉笑道："你又在我跟前弄鬼。趁早儿给我瞧，好多着呢。"宝玉道："好妹妹，若论你，我是不怕的。你看了，好歹别告诉别人去。真真这是好书！你要看了，连饭也不想吃呢。"一面说，一面递了过去。林黛玉把花具且都放下，接书来瞧，从头看去，越看越爱看，不到一顿饭工夫，将十六出俱已看完，自觉词藻警人，余香满口。虽看完了书，却只管出神，心内还默默记诵。

宝玉笑道："妹妹，你说好不好？"林黛玉笑道："果然有趣。"宝玉笑道："我就是个'多愁多病身'，你就是那'倾国倾城貌'。"林黛玉听了，不觉带腮连耳通红，登时直竖起两道似蹙非蹙的眉，瞪了两只似睁非睁的眼，微腮带怒，薄面含嗔，指宝玉道："你这该死的胡说！好好的把这淫词艳曲弄了来，还学了这些混话来欺负我。我告诉舅舅舅母去。"说到"欺负"两个字上，早又把眼睛圈儿红了，转身就走。宝玉着了急，向前拦住说道："好妹妹，千万饶我这一遭，原是我说错了。若有心欺负你，明儿我掉在池子里，教个癞头鼋吞了去，变个大忘八，等你明儿做了'一品夫人'病老归西的时候，我往你坟上替你驮一辈子的碑去。"说的林黛玉嗤的一声笑了，揉着眼睛，一面笑道："一般也唬的这个调儿，还只管胡说。'呸，原来是苗而不秀，是个银样镴枪头。'"宝玉听了，笑道："你这个呢？我也告诉去。"林黛玉笑道："你说你会过目成诵，难道我就不能一目十行么？"

宝玉一面收书，一面笑道："正经快把花埋了罢，别提那个了。"二人便收拾落花，正才掩埋妥协，只见袭人走来，说道："那里没找到，摸在这里来。那边大老爷身上不好，姑娘们都过去请安，老太太叫打发你去呢。快回去换衣裳去罢。"宝玉听了，忙拿了书，别了黛玉，同袭人回房换衣不提。

这里林黛玉见宝玉去了，又听见众姊妹也不在房，自己闷闷的。正欲回房，刚走到梨香院墙角上，只听墙内笛韵悠扬，歌声婉转。林黛玉便知是那十二个女孩子演习戏文呢。只是林黛玉素习不大喜看戏文，便不留心，只管往前走。偶然两句吹到耳内，明明白白，一字不落，唱道："原来姹紫嫣红开遍，似这般都付与断井颓垣。"林黛玉听了，倒也十分感慨缠绵，便止住步侧耳细听，又听唱道是："良辰美景奈何天，赏心乐事谁家院。"听了这两句，不觉点头自叹，心下自思道："原来戏上也有好文章。可惜世人只知看戏，未必能领略这其中的趣味。"想毕，又后悔不该胡想，耽误了听曲子。又侧耳时，只听唱道："则为你如花美眷，似水流年……"林黛玉听了这两句，不觉心动神摇。又听道："你在幽闺自怜"等句，亦发如醉如痴，站立不住，便一蹲身坐在一块山子石上，细嚼"如花美眷，似水流年"八个字的滋味。忽又想起前日见古人诗中有"水流花谢两无情"之句，再又有词中有"流水落花春去也，天上人间"之句，又兼方才所见《西厢记》中"花落水流红，闲愁万种"之句，都一时想起来，凑聚在一处。仔细忖度，不觉心痛神痴，眼中落泪。正没个开交，忽觉背上击了一下，及回头看时，原来是……且听下回分解。正是：

　　妆晨绣夜心无矣，对月临风恨有之。

参考文献

[1] 陈序经. 文化学概观[M]. 北京：中国人民大学出版社，2005.
[2] 梁漱溟. 中国文化要义[M]. 北京：学林出版社，2000.
[3] 唐君毅. 中国文化之精神价值[M]. 南京：江苏教育出版社，2006.
[4] 朱熹，集注. 四书[M]. 上海：上海古籍出版社，1995.
[5] 张启之. 中国儒家思想史[M]. 西安：陕西人民出版社，1990.
[6] 冯友兰. 中国哲学简史[M]. 北京：北京大学出版社，1996.
[7] 杜维明. 儒家思想新论[M]. 南京：江苏人民出版社，1995.
[8] 萧功秦. 儒家文化的困境[M]. 南宁：广西师范大学出版社，2004.
[9] 李宗桂. 文化批判与文化重构[M]. 西安：陕西人民出版社，1992.
[10] 陈鼓应. 庄子今注今译[M]. 北京：中华书局，1983.
[11] 李泽厚. 中国古代思想史论[M]. 天津：天津社会科学出版社，2003.
[12] 林语堂. 人生的盛宴[M]. 长沙：湖南文艺出版社，1988.
[13] 韩鹏杰. 华夏艺术历程[M]. 西安：西安交通大学出版社，2004.
[14] 汤用彤. 汉魏两晋南北朝佛教史[M]. 北京：中华书局，1983.
[15] 吕澂著. 中国佛学源流略讲[M]. 北京：中华书局，1979.
[16] 杜继文. 中国禅宗通史[M]. 南京：江苏古籍出版社，1993.
[17] 葛兆光. 禅宗与中国文化[M]. 上海：上海人民出版社，1986.
[18] 蔡元培. 中国伦理学史. 北京：商务印书馆，2000.
[19] 罗国杰. 伦理学[M]. 北京：人民出版社，2001.
[20] 赵吉惠，等. 中国儒学史[M]. 郑州：中州古籍出版社，1993.
[21] 罗国杰. 中国传统伦理道德[M]. 北京：中国人民大学出版社，1995.

[22] 侯外庐. 中国思想史纲[M]. 上海: 上海书店出版社, 2000.

[23] 王乐理. 政治文化导论[M]. 北京: 中国人民大学出版社, 2000.

[24] 刘泽华, 汪茂和, 王兰仲. 专制权力与中国社会[M]. 天津: 天津古籍出版社出版, 1988.

[25] 钱穆. 中国历代政治得失[M]. 北京: 生活·读书·新知三联书店, 2001.

[26] 吴国桢. 中国的传统[M]. 上海: 东方出版社, 2006.

[27] 纪宝成. 中国古代治国要论[M]. 北京: 中国人民大学出版社, 2004.

[28] [春秋]孙武. 孙子兵法[M]. 陈学凯, 注译. 西安: 陕西人民出版社, 1996.

[29] 杨善群. 孙子评传[M]. 南京: 南京大学出版社, 1992.

[30] 十一家注孙子//新编诸子集成[M]. 北京: 中华书局, 1999.

[31] 武经七书注译//中国古代兵法译丛[M]. 北京: 解放军出版社, 1986.

[32] 陈学凯, 曹秀君. 孙武: 中华历史名人. 天津: 新蕾出版社, 1993.

[33] 高时良. 中国教育史纲（古代部分）[M]. 北京: 人民教育出版社, 1991.

[34] 李桂林. 中国教育史[M]. 上海: 上海教育出版社, 1989.

[35] 薛明扬. 中国传统文化概论（中册）[M]. 上海: 复旦大学出版社, 2003.

[36] 翦伯赞. 中国史纲要[M]. 北京: 人民出版社, 2005.

[37] 张岂之. 中国思想史. 西安: 西北大学出版社, 1993.

[38] 诗经注析（上、下）[M]. 北京: 中华书局, 1900.

[39] 程俊英. 诗经注析（上、下）[M]. 上海: 上海古籍出版社, 2006.

[40] 章培恒, 骆玉明. 中国文学史（上、中、下三卷）[M]. 上海: 复旦大学出版社, 1996.

[41] [清]蘅塘退士. 唐诗三百首全解[M]. 赵昌平, 解. 上海: 复旦大学出版社, 2006.

[42] [清]上疆村民, 重编. 宋词三百首笺注[M]. 唐圭璋, 笺注. 北京: 人民文学出版社, 2005.

[43] 曹雪芹, 高鹗. 红楼梦（上、下）[M]. 俞平伯, 校, 启功, 注. 北京: 人民文学出版社, 2000.

[44] 施耐庵, 罗贯中. 水浒传（上、下）[M]. 北京: 人民文学出版社, 2007.

[45] 罗贯中. 三国演义[M]. 北京: 人民文学出版社, 1979.

[46] 吴承恩. 西游记（上、下）[M]. 北京: 人民文学出版社, 1992.

[47] 王耀华. 中国传统音乐概论[M]. 福州: 福建教育出版社, 1999.

[48] 杨荫浏. 中国古代音乐史稿[M]. 北京: 人民音乐出版社, 1981.

[49] 蔡仲德. 中国音乐美学史[M]. 北京: 人民音乐出版社, 1995.

[50] 苗建华, 鸿昀. 中国音乐初步[M]. 广州: 广东人民出版社, 2000.

[51] 杜亚雄, 桑海波. 中国传统音乐概论[M]. 北京: 首都师范大学出版社, 2000.

[52] 刘熙载. 刘熙载文集[M]. 薛正兴, 点校. 南京: 江苏古籍出版社, 2001.

[53] 钱世明. 周易卦爻辞通说[M]. 北京: 中国和平出版社, 1988.

[54] 牛枝慧. 东方艺术美学[M]. 北京: 国际文化出版公司, 1990.

[55] 赵诚. 甲骨文简明词典[M]. 北京: 中华书局, 1988.

[56] 詹剑锋. 老子其人其书[M]. 上海：华中师范大学出版社，2006.

[57] 历代书法论文选[M]. 上海：上海书画出版社，1979.

[58] 王国维. 人间词话[M]. 北京：人民文学出版社，1960.

[59] 钟明善. 书法基础[M]. 西安：西安交通大学出版社，2003.

[60] 朱谦之. 老子校释[M]. 北京：中华书局，1984.

[61] [英]李约瑟. 中国科学技术史[M]. 北京：科学出版社，1978.

[62] [英]李约瑟. 中国古代科学思想史[M]. 南昌：江西人民出版社，1993.

[63] [英]梅森. 自然科学史[M]. 上海：上海人民出版社，1977.

[64] 霍有光. 中国古代科技史钩沉[M]. 西安：陕西科学技术出版社，1998.

[65] 卢嘉锡. 中国科学技术史[M]. 北京：科学出版社，1998.

[66] 朱子语类（卷第十一）[M]. 北京：中华书局，1963.

[67] 钱穆. 国史大纲（下册）[M]. 北京：商务印书馆，1994.

[68] 吕思勉. 吕著中国通史·学术[M]. 上海：华东师大出版社，1992.

[69] 陈寅恪. 冯友兰《中国哲学史》审查报告[M]. 北京：商务印书馆，1934.

[70] 陆建猷. 四书集注与南宋四书学[M]. 西安：陕西人民出版社，2002.

[71] 张岂之. 中华人文精神[M]. 增订本. 西安：陕西人民出版社，2007.

[72] 谢贵安. 中国传统史学研究[M]. 北京：商务印书馆，2016.

[73] 杜维运. 中国史学史[M]. 北京：商务印书馆，2010.

[74] 傅玉璋. 中国古代史学史[M]. 合肥：安徽大学出版社，2008.

[75] 罗荣渠. 现代化新论：世界与中国的现代化进程[M]. 北京：北京大学出版社，1995.

[76] 钟叔河. 走向世界[M]. 北京：中华书局，1985.

[77] 张岱年，程宜山. 中国文化与文化论争[M]. 北京：中国人民大学出版社，1990.

[78] 许倬云. 中国文化与世界文化[M]. 贵阳：贵州人民出版社，1991.

[79] 殷海光. 中国文化的展望[M]. 上海：上海三联出版社，2002.

[80] 张蓉，韩鹏杰，陆卫明. 中国文化的艺术精神[M]. 西安：西安交通大学出版社，2001.

后记

已是《中国传统文化精义》的第5版了,作为"中国传统文化"课程的配套教材,这本书伴随课程共同走过了20载。从1997年建课初始到今天,作为大学生文化素质教育计划的重要内容之一,"中国传统文化"课已经发展成为西安交通大学的一门具有影响力的通识类核心课程,并先后获得"校级精品课程""省级精品课程""省级资源共享课程"等称号。在此期间,《中国传统文化精义》也获得"国家十一五教材建设"项目的支持,并入选"西安交通大学120周年校庆经典教材、经典专著"。2015年随着课程在MOOC平台的上线,随即在全国拥有了近百所学校8万多学生的受众,使课程及教材有了更广泛的影响力。这些都与我们这个"中传"大家庭中每一位老师的努力分不开。

在长期的教学实践中我们深切地感到:一本好的教科书应当是既能比较客观、准确地反映该学科的一般发展趋向,又能充分体现作者的思路和个性风格;既要注意引导读者能够使用本学科的"专业"语言来思维并表达,又要明快生动、引人入胜;既能比较系统、全面地阐述该学科领域的知识体系,同时又给读者留下足够的思维空间。讲授和学习中国传统文化,尤其需要一本融学术性、思想性、知识性和可读性于一体的教科书。这成为我们编写这本书的最初动机和写作时的指导思想。

中国传统文化是一个庞大的体系,中华民族的文化典籍和文献更浩如烟海,使我们难以系统把握并准确阐述它的博大与精深。因此,我们选取了中国传统文化的若干层面,试图从中国走向现代化和面向21世纪发展的视角中,审视和把握中国文化精神的基本特征和走向。本书名曰《中国传统文化精义》,正是取《易经》所言"精义入神,以致用也"之意。本书的体例采用专题讨论的方式,全书分15个专题,各专题的执笔者大都是在各自的领域里有专长、有研究、有心得、有造诣的中青年学者,有的还是在国内外享有盛誉的名家。他们的思考和文字具有鲜明的时代特征和个性风格。在写作和统稿时,我们主要着力于全书在框架和思路上的整体性,而没有刻意追求写作风格的一致性。我们力求让各专题既各自成章、相对独立，又尽可能地互相呼应、相映成趣，使全书前后衔接，浑然天成。

各章的作者分别是：

序　钟明善

第一章　中国传统文化的基本精神　陆卫明

第二章　《周易》与中国传统文化　韩鹏杰

第三章　道家与中国传统文化　韩鹏杰

第四章　儒学与中国传统文化　陆卫明

第五章　佛教与中国传统文化　张蓉

第六章　中国传统政治文化　朱正威

第七章　中国传统兵家文化　邓妙子

第八章　中国古典文学　李红

第九章　中国传统音乐　李娟

第十章　中国戏曲文化　焦垣生、吴小侠

第十一章　中国绘画、雕塑与传统艺术　钟明善、鲁鹏

第十二章　中国书法艺术　钟明善

第十三章　中国古代科学技术　霍有光

第十四章　中国传统史学文化　宋希斌

第十五章　走向世界的中国文化　朱正威

本书在酝酿和写作过程中，一直得到西安交通大学教务处、出版社和人文社会科学学院等相关部门给予的支持和鼓励。书中还参考和引用了国内外学者的大量论著，因限于篇幅，未能一一注明。在此一并表示衷心的感谢。由于种种主客观条件以及我们的水平所限，本书的缺漏之处在所难免，尚祈有关专家、学者和广大读者不吝赐教。

编　者

2017年6月

于西安交通大学